東亞文明研究叢書 69

德川日本儒學思想的特質：神道、徂徠學與陽明學

張崑將◎著

臺大出版中心
NATIONAL TAIWAN UNIVERSITY PRESS

德川日本儒學思想的特質：
神道、徂徠學與陽明學

目　　次

【徂徠學的特質】

【日本陽明學的淵源與作用】

【結　論】

【附　錄】

自　序

　　本書旨在探索德川儒學思想特質的要義，是我最近三年來在這個領域所做的研究成果。儒學思想在日本的發展，面向廣泛，議題眾多，學派林立，並非三言兩語可以道盡。因此，我想在這篇序文中說明本書所紬繹德川儒學的三項主題——即神儒兼攝、徂徠學與陽明學——作為窺探德川思想特質的用意。我想引用戰前日本學者的說法來闡述本書取徑之用意。首先，關於儒學中的神道思想這個特質，學者服部宇之吉（1867-1939）稱這樣融會了的儒學與神道思想才是所謂的「日本儒教」，他說：「言『日本儒教史』有兩個意義，其一是作為日本儒學的歷史，另一則是在形成日本儒學史上，與吾固有的皇道融會，成為渾然一道，此即『日本儒教』也。」[1]這裡所說的「皇道」與「神道」根本不可分。服部氏想要藉著儒道與皇道融會這個特質，補強儒教的宗教面向，將它定位為「日本儒教」，來與「中國儒教」區隔。事實上，這並不是服部氏在戰前的誇張說法，證諸德川時代的神儒兼攝學者並不在少數，本書第二章所關注的「理學神道」即分析這個日本儒學的特質。

　　其次，徂徠學毫無疑問是日本儒學思想史中值得大書特書的學派。戰前的東大教授小柳司氣太（1870-1940）就說過：「儒學衣被我國，既一千六百有餘年，其間鴻儒碩學，輩出頗多，至經學實必以物徂徠為第一。」[2]他從「經學」的角度來看徂

---

[1]　這個引文是服部宇之吉為安井小太郎《日本儒教史》（東京：富山房，1939年）所寫的〈序〉，頁1。

[2]　小柳司氣太：〈徂徠研究序〉，是為岩橋遵成的著作《徂徠研究》（東京：

徠學在日本儒學的特質。其次，荻生徂徠（1666-1728）強調
制度論反對心性之學，在明治維新以後，也有知識人加藤弘之
（1836-1916）將徂徠當作西方的霍布斯（Thomas Hobbes,
1588-1679）藉以提倡國權論，如此一來徂徠學又與國家主義
具有緊密的關係。[3]由於荻生徂徠尊《六經》而卑《論》、《孟》，
所以本書將徂徠的「六經中心主義」定位在「返本運動中的返
本主義」以顯其特質（參本書第七章結論），而在第三、四章
從徂徠對經典的特殊解釋方法，以及其弟子太宰春臺
（1680-1747）的《論語》解釋作品流傳到朝鮮，受到朝鮮實
學派儒者丁若鏞（茶山，1762-1836）的批判，由此窺探日韓
兩國實學派儒者對經典解釋的歧異。本書想藉由這兩章引領讀
者一窺徂徠學對儒學解釋的特質。

　　至於日本陽明學的發展，亦別開生面，活潑健動，特別體
現在幕末維新的風雲時代。戰前吉本襄在其所創《陽明學》雜
誌的發刊辭中，把陽明學說成是：「唯看透我東邦倫理之大道
義，以之照於我國固有之風氣士道，以之質於宇內通有之大原
理，而毫不悖者，是發明儒家之大道的陽明學。」[4]他將陽明
學當成最能看透日本倫理並可照耀日本固有的風氣士道之思
想。陽明學之所以能在德川日本落地生根並發揚光大，或許真
有幾分如吉本襄上述所說的原因，但是，所謂「東邦倫理」或
是「日本固有之風氣士道」與陽明學思想精神有何關係？日本
陽明學的淵源與中國有何關係？或是日本化的陽明學帶有的

富山房，1939 年）所寫的序，頁 7。

[3]　加藤弘之：〈ホッブスと徂徠〉，《東洋哲學》第 2 編第 2 號。

[4]　吉本襄：《陽明學》第 1 卷第 1 號，明治 29 年（1896）7 月 5 日發行，頁
　　2。

日本本身之性質是什麼？則是本書第五、六章有心解明的課題。以上引用戰前日本學者的各自說法，旨在點出儒學中的神道學、日本陽明學與徂徠學均在德川儒學中佔有相當特殊的位置，本書即從這個出發點，窺探德川儒學的特色。

筆者鑽研日本思想史歷有年所，關於上述涉及的三項主題，徂徠學是繼踵本人從碩士論文以來對古學派的研究，日本陽明學則是博士論文階段曾經下過功夫研究的學派；至於神儒交涉之關係研究，則是筆者最新的研究領域，也是透視日本儒學特質的關鍵。附錄中有關德川書院特質的探究，則是筆者新的研究興趣之所在。由於本書各章涉及諸多領域及學派，看似龐雜無統，實則都是在中日儒學比較的基礎上完成，亦即以儒學作為公分母，藉著中日比較進而窺探日本儒學的特質，因此，本書以第一章〈德川儒者對中國儒學道德價值觀念的轉換〉的通論性論文作為導論，實著眼於此。

我來自臺南鄉下的農村，進了大學，渾渾噩噩，志向未立，一度想放棄學習，更不用說會知道學術為何物，是業師黃俊傑教授引領我入門。到了博士學位考試當天結束後，黃師更諄諄告誡我：「博士學位的取得，才是做學問的開始。」我謹記在心，這些年來不敢稍有懈怠。本書收錄的所有文章，幾全是近三年來參與黃師負責主持的《東亞近世儒學中的經典詮釋傳統研究計畫》以及《東亞經典與文化研究計畫》所累積的研究成果。我很慶幸，在求學之路上有黃老師的指導並不斷鞭策我前進。我也非常感謝長年來參與這些研究計畫的學術先進，他們不但拓展我的研究視域，也不時指正並鼓勵我，更重要的是讓我深深感受到他們對學術的熱誠與關懷。回首來時路，投入德川思想史的研究迄今已十載有餘，研究愈深入，愈能感受幕末

陽明學者山田方谷（1805-1877）的詩句的意境：「水墨一揮成幾峰，遠峰淡淡近峰濃；誰知濃淡難描處，更有奇峰千萬重。」（〈畫山〉）我只是在日本思想史研究的領域中，揮灑出稍有濃淡之姿的山峰，深信「濃淡難描處」，真的「更有奇峰千萬重」，等待著未來漢語學術界師友的共同耕耘。

　　本書初稿各章曾以單篇論文發表或投稿，得到許多參與學者及審查者的指正。又，本書各章都曾發表在各學報或論文集當中，整理成書後，有些經過大幅修訂，以成為比較有系統及連貫性的專書，承蒙臺灣大學出版中心兩位審查人提供本書寶貴的修訂意見。對於諸多的學術指正，在此衷心感謝。此外，本書各篇論文都是在臺北醫學大學任教的歲月中完成，我衷心感謝作為私立大學的北醫，充分尊重我的歷史學專業，並給予充足的研究空間。

　　最後，我希望把這本書獻給我最敬愛的全體家人，特別是我的雙親，他們雖畢生在鄉下過著農耕的生活，卻讓我學習到如何從農業的實地耕作中，真實地體會對土地的感情，以及一步一腳印的實踐生活哲理。

張崑將

2006 年 9 月 28 日序於北醫研究室

導　論

第一章

德川儒者對中國儒學道德價值觀念的轉換：
以「仁義」、「忠孝」概念為中心

一、前言

　　中日之間，一衣帶水，皆屬儒家文化圈，記載孔子之道的《論語》早在五世紀之初由百濟博士王仁傳入日本，但以後日本的發展是律令制度模仿中國，而人生價值取向則以佛教思想文化為主導，歷代天皇鮮有不信佛教者。洎乎德川一朝（1603-1868），儒教之顯揚，隨朱子學之傳入，對日本佛教思想提出挑戰，因而在德川初期出現許多開宗立範的儒者，除朱子學者藤原惺窩（1561-1619）及林羅山（1583-1657）外，如陽明學者中江藤樹（1608-1648）宗主心學，兵學者山鹿素行（1622-1685）、古義學派伊藤仁齋（1627-1705）、古文辭學派荻生徂徠（1666-1728）三者倡復古之學，由於各家學派或宗程朱，或主孔孟，互相攻訐，遂有三宅石庵（1665-1730）、井上金峨（1732-1784）的折衷學派，以及賀茂真淵（1697-1769）、本居宣長（1730-1801）所提倡日本神道為主的國學派。總之，在短短不到的一個半世紀之內，德川思想界有如中國的百家爭鳴之春秋戰國時代。而中日之儒者，均折衷孔子，自謂真孔子之道，即使在日本提倡武士道者，也必求之於孔子之教訓，如

新渡戶稻造（1862-1933）在《武士道》一書中舉出日本武士道的三個豐富淵源，即：禪宗、神道及儒教，而且有關道德的教義，孔子的教訓是武士道最豐富的淵源。[1]然而孔子之道，在中國自孟子以降已人自異說，家自異學，何況異邦的日本。而其間最大的爭議點之一，係對於儒學的道德觀念解釋的歧異。

本章旨在從中日思想交流經驗中探討：中華文化諸多道德觀念在日本地域特色受到價值轉換之緊張性問題，特別扣緊儒學概念的道德價值觀念作為分析對象。而儒學道德觀念甚多，舉凡仁義禮智、誠敬恭和、孝悌忠信等皆是，各儒者對於上述諸道德觀念的解釋又往往南轅北轍，尤其在異邦的日本儒者所認知的儒學道德觀念，常與中國儒者的理解不同。

由於遠古日本並無文字，不但沒有「仁」、「義」之名，即連「孝」、「悌」、「忠」、「信」等道德語言也沒有相對應的和語，故日本最早的兩部史書《日本書紀》與《古事記》所紀錄的文字均用漢字，而文字傳入日本據說是約五世紀初，在七世紀末大化革新以前盛行。不過，日本古代沒有文字，並不代表沒有「道」或「教」，經常被拿來印證這觀點的常是用神道的神器來象徵仁義禮智等德目，如用鏡、玉、劍代表智、仁、勇，以證明日本自己有「神教」及「神道」，以及一些相應的道德德目。[2]

---

[1] 新渡戶稻造著，矢內原忠雄譯：《武士道》（英文書名 *Bushido, The Soul of Japan*）（東京：岩波書店，1938 年），頁 30-38。

[2] 如德川中期的兵學家松宮觀山（1688-1780）就持此論說：「世儒妄言曰：『我國初無道無教矣，故無仁義禮智之目，其有道有教者，自吾儒始焉。』恭惟我國皇統授受傳國之璽，有劍、鏡、神氣在焉，此教、道之大者，而百王一姓，綿綿不絕矣。此一事即是有仁、有義、有禮、有智、有信，而萬

　　然而語言文字經過翻譯，傳到其他民族後，常有無法完整表達該民族的傳統思想的現象，因為常常缺乏相應的語言以表達被翻譯語的完整性。這種翻譯語的缺陷，充分表現在日本儒者面臨中華儒家許多的道德價值理念時，經常覺得格格不入，尤其日本是個具有萬世一系及幕藩封建體制的國家。本章選擇儒學道德德目中關鍵的「仁」、「義」、「忠」、「孝」等四個核心價值概念，試窺中日價值理念產生的差異。所以，在第二節先介紹具有中國特色的「仁義」與「忠孝」道德核心的價值觀。又為了凸顯本章之論述議題，在第三節、第四節扣緊反朱子學者而且具有日本地域思維特色的學者，如徂徠學、武士道學者、水戶學者、陽明學等作為中心，分析他們對「仁」、「義」價值理念的「政治化」，以及對「忠」「孝」價值理念的「宗教化」之思維特色。最後在第五節結論中，透過中日思維觀念的不同，反省彼此交流的經驗，能給二十一世紀中日文化交流活動中帶來何種新啟示。

二、中國儒者「仁義」與「忠孝」之價值理念

　　儒學道德觀念中有仁義禮智、誠敬恭和、孝悌忠信等許多道德德目，這些德目是否都具有普遍的文化價值意義，則必須要看是在何種條件下的解釋。如果這些道德項目是以有限的對象物以立其道德意義，當然不能具有普世意味。無論如何，上

國莫與之比之證，粲然明白猶日星懸天，復何可費多言乎哉！世儒不觀道所實行，徒拘文字名目之末，而論道之有無，何其盲之甚耶？」參氏著：《學論》，收入《日本儒林叢書》（東京：鳳出版株式會社，1978 年），第 5 冊，卷上，頁 4。

述儒學道德的德目，一般儒者常採取兩種解釋進路：一是著眼於從人人內在的根源義出發的價值，一是專注於外在對象物所引申的道德。顯然前者才具有普世價值意義，後者由於偏重在應用或實踐的規範價值，則因各地區特色而有不同之應用發展。用儒學概念來說，前者是道德之「質」，後者是道德之「文」；用宋儒的話而言，前者是道之「體」，後者是道之「用」；用西方康德之哲學概念來分類，則前者是「道德法則」，後者屬於「道德情感」。[3]

　　在中國的道德思想發展史中，自孔子以降「仁」是最根本的道德。所以徐復觀（1902-1982）先生說：「孔學即仁學。」[4]牟宗三（1909-1995）先生也說：「孔子的中心思想在仁字。孔子一生做的就是踐仁的工夫，仁是一切德行所總出，是真正生命的代表。」[5]誠然如是，孔子言「仁」實指一種自我主宰的境界。

　　自孟子以及接續孟子思路的宋代二程以降的解釋，均涉及以「心」解釋「仁義」，如孟子說：「仁義禮智根於心」（〈盡心上・21〉）、「惻隱之心，仁也；羞惡之心，義也；恭敬之心，禮也；是非之心，智也。仁義禮智，非由外鑠我也，我固有之

---

[3] 這裡所用的「道德法則」與「道德情感」均是以康德倫理學概念而來。所謂「道德法則」是指有理性者自訂的普遍法則，即是「自律」理念，這項理念**不以任何興趣為依據**，並且遵守這項法則是義務，所以「道德法則」只能由道德主體提供，**而不能求之於對象**。參康德原著，李明輝譯：《道德底形上學之基礎》（臺北：聯經出版公司，1990 年），頁 79。

[4] 徐復觀：〈釋《論語》的「仁」〉，收入《學術與政治之間》（臺北：臺灣學生書局，1985 年），頁 303。按《論語》499 章，論「仁」者凡 58 章，已超過十分之一，仁字共用 105 次，遠超乎孝弟、天、禮等字之上，並且孔子將「仁」字擴大了諸多深層意涵，賦予了「仁」字的全德性質，所謂「孔學即仁學」誠然如是也。

[5] 牟宗三：《中國哲學的特質》（臺北：臺灣學生書局，1994 年再版），頁 89。

也，弗思耳矣。」（〈告子上・6〉）又與告子辨「仁義內在」的先天命題，以及與齊、梁二君力言「義利之辨」等，用牟宗三先生的話來說，孟子的仁義思想是「仁義內在，性由心顯」，如果扣緊仁德則是「攝性於仁，攝仁於心，攝存有於活動」。[6]「心」、「性」、「仁」實互相統屬而不可分，故仁義禮智在天道曰「性體」，在人道說「心體」，是通貫天道與人道的根本道德，它兼具規範性與規律性，這就是中國由心性以論普世價值的特色。

因此，孟子常「仁義」並言或「仁義禮智」連說以論先天的四端之心，作為性善論之理論基礎。逮至宋儒，自二程以降，克紹箕裘，繼承孟子心性論與性善說這一思路，經朱熹的發展，進一部進《四書》退《五經》，在元代並成為科舉考試科目，影響所及，士大夫莫不尊孔、孟而輕荀子、漢儒，縱然有若干思想獨特的士人不苟同外，性善說與心性論是成為儒者根深蒂固之觀念，因而「仁義」思想可說是儒家最核心的道德概念，用宋儒的話就是「本體」，其他「孝」、「悌」、「忠」、「恕」、「信」等道德則是實踐道德之「用」。[7]「體」、「用」沒有優劣之分，但有實踐的優先順序，即以先體認根源性的道德本體為優先，而這種體認必須在許多的實踐應用道德中方能體證，故在此意義下說體用不二或不即不離。

值得注意的是，孟子之所以從諸多道德中，特抽離出「仁

---

[6] 牟宗三：《心體與性體》（臺北：正中書局，1996 年），第 1 冊，頁 26。

[7] 誠如錢穆（1894-1990）先生所說：「程子分別體用言，孟子兼體用言，朱子之說亦分亦兼。」氏著：《朱子新學案》（臺北：三民書局，1989 年），第 1 冊，頁 430。又如朱舜水（1600-1682）亡命日本，與日本學者的來往書信中，日本學者往往稱舜水是由「仁義之國」來的人，如小宅生順問：「如先生生仁義之國，學究聖賢之奧。」參《朱舜水集》（北京：中華書局，1981 年），卷 11，〈問答四・答小宅生順問〉，頁 406。

義禮智」四種德行，來作為人的固有根性（「仁義禮智根於心」），並以之定義為「惻隱」、「羞惡」、「辭讓」、「是非」之心，主要是立基於這四端之心都具有「**無條件且無特定對象物的道德價值**」，這四種德行都是先天的道德價值，不會因具體經驗的改變而有轉變的可能。換句話說，他們就是「先驗的」、「普遍的」、「形而上」的道德價值，因此這四端之本心是可以自我立法的道德主體，這與其他具有「條件」與「特定對象」的「孝」、「悌」、「忠」、「信」等現象經驗道德不同。簡言之，這些道德都是「仁義禮智」之性的推展德行。其中「孝」自孔子以降即被認為是諸多被推展的道德德目中，最為根本與重要之德行。因而《論語・學而》次章「孝悌也者，其為仁之本與」，在宋儒二程、朱子乃至陽明的理解是「仁體孝用」。[8]故「仁」、「義」若無對，則能具有形上、先驗的普遍價值意義，「忠」、「孝」若有對，只扣緊現實特定人物或服務某群體，則顯然只是人類特定道德，或某國家、某地區的特定道德。例如「忠」與「義」之對於特定的「君」對象，「孝」之對於自己的「父母親」對象，其他類似有特定對象的德行，如「悌」之對於「兄弟」，「信」之對於特定的朋友或顧客。由於這些道德都在現實經驗世界中有特定對象，所以常會是「有條件」的道德價值，因為不能保證對象若改變的話，道德價值內涵也隨之改變，故就此意義而言，並不具普遍永恆性，因此這些道德價值不能是根源性之「體」，應屬之「用」。因此「仁義」或「忠孝」道德之體用差別，關鍵在於有無正視「心」、「性」的超越意義，而中國自孟

8　關於宋儒程伊川、朱子的「仁體孝用」之分析，可參拙著：〈日本陽明學者中江藤樹與大鹽中齋對「孝」之解釋〉(《臺大歷史學報》，第 29 期，2002年，臺北) 一文之第二節，朱子的《孝經刊誤》與詮釋「孝弟也者，其為仁之本與」所引發的爭議。

子以降論普遍價值，必求之於即心善以言性善，承認人「心」的自我的主體性與可超越性，這就是中國論普世價值的特色，繞過這層意義去論先天的普世價值，則難以論儒學之普世價值或宗教性意義。

　　但在日本道德思想史的發展上，「仁義」思想一直沒有主導過日本封建社會的核心倫理道德。例如影響日本甚鉅的兩個革新運動「大化革新」（645 年開始）與「明治維新」（1868 年開始），都不是以「仁」、「義」作為道德基軸。大化革新之前奏，是由聖德太子（574-622）所推展。在他所擬的〈憲法十七條〉中前兩條即是：「以和為貴，無忤維宗」、「篤敬三寶，三寶者，佛法僧也」。[9]即使第一條「以和為貴」，出自《論語》「禮之用，和為貴」，但根據中村元（1912-1999）的分析，聖德太子「和」的思想立場，還是以佛教之慈悲意涵為主要重點。因為佛典中常有「和敬」、「和合」之語，而不是儒家從「禮」出發所談的「和」之內涵。[10]明治維新以後，1890 年根據井上毅（1843-1895）所起草而被頒布的〈教育敕語〉之內容，也並沒有出現「仁義」，而僅有「忠孝」。[11]因此，日本歷史兩次的革新運動，一是以佛教文化為主導，一是以日本傳統的神道文化作為推動主力的「忠孝建國」原理，都沒有儒家最重視強調的「仁義」道德，顯現出中日學者對於儒學道德價值理念的

---

[9]　〈憲法十七條〉，收入《聖德太子集》（東京：岩波書店，1982 年七刷，《日本思想大系》2），頁 12。

[10]　中村元：《聖德太子》（東京：中央公論社，1983 年），頁 43。

[11]　井上毅：〈教育敕語〉，前面內文如下：「朕惟我皇祖皇宗，肇國宏遠，樹德深厚，我臣民亦克忠克孝，億兆一心，使濟世之厥美。此我國之精華，教育之淵源，亦實存此。」（原日文）收入《教育の體系》（東京：岩波書店，1991 年，《日本近代思想大系》6），頁 383。

追求有相當的距離。

三、德川學者對「仁義」價值理念解釋的政治化： 以徂徠學與武士道學者為中心

　　中國自秦漢以降大致上已是個郡縣制度的社會，布衣甚至可至卿相，故漢代以後一般所稱的「士」乃專指廣義的以讀書授業或為仕的人，並無階級意義，一般稱之為「士大夫」，因而發展出中國特有的「士大夫」文化。中國這種「士大夫」寧可說是「階層」而不是「階級」，因為不論「已仕」、「未仕」或有無受國家俸祿，「士大夫」不會是世襲也沒有為國家盡義務的先天概念。只要透過讀書，農工商階層皆可成為「士大夫」。由這種非階級意識形成的士大夫，其所懷抱的責任感常以天下文化為己任的道德理想型之「士」。這種情形尤其在宋儒以後，朱注《四書》在元代仁宗成為官方科舉考試科目（1313年）下得到發展。

　　至於在日本武家政權上，一般所說的「士」，就是階級意義的「武士」。這種「武士」階級的成立，係根源於對主君的「恩」意識而來。因此這種階級意識所懷抱的責任感，常著重在「政治的實用性」。以下即分析這類傾向封建的武士所具有獨特意義的「政治實用型」之「士」，主要以反朱學者或強調日本武士道精神之學者為中心，探討他們如何轉化「仁義」、「忠孝」的儒教價值，以及在這樣被解讀之下的儒教道德，將會產生何種思想上的緊張關係。

（一）「仁」價值理念的政治化

在中國，孟子誠然以仁義之道說齊、梁諸君。但其論「仁
義」之道，必推之於「惻隱」、「羞惡」之心，並由「心」以言
「性善」。因此，如果只講到政治意義的「仁」，而沒有論及本
心或性善，都是一種偏重外在之「仁」，而輕忽「仁之所以為
仁」的內在心性之根源意義。

日本武家傾向以政治事功義來解釋「仁義」，當然與其封
建的政治君臣關係有關。一位德川末期的思想家這樣定義「仁
義」：「夫『仁』，人君之道；『義』是臣奉君之道者也。是故人
君宜止於仁；人臣宜止於義。」[12]當然，「君仁臣義」是由中國
而來的思想。但儒家士人並不特定專在君臣關係或政治意義之
下論仁義之道，[13]而「仁」、「義」這兩個道德觀念在日本武士
學者的思維中，往往被限定在政治道德上。因此，日本武士學
者論「文武合一」之時，常以「仁」為文德，「義」為武德。
如《兵要錄》的作者如是區分：「仁與禮者，文德也；義與勇
者，武德也。」[14]另一位武士道學者也說：「仁義，固文武之二
也。仁，如文道之花；義，如武道之花。」[15]如此相對於中國

---

[12] 高松芳孫：《正學指要》，收入《日本儒林叢書》，第 11 冊，頁 30-31。

[13] 《大學》只說：「為人君，止於仁；為人臣，止於敬。」與「君仁臣義」
的思想非常不同，因為日本武家是直接把「仁」專屬之「君」，「義」專用
之於「臣」。而《大學》之「君仁臣敬」關鍵在「止」字，「仁」、「敬」皆
是以普遍對象為主，不是特用於某些政治階級。

[14] 長沼澹齋：《兵要錄》，收入《武士道全書》（東京：時代社，1942 年），
第 4 卷，「練心膽」條，頁 173。

[15] 片島武矩：《武備和訓》（1717 年刊），收入井上哲次郎、有馬祐政共編：
《武士道叢書》（東京：博文館，1906 年），下卷，頁 40。

所重視的「仁」，日本武家則更重視的是「義」，他們常視「仁」為文道，「義」為武道。例如津輕耕道子特別區分中日對於「仁」、「義」之偏重而說：

> 在外國，所謂治四海之德，其以用仁為主，故為文德也；
> 在武門，所謂治天下之德，其以用義為主，故為武德。[16]

可見區分中國是以文德之「仁」治四海，日本則是以武德之「義」治天下的思維，廣泛普及於武士道國度的日本。因而日本武士所認知的「仁義」內涵，絕不同於中國士大夫文化的儒家道德。

除了上述武士道學者以政治義解釋「仁」、「義」以外，還有荻生徂徠。徂徠是德川初期影響後世深遠的古文辭學開宗者，他非常反對孟子的「仁義」並言，並且不承認「仁」是儒學的核心道德。徂徠從古代《尚書》、《論語》、《中庸》以降等經典，證明古代經典皆以「禮義」連言，而不以「仁義」並說，所以徂徠說：「禮義皆道也，非德也。」[17]「道」與「德」之差別，是「道」有規範性及歷史性，即徂徠一再強調的「先王之道」。而「先王之道」的內涵是：「道者，統名也。舉禮樂刑政，凡先王所建者，合而命之也，非離禮樂刑政，別有所謂道也。」[18]可見徂徠所理解的「道」，僅有現象意義的「規範性」而不具存有及宇宙的「規律性」。換言之，只是具體實用性之「道」，而不具內向超越之「道」。至於「德」，徂徠並不相信孟子性善

---

[16] 津輕耕道子：《武士提要》，收入《武士道叢書》，上卷，「上篇治本·武德」，頁 401。

[17] 荻生徂徠：《辨名》，收入《荻生徂徠》（東京：岩波書店，1982 年，《日本思想大系》36），上冊，「義」第 8 則，頁 222。

[18] 荻生徂徠：《弁道》，收入《荻生徂徠》，上冊，第 2 則，頁 201。

論，他特說：「性人人殊，故德亦人人殊焉。」[19]因而徂徠並不相信有一共通性的「德」，所以當然沒有普遍的判準，至於他的普遍判準只是現象的政治意義之「先王之道」。所以，徂徠只說「禮義之道」而不云「仁義之道」，而且所謂「仁」、「義」、「禮」、「智」均是扣緊政治意義而言。[20]

因此，徂徠解「仁」的標準，即以政治論優位的思維，故以「安天下」為原則來定義「仁」。他說：

> 夫有安天下之心而又有安天下之功，謂之仁，管仲是也。有安天下之心而無安天下之功，不得謂之仁。有安天下之功而無安天下之心，莫有此事焉。如三子者（微子、比干、箕子），有安天下之心而無安天下之功，雖無安天下之功，然使紂從其言，則亦足以安天下，故謂之仁。[21]

徂徠雖以「安天下之心」與「安天下之功」並取，但其論述則又特重「安天下之功」之「仁」。從「有安天下之心，而無安天下之功，不得謂之仁」之語，可知「安天下之功」優先於「安

---

[19] 荻生徂徠：《弁名》，收入《荻生徂徠》，上冊，「德」第 1 則，頁 212。

[20] 儘管徂徠與荀子雖同以禮法制度為其中心論旨，但仍有許多歧出的關鍵思想。丸山真男嘗談到論者常將徂徠與荀子之思想對比，因而喪失了徂徠思想的特質，他繼而提出徂徠與荀子思想有很大的不同：第一，在荀子思想中，修身與治國，仍存在著連續的關係，徂徠則無。第二，徂徠聖人觀不可學，荀子認為學固可為聖人，又有士、君子、賢人、聖人的疊塔階段。第三，荀子倫理與政治仍是連續的關係，因此公私未分化；徂徠公私明顯分化，均昇華為與政治有相關。第四，《荀子》中看不到對文藝的尊重及其他學派的寬容。參氏著：《日本政治思想史研究》（東京：東京大學出版會，1976 年二十一刷），頁 116-117。

[21] 荻生徂徠：《論語徵》，收入關儀一郎編：《日本名家四書註釋全書》（東京：鳳出版株式會社，1973 年），第 7 卷，壬卷，頁 333。

天下之心」，故事事以「安天下之功」為判準「仁」的原則。
如徂徠完全視管仲之功即是「仁」，而孔子所認定的仁者，亦
是如管仲有安民之功的人。徂徠這種將孔子所重視的個人「德
性義」，完全扭解為政治事功義，有意強化仁者事功意義而抖
落由本心出發的個人之德性義。在這種以「安天下之功」取仁
的標準下，歷史上許多被封為仁者的人，徂徠則一一對他們重
新評價。例如他反對孟子封柳下惠為仁為聖，[22]又為唐太宗之
功臣王珪（571-639）、魏徵（580-643）之不死君難、易事二主
脫罪，而稱「王、魏亦管仲耳」。[23]亦譏諷方孝孺（1357-1402）
之徒只能當死讀經書的學生。[24]又如上所引，殷之微子、比干、
箕子三子，徂徠充其量也僅以假設性語言稱其為仁，而說：「然
使紂從其言，則亦足以安天下，故謂之仁。」因為殷之三仁乃
出於孔子之肯定，徂徠不得不以假設性語言來遮掩。

　　然而孔子言「仁」，孟子說「仁政」，絕不僅以政治事功來
定義「仁」，孟子從「惻隱之心」向齊、梁二君說「仁政」，還
是扣緊道德根源的本心之善來論「仁」，但徂徠所謂的「心」，
是專指政治意義的「心」，而非超越意義及道德價值意義的
「心」。[25]故徂徠所說的「仁」，是以排斥主體之價值自覺的「心」
來立論，從而矮化了孟子以降即心言性善的價值根源性，特別
限定在政治意義的道德。徂徠學派在德川思想界影響深遠，舉

---

[22] 同上註。

[23] 荻生徂徠：《論語徵》，庚卷，頁 270。

[24] 同上註，頁 273。

[25] 徂徠說：「聖人貴德而不貴心（按：此伊藤仁齋之語），此語誠嘉，而其所
謂德者，即程朱所謂性，則所爭唯在言語耳。雖然心亦不可不言，辟諸國，
心君也，身臣也，桀紂之君非君也，此貴德貴性之說也。國無君則亂，是
心之所以不可不言也。」《蘐園隨筆》，收入《日本儒林叢書》，第 1 冊，
卷 3，頁 33-34。

其一已足可代表這一學派之特色，這就是中國「仁」德之價值
理念被日本地域特性政治化的特殊例子。

（二）「義」價值理念的政治化

其次，關於「義」價值理念，也被日本學者從政治的角度
加以解釋。日本武士學者所認知的「義」之內容，如當代學者
相良亨（1921-）所說：「義的實質內容，就是對傳統主君的獻
身之倫理。」[26]相良氏進一步指出儒教之「義」的思想，帶給
日本武士更獨立的道義人格。換言之，日本所認知的「義」與
儒學所體認的「義」有本質上的不同。相良亨提到儒學的「獨
立道義人格」，我們以孟子為例進一步分析。孟子常「仁義」
並言，並與告子辨「仁義內在」的命題，又以「惻隱之心」、「羞
惡之心」（告子上・6）定義「仁」、「義」之內涵，是以「心」
之自我主宰，以作為內在超越的先天道德標準，是超越主從關
係而無特定服務的對象。但日本反朱學者或強調武士道精神
者，則要斬斷「義」的「內在超越」面向。換言之，武士道學
者所要強調的是「滅私奉公」，在「公」之前，永遠沒有「私」
的存在，我們以日本武家所思考的「義」概念來論述這個觀點。

德川時代關於「義」的理論有兩種發展：一是徂徠學者的
「先王之義」，一是武士道學者的「義理」。關於前者，我們還
是以徂徠為例，如前所分析，他既以「安天下之功」的事功意
義解釋「仁」，故對於「義」的解釋也不離政治義，而且「義」
是「道」，比「仁」是「德」還更被重視。故徂徠特別說：「古

---

[26] 相良亨：《日本の儒教 II》（東京：ぺりかん社，1996 年），頁 94。

來未有以義為德之名者。」[27]因而「義」只能是先王之道意義下的「道」之名稱。他如是定義：「義，亦先王之所立，道之名也。」[28]又說：

> 人多知禮為先王之禮，而不知義亦為先王之義，故其解皆不通矣。蓋義者，道之分也，千差萬別，各有所宜，故曰：「義者，宜也」。……韓退之曰：「行而宜之之謂義」，朱子曰：「義者，心之制，事之宜」，是皆不知義為先王之義，乃取諸臆以為義也。」夫取諸臆以為義，是非義之義所由生也。朱子本於孟子義內之說，然孟子之意，亦謂先王率人性以立道，故義有所合於人心耳，豈以義為性乎？其在先王，誠亦取諸其心焉耳矣！然先王之意本為安民故也。……且不知義以安民為本，徒據宋儒之說，取諸其臆以為義，是後世之說，雖若可觀，而其所以鑿於先王之道者，為是故也。又如以裁割決斷為義，亦執先王之義而以此裁割決斷已。苟不知先王之義，則猶空手裁物，安能之乎？[29]

上面引文中，徂徠批駁了韓愈（768-824）及朱子對「義」的定義，指出他們沒有扣緊安民為本的「先王之義」立論，而且朱子思想主要還是源自孟子「義內」之說。換言之，徂徠的「義」都是從上位的單向思考著眼，與個人道德無任何關係，因此他必然要斬斷宋儒源自孟子仁義內在的思想關係，即反對從個人道德出發所展現的心性論。

---

[27] 荻生徂徠：《辨名》，「義」第 2 則，頁 220。
[28] 荻生徂徠：《辨名》，「義」第 1 則，頁 220。
[29] 荻生徂徠：《辨名》，「義」第 2 則，頁 220-221。

其次，關於「義」被當作武士道學者的「義理」這一點上，武家所思考的「義」常是對主君的「義理」而言。在這一層面上，武士道學者與徂徠所解釋的「仁」的性質一樣，仍然扣緊政治上的實用道德意義。所以，「義」是作為日本封建武士的特殊詞彙──「義理」，即日本武士道精神是以實現「義理」而存在。什麼是「義理」呢？德川中期的武士道學者伊勢貞丈（1717-1784）有很好的說明，他所區分的「主人之義理」與「家臣之義理」，在日本近世武家義理中相當有名，他說：

> 君臣之法，君為主人之事，臣是家臣之事。主人把賜扶持之米與金，自然當作「恩」，家臣盡力奉公，受恩而悅，此「主人之義理」也。家臣也將盡力奉公，自然當作「恩」，從主人所仰給扶持之米與金，受恩而無忝，思為主人捨一命，此「家臣之義理」也。[30]

如是主人以「施恩」為義理，讓家臣在經濟上毫無負擔，這是作為主人應該作的義理，家臣在此主人的義理下，欣然受恩。至於家臣以「受恩」為義理，但為無忝於主人的恩賜，在必要情形下為主人捨一己之命，這是作為家臣的義理。換言之，主人與家臣均是由一個「恩」意識而結合，若無此「恩」意識，義理亦無從而生。因此，武士的「忠」之根本義理是由「恩」意識而來，個人的意義就是為了這個「公」（施恩者）而存在的。在這種義理下常將個人主體的獨立意識斬斷而全力奉公，這是一種「立公次私」、「報公恩以成私」的思維。[31]這是中國

---

[30] 伊勢貞丈：〈貞丈家訓〉，收入有馬祐政編：《武士道家訓集》（東京：博文館，1906年），頁90-91。

[31] 近年來，國內外學界對「公私」的問題討論與研究非常熱絡，東亞國家的日本是這方面的研究先驅，特別有「公共哲學共働研究所」的成立，並於

「義」的價值理念，在日本武士道德意識下的一個特殊轉型。

（三）「仁義」價值內涵在武士道德思維下的兩種斷裂

　　徂徠與武士道學者特以政治道德轉化儒家植基於心性論之超越面向，實有其日本時空背景之脈絡可循。畢竟德川社會乃至以前的武家社會，是在一個世襲封建體系制度下，非常嚴守士農工商階級身分的社會。作為其中重要階級的武士，他所關心的道德都是「君臣之義理」，這種君臣之義理與周代封建社會體制甚為類似，故他們普遍仍承認對周室王朝存有敬意的孔子之道。但孟子以降及宋儒強調個人心性的超越思路，則與武家封建道德有許多義理之衝突，因為在日本封建制度的時空背景下，武士階級的義理是先天賦予的。對武士而言，這種「義理」是最重要且無可逃於天地之間的責任，故他們解釋「仁」乃環繞在政治的實用性意義，缺乏形上觀念。至於對「義」的理解，則傾向為「先王之義」或對奉伺主君的「義理」，都是環繞在政治道德的絕對關係上。

　　但是，這樣扣緊政治義解釋「仁義」，可說是轉換了中國

2002 年由東京大學出版社發行，佐佐木毅與金泰昌共編：《公共哲學》（第 1 期）全 10 卷、《公共哲學‧別本》及《公共哲學》第 2 期全 5 卷之研究成果。國內臺灣大學東亞文明研究中心也與日本公共哲學共働研究所於 2003 年 12 月第一次共同舉辦國際研討論，邀請海峽兩岸、香港、日本、韓國等學者在臺灣大學共研公共或公私哲學之議題，會後並結集成專書《公私領域新探：東亞與西方觀點之比較》（臺北：臺灣大學出版中心，2005 年）。其中金泰昌的論文檢討戰前日本「滅私奉公」的喪失自我主體性與現今日本社會出現的「滅公奉私」的無限地放大自我等問題，從而提出「活私開公」、「公私共媒」的理念，企圖為上述兩極之間徘徊徬徨的日本思想界的閉塞狀態，打開出口與通道。參氏著：〈以「活私開公的公共哲學構築「世界國家地域」之共働型社會結構〉，頁 3-11。

「仁義」的內在超越思想，按照這種唯政治義所理解的「仁義」，將出現以下兩種道德連續的斷裂：

1. 斬斷個人道德與政治道德之關係，而以「政治道德」凌駕「個人道德」：

　　這種思路完全與《大學》由「正心誠意」開始的涵養個人道德的思路完全相反。誠如丸山真男（1914-1996）所分析，徂徠是為了「安民」這個政治目的，即使不合道理也無妨，這一點正是對儒教道德的價值之轉換。[32]故不免與中國儒教道德產生衝突。換言之，徂徠學與武士道學者強調的是「外王」的政治道德之事功，而非專注在「內聖」之德性涵養，因此儒學「內聖」與「外王」的連續性關聯在徂徠學中是斷裂的。[33]

2. 切斷宇宙與人生道德之關係：

　　這就是丸山真男著名的「從自然到作為」理論，[34]亦即斬斷朱子理學的超越向度，專注在人為制度的「作為」。徂徠此種人為制度觀念的「作為」思想，以及武士道學者的忠君奉公思想，使「人」矮化為只能是一度空間的具體意義之「人」，

---

[32]　丸山真男：《日本政治思想史研究》，頁 83。丸山並把徂徠之《太平策》與馬基維利之《君王論》相提並論，認為徂徠之政治論是從道德倫理中解放出來的政治行為。

[33]　如徂徠弟子太宰春臺（1680-1747），在一篇〈孟子論〉（收入《日本儒林叢書》，第 4 冊）中斥孟子的「殺一不辜，而得天下」說：「夫仁人之行事也，自旁觀之，未必無可議者焉。視其成功，然後其仁可知矣，況行天下之事，立天下之大業者，何可拘小節以失機會哉！」（頁 23）這完全是以結果論來論證道德之圓滿。

[34]　丸山真男：《日本政治思想史研究》，第 2 章〈近世日本政治思想における「自然」から「作為」へ—制度觀の對立として〉，頁 195-276。

主張「性人人殊」以取代性善論，認為內在的心性因人人異，而超越經驗的世界，又不是一般人可以掌握，故只能透過學習先王所既定下的禮樂刑政制度，以維持人間秩序。

　　總而言之，以上日本武家所發展出的兩種道德之不連續關係，實是中日思想交流激盪下所產生的重要衝突點。可以看出武士學者（包括徂徠學）面對中國儒家倫理思想，他們寧願選擇尚有周代遺風的封建倫理，故在儒家思想中，他們找尋最大的精神資源就是孔子。但孟子以降乃至宋儒所強調的由個人本心出發所闡揚主體性的自覺思路，與他們現實的時空與階級意識有根本的相違。

四、德川儒者對「忠」、「孝」價值理念解釋的宗教化：以陽明學、水戶學與吉田松陰為中心

　　中國儒家的「家」觀念，是根據自然的血緣關係組成，因此特別強調「孝」的先天無可逃避的責任感甚於後天人為義務之「忠」。所謂「有父子而後有君臣」（《周易》）、「父子有親而後君臣有正」（《禮記・昏義》），「子為父隱，父為子隱，直在其中」（《論語・子路》）、「不孝有三，無後為大」（《孟子・離婁上》）、「堯舜之道，孝悌而已矣」（《孟子・告子下》）等等，均說明「孝」優先於「忠」或國家的「法」，亦如宋儒所認知的「君臣以義合」，[35]父子則以天性（《孝經》）。

　　中國由於強調血緣的自然關係之「孝」，從而發展出由「個

---

[35] 按：「君臣以義合」，出自朱子解《論語・八佾》孔子所說：「君使臣以禮，臣事君以忠」時，引用尹焞之語，以及解《孟子・離婁下》「土芥寇讎」章引用楊龜山之語。

人」為主體進而擴散到社會關係之責任網絡。《大學》中的「格致誠正修齊治平」的前半段即以誠意、正心、修身的個人修養為發端，進而推演到負起家國天下的實踐責任感，所以修身立德為齊家治國平天下之基礎。但是，並不以修身立德為滿足，必得落實到外在的現實世界。立身是行道之基礎，行道則是立身的責任推演，「個人」與「社會」、「國家」是連續而非斷裂之關係，「個人」是作為「家」、「社會」到「國家」、「天下」之同心圓關係的核心。[36]從此觀念推展而出的社會，是人性平等觀的社會。故在中國儒家社會結構中，特別強調血緣意義下的「孝」，這可說是甚具中國地域特色的「孝」。

　　至於日本及佛教、西方基督教國家之教義，並不會如此拘泥於血緣關係以論孝。換言之，這些不拘泥於血緣關係論孝的國家，常有將「孝」推尊到宗教意義，以達所謂的「大孝」之理論。如佛教以出家普渡眾生為大孝，耶穌曾在眾人面前說：「誰是我的母親？」以傳教、認知教義真理來超越血緣意義之「孝」。日本則有特殊的神道信仰，強調武士道的學者常認為盡忠與盡孝可以是一體。又由於日本養子制度盛行，也有不基於血緣關係來論「孝」的傳統。因此，日本封建制度下的「家」結構，既然不同於中國，則所思考的「忠」、「孝」倫理亦與中

---

[36] 參黃俊傑教授：《孟子思想史論・卷一》（臺北：東大圖書公司，1991 年），頁 91。當然古代中國的氏族社會的「家」與儒家思想基於血緣關係所定義的「家」不同。古代氏族社會的「家」可能是許多宗族或家族等不同姓氏所組成的統一集團，杜正勝的研究指出：《禮記・禮運》篇所論小康的世界之「天下為家，各親其親，各子其子」一段，基於同宗同族的血緣關係的「家」之集團意識逐漸形成，以後「家」更成為經濟單位，統治權由固定的家姓世襲（參氏著：《古代社會與國家》，臺北：允晨文化，1992 年，頁 158）。基本上本章所謂的「家」是指漢代開始儒家倫理漸次定型後以血緣關係為主的「家」，在此意義上拿來與日本的「家」概念相比較。

國有相當大的出入。

　　上述西方、佛教、日本所認知的「孝」都與傳統中國倫理
上之「孝」不同。宗教界一致認為：若拘泥於血緣意義的「孝」，
只能算是中華民族的特殊價值倫理。其實在中國儒家知識分子
從宋儒以降也早認知：「孝」是道德之「用」，「仁」是道德之
「體」，畢竟「孝」還是有父母親之感性對象物，是屬於道德
興趣，不具道德法則的普遍約束性。因此，基於血緣意義以論
「孝」，只能算是中國儒家的特殊道德價值，並不是普遍道德。
本節乃扣緊日本德川陽明學者將「孝」推尊到宗教性的普世價
值地位，武士道學者吉田松陰（1830-1859）與水戶學者則將
「忠」當成超越原理而強調「忠孝一體」，二者皆受本土的神
道信仰影響，前者是把「神道思想普世價值化」，後者由於形
成國家主義，可稱之為把「神道思想特殊優越化」。

（一）「孝」之價值理念的宗教化：以陽明學為中心

　　日本陽明學者重視「孝」德，並推尊到本體乃至宗教性
地位，應該是受到中國王陽明之良知學的思想所影響。在《傳
習錄》中，陽明的確用了許多「孝」的比喻來說明良知之旨。
但「良知」歸「良知」，「孝」歸「孝」，「孝」不能是本體概
念，故二者畢竟無法等同，故陽明本身也是持「仁體孝用」
之說。[37] 但在日本從陽明學者中江藤樹、熊澤蕃山
（1619-1691）、大鹽中齋（1793-1837）等人思想中，皆以「孝」

---

[37] 陽明在《傳習錄》中說：「明道云：『行仁自孝悌始。孝悌是仁之一事。謂
　　之行仁之本則可，謂是仁之本則不可。』其說是矣。」參陳榮捷：《傳習
　　錄詳註集評》（臺北：臺灣學生書局，1992年），第190條，頁271。

貫穿天道、人道，以「孝」作為總攝宇宙人生道理的本體意義，並結合日本神道教，以「孝」作為公分母，推尊到宗教性之地位，相當具有日本地域特色的道德價值觀。

中江藤樹在諸多經典中，特別重視《孝經》。他解釋《孝經》的著作就有《孝經啟蒙》、《孝經考》、《孝經講釋聞書》、《假名書き孝經》，其他《翁問答》的思想核心也是闡釋全孝心法；《鑑草》則是特對女子的勸戒書，全書仍環繞在「孝」的中心議題而發。藤樹在其他文集中發揚孝的義理，更是不計其數。而藤樹重視「孝」之程度有如「宗教」崇拜，在他的學舍有這樣一條規定：「每日清晨拜誦《孝經》，可以養平旦之氣。而後或受讀、或受講、或溫習、或謄寫，不可一時放慢。」[38]又如他解《孝經》的「嚴父配天」思想，就不侷限在血緣意義上的「孝」，特別區分大孝、小孝，他說：

> 鈞是順親養親，或為大孝，或為小孝，何也？人之一身有大體、有小體。以大體順親養親為大孝，以小體順親養親為小孝。蓋身體髮膚，此小體也；仁義禮智，此大體也。⋯⋯是以《孝經》以嚴父配天為大孝，《中庸》以明善誠身文順親之道。曰「嚴父配天」，曰「明善誠身」，只是在明明德而已矣。明德之愛敬，寂然不動，感而遂通天下之故。⋯⋯以復本體之明，此之謂大孝焉。此乃天下第一等事，學問第一義也。[39]

從上引可知，藤樹欲以陽明心學解釋《孝經》，用《大學》的

---

[38] 中江藤樹：〈學舍坐右戒〉，收入《日本の陽明學・上》（東京：明德出版社，1973 年，《陽明學大系》第 8 卷），頁 521。

[39] 中江藤樹：〈藤樹書簡・書清水子卷〉，收入《日本の陽明學・上》，頁 516。

「明明德」思想解釋「嚴父配天」，特把「大孝」的普遍意義置於「復本體之明」的「明明德」功夫。綜觀藤樹思想中，沒有直接論「仁」、「孝」之關係，顯見他有意避開宋儒與陽明對於「仁體孝用」之觀點。但從上面引文已可知，「孝」在藤樹概念中已經具有「心性論」、「形上論」的意涵，並以「復本體之明」為大孝。在宋儒「仁義禮智」是性是本體概念，在藤樹則統歸於「孝」，認為這是「天下第一等事，學問第一義」，頗逆轉宋儒以降的「仁體孝用」之體用關係。

除此之外，藤樹還將「孝」推尊到宗教膜拜的地步。藤樹曾經規定自己每月一日齋戒祭拜太乙神，並且殫思竭慮地苦奉這個靈像三年，終於在三十四歲時有了人生第一次參詣日本勢州大神宮之行動。〈行狀〉記載：

> 前此曾以為，神明無上至尊也。身為賤士若近貴人，恐馴至瀆之，況神明也。是以終不詣拜。其後，學日日入精微，故以為士庶人亦有祭神之禮。是則神不可不詣，且太神宮，吾朝開闢之元祖也，生為日本之人，不可不拜，於是詣之。[40]

他亦有詩以祝此次拜謁之感：

> 光華孝德續無窮，正與犧皇業亦同。默禱聖人神道教，照臨六合太神宮。[41]

可以看出，藤樹之所以參拜日本神宮，是基於「大孝」的宗教精神，因為在德川初期是個甚嚴階級之防的社會，庶人甚至不

---

[40] 參柳町達也：〈中江藤樹‧解說〉，收入《日本の陽明學‧上》，頁46。
[41] 同上註。

敢去參拜神宮。藤樹既以「大孝」的普遍意識著眼，突破階級
意識去參拜神宮，付思想於行動。從他所引詩句可知，他衷心
祈禱能夠結合儒學聖人之道與日本神道，而他採取的是強化
「孝」的宗教性，來達到結合二者的目的。藤樹這種有意統合
中日至高的天神，而以「孝」作為共同公分母，其背後思想之
預設，正是立基於以「孝」作為超越及普遍意義的道德準則乃
至宗教信念，在此等於宣告日本神國與中國羲皇之業是基於平
等地位，將神道思想進一步「普世價值化」。

　藤樹如此重視《孝經》的宗教精神，他所著的《孝經啟蒙》，
經過弟子熊澤蕃山在備藩加以翻刻。據說備藩學校在每歲一月
二日，令學生誦讀《孝經》。[42]熊澤蕃山更著有《孝經小解》、《孝
經外傳或問》，甚至他的名著《集義和書》也不乏討論「孝」
與《孝經》之義理。雖然蕃山諸多思想並不與其師相同，但承
認「孝」的本體意義仍一致。在藤樹思想中，「太虛」本具有
神格性，而在後學的熊澤蕃山，更直接將之與日本水土的「神
道」結合起來，而專講「太虛之神道」，如他解「孝，德之本」
曰：

　　孝，太虛之神道，造化之含德也。在人為萬善之淵泉，
　　百行之源也。[43]

---

[42] 備藩學校禮拜《孝經啟蒙》之盛況，根據該藩一位儒者的記載如下：「此
《孝經》江西藤樹先生之筆跡也。先生每澄心慮拜禮此經，先生歿後，高
弟中川子自祠堂之中拜受，而命工鏤梓以頒行四方同志，既滿於千數。其
後先生之學遍知於世。」參何陋軒：〈孝經小解並に孝經外傳或問解題〉，
該原文乃屬名「洛西隱士何陋軒」，收入《蕃山全集》（東京：蕃山全集刊
行會，1940-1942 年），第 3 冊，頁 1。

[43] 熊澤蕃山：《孝經小解》，收入《蕃山全集》，第 3 冊，頁 3。

又他解《大學》「物有本末」條曰：

> 物；天地萬物也。天地之本，太虛之神道也。有天地而
> 後云天道也。先天而後地生，天生地成，是天道之本末
> 也。[44]

這裡值得討論的是，一樣解《大學》的「物」，朱子解「物格」
為「物理之極致」，陽明以「物」為「事」，蕃山直接解「物」
為「天地萬物」，再尋其本源即是「太虛之神道」，這顯然是日
本神道觀思維下的解釋。又如他在《集義和書》中的設問有關
「孝之心法」，蕃山答曰：

> 孝，成於天地未畫之前，太虛之神道也。天地人萬物，
> 皆由孝生。春夏秋冬、風雷雨露，無非皆孝。仁義禮智，
> 孝之條理也。五典十義，孝之時也。以神理之所含蓄為
> 孝，以言語無以名之，強取象曰孝。[45]

幕末甚為景仰蕃山之學的陽明後學山田方谷（1805-1877），[46]特
抄蕃山所著《集義和書》並作短評，其間有不少論孝之思想，

---

[44] 熊澤蕃山：《大學小解》，收入《蕃山全集》，第 3 冊，頁 185。

[45] 山田方谷：《集義和書類抄》，收入山田準編纂：《山田方谷全集》（東京：
聖文社，1951 年），第 2 冊，頁 52-53。

[46] 從山田方谷為弟子所規定的「學規」中，也可以看出方谷甚重視「孝」的
思想，他在東備的閑谷精舍中「學規」第三條曰：「每朝遙拜祖父母之儀，
為遊學中第一之禮矣。童子遺忘者，典禮戒告焉。或不能從儀者，無論冠
童，速退塾歸家，各拜禮於其祠堂，定省於其膝下為可，其勿滯在他方而
闕為子之禮也。」氏著：〈學規〉，第 3 條，收入《日本の陽明學・中》（東
京：明德出版社，1973 年，《陽明學大系》第 9 卷），頁 490。復有遙拜父
母之詳細規定：「家有老父母，而辭之遠遊勉學者。每日清晨，遙拜父母
畢，輒復思，今日光陰實為可愛之日，而費諸遊學，闕定省，曠溫情，使
父母懷遠望之憂，為天地間一罪人矣。」氏著：〈遙拜父母〉，同上，頁 490。

在此條也評曰:「體用本末兼備之大議論,先生說孝皆如此。
以仁義禮智為孝之條理,足以發王學之深旨。」[47]可見無論蕃
山與方谷皆承認「孝」的本體義,取代「仁義禮智」本體的地
位。他們所認知的「孝」都不僅是著眼於現象經驗的實踐道德
意義的「孝」。在其思維中,「孝」成為兼貫宇宙人生之道。

　　陽明學者如此推尊「孝」的本體義,以幕末舉兵失敗自焚
而死的陽明學者大鹽中齋為最高峰。中齋的為學宗旨是:「以
孝貫萬善,以良知貫孝,以太虛統良知」,[48]他以「孝」來填充
客觀超越意義的「性體」,取代宋儒以「仁義禮智」作為「性
體」的內容,故他又說:「孝即萬善,良知即孝,太虛即良知,
而一貫之義乎哉!」[49]此一貫之學,自也不是中齋發明,藤樹
已啟之。藤樹解《孝經》的「本」字曰:「本,謂三才一貫之
大本,經所謂『孝德之本』,《中庸》所謂『中也者,天下之大
本也』,是也。」[50]又曰:「所謂『愛敬盡於事親,而德教加於
百姓,刑於四海,無所不通』,一貫之神道也。」[51]這裡特出現
「一貫之神道」通解此句,其背後隱藏有日本本土之神道宗教
信仰。

　　無論如何,日本陽明學將「孝」與「神道」思想結合,貫
穿宇宙人生之道,並沒有侷限於天皇崇拜或日本特殊的神話之

---

[47]　山田方谷:《集義和書類抄》,頁53。

[48]　大鹽中齋:《增補孝經彙註》,收入井上哲次郎、蟹江義丸共編:《日本倫
　　理彙編・陽明學派之部・下》(東京:育成會,1908年),〈序〉,頁549。

[49]　大鹽中齋:《增補孝經彙註》,〈序〉,頁550。

[50]　中江藤樹:《孝經啟蒙》,收入山井湧、加地伸行等編:《中江藤樹》(東京:
　　岩波書店,1982年,《日本思想大系》29),頁268。

[51]　同上註,頁273。

中，這使日本本土之神道思想有普世價值化的可能。因為神道思想在日本有如中國的民間宗教一樣，祂的教義如果都只侷限在日本本土的話，不可能成為普世的宗教。現在透過陽明學將「孝」提到超越、先驗範疇，又不侷限於血緣意義的「孝」，也不強調本國、他國之分，這樣所認知的「孝」乃有普世價值，只是這種意義的「孝」並不是儒學概念的「孝」，是經過日本陽明學者結合本土的神道信仰的宗教意義之「孝」，這無疑又是中日思想交流激盪中的一個非常特殊之例子。

（二）「忠」、「孝」價值理念之「一體化」：以水戶學與吉田松陰為中心

　　討論這個議題，必須把時空轉移到十九世紀初中期的德川幕末時期，這是一個鼓吹尊王攘夷、志士不忘溝壑、勇士不畏死亡的內憂外患時期。如果要讓幕末志士從儒家道德中的仁、義、禮、智、誠、恕、中、和、孝、悌、忠、信等等諸多德目中，選出最重要的德目，他們毫不遲疑的會選擇「忠」與「孝」，比「仁」、「義」還更優先。例如藤田東湖（1806-1855）在《弘道館記述義》，提到「忠孝」比「仁義」還多，而且往往稱「忠孝仁義」而不是「仁義忠孝」，[52]並且「忠孝仁義」都是扣緊天皇與臣民關係的政治道德意義而說的，與個人主體性的道德無

---

[52] 如東湖比較德川家康與豐臣秀吉的不同時說：「蓋彼（按：豐臣秀吉）以詐術，我以至誠；彼以威彊，我以義勇。……凡其（按：德川家康）言，必本於**忠孝仁義**，其政教施設，暗合於聖人之教。」又如斥責古學者（按：指國學者）之排儒：「則其排儒，乃所以小斯道，而況**忠孝仁義**之實，天地以來，生民所固有乎？」分別參氏著：《弘道館記述義》，收入《東湖全集》（東京：博文館，1940 年），頁 167 及 181。

關。又如幕末的吉田松陰，在其有名的「士規七則」中，只提
到「忠孝」而沒有「仁義」思想。而幕末志士論「忠」與「孝」
還必須是「一體」，迥異於中國的忠孝二元論。

　　中國士大夫常言「忠臣出於孝子之門」，或者如《孝經》
所說「始於事親，中於事君，終於立身」。這種思維是論「忠」
的前提必須照顧到「孝」，所以是「忠」、「孝」二元性結構，
而非一元性。理由無他，因為二者皆就現象具體的道德意義而
言，而「孝」一般在中國士大夫觀念中，是「至德」也是「要
道」，是現象倫理中最根本的道德，所以「孝」往往優先「忠」
來論述，因而「忠孝」不可能是一體。但如果論「忠孝」時，
把「忠」、「孝」看成超越現象經驗的道德原理，並結合宗教崇
拜時，則「忠孝一體」乃成為可能。而日本古代神話中的神道
思想，替「忠孝一體」的思維提供了最佳精神泉源，因而神道
實可作為「忠孝」道德的公分母，進而論其「一體性」，而幕
末的後期水戶學與吉田松陰正是利用神話思想這種特質。

　　「忠孝一體」的口號與理論的形成，是由後期水戶學的藤
田幽谷（1774-1826）、東湖父子及幽谷弟子會澤正志齋
（1782-1863）所提倡的。十八世紀末期與十九世紀初期的德
川社會，因外患叩鐘而引起極大的震撼，有識之士，均意識到
外國勢力侵略的危機。例如幽谷在十八歲所著《正名論》，十
足宣揚日本神皇精神，嚴君臣之義，並斥禪讓放伐論，強調日
本萬世一系的國體論，這個國體論認為日本的真天子在於天皇
而不在幕府。[53]根據弟子會澤正志齋（1782-1863）的記載，言
及藤田幽谷教人，是「專在忠孝，蓋先生至性純孝」，並且教

---

[53]　藤田幽谷：《正名論》，收入今井宇三郎等校注：《水戶學》（東京：岩波書
　　店，1973年，《日本思想大系》53），頁370-371。

授經書則「先授《孝經》，次之以《四書》、《五經》」。[54]因此，在幽谷影響下，水戶學派特別重視日本的「忠孝」傳統。其子東湖的《弘道館記述義》即論「忠孝無二」，弟子會澤正志齋則踵其後著《新論》（1825 年著），高唱「忠孝一體」的建國原理，舉起尊王攘夷之大纛。以後並成為明治維新的祭政教三合一的國策，成功地使日本一步步走上富國強兵之路，但也讓日本成為亞洲地區第一個帝國主義的侵略者。

要結合忠孝思想而使之一體化，水戶學者將之與日本神道的思想結合。神道思想的起源，見之於日本最古的《日本書紀》與《古事記》這兩本神話書中。例如藤田東湖論日本傳統「孝」的起源，就引用《古事記》（以下圈點才是）發論。他說：

> 祭祀之道，孝敬之義，蓋起於天祖矣。……天祖手持寶鏡受之，因祝曰：「吾兒視此寶鏡，當猶視吾，可與同殿共床以為齋鏡。」昭昭明訓，實聖子神孫所遵奉。而祭祀之道，孝敬之義，豈復有踰於是者邪！[55]

又會澤正志齋的《新論》中也有如是論日本「孝」的起源，他說：

> 天祖之神，聖子神孫，仰寶鏡而見影於其中。所見者即天祖之遺體，而視猶視天祖。於是乎盟薦之間，神人相感，不可以已。則追遠申孝，敬身修德，亦豈得已哉！父子之親敦，而至恩以隆矣。天祖既以此二者而建人

---

[54]　會澤正志齋：《及門遺範》，收入《日本儒林叢書》，第 3 冊，頁 1-2。正志齋該書主要敘述幽谷平素教學與為人之風範。

[55]　藤田東湖：《弘道館記述義》，頁 424。

紀，垂訓萬世。夫君臣也、父子也，天倫之最大者，而
至恩隆於內，大義明於外，忠孝立而天人之大道昭昭乎
其著矣。忠以貴貴，孝以親親，億兆之能一心，上下之
能相親，良有以也。[56]

由上面東湖與正志齋所引資料，可見孝敬之義的來源，是得自
天祖（天照大神）賜寶鏡而來，也就是依託一個日本神話傳統，
這與中國經書中論「孝」，如「堯舜之道，孝悌而已矣」，也是
用政治的最高典範人物以論「孝」，頗有異曲同工之處。但日
本更重神話性以及感應性，以「鏡」作為感應「先祖」的傳達
工具，而日本神話中的「天祖」都是具備神性，而且他們的子
孫在名義上也都還統治著日本，也因此歷代天皇是以此純粹的
血緣性來保證天皇的神聖性。這可說是中日民族思考「孝」的
根源性之不同所在。為了保證「孝」的根源性與統治臣民的聯
繫，「祭政一致」的思想呼之欲出，會澤氏接著說：

天祖天孫，有功德於民，列在祀典，而宗子糾緝族人以
主其祭，入以追孝其祖，出以供奉大祭，亦各以其祖先
之遺體，行祖先之事，惻然悚然。念乃祖乃父所以敬事
皇祖天神者，豈忍忘其祖背其君哉！於是乎孝敬之心，
父以傳子，子以傳孫，繼志述事，雖千百世猶如一日。
孝以移忠於君，忠以奉其先志，忠孝出於一，教訓正俗，
不言而化。祭以為政，政以為教，教之與政，未嘗分為
二。故民唯知敬天祖、奉天胤，所鄉一定，不見異物，
是以民志一而天人合矣。此帝王所恃以保四海，而祖宗

---

[56]　會澤正志齋：《新論》，收入《水戶學》，頁382。

所以建國開基之大體也。[57]

由此可知，所謂「祭政一致」，將臣民與天皇聯繫一起，一開始是由「孝」作為公分母而不是「忠」。因而明治初期天皇侍講官元田永孚（1818-1891）的《幼學綱要》也是以「孝行第一」、「忠節第二」來思考的。「孝」之所以被優先考量，是因為日本神皇的天祖天孫是有功於日本子民的祖先，祖先感其恩載其德，而奉祀祭之，因而子民若孝其祖先，一定繼述其祖先所敬事的天神或天皇，透過對祖先對天祖、天胤的祭祀敬事，此係就「孝」的感應而言；而此祭祀敬事本身就具有政治教化的象徵，此係就臣民對天祖、天胤的「忠」而言。如是「孝以移志於忠，忠以奉其先志」，忠孝則可出於一，而祭政亦可言一致。明治維新後亦是按此思維，實施結合政治與宗教的「祭政一致」，甚至結合教育而成為的「祭政教學一致」之三位一體教育體制。由此可知，日本這個「忠孝一體」的建國原理，舉世間只有日本才可能發展出這套原理，在中國的儒家思想中，由於無天皇體制，因此根本不可能形成「忠孝一體」的原理。

　　幕末因提倡尊王攘夷而遭斬首於江戶的吉田松陰，享年僅三十歲。在其短暫而轟轟烈烈的人生精華期中，大部分均在獄中或幽室中渡過。松陰在獄中或幽居時，常向獄囚親友講《孟子》，在二十七歲時撰成《講孟餘話》。以後講學於叔父所創之「松下村塾」，門弟子日進，二十九歲與同志十七名立血盟欲刺殺幕府老中間部詮勝（1802-1884）。翌年，幕府便發動安政大獄，松陰被押解江戶處死，門人伊藤博文（俊輔，

---

[57] 同上註，頁 383-384。

1841-1909）、木戶孝允（初名桂小五郎，1833-1877）收其遺骸埋葬。由於他的犧牲，點燃倒幕之火，鼓動其他雄藩，加速幕府政權的崩潰。

　　松陰的尊王攘夷思想受到水戶學影響是毋庸置疑。他於二十二歲曾親訪水戶學者，甚感尊皇攘夷思想之學風，接著往東北考察形勢，非常注意國防問題，他的一些朋友也都問學過會澤氏。[58]他讀會澤氏的《新論》嘗佩服說：

> 僕讀正志先生《新論》，至天祖傳神器，特執寶鏡，祝曰：「視此猶視吾焉，以為聖子神孫，仰寶鏡，而見影於其中。所見者，即天祖之遺體，而視猶視天祖。」肅然悚然！佩服其義之精。[59]

松陰這裡所引會澤氏之文，已見於前引。但值得注意的是，東湖、正志齋、松陰講「忠孝一致」的思想泉源，為何都特別注意《日本書紀》的「仰寶鏡而見影於其中」這一段話？這段話的主旨如前所言，是天皇直接以「孝」的神性血緣意識，宣告天皇本身具備「祭政一致」的政治與宗教權威。松陰也是如是思考，他在常被引用的「士規七則」中說：

> 凡生皇國，宜知吾所以尊於宇內。蓋皇朝萬葉一統，邦

---

[58] 例如與松陰交往甚密的赤川淡水，在問學會澤氏後，便著有有關神道的著作，松陰如是提到：「吾友赤川淡水，游常陸，從正志先生學焉。已三年，益信奉師說，鑽仰不罷。頃著《秩祭論》，郵筒寄示其書，〈大嘗〉、〈祈年〉、〈鎮魂〉、〈大祓〉，凡四篇，皆赫赫正論，述師說而成之，祭祀之義，可謂明矣。」《丁巳幽室文稿》，〈跋秩祭論〉，收入《吉田松陰全集》（東京：岩波書店，1986 年），第 3 卷，頁 223。

[59] 吉田松陰：《丙辰幽室文稿》，〈與赤川淡水書〉，收入《吉田松陰全集》，第 3 卷，頁 44-45。

> 國士夫，世襲祿位，人君養民，以續祖業，臣民忠君，
> 以繼父志，君臣一體，忠孝一致，唯吾國為然。[60]

由上引可知，松陰很自然地明確凸顯出日本「忠孝一體」的思維，只要是勤皇的武士，均懷有強烈的尊皇意識。這種「尊皇意識」是從父祖以來即是遵奉不已的，因此為天皇盡忠就等於繼承父志，也就是盡孝，所以忠孝一致或合一的思想對勤皇志士而言，根本不是問題。雖然其理論是「孝」的思想自然涵蓋於「忠」，但這些志士所認知的「孝」並不是單純地對於「養父母」或「實父母」的「孝」，而是超越實際血緣關係的「孝」而言，即是對天祖神體敬畏而來的超越意義之「大孝」。因而松陰也從水戶學所強調臣民對天皇的盡大孝，以此來結合他的忠君愛國思維，故而不免佩服水戶學忠孝一體論。

由以上分析可知，明治維新後會發展出以天皇為日本子民的大家長，餘者皆為家族成員的「家族論」，這就是基於超越的「孝」之血緣意識。即是將全國日本子民推到皆是神皇之子孫，使「孝」的凝制血緣意識收到充分的效果，故在這樣意義下的忠孝觀，松陰所謂「君臣一體，忠孝一致」思維，的確只有日本才有的現象。因而日本的忠孝是一種「一元性」結構，迥異於中國「二元性」的結構忠孝觀。故中華文化價值意義的「忠」、「孝」二元價值理念，在日本幕末的思維下，形成極有地域特色的「忠孝一體」思維觀。弔詭的是，這種忠孝一體觀既是促成日本明治維新的動力，同時也是讓維新政府走上軍國主義的關鍵推動力，因而對日本而言，它有兩面刃的性質。

---

[60] 《吉田松陰全集》，第 2 卷，頁 13。

五、結論

本章以「仁義」、「忠孝」概念為中心，分析中日思想交流的激盪中所產生不同的思維。本章只是選出德川時期幾個具有代表性的學者或學派，並無企圖解釋所有日本學者的思維特點，畢竟德川社會還有許多是朱子學者。但是，即使朱子學內部也不會只是照單全收飄洋過海的儒家道德觀念。例如主導日本近代國家發展的兩大主軸──「復古」與「趨新」運動，「趨新」是指吸收西洋思想、文化、法制等等；而在「復古」方面，雖然還是強調儒學精神的重要，但這種儒學精神不是根據中華儒學的仁、義、忠、孝等價值之理念，而是經由轉換這些儒教道德的價值理念，展現具有日本地域特色的價值觀。

然而，雖然有上述對儒家道德價值觀之轉換，中日儒者都還宣揚他們所依據的是孔子之道。可見中日歷代學者，都折衷於孔子，雖然取捨不同，但皆自稱是孔子之道，故可以將孔子之道當作是中日共通的文化價值。這樣看來，顯然孔子之道在中日得到不同的發展。就道德思考而言，如本章所論，中國自孟子以降，是以「仁義」作為道德本質，在道德思考與行動中，「仁義」具有優先性，並自宋儒以降是用「即心言性」來講道德意識的內在超越性，因而中國儒家常給人道德理想主義的印象，士大夫多以掌握道德本體為最根本要務。但在日本，經本章的分析顯示，徂徠學者與武士道學者，必須要區別「孔」、「孟」，極力劃分孔子只講「仁」，是不同於孟子論「仁義」，更遑論以下的宋儒談心論性以論孔子之道。如徂徠後學龜井南冥（1743-1814）所說：「余獨奉仲尼之訓，而不能信孟、荀以

降之言，乃仲尼言可言、語可盡矣。」[61]因此，孔子之道似乎得到普遍的歡迎。至於孟子以降的中國儒者思想，遇到本土意識強烈的日本學者，尤其像碰觸到湯武放伐、君貴民輕等這些思想衝突的議題時，有時候不免讓日本儒者要起孟子於地下與之辯論。因而具有日本特色的武士道精神，也常不提孟子。

　　雖然日本武士道精神的泉源，也有孔子思想的一面，但長期以來日本武家最重要的道德核心價值就是「忠孝」，並且它優先於「仁義」。幕末由水戶學與吉田松陰大聲疾呼「忠孝一體」，以後更形成國家主義的教育政策。但「忠孝」在宋儒概念中是屬於「用」的實踐道德，然而「孝」在日本陽明學者的理解下則是本體乃至宗教性的概念，而「忠」在武士學者的眼光中也是屬於超越原理乃至國家或天皇崇拜的思維。因而「仁義」、「忠孝」之體用關係在近代的中日發展下，可說形成逆轉。換言之，日本的這些思想家思考的「體」（道德本質）常是基於直觀式的有對象物者，非如孟子或宋儒以降是基於先驗而無對象物者來思考道德本體。例如陽明學者以「孝」求之於太虛神體，武士道學者的「忠」訴之於「天皇」或「國家」，徂徠的「禮」、「義」之道，求之於政治性的「先王」，這些都具有以直觀經驗對象當作宗教的思維特質。換言之，都有把「有限」的人或物當作「無限」的宗教崇拜之傾向。

　　在這樣具有直觀性宗教思維特色的學者，例如本章第三節所分析徂徠與武士道學者所思考的仁義道德價值內涵，將產生（1）個人道德與政治道德、（2）宇宙與人生道德的兩種不連續之斷裂關係。其實本章分析幕末結合本土的神道信仰，提倡

---

[61] 龜井南冥：〈刻論語語由序〉，收入關儀一郎編：《日本名家四書註釋全書》，第4卷，頁1。

「忠孝一體」之價值理念，基本上也具有這兩項斷裂性特徵。值得注意的是，縱然德川與近代日本社會有許多思想家並不具有上述兩項斷裂性特徵，但不可否認的是，這兩項斷裂特徵正是主導了近代日本國家宗教、政治、教育（祭政教）方向的發展，使日本推向具有獨特內涵的日本式天皇崇拜的國家主義。如果要臣民盡死效忠、義勇奉公，則上述兩項的斷裂特徵都是不可缺之因素。就第一項的斷裂特徵而言，戰爭期間日本軍人所提倡的「滅私奉公」便是要屏除個人道德的主體性之彰顯，去效忠一個國家象徵的天皇。就第二項的斷裂性特徵而言，由國家提倡的神道思想，常有阻礙普遍理性的思維傾向，因為神道─天皇崇拜─國家主義，幾乎在近代日本是同一個概念。而這個神道思想從神話一開始的陰陽二神只創造日本國土，沒有如西方上帝創造世界；另外，活生生的天皇，因為具有「神性血緣」，所以常以「神國」對「人國」來強調日本是「神」統治的特殊國家。所以遇到孔子之道與神國之道相衝突的時候，最終還是以神道為主。也因此，懷有強烈的神皇意識者，常有「卓爾萬邦」，甚至時有侵略外邦的思想。[62]

　　日本既然有上述的思維特徵，因而勢必不能以中國儒教道德概念去理解日本的「仁義」、「忠孝」之思想內涵。很明顯的一個發展是：日本戰前忠誠的對象是天皇與天皇所代表之國家，在戰後則轉成對於一個集團的忠誠。基本上，「忠孝一體」思維本質還是沒變，只是忠孝一體的思維，轉而對於一個集

---

[62] 如激烈主張尊皇攘夷的吉田松陰就嘗自豪的說：「如余常謂，太閣天子為關白（豐臣秀吉），率天下之牧伯，僅能擾朝鮮，震朱明。且其身沒功即廢。**使余得志，朝鮮支那勿論，定滿洲、蝦夷及豪斯多辣里**（按：澳洲），其餘唯留後人成功名之地。」參氏著：《講孟餘話》，收入《吉田松陰全集》，第 2 卷，頁 379。

團、公司的向心力。忠孝既然是一元性，「家」的概念則是擴延性的，不是如中國基於血緣意識，故集團或公司的存在還是先於個人單位的存在。因而日本常給人集體主義永遠優先於個人主義的印象，故戰爭時代的「滅私奉公」精神，在日本工商經貿企業中得到繼承，這就是「日本式經營」能夠在戰後的現代世界企業競爭中佔有舉足輕重的獨特地位之原因，這不能不說是忠孝一體思維在現代企業的一個良好的轉型。因為它具有強烈的為公奉獻犧牲的實踐精神，只要它不再發展為具有侵略性的國家主義，忠孝一體思維未嘗不是可以作為中國人參考價值的發展模式。

　　回顧中日之間的過去，展望未來，在二十一世紀的中國和日本，不論是「忠孝」或「仁義」優先，應各有理論與實踐上的優點，當然也各有限制。如何在追求一個在共同價值之下，而又適度地保存本身之特色且不損及其他地域的存在，是現代中日知識分子處在多元文化互動中，互取所長、互補其短的重要課題。

*　本章曾收入黃俊傑主編：《中華文化與域外文化的互動與融合（一）》（臺北：喜瑪拉雅研發基金會，2006 年）。原題為〈從中日思想交流經驗論中華文化價值與日本地域特性之激盪與融合：以「仁義」、「忠孝」概念為中心〉，原文亦經小幅改寫。

德川儒學中的神道思想

第二章

德川初期朱子學者的理學神道思維：
林羅山與山崎闇齋的比較

或問：神道與儒道如何別之？
曰：自我觀之，理一而已矣。[1]（林羅山）

理氣疑來一寸心，寸心敬守莫相侵。
莫相侵去入神道，神道宗源在土金。[2]（山崎闇齋）

一、前言

林羅山（1583-1657）與山崎闇齋（1618-1682）都是德川初期的朱子學者，他們早年均曾是佛教徒，以後脫佛入儒，從而各自對神道提出獨特的解釋，羅山強調「理當心地神道」，

---

[1] 林羅山：〈隨筆・二〉，收入《林羅山文集》（東京：ぺりかん社，1979 年），卷第 66，頁 804。

[2] 山崎闇齋：〈參宮三絕・3〉，見於《垂加文集》下之 2，收入《山崎闇齋全集》（東京：ぺりかん社，1978 年），第 2 卷，頁 335。按：詩句最末所云「土金」，是五行相生、萬物生成的根源，山崎闇齋所創的垂加神道最重視「土金」相生之道，但其思想是源自吉川惟足所創之吉川神道，惟足特有《土金之秘決》，專論土金動靜運行之理，收入《近世神道論・前期國學》（東京：岩波書店，1982 年），頁 67-72。

闇齋則自創「垂加神道」。他們二者雖然都宗奉朱子學，但二者均有鮮明的本土神道色彩，實非朱子學思想所能規範，他們運用理學以解釋神道，型塑了日本朱子學的特色。

　　林羅山是日本朱子學的開宗者藤原惺窩（1561-1619）的弟子，歷任四代德川將軍的儒官，其後人一直擔任幕府直轄的學問所昌平黌的教授，影響日本官方朱子學非常深遠，他自稱所論述的神道學是一種「理當心地神道」，他很典型地運用理學來解釋神道。

　　山崎闇齋十五歲為僧，二十五歲因讀朱子之書而逃佛歸儒，[3]四十八歲為會津侯之賓師，從神道家吉川惟足（1616-1694）攻神道學說。闇齋是一位自稱「學朱子而謬，與朱子共謬也，何遺憾之有」的朱子學者，晚年自創「垂加神道」，帶有以日本神道傳統解釋理學的傾向。

　　以上二位朱子學者都有鮮明的日本傳統神道思維，本章企圖探索他們運用理學解釋神道的思維特色，並分析二者用理學解釋神道之思維與立場之差異？最後在結論中，簡論儒學在日本神、佛的鬥爭中，所扮演的工具性角色。

二、理學神道的背景與淵源

　　宋代理學的發展主要是針對佛教而來，宋儒也都不乏習禪

---

[3] 闇齋自言：「吾幼年讀《四書》，成童為佛徒。二十二、三本於空谷之書，作三教一致之胡論。二十五歲讀朱子之書，覺佛學之非道，則逃焉歸於儒矣。」參氏著：〈闢異跋〉，見於《垂加文集》上之 1，收入《山崎闇齋全集》，第 2 卷，頁 302。

的經驗，故理學所針對的發言對象往往是佛教義理。日本儒者
也不例外，但比中國更為棘手，畢竟佛教從古代聖德太子
（574-622）以降即主導了日本文化，儒學只是依附在禪林中
被當作是漢文教養而被參考的典籍。[4]為此，早期德川諸儒都
有脫佛入儒的事蹟，朱子學開宗者藤原惺窩如此，弟子林羅山
亦如是，山崎闇齋以及陽明學者如中根東里（1694-1765）更
是如此，即使古學派大師伊藤仁齋（1627-1705）亦嘗出入佛
老有十年之久。

　　朱子學傳入日本後，知識份子排佛風氣日盛，筆者粗略區
分德川初期排佛風氣的兩大主流：其一是「以儒排佛」，企圖
以古典儒學義理來排斥佛學，如古學派伊藤仁齋、荻生徂徠
（1666-1728）等。此派不拉攏神道學，甚至以神道學為巫祝
之流；此派又反對宋儒理學，希望恢復弘揚古典孔子或孔孟理
想。其二是「援神以排佛」，此派以兵學派或武士道學者以及
部分朱子學者為主，如山鹿素行（1622-1685）的晚年著作《中
朝事實》；另外可歸諸援神排佛者，可以理學解釋神道的朱子
學者林羅山與山崎闇齋為代表，這就是本章所關注的對象。以
下即說明德川初期此派援神排佛的背景。由於此派與被稱為理
學神道的吉川神道，有相當的淵源關係，與本章關涉甚巨，也
一併在第二小節加以論述。

---

[4] 有關朱子學東傳日本後，長期以來在禪林中流傳，可參鄭樑生：《朱子學
之東傳日本與其發展》（臺北：文史哲出版社，1999 年）。特別是第五章〈日
本禪僧對朱子學的理解〉，文中列舉中世的中巖圓月（1300-1375）、義堂
周信（1325-1388）、仲芳圓伊（1354-1413）、雲章一慶（1386-1463）、翺
之慧風（1362-1465）、季弘大叔（1421-1487）等禪僧均曾明確地推崇過朱
子學，見頁 137-146。

（一）援神排佛

中國儒者以佛、道為異端，嚴格言之，日本神道也有濃厚的中國道教色彩，故其記載諸神的事蹟，部分儒者亦視為荒誕不羈，甚至歸為「巫祝之流」。例如荻生徂徠批評闇齋：「其人始逃禪而歸於儒，而又歸於巫祝，其於聖人之道實無所見可知焉。」[5]然而，神道畢竟是日本的文化傳統，日本天皇及遍散在全國各地神社是不爭的事實，儒者為了體現日本的主體性，往往以「援神排佛」的態度來彰顯佛教的異端。極端者如國學派，甚至視儒學是外來的，故儒學也在他們排斥的對象中，以希望塑造一個純粹基於神道的國度。以下僅分析羅山、闇齋採取「援神排佛」之立場，以作為他們對朱子理學不同理解之背景說明。

《日本書紀》記載日本佛教最早傳入的年代約在公元 538年，由百濟之聖明王獻佛像、經典。林羅山《本朝神社考》亦載曰：「百濟唯貢佛像、經論而已。」[6]江戶時代以前儒學勢力乃依附在佛教羽翼之下，神道思想亦復如此，佛教思想的力量可謂一枝獨秀。林羅山即曰：

> 夫本朝者神國也。神武帝繼天建極已來，相續相承，皇緒不絕。王道惟弘，是我天神之所授道也。中世寢微，佛氏乘隙，移彼西天之法，變吾東域之俗。王道既衰，神道漸廢，而以其異端離我而難立。……時之王公大

---

[5] 見於闇齋第二代弟子源安崇的〈辨護圍議垂加先生〉一文，收入《山崎闇齋全集》，第 2 卷，《續垂加文集附錄》，頁 371。

[6] 林羅山：《本朝神社考》，收入《日本思想鬪諍史料》（東京：名著刊行會，1964-1970 年），第 1 卷，卷上之 1，頁 16。

人，國之侯伯刺史，信服不悟，遂至令神社、佛寺，混雜而不疑，巫祝、沙門，同住而共居。嗚呼！神在而如亡。[7]

因此《本朝神社考》之作，旨在排佛尊本土之神道，並痛惡所謂神佛習合的「兩部神道」，羅山又說：

> 夫佛者一點胡，而夷狄之法也，變神國為點胡之國。闢如下喬木而入幽谷，君子之所不取也。我見「兩部習合」者，彼潛竊我《舊事紀》、《古事記》、《日本紀》之言，飾佛剝神。世人之不察也，遂至令神書殆乎絕。我見《名法要集》及吉田家說，亦剝掠彼兩部習合者，以為己說。[8]

以上兩條資料已足可說明羅山的援神排佛之態度，也顯見佛教長期主導日本貴族與民間的信仰，上至天皇、將軍與貴族，下至武士與庶民皆以信奉佛教為主，本土的神道教逐漸淹沒在佛教洪流之中。

山崎闇齋的神道立場更為鮮明，他亦排斥日本長期以來神佛習合的觀念，他說：

> 胡佛入來，神道愈廢，王道愈弛。逮蘇我氏之亂，《舊記》盡滅，而後佛徒肆誣，神、佛混淆，無神社不有佛寺，無神書不有佛事。獨皇太神宮，嚴忌佛法，而此兩卷不少雜之，豈非萬代之龜鑑哉？嗚呼！神垂以祈禱為先，冥加以正直為本，君臣上下無黑心，以丹心奉太神，

---

[7]　同上註，〈序〉，頁 365。
[8]　林羅山：《本朝神社考》，卷上之 2，頁 418。

則胡佛無所立。[9]

闇齋注意到全國神社中，只有伊勢神宮嚴忌佛法，認為唯有讓神社不雜染佛法，回歸神社的本原教義——「正直」，方可令佛法無所立。

如果我們擴大歷史視野來看，明治維新的廢佛毀釋政策，亦不出羅山與闇齋之論，為的是追求一個純粹屬於日本本身特色的神道教。所不同的是，維新初期的排佛是藉著國家力量以排佛，並且是由國學派者所主導，而闇齋與羅山是以個人且雜有宋儒理學的學說力倡排佛。然而動用國家的力量尚且撼不動佛教在日本的地位，更何況是闇齋與羅山等儒者呢？羅山歷仕四位將軍，諷刺的是，四位將軍從德川家康以降都有佛教信仰；闇齋號稱門弟子數千，雖不乏繼承他的神道學者，但有名弟子皆以儒顯名，弟子佐藤直方（1650-1719）、淺見絅齋（1652-1711）都有批評闇齋的神道學之言論，[10]由此可見神道學想靠儒者來提倡，仍然阻力重重。

（二）吉川神道的氣化之神與理學之關係

由前節的分析可知，長期以來，神道教是以神佛融合的方

---

[9] 山崎闇齋：〈伊勢太神宮儀式序〉，見於《垂加文集》上之 1，收入《山崎闇齋全集》，第 2 卷，頁 269。

[10] 闇齋弟子淺見絅齋如是批評闇齋的神道學，他說：「我邦所謂神道者亦然，然世之談神道者，往往墮淺陋而入奇怪，是局於風土氣習，而不知反其本故也。以陋傳陋，習染之久，其弊有不可勝言矣。山崎闇齋先生之於神道，蓋有見於是矣。是以學習有年，研究精到，以繼往聖之踵，而垂來學之統，門庭既立，綱維既張，而開有擇而不精，語而不詳，未能盡脫舊習，而一新世俗神學者流之耳目者也。是為可憾已。」氏著：〈答跡部良賢書〉，引自《山崎闇齋全集》，第 4 卷，頁 428。

式體現在日本貴族與民間社會中，德川初期的吉川神道則走出
自己的一條路。

　　吉川神道是江戶初期由吉川惟足（號視吾堂，湘山隱士，
1616-1694）所創，這是一個明顯排除佛教並帶有宋代理學意
味的神道，與林羅山所強調的「理當心地神道」，都有理學神
道的色彩。山崎闇齋也曾親自向吉川惟足學過神道學，以上三
者都處於江戶初期，後二者更是朱子學大家，三人之前並無所
謂「理學神道」，因此這是一個神道學開始雜染理學色彩的時
期，也顯現理學在德川初期的重大影響力。而且三者用理學解
釋神道，實具有其特殊的時代意義。本節先處理日本第一位用
理學解釋神道學的吉川神道之思維特色，接著即從吉川惟足的
《玉傳秘訣》、《土金之秘決》、《君道傳》三本著作中，一窺吉
川惟足的理學神道色彩。

　　惟足嘗從學於主張儒、道、佛三教融合的吉田神道，以後
自創吉川神道，在 1682 年成為幕府認可的神道，他在《土金
之秘決》首揭：

> 妙哉！道體之微也；難哉！甘誠也。累年工夫畢，而後嘗
> 道體之誠味，以當窺神明之妙。誠即土味也，土有君土，
> 金有君金，五行各然矣。渾沌未分之土氣，含牙未發、寂
> 然不動，是則陰極矣。靜極而又動，生陽；動極而生陰。
> 從是生生無窮，至於今日矣。[11]

以上所引用資料，除了在「渾沌未分之土氣，含牙未發」是出
自中國道家《淮南子》的概念以外，另外也濡染儒家「誠」與

---

[11] 吉川惟足：《土金之秘決》，收入《近世神道論‧前期國學》，頁 67。按：
　　《秘決》原文如此。

「未發」、「寂然不動」之思想。從宋儒的概念運用來看，「誠」之概念讓我們聯想到周敦頤《通書》中所說：「誠者，聖人之本，大哉乾元，萬物資始，誠之源也。」（〈誠上第一〉）[12]「寂然不動」亦與《通書・聖第四》（「寂然不動，誠也」）有關。[13]

「未發」則語出《中庸》首章的「喜怒哀樂之未發，謂之中」，並為伊川、朱子的重要哲學術語。惟足對這段的口授解說中則加入理氣的觀念，他說：

> 天地混沌未分之時，有謂宜生天地人物之一氣一理。以其一氣曰為君土，以含於其中之一理曰為君金，此為有今日之形之土金。未生之土金，是天地人之本也。五行皆共有君臣，以未生為君，以已生之五行曰臣。渾沌之始，寂然不動而無音、無香，西土人云為「太極」。（原日文）[14]

又曰：

> 土金亦只是一氣一理。天地亦由敬而開，故一元一理之所以混然，敬之本體也，曰為神聖。[15]

以上所言理氣論以及「太極」，皆宋儒概念。依惟足之見，理氣本是共存，並無先後，亦非理生氣、氣生理之關係，此共存妙合創生宇宙萬物，但惟足在此一氣一理運動產生之前認定有一渾沌未分之時，是個寂然不動的「太極」，這就如朱子所說

---

[12] 濂溪的「誠」概念則出自《中庸》（21 至 25 章）與《易・繫辭上》。
[13] 「寂然不動」的較早出處是「寂然不動者，誠也；感而遂通者，神也；動而未形、有無之閒者，幾也。」（《易・繫辭上》）
[14] 吉川惟足：《土金之秘決》，頁 68。
[15] 同上註，頁 70。

的「太極只是天地萬物之理」、[16]「所謂太極者，只二氣五行之理」。[17]惟足由此理氣而倡導「敬之本體」，顯然也都有朱子理學思維的脈絡。值得注意的是，惟足從五行中特取「土生金」以隱喻君臣相生之道，「土」也代表著各地獨特的風土，「土金」的相生而不相剋，則是日本神道中只生不剋的特有思維。

　　其次，吉川惟足在其神道書的《玉傳秘訣》提到「氣化之神」的概念，引之如下：

> 御父（伊弉）諾尊保玉德，故天下萬民方敬奉也。氣化之神無限，生玉而上下之別尚不分時，以保此玉德，東西南北之諸神等，唯崇敬仰從（伊弉）諾尊一人為君。今天照大神受保此德，故天下之民懷順而奉之。[18]

這裡的「玉」是「神璽」之意，具有神聖傳位的寶器象徵。惟足解釋此玉「溫潤而備天德」，而此玉的傳承之始，根據《日本書紀・神代紀》記載天照大神之弟神素戔鳴尊將昇天之際，有一神號為「羽明玉命」，進奉祥瑞的「八坂瓊之曲玉」。值得注意的是，引文中所出現的「氣化之神」，是吉田、吉川、垂加神道所共同重視的概念，這三種神道從宇宙生成之神開始，區分造化、氣化、身化、心化等四化神，如山崎闇齋所解釋：

> 我神道四焉，造化、氣化、身化、心化。造化、心化無形也；氣化、身化有體也。此學神代者所當知也。[19]

---

[16]　〔宋〕黎靖德編：《朱子語類》（臺北：文津出版社，1986 年），卷第 1，〈理氣上・太極天地上〉，頁 1。

[17]　《朱子語類》，卷第 94，〈周子之書・太極圖〉，頁 2365。

[18]　吉川惟足：《玉傳秘訣》，收入《近世神道論・前期國學》，頁 61。

[19]　山崎闇齋：《垂加社語》，收入《近世神道論・前期國學》，頁 123。

因此，「氣化之神」是根據陰陽五行之作用而形成的各種神；「造化之神」與「心化之神」則是無形之神，例如神話中的元始神——國常立尊神，到天神第六代為止，都屬於無形之神。氣化之神則是有形之神，而天照大神的父母神（伊弉諾尊與伊弉冊尊）則兼具造化與氣化之神，根據二尊所生的神（包括天照大神）則是身化之神。「心化之神」則指顯示神心之作用而產生的心化神。[20]四化神雖有層次之差別，但皆有貫穿相連結的作用。

　　顯然，惟足這裡無形的「造化之神」具有形上意涵，故無可象之，屬無形的元氣，頗與張載（1020-1077）《正蒙・太和》篇所說的「神化」概念略同，[21]但與朱子「造化之理」歧出。[22]「氣化之神」是屬形下意涵，故可象之。依吉川惟足之論，「玉」是神道三神器中最重要者，[23]可統三神器所象之德，他說：

> 智明者，即鏡德也；智明而有賞罰，即劍德也。玉德者，貴和順；和順之用者，惠也。有惠，則心明；心明者，所謂鏡德也。有鏡德，則正賞罰；正者，所謂劍德也。三德，則統於玉也。[24]

---

[20] 如《古事記・神代卷》中之三女神田心姬、湍津姬、市杵島姬，闇齋以之為天照大神之心化無形之神。參氏著：《持授抄》，收入《近世神道論・前期國學》，頁134。

[21] 張載《正蒙・太和》篇說：「神者，太虛妙應之目，凡天地法象皆神化之遺粕爾。」

[22] 朱子的「造化」觀念屬於形而下，《朱子語類》卷第四記載朱子告訴弟子：「昨晚說『造化為性』，不是。造化已是形而下，所以造化之理是形而上。」〈性理一・人物之性氣質之性〉，頁63。

[23] 惟足說：「因茲一人磨玉明智以照四海，故以玉為百王萬代之璽。三種神寶以此為要。」氏著：《玉傳秘訣》，頁65。

[24] 同上註，頁65。

上述之論，如同朱子以「仁」作為統攝地位，統括仁義禮智四德，[25]故惟足說道：「玉亦自具三種之理」，[26]並進而將此「氣化」概念連結到宋儒的「理學」，並象之以「玉」。他說道：

> 謂為瓊玉，和之心也。凡得妙用於萬萬之藝能，皆天也。天因人而現萬萬之事理。[27]

由氣化以言理，實則不出張載的思維，如朱子常引張橫渠《正蒙》之論而曰：

> 「由太虛有天之名」，這全說理。「由氣化有道之名」，這說著事物上。[28]

又曰：

> 橫渠說得好：「由太虛有天之名，由氣化有道之名。」此是總說。「合虛與氣，有性之名；合性與知覺，有心之名。」是就人物上說。[29]

以及：

> 「由太虛有天之名」，只是據理而言。「由氣化有道之名」，由氣之化，各有生長消息底道理，故有道之名。既已成物，

---

[25] 朱子認為「仁」包四德，他說：「仁之所以包三者，蓋義禮智皆是流動底物，所以皆從仁上漸漸推出。」見《朱子語類》，卷第6，頁107。又說：「仁之包四德，猶冢宰之統六官。」參〔清〕江永注本：《近思錄集註》（臺北：臺灣中華書局，1980年），頁5。

[26] 吉川惟足：《玉傳秘訣》，頁66。

[27] 同上註，頁62。

[28] 《朱子語類》，卷第60，〈孟子十・盡心上〉，頁1431。

[29] 同上註，〈性理二・性情心意等名義〉，頁94。

則物各有理，故曰：「合虛與氣，有性之名。」[30]

當然，張載的「太虛」不僅僅是「氣」，雖然有時朱子僅就「氣」上去理解。[31]不過，上引朱子所引用的「太虛」，均有本體意義的「理」，所謂「虛能生氣」，猶如惟足這裡引申的「玉」顯現各種「萬萬之事理」。「玉」是「體」，「萬萬之事理」即是體之「用」。

「玉」既象徵「理」，反應在人事上，惟足便發揮其連結的想像力。他說：「夫得形而清者無如玉，得智而明者無如人。雖然玉不磨不光，人不學不明。」並以口授的方式解釋：

> 若心未伸，雖物物皆成道理，卻無至於天之正理。所云
> 之道理，似理而非理，以其之道理行事，世之風俗亂
> 也。……悟其天理而為悟心，是天地同根一體之處。（原
> 日文）[32]

心若未伸（即不得自由），即不以天之正理為則，易陷於「似理而非理」，故惟足呼籲一種從心體悟而出的「悟心」，掌握此悟心，即可「悟其天理」。悟心能掌握天理，即能了悟三神器所展現在人事上的圓融體現，故他又說：「一心之德，現於三種之神器。以三種之德，施十種之用，而一一圓滿，各各成就矣。」並口授解釋道：「施此三種之德，而示十種之理。十，數之極，

---

[30] 《朱子語類》，卷第60，〈孟子十‧盡心上〉，頁1431。
[31] 張亨在〈張載「太虛即氣」疏釋〉（收入氏著：《思文之際論集：儒道思想的現代詮釋》，臺北：允晨文化出版社，1997年）一文中嘗針對朱子在有些場合裡，視張載的「太虛」僅具形下之「氣」，而未具本體義之見解，提出其批判論點。張亨從張載的「太虛無形，氣之本體」及「虛能生氣」的觀點，證明張載的「太虛」皆具本體義（頁192-248）。
[32] 吉川惟足：《玉傳秘訣》，頁63。

盛天地之理十種，其理互萬物，一一圓滿而各為成就。」[33]此處
「十種之理」乃表數字之極，意謂總括天地萬物的道理。

　　以上是論惟足以氣化之神解釋理學，以下的「君道論」則
與日後神道學者談論「神道」與「王道」之關係時，息息相關。
惟足的《君道論》如是論君道與理氣論之隱喻關係，他說：

> **人之為體也，元理者受於天**，以形君於宇宙，乃天之命
> 也。故尋其物根，敬祭天神者，人之道也。尋元行誠者，
> 所以竭天命也。**誠者即天柱也**，天形曰天柱，後形曰國
> 柱。天氣貫地充塞於天地者，國柱也；定國柱者，天柱
> 也；建人體，心柱也。故四時有序而氣須臾不亂，理至
> 氣開，氣盡理至。**理，至運也；運者，理氣相須生焉，**
> **所謂天地之流行矣**。人主者以國柱定四海，臣者以之保
> 國家也。國柱者，因人欲而必動傾焉，君惠下則下靡從
> 君臣合體，乃**誠一矣**，以一貫天地，以一貫上下也。[34]

顯然上述的君道論，是藉著神道與理學之混合，而應用到政治
與人的關係上。這種用法，眾所周知，漢儒董仲舒（176-104B.C.）
是箇中翹楚。董子曰：「為生不能為人，為人者天也。人之本於
天，天亦人之曾祖父也。人之所以上類天也，人之形體，化天
數而成。人之血氣化天志而仁。人之德行，化天理而義。」[35]只
是董仲舒論天人合一，並沒有惟足這類添加的理氣關係論。

　　以上所引惟足之「君道論」中，可注意者有三：其一是添

---

[33] 同上註，頁 66。

[34] 吉川惟足：《君道論》，收入《近世神道論‧前期國學》，頁 74-75。

[35] 〔漢〕董仲舒原著，楊家駱主編：《春秋繁露》（臺北：世界書局，1989
年），〈為人者天第四十一〉，頁 251。

加理氣概念解說日本神話，理不僅是人體之最基本根源，同時是宇宙或天地流行的「至運」，這與向來神道書中並未特別關注理的思維，有其特殊的意義。其二是區分天柱、國柱、心柱，三柱以「誠」貫天地上下，「誠」在日語中訓讀為「まこと」，包括「忠」、「信」、「實」、「真」、「直」等之涵義，這些涵義都是敬畏真誠的自然語言，非如中國「孝」、「仁」、「義」、「智」般的道德語言（這些道德語言在日本都沒有訓讀）。顯見「誠」的內涵是日本自古以來的傳統，以後闇齋的垂加神道特別要彰顯「正直」思想，應與此息息相關。其三論君臣合體的部分，亦由天柱之誠貫而為一，以後林羅山論「王道」與「神道」合一之論，頗與惟足此論思維類似。

三、羅山與闇齋的理學神道思維之比較

日本學者阿部吉雄（1905-1969）嘗區分德川初期朱子學者為「主氣派」與「主理派」兩系統，林羅山、貝原益軒（1630-1714）、安東省庵（1622-1701）屬於前者，山崎闇齋學派屬於後者。[36] 安東省庵及貝原益軒明顯受到明儒羅整庵（1465-1547）《困知記》理氣論思想的影響，向來已多有學者論及，殆可為定論。[37] 不過，由於沒有明顯的證據證明羅山是

---

[36] 阿部吉雄：《日本朱子學と朝鮮》（東京：東京大學出版會，1975 年複製版），第 4 篇第 1 章第 5 節〈日本における主氣派・主理派の系譜と學風の特質〉，頁 521-533。

[37] 如井上哲次郎：《日本朱子學派の哲學》（東京：富山房，1920 年五版）認為貝原益軒及安東省庵二者理氣論受羅整庵思想之影響，論點參頁 158-159 及 317-323。井上忠的《貝原益軒》（東京：吉川弘文館，1994 年新版二刷）則認為益軒的晚年作品《大疑錄》及《慎思錄》的理氣論除受

否讀過《困知記》，學者無法定論羅山的主氣思想是否即是受整庵思想影響。學者又從羅山屢引用王陽明的「理者，氣之條理；氣者，理之運用」，而認為羅山的氣論是啟自陽明思想。

　　筆者認為羅山受羅整庵氣論思想之影響較無理據，阿部吉雄也只能從林羅山轉引其師惺窩之說的旁證證明羅山實知《困知記》，但也無法證明羅山是否親讀過《困知記》。[38]至於羅山氣論受陽明的上述氣論啟發則較有說服性。不過除此之外，羅山對陽明良知說幾乎是沒有好感的。

　　本章不用「主氣」與「主理」之用詞，認為「主氣」之用法會稀釋羅山的「理」學思維，而「主理」之說則又會忽略闇齋對「氣」的思考。理氣在朱子思維中是不離又不雜，若從本源的觀點言之，則需「從理言氣」，[39]或說「理先氣後」，本章認為闇齋傾向這樣的思維。但若從現實形下的觀點而言，理氣就無先後，甚至理有時無法御氣，造成理弱氣強之情形，這時學者會傾向從理氣一元觀點，故有特別著重「從氣言理」之現象，以糾正理氣失衡的結果，本章認為羅山的理氣論傾向這樣的思維。職是之故，本章寧可用「從氣言理」與「從理言氣」

　　《困知記》影響外，尚多與吳廷翰的《吉齋漫錄》思想相似之處不少，參頁 323-324。

[38] 阿部吉雄認為羅山受到整庵《困知記》的影響，因為在羅山二十二歲時的「既見書目」中有《困知記》，故羅山恐怕受之影響。阿部吉雄並從羅山之師藤原惺窩處，讀朝鮮儒者李退溪（1501-1570）的《天命圖說》曾說：「四端出於理，七情出於氣，此說是也。比諸《困知記》所云，則為此善於彼。」（原文見之於林羅山〈天命圖說跋〉）因此判定羅山之理氣說並不是從王陽明之論啟發，寧可是出自朝鮮本的《困知記》。參阿部吉雄：《日本朱子學と朝鮮》，頁 521-522。

[39] 如朱子說：「有是理便有是氣，但理是本，而今且從理上說氣。」《朱子語類》，卷第 1，〈理氣上・太極天地上〉，頁 2。

以論羅山與闇齋的理氣論，並扣緊他們的理學神道思維，一窺
他們理學思維的不同與特色。

（一）「從氣說理」與「從理說氣」

1.

羅山的「從氣言理」思維，可從他對陽明所說「理者，氣
之條理；氣者，理之運用」的評論看出，羅山說：

> 理氣一而二，二而一，是宋儒之意也。然陽明子曰：
> 「理者，氣之條理；氣者，理之運用。」由之思焉，
> 則彼有支離之弊。由後學起，則右之二語，不可捨
> 此而取彼也。**要之歸乎一而已矣，惟心之謂乎。**[40]

上述之語，實則反應羅山支持陽明「理者，氣之條理；氣者，
理之運用」之理氣合一論，羅山這裡雖引用陽明之理氣論以批
宋儒有支離之弊，在結語更說「要之歸乎一而已，惟心之謂」，
顯然不喜朱子有理氣二元的思維架構，僅要理氣一元。羅山喜
歡引用陽明此論，他更說：「程子曰：『論性不論氣不備，論氣
不論性不明，二之則不是。』古今論理氣者多矣，未有過焉者。
獨大明王守仁云：『理者氣之條理，氣，理之運用』。」[41]大力宣
揚陽明這段話的理氣論超過程子的理氣論。

羅山雖批判陽明良知學，[42]但獨推崇陽明「理者，氣之條

---

[40] 林羅山：〈隨筆・四〉，收入《林羅山文集》，卷第 68，頁 844。
[41] 同上註，頁 852。
[42] 羅山曾說：「王陽明者，皇明一代大秀才也，倡良知之說以誘門人。……
其言多奇計詭譎，則有害於心術者，是亦不可不察也。」林羅山：〈隨筆・
六〉，收入《林羅山文集》，卷第 70，頁 878。

理；氣者，理之運用」這二句話。由此，我們再綜觀羅山的理
氣論，實有傾向「從氣言理」的一元論思維。羅山曾在《本朝
神社考》中說：「若夫祭祀祖考，存其至誠，則洋洋乎，如見
如在。譬如植梅子得梅樹，種杏仁得杏樹，於物已然，人亦如
此，**是蓋一氣之條理也**。故曰：**非其鬼而祭之，諂也**。」[43]這
是從形而下觀點的「從氣言理」之論，羅山之論理學皆有由形
下之氣來說朱子理學之傾向。嚴格言之，這並未與朱子理學歧
出，畢竟朱子在論形而下思維時也有「從氣言理」之思維，[44]只
是羅山特別從這個面向來折衷朱子理學。但如下所引卻又落入
形上的「從氣言理」思維，他說：

> 云陰陽不分先渾沌，**一氣也**。一氣分成陰陽，陽神曰伊
> 弉諾，陰神曰伊弉冉，此二神相交生萬物。天，陽也；
> 地，陰也。火，陽也；水，陰也。晝，陽也；夜，陰也。
> 晚，陰也；朝，陽也。赤陽、黑陰，春夏陽、秋冬陰，
> 東南陽、西北陰，⋯⋯。[45]

羅山將一氣分陰陽之前的「陰陽不分先渾沌」也統歸一氣，而
不歸於「理」。由此可知羅山論理氣是打破形上形下之分而混
言之以「從氣言理」，就羅山這種在形上「從氣言理」之性格
而言，阿部吉雄等學者將羅山歸為「主氣派」儒者，也不無道
理。

　　羅山以下之理學論點，亦可代表他在理學一元論下的「從

---

[43]　林羅山：《本朝神社考》，卷下之 5，頁 521。
[44]　如朱子面對弟子詢問：「理在氣中發見處如何？」回答說：「如陰陽五行錯
　　綜不失條緒，便是理。若氣不結聚時，理亦無所附著。」這是從形下言氣
　　中條理。見《朱子語類》，卷第 1，〈理氣上・太極天地上〉，頁 3。
[45]　林羅山：《神道傳授》，收入《近世神道論・前期國學》，頁 15。

氣言理」思維，他說：

> 理之所主，謂之帝也；理之所出，謂之天也；理之所生，
> 謂之性也。理之所聚，謂之心也。心也者，形之君，而
> 人之神明也；性也者，心之所具之理；而天也者，又理
> 之所從以出者；而帝也者，乃是理之主宰者也。帝也、
> 天也、性也、心也，通古今互萬世而一也，天人亦一也，
> 理一也。[46]

羅山在上述中混融歸納為「理一」，前說「理之所主，謂之帝
也；理之所出，謂之天也」，頗似就形上之理順推而言；後說
「天也者，又理之所從以出者；而帝也者，乃是理之主宰者
也」，此似就形下之理逆推之言。然羅山似未如朱子嚴格區分
形上與形下，一同混言以談「理一」，尤其後說是朱子理氣論
中所未曾有的概念，若依羅山此理，則在此理之上，尚有一主
宰之「帝」，以及所從出之「天」，且此「天」、此「帝」在羅
山的神道思維中都具有元氣神的人格神的創生意義，非如《中
庸》道德形上實體的「天」或理學家所認知的「天理」，也並
不是朱子「無情意、無計度、無造作」之只存有不活動的超越
形上根據。在朱子思維中，即使「天」亦屬形下之物，如以下
《朱子語類》的問答：「《太極解》引『上天之載無聲無臭』，
此『上天之載』，即是太極否？」曰：「蒼蒼者是上天，理在『載』
字上。」[47]「理」在「載」字上，意味天之所以能「載」，係出
自於「理」，故「天理」的主宰義是在「理」而非「天」，並非
羅山這裡所說的「天」是「理之所從以出者」。由此可知羅山

---

[46] 林羅山：〈夢帝賚良弼論〉，收入《林羅山文集》，卷第 24，頁 276。
[47] 《朱子語類》，卷第 94，〈周子之書·太極圖〉，頁 2366。

的理學思維是屬「氣先理後」的思維，[48]故羅山說理氣論時，充其量也只能是「從氣說理」。

　　在朱子的理氣關係中，主張理必寓於氣，氣又必不能違背於理，朱子並不強調理氣的先後關係，特強調理氣是不離亦不雜的關係，理氣關係在現實的觀點看來，也未必是一種宰制關係。[49]因朱子的理具有「無情意、無計度、無造作」的存有論性格，所以一旦落入形下，則會有「氣強理弱」、「理拗不過氣」之現象。朱子說過：「論萬物之一原，則理同而氣異。觀萬物之異體，則氣猶相近，而理絕不同。」[50]這樣看來，理在形下有時受氣強之結果而失去其主宰意義，羅山的「從氣言理」則沒有朱子這個氣強理弱的問題，因羅山在「理」之上設定一主宰意義「帝」或「天」來規範理氣，而「帝」、「天」亦只能是「一元氣」所出，使羅山的理氣論只能是「從氣言理」而非「從理言氣」關係。

2.

　　闇齋沒有任何解釋經典的專著，他學習孔子「述而不作」

---

[48] 「天」或「地」本是有形，故屬形下之物，朱子以此說「理在氣先」，如《語類》說：「大率天地是那有形了，重濁底。乾坤是他性情。其實乾道天德，互換一般，乾道又言得深些子。天地是形而下者。只是這簡道理，天地是簡皮殼。」卷第 68，〈易四·乾上〉，頁 1700。

[49] 誠如劉述先先生對理氣關係的先後關係所說：「從時間的觀點看，同時並存，不可以勉強分先後。但由存有論的觀點看，則必言理先氣後，因為有此理始有此物（氣），而無此理必無此物，此決不可以顛倒過來說。」氏著：《朱子哲學思想的發展與完成》（臺北：臺灣學生書局，1995 年增訂三版），頁 270。

[50] 《朱子語類》，卷第 4，〈性理一·人物之性氣質之性〉，頁 57。

的精神，[51]因此《山崎闇齋全集》中，許多是抄錄宋儒精采的思想文集，闡揚自己學說的著作反而比較少。由於闇齋對朱子學的遵奉，十八世紀末期的朱子學者尾藤二洲（1747-1813）曾經如是稱贊：「洙泗微言，閩洛至論，剖析敷暢，以闡斯文。陰陽仁義，禮樂鬼神，靡所不究，以啟後人。於戲斯翁，儒林之宗。」[52]

闇齋中年以後漸對神道有興趣，著有《神代卷講義》、《垂加社語》、《風水草》等，都是論有關日本神道之書，並自創「垂加神道」。因而闇齋在近代的日本儒史上的評價相當高，被喻為「遠泝伊洛千載之源，近開吾黨百年之統，而唱尊皇之大義」。闇齋與羅山雖皆信朱子學甚深，但闇齋卻厭惡幕府儒官的林羅山，甚至在修本國史的意見上罵羅山是「不忠不孝」之人，[53]也曾著〈世儒剃髮辨〉批判羅山的主張剃髮根據，漢視日本不剃髮之俗，[54]更忌諱羅山不但未把陽明學視為異端，還

---

[51] 闇齋編《文會筆錄》凡二十卷，年譜載曰：「皆折衷紫陽，語門人曰：我學宗朱子，所以尊孔子也。尊孔子以其與天地準也。《中庸》云：『仲尼祖述堯舜，憲章文武』，吾於孔子、朱子亦竊比焉。而宗朱子，亦非苟尊信之，吾意朱子之學，居敬窮理，即祖述孔子而不差者。故學朱子而謬，與朱子共謬也，何遺憾之有？**是吾所以信朱子，亦述而不作也。**」參山田思叔述：〈闇齋先生年譜〉，收入《山崎闇齋全集》，第 4 卷，頁 410-411。

[52] 尾藤二洲：〈山崎闇齋先生畫像贊〉，收入大塚靜編輯：《日本道學淵源錄》（東京：岡次郎，1934 年），卷之 1，頁 30。

[53] 闇齋在斥責羅山欲仿朱子妄修「本朝綱目」時說：「林氏何人也？其不孝，舉世所知，且歷世四君，不陳四君，不陳堯舜之道於君前，是不敬君也。曾謂『吾君不能乎』，是賊君者也。不敬與賊，不忠莫大焉，林氏與於此，孰不與此。」氏著：〈辨本朝綱目〉，收入《山崎闇齋全集》，第 3 卷，頁 510。

[54] 關於闇齋的〈世儒剃髮辨〉批判《羅山詩集》卷三十八中出現的「（世儒）曰：『泰伯亦斷髮素夷狄，行乎夷狄，從俗之中。』」（見於〈敘法印位詩並序〉）而指「夷狄」有斷髮之俗，亦將日本理解為「夷狄」。闇齋此文主

引用陽明的話語以論重要的理氣思想。[55]

因此，在理學的理解方面，闇齋也不滿羅山只從理氣一元論的「從氣言理」思維，實則看出羅山這種理學思維之問題與朱子理學有所歧出，因此謹守朱子形上的理氣二元論。故面對日本神話中氣學色彩甚重的問題，闇齋一貫採取「從理言氣」的思維。闇齋不似羅山喜言神儒同理，而從強調「神儒妙合」的觀點以論「理一」。〈山崎闇齋年譜〉提到闇齋對神道儒道的態度說：

> 先生崇其（神）道特甚，其意以為，本邦與支那，雖異域殊俗，而其道無二致焉。抑我神代之古也，猶彼三皇之世也。我神武之皇圖也，猶彼唐堯之放勳也。嘗言宇宙唯一理，神聖之生，雖東西異域，萬里懸隔，而其道自有妙契者存焉。是吾人所當敬信也。[56]

從上引可知，中國與日本風俗雖異，但其道無二，故日本神道之源遠流長，猶如中國的三皇時代；神武天皇之東征，統一日本，猶如中國傳說之聖王堯之功蹟。因為「宇宙唯一理」，故中日之「道」自然有妙合符契之處。基於「宇宙唯一理」，闇

要批判日本自古以來並無剃髮之俗。相關研究可參田尻祐一郎：《山崎闇齋の世界》（東京：ぺりかん社，2006年），第1章〈正統與異端〉之第4節，頁57-66。

[55] 闇齋學派可以說是在日本眾學派中最排斥陽明學，闇齋本人即編有《大家商量集》大斥陽明學，以免學生迷惑於朱陸之是非。又，闇齋門人佐藤直方之弟子豐田信貞更編纂《王學辯集》，是一部蒐集韓國朱子學者李退溪，日本林氏朱子學者林鵞峰、闇齋及其門人佐藤直方、淺見迴齋與三宅尚齋等人非議陽明學觀點的著作。相關研究，參前引田尻祐一郎：《山崎闇齋の世界》，第1章第5節〈陽明批判—《大家商量集》の編纂〉，頁77-95。

[56] 前引山田思叔：〈山崎闇齋年譜〉，頁410-411。

齋的神道理學傾向「從理說氣」，而非羅山的「從氣說理」。只是，闇齋的主張亦源自於朱子理學，闇齋屢引朱子之說：

> 杜仁仲問：「五行之神」。曰：「謂**神即是理**，卻恐未然，
> 更宜思之。」又曰：「**神是理之發用，而乘氣以出入者**，
> 故《易》曰：『神也者，妙乎萬物而為言者也。』」來喻
> 大概得之，**但恐卻將神字全作氣看，則又誤耳。**」[57]

依朱子對「神」之解釋，既非是「理」，也不可全作「氣」看，朱子說：「神是氣之精妙處」，亦只就形而下認「神」。[58]「神」是「理之發用，而乘氣以出入者」。換言之，「神」是一能動而可御氣的主體者，是「理」的發用。了解朱子的「神」字用法，是掌握闇齋神道理學的關鍵，可以說闇齋實比羅山更能固守「理」的存有論性格。我們且看闇齋如何固守朱子這種「神是理之發用，而乘氣以出入者」之思維，並用之於日本神話的解釋。他說：

> 惟神，天地之心；惟人，天下神物。而其心，則神明之
> 舍也。抑天下萬神，天御中主尊之所化，而有正神有邪
> 神，何耶？**蓋天地之間，唯理與氣，而神也者，理之乘
> 氣而出入者。是故其氣正，則其神正矣！其氣邪，則其
> 神邪矣！人能靜謐混沌之始，拔邪穢、致精明，正直而
> 祈禱，則正神申福焉，邪神息禍焉，豈可不敬乎哉！**[59]

---

[57] 引自山崎闇齋：《文會筆錄》三，〈四書〉，收入《山崎闇齋全集》，第 1 卷，頁 167。

[58] 以上皆引出自《朱子語類》，卷第 95。關於「神」有如下的問答：「直卿問：『看來神字不專說氣，也可就理上說。先生只就形而下說。』先生曰：『所以某就形而下說，畢竟就氣處多發出光彩便是神。』」

[59] 山崎闇齋：〈會津神社序〉，見於《垂加文集》上之 1，收入《山崎闇齋全

闇齋這裡所謂「神也者，理之乘氣而出入者」，「神」也必須由「理」而出，未如羅山直謂「神道即理」。由於「理」在形下實物上不能保證氣之正或邪，故有正神與邪神之分，此如同朱子承認有時「氣強理弱」、「理拗不過氣」。不過，闇齋這裡特別強調人若能體認「靜謐混沌之始」，時刻以「正直」而「祈禱」之，則不可能出現邪神的問題。由是闇齋所提出的「垂加神道」之核心思想即是「正直」的宗教性精神。闇齋所凸顯神道的核心思想「正直」，與羅山強調的「仁義」思想是有所區隔的。下小節將繼續針對此課題論之。

　　為說明上述羅山「從氣說理」與闇齋「從理說氣」思維性質的不同，以下舉二者解釋神話中〈神代卷〉兩段資料作為比較的佐證。首先是羅山，他說：

> 國常立，**元氣之神而含陰陽**。……故元氣之中自具五行，又陰陽先不分，亦以為五行歷然而有之理。此上五代之神，即是在天之五行，五行由一元之氣出，故曰元氣五行。[60]

> 國立常尊，一曰天御中主尊，古人口訣云「八百萬神即一神，一神即八百萬神」。今按：萬物生自五行，五行即一陰陽也。**陰陽即太極也**，太極本是無極也。於是此尊之奧義，可以見矣。何煩引盤古而當之哉！盤古之說，不經而不足信。[61]

其次引闇齋之說來加以對照：

　　集》，第 2 卷，頁 271。
[60]　林羅山：《神道傳授》，頁 33。
[61]　林羅山：〈隨筆・四〉，收入《林羅山文集》，卷第 69，頁 863。

> 天神國常立尊，地神天照大神，交互而號之者也。伊弉
> 諾尊、伊弉冊尊在天神之終，而生地神之始，兼天地之
> 神也。[62]

> 高天原所生神名曰「天御中主尊」，次「高皇產靈尊」，
> 次「神皇產靈尊」。天御中主尊者，**天地一氣之神體**（國
> 常立尊之別名）。[63]

兩相對照結果，羅山是在形上說「元氣之神」，闇齋是在形下
說「天地一氣之神體」。羅山把天神七代中，視初代的國常立
尊神為「元氣之神」，而將此以後到第七代的伊弉諾神、伊弉
冊尊神以前的中間五代諸神配以五行之說，此五行皆是根據存
有的「元氣之神」而出。[64]值得注意的是，羅山所謂「陰陽即
太極」，這都與程伊川所說「所以陰陽為理」、朱子所謂「所以
一陰一陽則是理」相違背。又，羅山把「理」當作是五行所派
生觀念，也是朱子理學中所未言，故羅山之理氣論偏向理氣一
元論「不離」之「從氣言理」思維，亦近於「氣中條理」之思
維，因五行運轉之理仍出自於「一元之氣」。然而，闇齋清楚
明白地認為不論是第一代神國立常尊或第七代所生的天照大
神，皆屬於形下氣所運作之神，分別以天神、地神稱之，雖然
闇齋把天神第一代國常立尊稱之為「**天地一氣之神體**」，又號
之為「**大元神**」。[65]但縱然有這些神體，闇齋仍認為屬於「氣」
而非「理」，這些神體無非都是「理之發用」，是謹守朱子就形

---

[62] 山崎闇齋：《垂加社語》，頁 123。

[63] 同上註，頁 125。

[64] 但羅山此說並非其原創，吉田神道已有五行配五代神之說，經羅山再整理
並加強元氣論之說。

[65] 山崎闇齋：《持授抄》，頁 131。

上超越根據觀點而強調理氣二元論的「不雜」之「從理言氣」
思維。

（二）「理當心地神道」與「垂加神道」的對比

羅山對神道的注意並非在垂暮之年，而是在二十歲左右之
際，[66]所以他對神道的興趣，以及神佛習合的問題的關心已歷
有年所。羅山脫佛入儒並用理學解釋神道，提倡他所謂的「理
當心地神道」。他說：

> 「宗源神道」者，中臣卜部忌部習傳之。「兩部習合神
> 道」者，最澄、空海等之沙門等以佛法合於神道，以胎
> 藏金剛兩界合於陰陽，遂以為神、佛本地一體。吁吁！
> 「本跡緣起神道」者，某社某神，古來傳來之緣起有之。
> 右謂之三部神道，此上別有「理當心地」者，人多不能
> 知之。[67]

上述羅山所提出的神道三派，「宗源神道」即是吉田神道，流
行於室町時期的神道，主張融合佛、儒、道三教，是依據《古
事紀・神代卷》的神道來強調日本固有的神道。「本跡緣起神
道」則是日本神主於地方諸國諸社的神道，雖屬日本本地的神
道，但不免也都雜有三教色彩。「兩部習合神道」則是結合佛
教而唱神佛一體，以天照大神為大日如來之流派。[68]羅山當然

---

[66] 羅山在《本朝神社考》中嘗言：「余冠歲嘗聞神書及中臣祓於某某人者，
受吉田兼右口傳，余得其抄，參之兼良纂書，而後證之。」頁 410。

[67] 林羅山：〈隨筆・四〉，收入《林羅山文集》，卷第 69，頁 863。

[68] 羅山對此神道三派的解釋，亦見諸《神道傳授》，頁 18。羅山對兩部習合
神道的批評如下：「我見兩部習合者，彼潛竊我《舊事紀》、《古事記》、《日
本紀》之言，飾佛剃神，世人之不察也，遂至今神書殆乎絕。我見《名法

反對神佛習合的神道，但也不滿足於具有本土色彩的「宗源神道」與「本跡緣起神道」，所以末後他說：「此上別有理當心地者，人多不能知之」，從而提出他獨特的「理當心地神道」，他說：

> 理當心地神道，此神道即王道也。心之外，無別神，無別理。心清明，神之光也；行跡正，神之姿也；政行，神之德也；國治，神之力也。是由天照大神相傳，神武以來代代帝王一人知之事也，幼少時左右大臣、攝政關白等傳授奉事也。[69]

又在《本朝神社考》中屢提到「理當心地」之義：

> 殊不知理當心地之義，我國天照大神以降，神以傳神，皇以傳皇，皇道神道，豈二哉！[70]

羅山這裡所用的「王道」就是「皇道」，指的是天照大神派子孫統治日本國，自神武天皇以降萬世一系、綿延不絕的天皇神性體系；「神道」則是天照大神以後產生的日本各種神，這些神也都各具有天神所授之道。由皇道與神道均自天照大神而出，故是同一道而非二道，因此羅山利用朱子的理學原理，企圖統合「神道」與「皇道」，而且在現世的政權裡，又配合儒教「智仁勇」道德，來象徵日本神話的三神器鏡玉劍，而曰：「鏡象日，玉象月，劍象星。此有如三光而天地明，三種神器

要集》及吉田家說，亦剽掠彼兩部習合，著以為己說。盜竊主人之財，主人之子孫不知為我財，而就盜求財，乞其憐，是譬也。」參氏著：《本朝神社考》，卷上之2，頁54。
[69] 林羅山：《神道傳授》，頁19。
[70] 林羅山：《本朝神社考》，卷上之2，頁419。

備而王道治，王道、神道，理一也。」[71]充分利用朱子的「理」
來還原古代的神道，形成羅山具有特色的「神理合一」思想。

　　職是之故，「理當心地神道」旨在闡揚神道就是王道，神
道、王道乃同一理，神道學也就是理學，羅山一再強調這個觀
點，由以下引文可知：

　　　　神道即理也，萬事不在理之外。理，自然之真實也。[72]

　　　　我朝神國也，神道乃王道也，一自佛法興行後，王道、
　　　　神道都擺卻去。[73]

又曰：

　　　　或問：「神道與儒道如何別之？」

　　　　曰：「自我觀之，理一而已矣，其為異耳。夫守屋大連
　　　　沒而神道不行，空海法師出而神法忽亡，異端之為害
　　　　也，大矣。」[74]

由於羅山的「從氣言理」思維，故特重理學神道的實質內涵，
「理」在羅山的用法中，特別被偏用在形下思維，藉以貫通形
下經驗的自然之道及人事法則，羅山把這個形下的理學稱之為

---

[71] 林羅山：《神道傳授》，頁 12-13。羅山以儒教道德的「智仁勇」配以神道
的三神器鏡玉劍，屢出現在其著作中，如以下所論：「三種神器，璽象仁
也，劍象勇也，鏡象智也。本具此三德者，神明也。夫必者神明之舍也，
既具三德，則神豈遠乎哉！方寸之間，嚴然肅爾吁！不可不敬也。聖人設
神道以教人，以此故也。若夫器者多出自人為，故雖禹王九鼎亦然。**我朝
三神器者，自然之天成而不假人為，是亦有以哉！可貴可敬焉。**」氏著：
〈隨筆・四〉，收入《林羅山文集》，卷第 69，頁 863。

[72] 林羅山：《神道傳授》，頁 45。

[73] 林羅山：〈隨筆・二〉，收入《林羅山文集》，卷第 66，頁 804。

[74] 同上註。

「神道實理」：

> 有天上，有地下。日由東出由西入，終不由北出或南出。
> 夏溫冬寒，水冷火熱，鳥飛空，獸走地，魚游水。……
> 人間亦如此，知善而行，知惡而不為，有忠君，有孝親，
> 知高賤之品，由昔至迄末代，何有不誠哉？以是而云神
> 道之實理。（原日文）[75]

綜而言之，羅山只強調朱子的形下論之理，並以之論「神道即
理」、「神儒同理」，此即他所謂的「神道之實理」。朱子雖也提
及「實理」而道：「蓋性中所有道理，只是仁義禮智，便是實
理。」[76]只是羅山係混同形上、形下的理氣一元論觀點論「實
理」，朱子則就形上觀點論「實理」。

　　闇齋在神道思想內涵的理解上，也是與羅山南轅北轍。筆
者以為闇齋結合朱子的「持敬」與神道的「正直」成為理學與
神道學結盟的主要內涵。而羅山不提神道的主要內涵——「正
直」思想，以論朱子的「理」，乃成為闇齋極力批判的要點。

　　羅山論神道幾乎未言及「正直」，卻多談「仁義」之道，
如他面對以下之問：「《日本紀・神代書》與周子《太極圖說》
相表裡否？」答曰：「我未知。嗚呼！王道一變至於神道，神
道一變至於道。道吾所謂儒道也，非所謂外道也者佛道也。佛
者充塞乎仁義之路，悲哉！天下之久無夫道也。」[77]是用「仁
義之路」被佛者所充塞來回應神道儒道式微的情形。又羅山在
《本朝神社考》中引用三王仁義之道，亦未言及日本神道所強

---

[75] 林羅山：《神道傳授》，頁 43。
[76] 《朱子語類》，卷第 4，〈性理一・人物之性氣質之性〉，頁 64。
[77] 林羅山：〈隨筆・二〉，收入《林羅山文集》，卷第 66，頁 804。

調的「清淨」、「正直」之道，即被主張神佛習合的那一峰秀批評道：

> 春（按：羅山）也自謂：「凡稱王者，非三王仁義之道，難致天下。故曰王道惟弘。」然殷湯周武，尚弒其君，而奪其祚，何足為法？況其餘張仁義法者，相伐相奪，不堪枚舉。莊周所謂為之仁義以矯之，則并與仁義而竊之者也。……國人至今，知仁義名者鮮矣！只守清淨、正直之理，上下相得，自然君君、臣臣、父父、子子，何待他邦仁義教乎？[78]

以上引文指出神道書中，所凸顯神道的中心思想是「正直」及「清淨」，並不是「仁義」，這確實是古代日本語境的實情。「仁義」基本上是中國傳來的外來語，日本古代神話書多論及「清淨」或「正直」，並未書及「仁義」。所以，吉川惟足論「土地自然之理」時也提到中國是以仁義為教：「天竺，日沒國也，因而貴後世說天堂之事，勸善懲惡之教。漢土，東西中間之國也，以當然之仁義禮智之信為教，終已於未分之前，不細密詮議以後之事，是皆依其國土之自然而道所出也。我大日本國，神教之道，自然之教也。」[79]（原日文）惟足這裡區分中國是「仁義禮智」之教，日本神道之教是基於「自然之理」，這個「自然之理」即是「誠」，也就是闇齋所強調的「正直」思想。

「正直」是神道的重要核心觀念。它出自於《紀》、《記》的〈神代卷〉中所論「清心」的資料，「清心」與「正直」、「誠

---

[78] 那一峰秀：《辨證錄》，收入《日本思想鬪諍史料》，第 1 卷，頁 359-360。按：《辨證錄》刊於 1770 年，作者署名為「天臺那一峰 秀敬寫」，屬於德川中期之佛教人物。

[79] 吉川惟足：〈土金之秘決〉，收入《近世神道論‧前期國學》，頁 72。

心」等概念相通，這些意義在日語中也都與「忠」一辭是通用
的。如《紀》提到弟神素戔嗚尊由地上往見高天原的天照大神，
天照大神懼弟懷不善之心欲奪其位，素戔嗚尊之誓言中提及
「清心」：

> 素戔嗚尊誓之曰：「無若懷不善，而復上來者，吾今囓
> 玉生兒，必當為女矣。如此可以降女於葦原中國。如有
> 清心者，必當生男。」[80]

神話中這種「清心」常為日本思想家拿來作為必須自己「洗
心」、「正直」、「淨心」之後，方可通神明或事君，故特別重視
「神道正直」之思想。與闇齋約略同時的朱子學者貝原益軒，
著有〈神儒併行不相悖論〉以倡神儒同道，也如是說明神道之
內涵是基於「清潔不穢」之理而展現「誠明、正直、純一、純
樸」之德。[81]中世紀的神道五部書《倭姬命世記》也說：「神，
臨照正直之首」，[82]山崎闇齋晚年學神道並自創垂加神道，《垂
加社語》首先就引《倭姬命世記》之語：「『神垂以祈禱為先，
冥加以正直為本。』此神託出《鎮座傳記》、《寶基本記》、《倭
姬世記》，嘉（按：即闇齋自稱）自贊，神垂祈禱，冥加正直，
我願守之，終身勿忒。」[83]又曰：「日月迴四洲，雖照六合，須

---

[80] 丸山林平編撰：《定本日本書紀》（東京：講談社，1966 年），卷第一，〈神代上・石窟幽居〉，頁 33。

[81] 轉引井上忠：《貝原益軒》，頁 208。

[82] 所謂《倭姬命世記》是神道五部之一，該書假托古人之編，加寫神宮之古代傳承事蹟，約在鎌倉中期時成立。「倭姬命」是神話中垂仁天皇之皇女，相傳在日本武尊東征時，依神命授與草薙劍。

[83] 山崎闇齋：《垂加社語》，頁 120。闇齋特別強調神道的「祈禱」、「正直」之虔敬宗教思想，或可從他特別重視朱子〈敬齋箴〉中的「敬」思想窺出端倪，闇齋特有〈敬齋箴講義〉（收入西順藏等編：《山崎闇齋學派》，東京：岩波書店，1980 年），逐條解釋朱子的〈敬齋箴〉，點出他對「敬」字

照正直頂。此託宣出《倭姬命記》。」（同上）等等，顯見垂加神道中明顯繼承古神道書中的「正直」的宗教思想，而這個「正直」傳統思想，卻被羅山的「理當心地神道」所稀釋掉了。

闇齋與羅山除了上述對神道內涵理解的不同外，闇齋理解神、儒的關係，是擺脫羅山「神道即理」的神儒合一論，而鮮明地以神道為主來提倡「理一」的精神，其弟子源良顯特從「理一氣殊」（非「理一分殊」）觀點之立場來說明，如以下之問答：

> 或問：「子年來學儒，今以神道主之，所尊信甚，何耶？」
>
> 答曰：「宇宙之間理一，而氣則分殊也。我國與西土水土異也，而道則妙契焉。然生我國者，以神道為本，儒道為輔翼，是則神明之教也。」[84]

值得注意的是，源良顯不說「理一分殊」，而是從「氣的分殊」來談中日之道的相異，對闇齋學派而言，為確保「理一」，只能有「氣」的分殊，不可有「理」的分殊。闇齋學派的尊神道者由此認為中日雖同理一，但神道、儒道不可如羅山混同，必須嚴辨其間仍各有特殊性，而這並不妨礙強調中日的妙契之

的宗教意義的解釋：「夫敬之一字，儒學之成始成終工夫，其來久遠也。自天地之開始以來，代代之聖人傳道統之心法，亦不過此敬矣。伏羲之時，未有文字，雖無敬名，已在畫乾坤之二卦上可見敬之象，而示以無名之敬。到堯舜始有敬之名，《尚書》所謂《欽明文思》，《論語》（堯曰篇）命舜有『允執厥中』之詞。」（原日文，頁 80）簡言之，闇齋把「敬」字當成代代聖人傳道統之心法，具有宗教上的崇敬工夫，此與闇齋的垂加神道所強調的「祈禱」與「正直」思想有異曲同工之處。由於「敬」字思想是闇齋特別重視，故其弟子均有「敬」字的解說，如佐藤直方有〈敬說筆記〉、三宅尚齋亦有〈敬齋說筆記〉，以及淺見迥齋有〈迥齋先生敬齋箴筆記〉，三文均收入前引《山崎闇齋學派》，可相參照之。

[84] 源良顯之論，收入在《續垂加文集附錄》中，《山崎闇齋全集》，第 2 卷，頁 370。

道。闇齋的垂加神道本自有這種性格，故其二代弟子如下的「神道自神道，儒道自儒道」之言論，最能充分說明闇齋這種神、儒區隔的原因：

> 神道自神道，儒道自儒道，而有自然之妙契。今言習合神儒者，非也。我邦之神聖，異邦之聖賢，未始與天地不同，是以自有妙契爾。其地其時固不同，不用相俟而後立教，故神書不倚《四子》、《六經》，而其道其教已赫然。故講神書者，獨說神書而足，不俟習合之也。賢言實與我道契，則固無言焉。此何等之言乎？**如我邦之道與異邦之道，妙契符合，則必先我邦後異邦，相輔相明而可也**。今言雖曰：「假令同，獨學異邦之道而足者。」則其偏執何為如之乎？[85]

從上述之論，我們即可理解那段常被引用的闇齋與弟子有關日本民族主體性的精彩問答，大意是說如果中國以孔孟為將，率軍攻日，學孔孟之道的日本儒者，只能披上戰袍，一戰擒孔孟以報國恩。[86]簡言之，闇齋的垂加神道一派，是要守住日本的特殊性，因就宇宙同一理而言，中國儒道是特殊性的存在，與日本神道同是特殊性的存在一樣，因此強調「理一」，不可如羅山講「神儒同理」或「神儒合一」的思維，畢竟講「神儒合一」亦將落入「神佛習合」的窠臼，其最終結果，還是喪失神

---

[85] 源安崇：〈辨一儒者為學之說〉，收入在《續垂加文集附錄》，頁382。

[86] 此段出自《先哲叢談》，載曰：「嘗問弟子曰：『方今彼邦，以孔子為大將，孟子為副將，率騎數萬，來攻我邦，則吾黨學孔子之道者如何為之。』弟子咸不能答，……曰：『不幸若逢此厄，則吾黨身披堅，手執銳，與之一戰而擒孔子，以報國恩，此即孔孟之道也。』」參原念齋、源了圓譯注：《先哲叢談》（東京：平凡社，1994年），卷之3，頁118-119。

道主體性，也就是喪失日本主體性。[87]因此，闇齋勢必區隔出
彼此的特殊性，並由此特殊性中找出共同之「理一」精神。

四、結論：儒學在神道與佛教之間所扮演的角色

理學自宋儒之後，千年來成為東亞儒者信奉的主流，信之
者雖奉之如神明蓍龜，但亦不免爭訟不絕，黨同伐異；批之者
甚至認為理學戕害儒道至鉅。在日本，理學系統派別林立，有
惺窩朱子學、林氏朱子學（羅山）、山崎派朱子學（闇齋）、貝
原益軒朱子學、佐藤一齋朱子學、朱舜水系統等學派。即使日
本本土之神道也區分吉田、兩部、吉川、垂加、伊勢、卜部、
教派、國家等教派，追求融合諸說之論有之，追求純粹之論者
亦有之，各宗各家站在各自立場，對自己信奉之學說進行理想
或創造性意義的改造，本章所分析德川初期的理學神道亦是如
此。

本章指出德川初期的理學神道可分為三派，其一是羅山的
「理當心地神道」派，其二是吉川惟足所創的「吉川神道」派，
其三則是山崎闇齋的「垂加神道」派。山崎闇齋雖然親自向吉
川惟足學過神道學，但其理學神道論點與吉川神道亦諸多不
同。本章在第二節指出這些雜染理學色彩的神道派產生在江戶
初期，頗具有其時代意義與日本的在地特色，因在中國儒者排

---

[87] 闇齋這種反對神儒雜合的觀點，引起朱子學者室鳩巢（1658-1734）的批
評：「又聞山崎氏言曰：『神道不可以儒雜焉，苟雜以儒，其與以佛何異？』
不知有此言否？若信也，是何謂也？道固不可雜，然曰：『不可以儒雜焉』，
則其道似儒而非儒者也，非儒而有以為道，則是道二本者也，而可乎哉！」
收入大塚靜編輯：《日本道學淵源續錄》（東京：岡次郎，1934 年），卷之
4，〈附錄〉之〈議神道書・與遊佐木齋〉，頁 54。

除佛教為異端，並無「援神排佛」的現象。再者，朱子理學在
德川初期能被廣泛接受，其中也不可忽略其「排佛」鮮明的色
彩，喜歡朱子理學同時也不厭棄日本傳統神道教者，在德川時
代大有人在，儒教本有鮮明的排佛論，而神道學者若要排佛，
破除長期以來的「神佛習合」現象，也需要借助新興的「理學」，
這應是有些神道學者接受理學的原因。但即使在理學神道陣
營，思想內涵也互有異趣。因此，本章第三節分析了羅山與闇
齋的理學神道之不同思維與特色。指出羅山的理學是一種理氣
一元論的「從氣言理」思維，而其結合神道學則從「神儒同理」
之觀點——即「神道即理」，以論「神儒合一」的「理當心地
神道」，側重強調儒教道德的仁義思想內涵。相較於羅山，闇
齋的理學則是固守理氣二元論的「從理言氣」論，雖然站在「理
一」立場，但依然持神道自神道、儒道自儒道之論旨，以論「宇
宙同理」的「垂加神道」，講究神道中心思想的「正直」。

　　理學有各種理學，神道也有各種神道，能夠多元並立，共
生發展，並非惡事，畢竟任何一種學說或思想實都有可能被創
造性的改造或利用而加以宣揚。但是，不可否認的，一個學說
或理論的產生均有其發言對象與脈絡，因此對古人學說或思想
的改造與利用，必與思想家所處的時代氛圍息息相關。舉本章
分析的理學神道為例，德川初期理學神道的誕生，也可以說是
神佛緊張關係下的產品。換言之，儒學也是在這樣的時代需要
下而被流行傳播。我們不要忘了日本即使至今在全國各地還有
許多神社，這還不包括因為明治維新的「廢佛毀釋」運動下而
遭致合併或被拆除的「神佛習合」之神社。只要稍知德川思想
史的發展，我們也將發現儒者也都不乏有神道信仰，要像荻生
徂徠那樣公然稱神道教是「巫祝之流」者，是少之又少。德川

知名儒者如陽明學者中江藤樹
（1619-1691），以及古學派先驅者
的朱子學者林羅山與山崎闇齋，
的國學派及幕末時代的水戶學者
彩。

我們也發現，倡導神儒同理的林羅山之
知識界中流傳，他所著的《本朝神社考》一出，佛教界
遺餘力；[88]堅定的朱子儒者也批判它雜揉神道教，而強調傳統的武士道學者的兵學者或勤皇學者則恚詬它混淆神、儒界限，偏向「儒主神輔」，主客易位。總而言之，儒學在德川學術史的發展中，的確有被當作是對抗佛教的擋箭牌而被需要存在的。而在儒學傳播流行之際，漸有「儒主神輔」的喧賓奪主之勢，導致幕末吉田松陰（1830-1859）要大聲疾呼：「俗儒或以夷變夏，妖僧或奉佛遺君，皆神道之讎。」[89]此論可以說是儒學工具論的典型代表。

儒學既是在神佛鬥爭時代下應運而生，所以德川幕府將軍一方面可以信仰佛教，當然一方面也只視儒學或理學是治天下的現實「工具」。因此，儒學在其懷有濃厚地排除異端佛教的色彩下，在德川時代真正扮演了對抗佛教的角色功能。儒學工

---

[88] 有關佛教界攻擊林羅山《本朝神社考》之考察研究，可詳參前田勉：《近世神道と國學》（東京：ぺりかん社，2002 年），第 1 章〈林羅山の《本朝神社考》とその批判〉。該文即探討佛教界的批林著作，如真言宗寂本（1632-1701）之《神社考邪排佛論》、臨濟宗白隱慧鶴（1685-1768）之《讀神社考辨疑》、黃檗宗龍溪性潛（1603-1670）之《辨正錄》、澄圓之《神社考志評論》等，參頁 20-57。

[89] 吉田松陰：《野山獄文稿》，〈讀浮屠虞淵護法小品〉，收入《吉田松陰全集》（東京：岩波書店，1986 年新版），第 2 卷，頁 34。

實則養活並養大了神道主體性的一批學者，他們有不錯
學造詣，也熟悉用儒學理論攻擊佛教理論，他們可能不是
道信仰者，卻是堅定主張「神主儒輔」者。儒學在這些主體
性強烈的日本學者而言，真正成了只是個「輔助」工具，而「工
具」之所以是「工具」，當有一天被別的「工具」取代了之後，
「工具」就沒有存在的價值了。

明治維新後的近代日本，「西學」已經取代儒學這門工具，
而神佛鬥爭也從德川時代的「佛盛神衰」而成為「佛衰神盛」
的逆轉狀態。神道教終於發展為「國家神道」，即把全國神社
與神道皆統編在與天皇有關的神道，成為近代日本發展軍國主
義與國家主義的理論淵源。但是，嚴格來說，「國家神道」並
不是宗教，而是超越在所有宗教之上的國族主義。換言之，它
是宗教之上的宗教。佛教及其他宗教都必須在此特殊的「巨靈」
之下俯首稱臣，順之者成為御用宗教，其中最明顯的就是佛教
中淨土真宗的本願寺派。日本在殖民地韓國與臺灣的佛教團體
中，興起帶妻僧制度的改革運動，便是這個教派推動的結果。
佛教團體在日本近代「佛衰神盛」的壓抑下，成為國家宗教政
策的工具，實難掩其疲態，與之相較，儒學則更顯得氣若游絲。

德川時代夾在神佛鬥爭下，艱難地活出一片天的儒學，竟
在近代日本歷史的發展中，像被三振出局的球員敗陣了下來。
明治維新後，一位曾是勤王功臣的陽明學者東澤瀉（正純，
1832-1891）竟選擇絕意仕途，隱遁鄉野，擇居築屋，過著顏
回式的簞瓢屢空生活，開塾以教弟子。初期求學門人頗多，一
度還增築塾舍。但因西化之風漸盛，這個私塾也只能在 1884
年（明治十七年）突然宣布閉塾。東澤瀉乃遣散門人百餘人，
閉關以讀《易經》，最後以文墨書畫自娛以終。這個例子說明

在西化之風漸興下，儒學即使想作為「工具」都難以生存的窘境。

職是之故，儒學到底在日本歷史中扮演了何種角色？從日本神佛鬥爭（而不是從儒學本身）的歷史發展下找尋的結果，或許更能清楚它的工具性之功能。而這個工具性功能，似乎永遠無法取代作為根深柢固且具有宗教性信仰的佛教與神道。[90]

在中國，儒學誠然也具有強烈的治道工具性功能，並透過科舉考試，而成為現實統治服務工具。中國各地同時也存在著祭學一致的孔廟，以作為知識分子的信仰中心。儒者皆希望道統能凌駕治統，因而儒學在中國一方面希望透過孔廟祭祀活動或天子的祭天活動，使執政者明白政統尚須服膺於道統之下。所以，在中國的儒者，普遍可以透過這種制度或祭祀活動來昇華他們的信仰。就此而言，儒學與政治在中國的關係，可以說既是工具也是目的。

反觀日本儒學的發展，由於缺乏科舉制度的護航，孔廟的建立也寥寥可數，儒學大部分只被視為人倫日用之實學或實理治道的理想工具。在現實的發展中，儒學從來沒能取代過日本的宗教信仰，日本全國各地有大量的神社、佛寺，但能稱的上廟學一致

---

[90] 就宗教功能而言，喪祭禮是最可看出一個文化是否偏重那個宗教，而儒家文化的喪祭禮從來沒有取代過日本長期以來的佛教喪祭禮之文化。例如山崎闇齋學派特別推崇朱子的《文公家禮》，尤其在喪祭禮上企圖對抗日本傳統的佛家葬祭制度，雖然無法撼動佛教在喪葬禮的主導地位，但卻是日本儒教史上一個很特別的例子。相關研究可參田世民：〈近世における《文公家禮》に關する實踐の言說─崎門派の場合─〉，《日本思想史學》，第37號（2005年9月），頁136-154。這篇文章特別分析闇齋學派淺見絅齋的《喪祭小記》與若林強齋《家禮訓蒙疏》二人對《文公家禮》所做的喪葬禮解釋，以窺朱子學生活實踐的禮學在日本被接受的情形。

的孔廟卻不超過二十處。[91]而儒學性命天道的內在超越體證的宗教性意義，也往往被束之高閣，難以開展出其宗教意義。

* 本章曾宣讀於「東亞朱子學的同調與異趣國際學術研討會」（2006 年 2 月 11 日），臺大人文社會高等研究院・朱氏宗親會合辦（臺北：臺大校友會館）。經修訂後，收入黃俊傑、林維杰共編之《東亞朱子學的同調與異趣》（臺北：臺灣大學出版中心，2006 年）。

---

[91] 根據鈴木三八男編：《日本の孔子廟と孔子像》（東京：斯文會，1989 年）一書，可以稱得上孔廟的只有十二處，即東京湯島聖堂、岡山閑谷學校聖廟、多久聖廟、足利學校孔子廟、水戶孔子廟、長崎聖堂、舊三重縣田丸町孔子廟、沖繩縣那霸市久米孔子廟、橫濱市大正殿、仙台孔子廟、盛岡孔子廟、名古屋明倫堂孔子廟等十二處。

徂徠學的特質

第三章

荻生徂徠「不言」的詮釋方法析論

一、前言

　　經典詮釋牽涉到經典與解經者之間的密切關係，由於一切的解釋均須透過語言（包括文字、圖畫、符號等）的傳達與解釋，不論語言扮演何種詮釋的功能，語言實有其不確定性，而且語言與「真實」是否必然有其相應性，都有待商榷。[1]例如《舊約聖經》的〈約伯記〉中記載約伯與三個來安慰的朋友之間的對話，彼此各自揣摩上帝的意思，最後還需要上帝親自出來發言而譴責他們：「誰用無知的言語，使我的旨意暗昧不明。」[2]

---

[1] 西方語言學家索緒爾（Ferdinand de Saussure, 1857-1913）強調「語言學的轉向」（linguistic turn），提出由於語言指涉的任意性，使語言成為透明載體，而懷疑語言能否指涉真理的問題。索緒爾指出「意符」（signifier，如語言文字）與意指（signified，如概念）的相對應關係，二者之關係有其任意性（arbitrary）。關於「語言學的轉向」，參 Ferdinand de Saussure, tr. by Wade Baskin, *Course in General Linguistics*（Beijing: China Social Sciences Publishing House, 1999）。另外，西方存在哲學者海德格（Martin Heidegger, 1889-1976）在論語言的本質時也說過：「我們與語言的關係卻是不確定的、模糊的，幾乎是不可說的。倘我們來沉思這種奇怪的情形，那麼我們將幾乎不可避免地看到，對此情形的任何解說初聽起來都是令人詫異的、不可理解的。」參孫周興譯：《走向語言之途》（臺北：時報文化，1993年），第 4 章〈語言的本質〉，頁 130。

[2] 〈約伯記〉中記載上帝同意撒旦考驗約伯是否真心信仰上帝，遂使撒旦奪其財產及兒女之命，又使約伯身體從頭頂到腳長毒瘡，約伯的三個友人遠

　　本文的重點不只是關心詮釋活動中的「已言」（被說出來的詮釋），更扣緊未經言明或有意的「不言」（沒有被說出來的詮釋）之詮釋活動。揆諸古代經典，孔子（551-479B.C.）有「默而識之」（《論語・述而》）、「書不盡言，言不盡意」（《易經・繫辭上》）之語，孟子（372-289B.C.）也說過「不言而喻」（《孟子・盡心上》），《道德經》首揭「道可道，非常道」、「聖人處無為之事，行不言之教」，以及禪宗的「不立文字，直指本心」等的默識活動，均屬於「語言無法表達」的理解活動；又如《春秋公羊傳》中有許多關於王位繼承的「不言」、戰爭用詞的「不言」乃至華夷之辨的「不言」等，目的是要把《春秋》中「不言」的褒貶隱喻之意，明白地表達出來，[3]這是屬於「語言可以表達」的理解活動。弔詭的是，這種有意向的「不言而喻」，因為還是求之於「心」證，所以對不言而喻的「喻」之解讀，也因不同的讀者而呈現多義性。

　　因此，著名的《左傳》襄公二十四年記載：「大上立德，其次立功，其次立言」，「立言」係在「立德」與「立功」之後，

來慰問，而與約伯有段精彩的信仰與懷疑上帝真理的對話，這段對話常被文學家與詮釋學者所引用。
[3] 如所周知，《春秋》經的寫法常蘊含有褒貶的筆法，而《春秋公羊傳》正是講出《春秋》「不言」的褒貶之意。例如關於諸侯王位繼承的「不言」，桓公元年載曰：「『元年，春，王正月，公即位。』繼弒君，不言即位，此其言即位何？如其意也。」莊公元年記曰：「『元年，春，王正月。』公何以不言即位？春秋君弒子，不言即位。君弒則子何以不言即位？隱之也。孰隱？隱子也。」另外，關於戰爭用詞的「不言」，如隱公六年，魯國與鄭國的狐壤之戰，記曰：「狐壤之戰，隱公獲焉。然則何以不言戰？諱獲也。」再如莊公十年記曰：「『二月，公侵宋。』曷為或言侵，或言伐？觕者曰侵，精者曰伐。戰不言伐，圍不言戰，入不言圍，滅不言入，書其重者也。」關於華夷之辨的「不言」，如襄公十八年載曰：「『春，白狄來。』白狄者何？夷狄之君也。何以不言朝？不能朝也。」

表明德行的行為表現比經典的言說具有優先性，亦有不相信「立言」的絕對價值。「立言」之所以擺在後面，乃因聖人立言制行，後人學以成德，亦言人人殊，甚或有「巧言」、「偽言」的顧慮，所以「立言」的前提是要先「立德」。今日中國人之所以尊敬《論語》，基督教之所以奉《聖經》為經典，乃是敬佩孔子與耶穌這樣偉大人物的德行，才相信他的「立言」，否則「德行」不立，好言人人會講，也不乏各種理想的論述，說服力卻大大減低，何況人各臆說、家自異學的情況，無法形成一個統一的言說，自古以來就存在這種問題。

　　嚴格而言，文本作者或解釋者，雖然盡可能想要闡明作意或文本意指，但總有意或無意間留下「不言」的空白語境，這種「不言」總讓讀者有無限的想像空間，在歷史上或生活經驗中，我們也常碰到「隱而不言」、「忍而不言」或「祕而不宣」等事例。就經典解釋而言，「不言」其實也是一種「言說」的解釋活動，因為「不言」本身即是一種實踐或抉擇的活動，例如註解經典一旦有解經者的選擇性，則哪些被選為註解，哪些不被選擇解釋，或是哪些被解釋的多，哪些被解釋的少，抑或哪些章節僅註解一段，甚至故意闕解，都牽涉到解經者的意向性。但是「不言」又可分「有意的不言」與「無意的不言」，本文論述的重點在於荻生徂徠「有意的不言」之詮釋特質，針對在日本德川儒學史上佔有舉足輕重地位的學者荻生徂徠（1666-1728），分析他特殊的以古文辭學求聖人之道的特殊方法（第二節），並在這種學問基礎下，探討徂徠解釋儒家經典中「不言」之意的解經特質（第三節），從而論述徂徠這種「不言」之意所潛藏的解經方法論之問題（第四節）。最後在結論中提出綜合性的看法。

二、徂徠的學問之道：從「名」（古文辭）、「物」（《六經》）中求聖人之道

　　荻生徂徠的古文辭學在德川中葉成形後，如狂風般席捲整個德川思想界，蔚為風潮，如蟹維安（號養齋，1705-1778）所稱「海內之士，多為徂徠所動」。[4]由於徂徠攻擊的對象主要是程朱之學，因此往後的德川儒學思想界的紛爭，儼然就是古學派（包括反對朱子學的伊藤仁齋之古義學派）與程朱學派的戰場。仁齋雖反程朱，但畢竟還尊孟子，更推孔子為宇宙至極第一人。因此，論爭主要矛頭都對準徂徠，故有出身山崎闇齋（1618-1682）學派蟹維安的《弁復古》、《非徂徠學》，石川正恒（1707-1759）的《弁道解蔽》；出身藤源惺窩系統的森銕大年（1728-1791）有《非弁道》、《非弁名》、《弁論語徵》，平瑜（生卒不詳）的《非物氏》（1783 年刊行）；出身懷德堂的五井蘭洲（1697-1762）的《非物篇》，中井竹山（號積善，1730-1804）的《非徵》、《閑距餘筆》；以及出身古注學派的石川安貞（香山，1736-1810）之《讀書正誤》、折衷學派的井上金峨（1732-1784）之《讀學則》、《弁徵錄》；乃至出身徂徠學派者如龜井朝陽（1773-1836）也有《讀弁道》批判徂徠學等等不勝枚舉，[5]遂有寬政二年（1790），以程朱官學為主，禁制異學

---

[4] 蟹維安：《非徂徠學》，收入關儀一郎編：《日本儒林叢書》（東京：鳳出版株式會社，1978 年），第 4 冊，頁 23。

[5] 以上所列反徂徠學者，有朱子學派、折衷學派、懷德堂學派、折衷學派等，甚至龜井朝陽係出自徂徠學派本身。關於反徂徠學的研究，可參小島康敬：《徂徠學と反徂徠》（東京：ぺりかん社，1994 年），第 6 章〈反徂徠學の人とその主張〉，頁 201-223。又，徂徠學係建立在對宋儒及仁齋的批判，但徂徠的古文辭學成立後，也紛被後儒所批判，日本學者子安宣邦（1933-）在《「事件」としての徂徠學》（東京：青土社，1990 年）把徂

的古義學（仁齋）與古文辭學（徂徠）的措施。[6]要言之，徂徠學的發展在十七世紀中葉以後德川思想界可說是一顆耀眼的金星，不論喜歡與不喜歡，勢必都要經過徂徠學的洗禮。職是之故，在分析徂徠「不言」之意的解經特質之前，事先了解徂徠的古文辭學問方法，有助於我們在第三節的深入探討。

　　荻生徂徠的中心思想即是「《六經》即先王之道」，[7]因他認為先王之道即存在於《六經》，所謂「《六經》明而聖人之道無古今」，[8]他以此判定孟子以降的諸儒，並不是從《六經》體認真正的先王之道，認為《論語》雖是「聖人之言」，但卻是「門人之辭」，不可視之為「聖人之文」，故難免有「不可解」之處。[9]因而他批評古義學派的前輩學者伊藤仁齋（1627-1705）

徠的學問及思想上的表現，放在當時（十八世紀）「論述」（discourse）時代的出現，作為「事件」來理解，而這種「論述」的出現，乃是針對同樣觀念的「前論述」不滿，進而提出「憤慨的」（scandalous）批判或非難而形成「後論述」，如是由「論述」所形成的反覆爭議與論辯，即構成所謂的「事件」。相關書評，參拙著：〈子安宣邦著《事件としての徂徠學》之評介〉，《中央大學人文學報》，第 20/21 期合刊（2000 年）。

[6] 有關在光格天皇寬政年間（1789-1800）的異學之禁，其間的爭議，可參《日本儒林叢書》第三冊之《寬政異學關係文書》。另外，拙著：《日本德川時代古學派之王道政治論：以伊藤仁齋、荻生徂徠為中心》（臺北：臺灣大學出版中心，2004 年）第五章亦嘗介紹與分析這場異學之爭的背景，頁136-142。

[7] 荻生徂徠：《弁道》，收入吉川幸次郎等校注：《荻生徂徠》（東京：岩波書店，1982 年），上冊，第 2 條，頁 200 下。

[8] 荻生徂徠：〈學則〉第 4，《荻生徂徠》，上冊，頁 257 下。

[9] 荻生徂徠：《論語徵》，收入關儀一郎編：《日本名家四書註釋全書》（東京：鳳出版株式會社，1973 年），第 5 卷，甲卷，頁 3。關於徂徠的《論語》學，黃俊傑教授指出，徂徠對孔子思想進行政治學的解讀，解釋《論語》有（1）道是先王所造作；（2）「聖人」是指先王而言；（3）「聖人之道」僅能求之於《六經》等三個支點，而且這三個解釋支點，環環相扣，不可分割。見黃氏近著：〈作為政治論述的經典詮釋學：荻生徂徠〉，收入氏著：

視《論語》為宇宙至極第一書，說：「仁齋執一部《論語》，而不信他經，言教至孔子而嶄新開闢，而輕先王之道。」[10]因為徂徠認為先王之道載於《六經》，所以不可獨專於孔子，理由是《論語》的古義還不甚「古」，故在他根據《論語》所註解的《論語徵》中，指出了許多是古言而非孔子之語，[11]更遑論《孟子》。所以徂徠求古義是要求之於比《論語》更古的《六經》，以確實掌握古人先王之道的內涵，字字句句要求切合於古文辭之義理，故對於經書的注釋，僅取諸西漢人的解經，因為他認為他們是最接近於古人的時代，然也僅做參考性質，故亦時時批判之。

因此，徂徠常批判後儒解經，常患名不正則言不順的缺點，特別要求「物」與「名」相合的觀點，如他所著《弁名》一書，其用意即是：

《德川日本《論語》詮釋史論》（臺北：臺灣大學出版中心，2006 年）。

[10]　荻生徂徠：《論語徵》，壬卷，頁 328。

[11]　徂徠的《論語徵》十卷，有許多指出《論語》的語句是非孔子所言，而是孔子引古言而發揮，如：說「里仁為美，古言，孔子引之」（頁 73）；「觀過斯知仁矣，蓋古語」（頁 79）；「父在觀其志，父沒則觀其行，古言也」（頁 87）；「『智者樂水，仁者樂山』，此二句，非孔子時辭氣，蓋古言也」（頁 122）；「三人行，必有我師，古言也，孔子誦之」（頁 145）；「篤信好學，守死善道，古言一也；危邦不入，亂邦不居，古言二也；天下有道則見，無道則隱，古言三也。孔子引古言者三」（頁 165）。以下五章皆非孔子語：「子曰後生可畏」章、「子曰法語之言」章、「子曰三軍可奪帥也」章、「子曰衣敝縕袍」章、「子曰歲寒」章。又如：「『先進於禮樂，野人也；後進於禮樂，君子也。』是時人或先輩之言，而孔子稱之」（頁 221）；「『顏淵問仁』章之『克己復禮』、『仲弓問仁』章之『出門如見大賓，使民如承大祭』皆古語」、「『子曰片言可以折獄者』章：蓋古語也」、「『崇德脩慝辨惑』，蓋古書之文」（頁 247）；「『舉直錯諸枉』，蓋古語」（頁 248）；「『剛毅木訥』，蓋古之成言」（頁 263）；「『不逆詐，不億不信』，蓋古語也」、「『六言六蔽』，蓋古語也」（頁 319）等等。

> 欲求聖人之道者，必求諸《六經》，**以識其物**，求諸秦
> 漢以前書，**以識其名**，名與物不舛而後聖人之道可得而
> 言焉已，故作《弁名》。[12]

我們必須注意徂徠特別提到「名」與「物」的概念，認為欲求
聖人之道，必先知先王所設立的「名」與「物」，故要了解「物」
就必須求之於《六經》，想懂得「名」就得求之於秦漢以前之
書，而最終目的當然是希望「名」與「物」能實質地互相密合
而無誤，才可以對聖人之道發言，而「名」與「物」不相合，
將產生「舍物而言其名」的後果，他說：

> 舍物而言其名，言之雖巧乎，孰若目睹，且也徒名無物，
> 空言狀之。故其言愈繁愈舛，言之者以臆，聽之者以臆，
> 曼衍自恣，莫有底止，徒翫其華，弗食其實。[13]

由此可知，徂徠對「名」、「物」相合的重視程度，並且以這種
學問態度形成他的古文辭之治學方法，強調「古文辭必須古註
而明」，[14]如學者所指出的，古文辭係根據先王制作的「物」及
其「名」而提倡的，「物」是作為文獻的「古文辭」，「名」是
作為「物」之意義而來的「古文辭」，而且不論「物」與「名」
都限定在「先王」的制作裡。[15]我們從徂徠註解《論語》的《論
語徵》書中便可了解這個古文辭方法論，他說：

> 余學古文辭十年，稍稍知有古言。古言明而後古義定，
> 先王之道可得而言已。……是以妄不自揣，敬述其所知，

---

[12] 荻生徂徠：《弁名》，收入《荻生徂徠》，上冊，第2條，頁200下。
[13] 荻生徂徠：〈學則〉，收入《荻生徂徠》，上冊，頁257。
[14] 荻生徂徠：《論語徵》，辛卷，頁303。
[15] 今中寬司對「古文辭」的「物」與「名」之解釋，參氏著：《徂徠學の史
的研究》（京都：思文閣，1992年），頁321-323。

　　　其所不知者，蓋闕如也。有故，有義，有所指摘，皆徵
　　　諸古言，故合命之曰《論語徵》。[16]

又他在《弁道》這本書中首揭：

　　　不佞借天寵靈，得王李二家書以讀之，始識有古文辭。
　　　於是稍稍取《六經》而讀之，歷年之久，稍稍得**物與名**
　　　合矣，**物與名合**，而後訓詁始明，《六經》可得而言焉。
　　　《六經》其物也，《禮記》、《論語》其義也，義必屬諸
　　　物，而後道定焉。乃舍其物，獨取其義，其不氾濫自肆
　　　者幾希。[17]

上述之言，像極了清代戴震（東原，1723-1777）重視名物制
度和聲韻訓詁解經的方法。[18]徂徠認為要從古文辭了解《六
經》，追求「名」與「物」相合的聖人之道，[19]他在《六經》的
「名」與「物」中發現「道」的實質意義，又說：「道者，統
名也。舉禮樂刑政，凡先王所建者，合而命之也，非離禮樂刑
政，別有所謂道者。」[20]考之《三禮》中有關「名物」，乃泛指
有關諸侯王官的職掌和禮樂等典章制度，徂徠所謂的「非離禮
樂刑政，別有所謂道者」，其實也是中國先秦王官學的實情，[21]

---

[16] 荻生徂徠：《論語徵》，甲卷，頁 1。

[17] 荻生徂徠：《弁道》，第 1 條，頁 200 下。

[18] 關於戴震不只重視聲韻訓詁之學，也重名物制度之學解經的分析，參葉國
　　良：〈從名物制度之學看經典詮釋〉，《國立中央大學人文學報》，第 20/21 期
　　合刊（2000 年），頁 5-8。徂徠生卒年代比戴震約早半個世紀，所以二者論
　　點雖相似，但誰也無法證明戴震與徂徠有任何思想上的接觸，故不必附會
　　二者思想有傳承的關係。

[19] 徂徠把自己祖先姓氏的「物部」氏，僅取為一「物」字，而仿中國單姓取
　　為「物茂卿」，亦頗有表達其中心思想的意義。

[20] 荻生徂徠：《弁名》，頁 201 上。

[21] 這裡必須區分徂徠思想中的「禮樂」與「刑政」是屬於不同的層次。「禮
　　樂」是先王制作，實踐先王制作的「禮樂」即是目的，即其目的在化民、

他這種先王之道具體地體現在先王的制作禮樂上的觀點，所謂「名」其實就是「古言」（或古文辭），「物」即「名」所指涉的事物——即《六經》的禮樂制度，這即是徂徠古文辭的學問根本方法，同時也是徂徠整個教育論的核心精神，亦即徂徠所重視的是外在禮樂的道德實踐論，而不在於言語之教所重視的道德知解論。[22]

三、徂徠「不言」之意的詮釋特質

（一）所謂「禮樂不言」：「不言」作為強調實踐禮樂的動態意義

　　徂徠為區別「先王之言」與「後儒之言」之不同，故對「言」有特別的定義：「言者，先王之法言。先王之法言，猶規矩準繩也。」[23]徂徠這裡特用的「言」，其目的在於區別後儒的「言語」，如他說：「故孔子所謂知禮、知言、知道、知命、知人，

安民，刑政則是施政的手段，並非目的。如他說：「先王何以作禮樂？先王知言語之不足以教人也，故作禮樂以教之；知刑政之不足以安民也，故作禮樂以化之。」氏著：《弁名》，「禮」第 1 則，頁 219 上。

[22] 從教育論的觀點來看，向來學者把徂徠這種輕視言語之教而重視從外在禮樂的身體練習與熟練，當成是日本重要的教育傳統。亦即重視以身體性為媒介所體得的實踐認識，更高於透過言語之教誨所獲得的表層知識，相關的研究可參前引小島康敬：《徂徠學と反徂徠》，第 2 章〈荻生徂徠の「學」：身體の了解と模倣・習熟・思慮の問題をめぐって〉，以及辻本雅史著，張崑將、田世民合譯：《日本德川時代的教育與媒體》（臺北：臺灣大學出版中心，2005 年），第 5 章〈荻生徂徠的習熟論和教化論：近世教育思想試論〉。

[23] 荻生徂徠：《論語徵》，癸卷，頁 357-358。

皆以先王之道言之者也；宋儒所謂格物窮理是是非非之類，皆
以世俗之智言之者也。」[24]徂徠特別明顯區分「先王之道之言」
與「世俗之智之言」，他也批判孟子「知言養氣」章的「知言」
也不過是「知他人之言」而已。[25]

　　徂徠既然認為要遵守這個規矩準繩，就必須實踐「法言」，
而此法言表現在詩書禮樂之教，他說：

> 先王之教，詩書禮樂而已矣。**禮樂不言**，習以成德，豈
> 外此而別有所謂成仁之方乎。[26]

又曰：

> （孔子說）「吾道一以貫之」，而不言以何貫之，以其不
> 可言也。故先王立言與事以使守之，詩書禮樂，是其教
> 也。是故顏子之知，猶且博學於文，約之以禮，而後見
> 其如有所立卓爾。[27]

又藉此批判孟子說：

> 孟子之教，非教人之道。故先王之教，**禮樂不言，舉行事
> 以示之**。孔子不憤不啟，不悱不發，豈不然乎！至於孟子，
> 則強辨以聒之，而欲以是服人者，未能服人者矣。[28]

---

[24] 荻生徂徠：《弁名》，「智」第 1 則，頁 216 上下。
[25] 徂徠說：「孟子知言（〈公孫丑〉篇），知他人之言也，觀於孔子聽訟吾猶
人也（〈顏淵〉篇），則知他人之言，聖人亦不敢言吾能之矣。夫聖人所不
敢言能之，而孟子能之，豈理乎哉！故知孟子之非也。」氏著：《論語徵》，
癸卷，頁 357-358。
[26] 荻生徂徠：《弁名》，「仁」第 3 則，頁 215 上。
[27] 荻生徂徠：《弁名》，「道」第 1 則，頁 210 下。
[28] 荻生徂徠：《弁道》，第 15 條，頁 205 上。

由此可知，詩書禮樂都屬於先王之教，詩書是「立言」，禮樂
則是「立事」，而徂徠更看重禮樂的「不言」，甚至更重視禮樂
與「道」之密切關係，如前引「道者，統名也。舉禮樂刑政，
凡先王所建者，合而命之也，非離禮樂刑政，別有所謂道者也。」
又說：「文武之道，未墜於地，……文武之道，禮樂也。」[29]故
「道」具體表現在先王所建的禮樂刑政上，但為何不是以仁義
而是以禮樂教人？又為何孔子不說「仁以貫之」？而說「一以
貫之」？徂徠回答：「孔子所以不言仁，而曰一以貫之者，古
人學貴乎實焉。」[30]意味著若直接說「仁」的話，則恐流於以
言語為教，而輕忽實學，故他又說：「既知言語之教不足以盡
乎道，是故制禮作樂以教人，而後之學者猶且舍其教，唯言語
是務。夫舍其禮而不使學，而欲以己之言盡夫先王之禮，多見
其不知量已。」[31]足知徂徠重在禮樂之行，即以實踐禮樂為主，
言語之教為次，因古代先王了解「言語之不足以教人」，故徂
徠以此批判後儒之「言說」，這是徂徠解經不取孟子（包括孟
子）以下諸儒說法之原因。[32]因此「禮樂不言」表示一切實踐
於禮樂制度中，此時的「不言」有強調禮樂本身即是「實踐」

---

[29] 荻生徂徠：《論語徵》，癸卷，頁 352。

[30] 荻生徂徠：〈答東玄意問〉，收入《荻生徂徠》，下冊，頁 542。但事實上，
孔子之學即是「仁學」，徂徠在此特舉孔子不言「仁以貫之」，只是為了證
明孔子之學也是以禮義教人，顯然有意忽略孔子「仁學」的內在道德論。
子安宣邦由此指出徂徠所揭示的「先王之禮樂」，是將「仁」與「禮樂」
對置，就如同《四書》與《六經》的對置一樣。參氏著：〈先王之道禮樂
焉爾：關於徂徠的禮樂論〉，《中國文哲研究通訊》，第 14 卷第 4 期（2004
年 12 月），頁 54-56。

[31] 荻生徂徠：《弁名》，「禮」第 1 則，頁 220 上。

[32] 如徂徠說：「後儒之不知先王禮樂之意者，皆以己之所見而變亂先王之教
法，要之不免佞人之歸哉。吾所以不取孟子以下者，為是故。」氏著：《論
語徵》，辛卷，頁 290。

的動態意義，「不言」只是形式上的無動態，實質上卻是一種實踐動態，就如「天不言，以行與事示之而已矣」（《孟子・萬章上》），以及「天何言哉！四時行焉，百物生焉」（《論語・陽貨》）。因而「不言」是作為強調主語「天」的實踐動態意義。徂徠的「不言」其實就是「實踐先王的法言」，用白話來說：「做了就對了」，「做了自然就了解了」，換言之，先王之法言表現在行動的實踐中。徂徠由此而批判孟子以下之後儒，尤其是宋儒，他的對策是以「物」對「理」、以「事」對「言」來破除宋儒之理學，他說：

> 先王之教，以物不以理。後世迺信思、孟、程、朱，過於先王孔子，何哉！蓋先王之教，以物不以理。教以物者，必有事事焉；教以理者，言語詳焉。物者眾理所聚也，而必從事焉者，久之乃心實知之，何假言也。言所盡者，僅僅乎理之一端耳。[33]

根據這段引文，由於先王之教是「以物不以理」，「物」表現在《六經》的制禮作樂之實踐中（即「事」），即他所謂：「《六經》，物也，道俱存焉。施諸行事，深切著明。」[34]所以徂徠說：「教以物者，必有事事焉」，以區別宋儒基於言語之教的「理學」。質言之，在徂徠思想中，宋儒的「理」只是「言語」，並非是他所謂的「言」（即「法言」），而「言語」根本不能盡道，只能是「理之一端」而已，何況孔子教人不俟多言。[35]由此可知，

---

[33] 荻生徂徠：《弁道》，第 16 條，頁 205 上。

[34] 荻生徂徠：〈學則〉，收入《荻生徂徠》，上冊，第 3 條，頁 257。

[35] 徂徠曰：「故孔子之教，行於七十子，不俟多言；孟子則欲使不信我之人，由我言而信我，故徒詳其言，以欲人人之能曉，是訟之道也，徒聒耳。」氏著：《論語徵》，甲卷，頁 40。

「物」與「事」（即實踐禮樂），都是抗衡宋儒「理」、「言」的重要觀念，正因宋儒「言語太詳」，徂徠則以「不言」對之。質言之，從「言」到「不言」，從「理」到「物」，處處可見徂徠與宋儒對峙的機鋒。

（二）「不言」作為否定後儒經解之方法

由於徂徠強調求之《六經》原典的古文辭方法，所以他非常注意《六經》或孔子沒有講過的理念，後儒不可無中生有編造像「性善」、「天理人欲」、「內聖外王」等理念來解釋古代經典。本節將這種「無中生有」歸為徂徠的「不言」之意之一，以下論述這個觀點。

首先，徂徠認為聖人之道並沒有「性善」、「性惡」與「內聖外王」的概念。以下兩條資料，皆是徂徠從老莊文獻中，看出宋儒所談的「性」與「內聖外王」係從老莊而來，並賦予「性」、「內聖外王」豐富的思想內涵，而對先王、孔子之道提出無中生有的詮釋：

> 先王之道，本為安民立之，故其言脩身者，亦皆以為行仁之本已，豈徒成己哉。後儒狃聞莊周內聖外王之說，而謂天下國家舉而措之。是以其解仁，或以天理，或以愛，專歸重於內，而止於成己，豈不悲乎。[36]

> 言性自老莊始，聖人之道所無也。苟有志於道乎，聞性善則益勸，聞性惡則立矯；苟無志於道乎，聞性惡則棄不為，聞性善則待不為，故孔子之貴習也。子思、孟子

---

[36] 荻生徂徠：《弁名》，「仁」第 3 則，頁 215 上。

> 蓋亦有屈於老莊之言，故言性善以抗之爾。荀子則慮夫
> 性善之說必至廢禮樂，故言性惡以反之爾。皆救時之論
> 也，豈至理哉！歐陽子謂性非學者之所急，而聖人之所
> 罕言也，可謂卓見。[37]

這兩項資料，都是有關宋儒用老莊的語詞來解釋先王孔子之言。首先，在前項有關宋儒常用「內聖外王」解釋「仁」的引文中，徂徠要批判宋儒常用先王不存在的思想概念來解釋成德的內涵，故他特別批判「專歸重於內，而止於成己」，顯見他對於內聖之學的反感，所以他說：「宋諸老先生忘先王之道以敬天安民為本，而專求諸己，遂陷於莊周內聖外王之說。」[38]質言之，用先王之道所未見的概念解釋經典，會犯邯鄲學步、又失其故的窘境。

其次，在第二條資料中，徂徠認為聖人並不以「性」作為「道」的重要理論依據，後世孟子的「性善」或荀子的「性惡」只是救時之論。徂徠追溯孔子論性時說「性相近，習相遠」，認為孔子的重點是在於「習」而非「性」，即由重視禮樂的學習以養就德行，換言之，德行是從學習與實踐禮樂制度而來，並不空言論性。徂徠在這裡要強調的是，聖人之道所未見的，後人不要妄加理論臆測，就像聖人是「貴習」而不急於論性一樣，但孟子、荀子為救時弊提出性善、性惡之論，已非聖人之論，更何況宋儒又提出本然之性與氣質之性之說。面對宋儒這種「無中生有」的理論，徂徠認為他們都是藉著聖人「不言」

---

[37] 荻生徂徠：《弁道》，第 13 條，頁 204。

[38] 荻生徂徠：《弁名》，「天命帝鬼神」第 1 則，頁 236 下。有關徂徠「去內聖尊外王」的思想分析，前引拙著：《日本德川時代古學派之王道政治論：以伊藤仁齋、荻生徂徠為中心》曾經分析之，參頁 151-156。

的原始聖義，恣意衍申，故他要否定與批判後儒所曲解的原始聖義。[39]徂徠要大家關注原始聖義的「先王之道」，不要失焦去討論人性的問題，故他說：「苟能信先王之道，則聞性善益勸，聞性惡益勉；苟不信先王之道，則聞性善自用，聞性惡自棄，故荀孟皆無用之辯也。」[40]徂徠的目的在於以信仰先王之道破除「性善」與「性惡」的無用爭辯，再次證明「言語」之不可靠，故他的先王之道即在於詩書禮樂之教的立言與行事當中，後儒不必再多立無用之言。

上述這種批判在徂徠思想中經常可見，如他說：「先王孔子之道，言義而不言理」，[41]「如仁義禮智，亦孔子時所無，孟子始言之，亦備楊墨所不有者，以見吾道之備已」。[42]由此可知，徂徠扣緊《六經》語脈的古文辭方法，對於後儒許多重要的思想觀念如「性善」、「性惡」、「內聖外王」、「仁義禮智」等，認定都是違背先王之道而無中生有的臆測之說。徂徠對於後儒的這種批判，雖不失為一個釜底抽薪的方法，卻不免侷限了經典詮釋活動的開放性，從而帶來一些解經矛盾的問題，本文第四節將有進一步討論。

---

[39] 徂徠曰：「人性本善，亦源於孟子，而孔子所不言，孟子亦有所為而言之，且其所謂性，乃宋儒氣質，善亦大概言之，宋儒性，如佛氏性相之性，大失古言。」氏著：《論語徵》，甲卷，頁7。

[40] 荻生徂徠：《弁名》，「性情才」第2則，頁241上。徂徠又批判孟子的心性之學說：「惻隱羞惡，皆明仁義本於性耳，其實惻隱不足以盡仁，而羞惡有未必然者也。立言一偏，毫釐千里，後世心學，胚胎於此，荀子非之者是矣。故思孟者，聖門之釁隙也；荀子者，思孟之忠臣也。」氏著：《弁道》，第1條，頁200上。

[41] 荻生徂徠：《弁名》，「理氣人欲」第1則，頁244下。

[42] 荻生徂徠：《弁道》，第8條，頁203。

（三）《論語徵》闕解章節的「不言」之意

　　徂徠在《論語徵》序言中即強調：「妄不自揣，敬述其所知，其所不知者，蓋闕如也。」在《論語徵》中有許多章節是「闕如」的，如前第二小節所言，「不言」有代表強調主語的實踐動態意涵，則解經者面對經典中有些違反自己的解經意向的章節時，或違背他所處的政治立場時，往往乾脆不解釋，這種不解釋，如果只是一兩條，我們還可視之為作者偶然或引用版本上的闕漏，但此類章節甚多，顯然是一種「有意的闕解」，所以這種闕解實際上也是一種「不言」的實踐活動。[43]《論語徵》是徂徠註解《論語》的有力代表作，但闕解的章節計有二十六章，我粗略將這些闕解的二十六章分成以下六項，列表於下：

闕解章節 闕解分類	闕解《論語》章節
A.關於君臣緊	1.「子路曰桓公殺公子糾」章（憲問）

---

[43] 不過這種「闕解」，有時透過國家政治的干涉力量，例如日本在二次大戰期間，嘗刪除有關《論語》教科書中的〈憲問〉篇兩章：「子路曰桓公殺公子糾」與「子貢曰管仲非仁者與」這兩章，子路及子貢質疑桓公殺公子糾，管仲不死君難而又相之，以問孔子。另外，學者瀧川龜太郎所編纂的《論語集註》亦被刪除此兩章而出版。可知在戰爭中的軍國主義強調忠君的氣氛下，對於管仲的不死君難，而孔子仍許管仲「如其仁」的思想，自然無法接受。以上分析參山下龍二：〈朱子‧徂徠管仲論──倫理主義政治主義──〉，《名古屋學院外國語學部論集》一，收入《中國關係論說資料‧32》第一分冊（上）（東京：論說資料保存會，1990 年），頁 547-551。這種借用外在政治力的干擾解經活動，其實就如臺灣解嚴前的「禁書」情形類似，本文不著重這種國家權力干涉解經的活動，僅探討思想家個人解經活動的「闕解」意義。

張關係之類	2.「子言衛靈公之無道也」章（憲問）
	3.「子曰以不教民戰是謂棄之」章（憲問）
	4.「齊景公問政於孔子」章（顏淵）
	5.「哀公問於有若」章的「百姓足，君孰與不足」（顏淵）
	6.「季子然問章」的「弒父與君，亦不從也」（先進）
	7.「季氏將伐顓臾」章（憲問）
	8.「季氏使閔子騫為費宰」章（雍也）
	9.「邦有道，危言危行；邦無道，危行言孫」章（憲問）
B.關於顏淵的評價之類	1.「子曰：語之而不惰者，其回也與」章（子罕）
	2.「子謂顏淵曰：惜乎！吾見其進也，未見其止也」章（子罕）
	3.「苗而不秀者有矣夫！秀而不實者有矣夫！」章（子罕）
C.關於君子評價的問題之類	1.「子曰：君子謀道不謀食，耕也，餒在其中矣；學也，祿在其中矣。君子憂道不憂貧。」章（衛靈公）
	2.「君子而不仁者有矣夫，未有小人而仁者」章（憲問）
	3.「子曰：君子易事而難說也，說之不以道，不說也。及其使人也，器之。小人難事而易說也，說之雖不以道，說也。及其使人也，求備焉。」章（子路）
	4.「子曰：君子欲訥於言而敏於行」章（里仁）
D.有關政治上的用人之類	1.「原思為之宰，與之粟九百，辭。子曰：毋！以與爾鄰里鄉黨乎。」章（雍也）
	2.「子游為武城宰，子曰：女得人焉耳乎？曰：有澹臺滅明者，行不由徑，非公事，未嘗至於偃之室也。」章（雍也）
	3.「子貢曰：鄉人皆好之何如？子曰：未可也。鄉人皆惡之，何如？子曰：未可也。不如鄉人之善者好之，其不善者

	惡之。」章（子路）
	4.「孟公綽為趙、魏老，則優。不可以為滕、薛大夫。」章（憲問）
E.關於個人道德的言行之類	1.「見賢思齊，見不賢而內自省也」章（里仁）
	2.「有德者必有言，有言者不必有德」章（憲問）
	3.「年四十而見惡，其終也與」章（微子）
	4.「愛之，能勿勞乎？忠焉，能勿誨乎？」章（憲問）
	5.「父母之年，不可不知。一則以喜，一則以憂。」章（里仁）
F.其他（無法歸類）	1.「牢曰：子云：吾不試，故藝。」（子罕）

　　從上表中，可以看出歸為 A 類「君臣緊張關係」者最多，揆諸徂徠的政治思想傾向，實不難看出徂徠「闕解」的不言之意。另外，B 類「關於顏淵的評價」，由於《論語》許多章節有關顏回的論述頗多，我們可以從其他章節中看出徂徠對顏回的評價，以明白他缺解此三章的用意。C 類與 D 類的闕解，與A、B 亦息息相關，E 類則事涉個人道德價值的判斷，難以舉旁論證之，故不論。

　　首先，從 A 類「君臣緊張關係」的九條闕文中可知，顯然徂徠只要碰到《論語》中以下犯上，或是關於諸侯無道的對話，一概在他的《論語徵》中闕解，以下分析徂徠的政治思想與脈絡以說明這項闕解的不言之意。徂徠由於本身從政，屬幕府老中（最高行政長官）的儒官，權重一時，所以徂徠註解《論語徵》時，當遇到有君臣關係緊張的部分，便棄而不解。至於《孟子》，則僅著《孟子識》短篇文章，扣緊〈梁惠王〉篇攻擊孟

子思想及其前輩學者伊藤仁齋的解釋。徂徠不註解《孟子》的原因，除了孟子喜多言議論、遠離《六經》古文辭之外，另一方面是《孟子》一書有太多的君臣關係緊張之文句。徂徠在註解《論語》時，即認為有許多無法可解之文，[44]但這些無法可解之文常也潛藏著徂徠的「不言」之意，其中最明顯的是當他遇到緊張的君臣關係文句時，不是棄而不論，就是以事功義為不尊魯王的季氏辯護，而且遇到不出仕的章句，亦存而不論，如《論語・雍也・9》的「季氏使閔子騫為費宰」章，未申論閔子騫之不臣季氏之理由，蓋為自己仕於武家政權而諱言。又如不正面解「不至於穀」章、「子曰謀道不謀食」章，亦是同樣態度。再如他迴避〈顏淵〉篇的「齊景公問政於孔子」章的君臣名分命題的解釋，[45]又極力為魯三家的僭位辯護，如他在註解〈先進〉篇的「季子然問仲由冉求可謂大臣與」章時，對於孔子所言「弒父與君，亦不從也」，以曉季氏之僭位，徂徠顯然有意不論，或恐僭位之說將會帶給自己以及幕府的困擾。又如對於〈憲問〉篇的「子言衛靈公之無道也」章，亦闕文不論，足見徂徠有官守，故有言責，不輕言黜君之說。又避談對於「季氏將伐顓臾」的適當性，以及為「季氏舞於庭」的事件

---

[44] 徂徠嘗說《論語》不可解者有「道千乘之國」、「不重不威」、「因不失其親，父母唯其疾之憂」、「耳順」、「攻乎異端」、「八佾舞於庭」、「無適無莫」、「足恭」、「罔之生也」、「子見南子」、「五十以學易」、「不至於穀」、「不及門」、「師也辟」等章，見氏著：《護園八筆》，收入關儀一郎編：《日本儒林叢書》，第 4 冊中。這些其中如「八佾舞於庭」、「子見南子」、「不至於穀」等皆有對君臣關係的提出質疑或斥責季氏之僭位意味，徂徠欲以其尊君之態度以及古文辭方式硬解，當然無法可解。

[45] 《論語・顏淵・11》中說：「齊景公問政於孔子。」孔子對曰：「君君、臣臣、父父、子子。」公曰：「善哉！信如君不君、臣不臣、父不父、子不子，雖有粟，吾得而食諸？」

粉飾；[46]並駁斥朱註對魯三家所評：「斗筲之人，乃指今之從政者，魯三家之屬」，徂徠則力稱魯三家為「為政者」，而非「從政者」。徂徠或為魯三家辯，不認為魯三家是僭位，頗有承認德川武家政權之合法性，此乃徂徠積極地為魯三家辯護之用心。《論語》中的名分論，被徂徠轉化為純以政治事功意義解釋，而完全喪失了德性意義、名分意義。最明顯的是徂徠註解《論語・子路》篇的「衛君待子為政」章，孔子的主要論點是「名不正，則言不順；言不順則事不成；事不成，則禮樂不興；禮樂不興，則刑罰不中；刑罰不中，則民無所措手足」，徂徠之解卻全圍繞在「禮樂」，言「聖人之治，必用禮樂」、「先王禮樂，孝莫尚焉」，反倒使孔子的真正「正名」意義晦而不明，模糊了孔子的「正名」思想。總之，徂徠所著《論語徵》，處處為魯三家辯，處處有排除緊張的君臣關係的「不言」之意，且處處對於不臣於君的人物，如閔子騫、原憲等棄而不解或扭曲原意，種種皆顯示徂徠對於掌握現實權力的德川武家政權給予極大的肯定。

　　其次，關於闕解顏淵評價的不言之意。上述 B 類闕解三章，都是有關孔子對顏回的評價，而且是〈子罕〉篇的連續三章，孔子稱顏回「語之而不惰」（第 20 章）、「吾見其進也」（第 21 章）與「秀而不實」（第 22 章，禾黍吐花卻不長果實之意），我們從旁證來說明徂徠何以闕此三章的不解之意。顏回作為一個沒有事功表現的孔門弟子，依徂徠重視事功義的眼光看來，其地位之高低自然可知。例如在他解釋「子曰回也非助我者也」

---

[46] 徂徠說：「季氏之僭，不當一世，從前魯君所忍，是尚可忍也，僭之大者，尚可忍也，則無不可忍之事矣，魯君能以此為心，李氏之僭可正，而魯君可治焉。」氏著：《論語徵》，乙卷，頁 45。

章，說：「德以性殊，故有六德九德之目，才以性殊，故有四科之目，苟不殊，何以官之。……若回也，非助我者也，亦顏子沉默，其性然。……後儒乃言大聰明故如愚，不知雖聖人亦性殊故也。」[47]可見徂徠對顏子的評價並不高，說顏子「為人沉默」之性以解「回也非助我者」章，無關乎「聞一知十」、「大聰明故如愚」，而「德以性殊」、「才以性殊」的目的就是因應各種為政上所需要的人才而言，明顯偏重政治意義來解釋孔門四科（德行、言語、政治、文學）。徂徠又常批判「世儒多謂顏子樂於陋巷，有孔子在」，[48]而「尋孔、顏樂處」（周敦頤對程顥所說）與「顏子所好何學」更是從二程以降理學家所必要深入探究的重要思想課題，相對於宋儒將顏回認定為「去聖人只毫髮間」的「亞聖」而言，依徂徠政治與事功意義的解釋，顏回當然不能坐擁接近聖人的地位。

　　《論語》中關於顏回的記載，揆諸〈先進〉與〈雍也〉篇記載最多，〈先進〉篇計有「德行顏淵、閔子騫、冉伯牛、仲弓」章、「子曰：回也非助我者也，於吾言無所不說」章，以下的第八、九、十、十一，皆記載顏淵死的對答，徂徠也僅簡單記載，其中皆不扣緊顏淵的德行，反藉此來批判朱子（元晦，1130-1200）的注解，例如徂徠解釋「子曰：回也其庶乎，屢空。賜不受命，而貨殖焉，億則屢中」章，對「屢空」的解釋，朱子與范祖禹（淳甫，1041-1098）的解釋都是扣緊顏回的安貧樂道，徂徠則解為「言其必受命而興」（必被徵召而為官），但「不幸短命而死，孔子之言不驗」，他並批判王弼（輔嗣，226-249）、何晏（平叔，190-249）解釋為「庶幾聖道」，失去

---

[47] 荻生徂徠：《論語徵》，己卷，頁 224。
[48] 同上註，頁 231。

古言的脈絡語境。又在〈雍也〉篇中「子曰賢哉回也」章中，徂徠也批判宋儒要擬顏回如達磨，不知顏回所樂乃是「樂先王之道」。[49]綜而言之，徂徠對顏回地位的貶價，除了徂徠傾向以政治事功義來評價歷史人物外，他主要的矛頭還是對準宋儒的內聖之學，而顏回即是內聖之學的主要代表人物，可見徂徠闕解這三章，還是有其深意。

　　從以上 A、B 兩類的闕解，明顯呈現出徂徠「重外王事功」而「輕內聖心性」的學問傾向，由此我們也不難理解 C、D 類的闕解。如 C 類中「有關君子評價的問題」，由於徂徠概以政治階級義的「君子」是屬於在上位之人，「小人」是屬於細民（關於徂徠的君子小人之論，另詳於第四節），故我們若以徂徠的政治階級義來看待這闕解的四章，或許可以窺出一些端倪。例如「君子而不仁者有矣夫」章，朱熹引用謝良佐之言說：「君子志於仁者矣，然毫忽之間，心不在焉，則未免不仁也。」完全是從德行的「心」之普遍意義來解釋「君子」與「仁」的密切關係。不過徂徠並不如此看重「仁德」，他在解釋「參乎吾道一以貫之」章說：「仁，先王之一德。故謂先王之道仁盡之，則不可矣。」[50]對徂徠而言，孟子或宋儒喜言的仁義道德，都是統攝於「禮」當中，故徂徠在解釋《論語‧述而》「子釣而不綱」章時，即是以「禮」含攝「仁」、「義」，他說：「不知求諸禮，但言仁人之心耳，故其論終有窮矣。以禮言之，仁義豈外哉！」[51]因此，對「君子」而言，實踐「禮」比講「仁義」

---

[49]　徂徠說：「所謂其樂者，正如伊尹耕有莘之野，樂堯舜之道。……要之皆樂先王之道也。宋儒所見如達磨，不欲惹一物，故以樂道為非是已。」氏著：《論語徵》，丙卷，頁 116。

[50]　荻生徂徠：《論語徵》，乙卷，頁 84。

[51]　荻生徂徠：《論語徵》，丁卷，頁 148。

道德更具實質意義，故即使說「仁義」之德是由「禮」派生而出亦可。徂徠這樣認為「君子」與「仁」並沒有密切的關係，或許是其闕解此章的理由。又如闕解「君子謀道不謀食」章，此章似乎有鼓勵君子求學不以求祿為仕為目標，則有「位」的「君子」便失去其存在意義了，這當然也違反徂徠的政治事功原則。再者，D 類中闕解「有關政治上的用人之類」別，其中澹臺滅明、孟公綽、原思等都可說是《論語》中公正的有德者，也算是有所不為的「狷者」，如今徂徠闕解，或許是以其外王的事功意義看來，這些人都算不上有德者，因他們基本上都是無事功者，故有意闕解之。

四、徂徠「不言」詮釋方法論的矛盾及其問題

如前節所分析，徂徠頗有運用「不言」之意，作為他思想的利器，藉以批判孟子以降的後儒之「言說」。因此，我們可以說「不言」正是徂徠運用古文辭方法的重要思想內涵。但是，由於徂徠扣緊他所謂的先王之「古義」或「古文辭」的脈絡來解釋經典，所以他上述的「不言」之意解經原則，不免出現一些詮釋方法論的問題。本節扣緊前文所說，徂徠批判後儒「無中生有」的解經方法，闡述徂徠的詮釋方法論之矛盾及其衍生的問題。

（一）徂徠詮釋方法的矛盾

這項矛盾的產生，可以說是徂徠古文辭方法解經的必然結果。由於徂徠處處要以「古言」來解釋經典，但《論語》出現中的「古言」或「古文辭」畢竟有限，徂徠要用有限的《六經》

古文辭及其義理來解釋整部《論語》，亦常覺辭窮意盡，產生語言失靈的現象，所以有時不免要跳出來代替孔子說話。以下舉徂徠所了解的孔子是積極肯定管仲（夷吾，？-645B.C.）的事功為例來說明。徂徠解釋「子曰鄙夫可與事君也與哉」章：

> 《左傳》（襄公二十四年）曰：「大上立德，其次立功，其次立言。」是古語也。孔子亦唯言求富貴之失，而未嘗及功名，觀其取管仲，可以見已。道者，先王之道，學先王之道以成德於己，是所謂道德也。其學先王之道以成德於己，亦將以用之於世，故孔子曰：「用之則行，舍之則藏。」（〈述而〉）豈無用之謂哉！後世內聖外王之說，淪於人心腑，而後道德與功名判焉。如孔子時，亦豈無求功名之失哉！然孔子不言之者，功名之不可棄也。**故靳裁之之言，亦獨善其身之言也。**其所謂道德者，亦非古所謂道德矣。[52]

此章特對朱子所引許昌靳裁之的「士三品」而發論：「士之品，大概有三。志於道德者，功名不足以累其心；志於功名者，富貴不足以累其心；志於富貴而已者，則亦無所不至矣。志於富貴，即孔子所謂鄙夫。」[53]徂徠特批判靳所言「志於道德者，功名不足以累其心」一語，謂孔子此章唯言求富貴之失，而未嘗及功名，並引孔子評管仲之事功，以證孔子道德、功名皆重，豈無求功名之失，功名之不可棄也可知之。但徂徠以「孔子不言，功名不可棄也」，企圖把宋儒說成放棄功名之類者，殊不知宋儒爭「道德」與「功名」並不在於放棄功名或道德之辨，而是爭議道德與功名孰為優先的問題，宋儒主張道德先於事

---

[52] 荻生徂徠：《論語徵》，壬卷，頁 324-325。
[53] 〔宋〕朱熹：《四書章句集注》（臺北：大安出版社，1994 年），頁 251。

功，這項主張本不違背孔子「為政以德」的意思。其次，從這段引文我們也看到徂徠自己違反其「不言」之解經原則。如前節所言，「不言」是指先王或孔子沒說過的話，後儒不可妄以「理」、「性」等原理性的概念來解經，但徂徠卻似乎跳出來為孔子說話，認為孔子不說出求功名，是表示「功名不可棄」的意思，徂徠從先王之道判定孔子的「不言」用意，但這種跳出來說話，正犯了他批判宋儒無中生有的解經方法之忌諱。我們再從徂徠積極肯定管仲事功的例子來分析他自毀其解經的原則，他在解「子曰管仲之器小哉」章時說：

> 孔子無尺寸之有，亦異於湯與文武焉，使孔子見用於是邪，唯有管仲之事已。然其時距文武五百年，正天命當革之秋也。使孔子居管仲之位，則何止是哉。故孔子與其仁而小其器，蓋惜之也，亦自道也。**夫孔子小之，而終不言其所以小之，可以見已**。夫管仲以諸侯之相，施政於天下，可謂大器已，而孔子小之，或人之難其解，不亦宜乎。揚雄曰：「大器猶規矩準繩，先自治而後治人。」（《法言‧先知》篇）是書生常言。[54]

如前節所言，「不言」是徂徠常拿來批判後儒的利器，但《論語》中孔子明說了管仲「器小」，而徂徠硬要再替孔子補充「終不言其所以小之」，來說明孔子肯定管仲的事功，並以事功義解釋孔子的觀點。如果這項解釋可通，則以下關於程頤（1033-1107）對於「陳成子弒簡公」的解釋也是可通，程子說：

> 左氏記孔子之言曰：「陳恆弒其君，民之不予者半，以魯之眾加齊之半，可克也。」程子曰：「此非孔子之言，

---

[54] 荻生徂徠：《論語徵》，乙卷，頁 68。

> 誠若此言，是以力不以義也。」若孔子之志，必將正名
> 其罪，上告天子，下告方伯，而率與國以討之。至於所
> 以勝齊者，孔子之餘事也，豈計魯人之眾寡哉？當是
> 時，天下之亂極矣，因是足以正之，周室其復興乎？魯
> 之君臣，終不從之，可勝惜哉！[55]

這裡顯然程頤也是用「非孔子之言」來否定《左傳》對於孔子
不利的記載，而「非孔子之言」或「非《六經》古語」等本是
徂徠擅長用來批判後儒的利器，今日理學家程子同樣也用過
「此非孔子之言」來證成孔子的「義」。按孔子所說的「陳恒
弒其君」以下這句話係《左傳》哀公十四年的記載，依照徂徠
《六經》的標準，《左傳》並非屬於《六經》之列，故程頤否
定《左傳》這段有損孔子道德形象的記載，自然也說得通。

　　但是，我們看到徂徠解釋《論語》這段註解時，反對程子
之論說：「宋儒之論，每每如此，唯論其義而不問事之可為與
不可為，真經生哉。⋯⋯夫道者所以平治天下也，所以陶冶天
下也，經生輩平日以講說為事，而謂聖人之道止是焉。」[56]理
學家用一個道德理想主義的聖人形象來理解古典，對於《左傳》
這段「以力不以義」的解讀，只有以否認孔子說過這樣的話來
解之。但徂徠由此注意到理學家的問題在於「平日以講說為
事」、「唯論其義」，卻「不問事之可為與不可為」之脈絡性問
題，事實上，若求之於當時孔子講這句話的脈絡原因的話，可
能亦無損於孔子的道德理想形象，[57]但理學家捨此不由，徂徠

---

[55] 朱熹：《四書章句集注》，頁 215。
[56] 荻生徂徠：《論語徵》，庚卷，頁 272-273。
[57] 研究中國漢學的狩野直喜（1868-1947）也注意到了宋儒對這一段的解釋，
　　他批判宋儒過度地以道德動機立論，而不顧現實成敗的論調，並沒有還原

在此表明了反對經生只靠「講說」建構一個道德理想的形象，因為這樣容易忽略追查事實脈絡的真相，因而聖人形象或「道」的理解可能也因此遭到扭曲與誤解。由此可知，兩造皆可用「非孔子之言」來證成自己的論點，卻皆出於「有為之言」解經。徂徠是以「政治的事功義」凌駕於道德義的原理來解釋整部《論語》，所以每逢「君子」均以政治性的有「位」之人來解釋，「小人」則例解為庶民（詳於下節）。顯然，徂徠在解經上也有特定的主觀見解，他雖立了嚴厲的解經原則，但亦不免自毀其原則，這不是徂徠故意冒犯他自己的解經原則，而是他所立的這個原則，連他都動輒受限。

我們再以徂徠解釋「仁」的觀點，窺其政治事功論的優位思維原則，即是以安天下為標的，他說：

> 夫有安天下之心而又有安天下之功，謂之仁，管仲是也。有安天下之心而無安天下之功，不得謂之仁。有安天下之功而無安天下之心，莫有此事焉。如三子者（微子、比干、箕子），有安天下之心而無安天下之功，雖無安天下之功，然使紂從其言，則亦足以安天下，故謂之仁。[58]

徂徠雖以「安天下之心」與「安天下之功」並取，但其論述則又特重「安天下之功」之「仁」，所謂「有安天下之心而無安天下之功，不得謂之仁」，於是「安天下之功」之「仁」，取代

孔子時代的脈絡，因為當時魯國國情與齊國類似，同處於大夫專政弄權之際，故狩野氏認為孔子主張伐齊，其目標不在齊之陳氏，而是在本國弄權的季氏。參氏著：《論語孟子研究》（東京：みすず書房，1977 年），頁 93。這樣的解釋，不但無損於孔子的形象，反而更見聖人的大勇氣與大謀略。

[58] 荻生徂徠：《論語徵》，壬卷，頁 333。

了「安天下之心」之「仁」，而事事以「安天下之功」為判準「仁」的原則，如他對仁者的定義是：「蓋仁者長人安民之德，其心故在安天下之民，而其所為亦可以安天下之民者，謂之仁。」[59]乍見之下，徂徠是以「安天下之心」與「安天下之功」並取，實則「安天下之功」是徂徠最關懷的重點。又如徂徠所認定孔子的「仁」亦是重安民之功，他說：「先王之道，莫適而非安民，孔子蓋目之以仁，俾學者求之。」[60]完全視管仲之功即是「仁」，而孔子所認定的仁者，也必須像管仲有安民之功的人，徂徠將孔子的「德性義」完全曲解為政治事功義，有意強化仁者事功意義而抖落德性意涵。這種以「安天下之功」取仁的標準，歷史上許多被封為仁者的人，徂徠都對他們重新定義，如他反對孟子封柳下惠為仁為聖，[61]為唐太宗之功臣王珪（叔玠，571-639）、魏徵（元成，580-643）之不死君難、易事二主脫罪，而稱「王、魏亦管仲耳」。[62]亦譏諷方孝孺（希直，1357-1402）之徒為經生。[63]又如上所引，殷之微子、比干、箕子三子，徂徠充其量也僅以假設性語言稱其為仁，說：「然使紂從其言，則亦足以安天下，故謂之仁。」因為殷之三仁乃出於孔子之肯定，徂徠不得不以假設性語言來遮掩，此種運用假設性語言來自圓其說的情形，常見於徂徠著作之中，如徂徠說：「使孔子見用於是邪，唯有管仲之事已」、「使孔子居管仲之位，則何只是哉」、[64]「若假哀公聽孔子之請，則魯之霸可計

[59] 荻生徂徠：《論語徵》，丙卷，頁 100。
[60] 荻生徂徠：《蘐園隨筆》，收入《日本儒林叢書》，第 1 冊，頁 16。
[61] 荻生徂徠：《論語徵》，壬卷，頁 333。
[62] 荻生徂徠：《論語徵》，庚卷，頁 270。
[63] 同上註，頁 273。
[64] 荻生徂徠：《論語徵》，乙卷，頁 68。

日而待」[65]等等，針對徂徠這種假設性語言的推衍方式，朱子學者平瑜在《非物氏》中就批評徂徠：「茂卿（徂徠）開口，則言先儒以臆斷，而其人何臆斷孔子之心，可謂狎大人者矣。」[66]由此可見，徂徠批判後儒的「臆斷」或無中生有，自己卻也難免「臆斷」孔子的話語，顯見徂徠有意轉變經典之思想，以符合他自己以事功義來解經的原則，這當然也可算是徂徠的某種創造性的詮釋，卻不是基於他所立的古文辭方法。

（二）徂徠詮釋方法所衍生的問題

　　如前節所言，徂徠的「不言」常是作為批判後儒「無中生有」的思想概念之利器，但後儒的「性善」、「理」、「內聖外王」、「仁義」等思想內涵，都是在既有經典上，作普遍性義理的開放闡釋活動，不可與恣意解經混為一談，如果否定了這種對經典開放闡釋的精神，勢必限定解經者僅能以還原《六經》當時的時空脈絡及語境來解經（至少徂徠相信可以還原），從而有喪失經典作為超時空的普遍性意義之虞。以下以徂徠對「君子」、「小人」，以及對「仁人」、「聖人」解釋的例子說明之。

　　《論語》中「君子」與「小人」的解釋，自來就有德行義與政治義兩種解釋。[67]然而，徂徠解釋《論語》中所有有關「君子」與「小人」，一概用「位」的政治義解之，又如牽涉到政

---

[65] 荻生徂徠：《論語徵》，庚卷，頁 273。
[66] 平瑜：《非物氏》，收入《日本儒林叢書》，第 4 冊，頁 5。
[67] 誠如馬一浮所言：「先儒釋君子有二義：一為成德之名，一為在位之稱。其與小人對舉者，依前義，則小人為無德；依後義，則小人為細民。」氏著：〈君子小人之辨〉，收入《馬一浮集》（杭州：浙江古籍出版社，1996年），第 1 冊，頁 36。

治性的句子則都傾向「為人君言之」的尊君解釋。如他解「季康子問政於孔子曰」章說：「君子之德風，小人之德草。君子在上位之稱，小人謂民。」[68]又如解「君子喻於義」章謂：「君子者，在上之人也，雖在下而有在上之德，亦謂之君子。小人者，細民也，雖在上而有細民之心，亦謂之小人。」[69]他在《弁名》中這樣對「君子」定義：

> 君子者，在上之稱也，「子」，男子美稱，而尚之以君；「君」者，制下者也，士大夫皆以治民為職，故君尚之，子以稱之。是以「位」言之者也。……大氐古之學，詩書禮樂，故君子修辭達政，禮樂以文之，是謂之成德。以心以理，皆非三代論君子之義也。[70]

根據上述徂徠對君子的解釋，他概以「位」的政治義解之，認定「君子」為「上位」，「小人」為「細民」的貴賤身分，頗嚴上下尊卑之秩，這與徂徠所居的德川幕府本是個武家政權的封建階級之社會有所關聯，加之中國《六經》所載的古代，本也是個封建階級的社會，徂徠的解經方法既限定在古文辭解經，故皆以政治義取「君子」、「小人」之意，也是很自然的道理。徂徠基於這項解釋，反對後儒以普遍意義的「心」或「理」來解釋三代君子的成德之義。

　　其次，徂徠解釋「子曰三軍可奪帥也」章也是「為人君言之」，他說：

> 三軍可奪帥也，匹夫不可奪志也，此為人君而言之，欲

---

[68] 荻生徂徠：《論語徵》，己卷，頁 245。
[69] 荻生徂徠：《論語徵》，乙卷，頁 85。
[70] 荻生徂徠：《弁名》，「君子小人」第 1 則，頁 254 下。

> 其不侮匹夫匹婦焉。後儒不知,誤謂欲學者之立其志,儱侗哉![71]

此章朱子引侯氏的注解是:

> 三軍之勇在人,匹夫之志在己。故帥可奪而志不可奪,如可奪,則亦不足謂之志矣。[72]

元代胡炳文(仲虎,1250-1333)《四書通》衍其義為:

> 學莫先於立志,有志則進,必如川流之不已;無志則止,必如為山而弗成,故凡學而卒為外物所奪者,無志者也。[73]

姑且不論兩造何者為正解,不過,我們配合徂徠以「位」解君子可知,徂徠把《論語》中有關德性修養部分,統歸諸於「為人君而言之」,而非為學者或一般人之言,將朱子扣緊解釋這段欲學者立志的普遍意涵,變成只為人君言之的特殊意義。

再如關於「仁人」與「聖人」的解釋,亦皆以政治特殊義來解釋,我們看他對伊藤仁齋的批判即可知,他在解「人而不仁」章中說:

> 禮樂者,先王之道也;先王之道,安民之道也;仁,安民之德也。故苟非仁人,則禮樂不為之用。故曰:「如禮何,如樂何。」此以在上之人言之也。……仁齋先生

---

[71] 荻生徂徠:《論語徵》,戊卷,頁 191。
[72] 朱熹:《四書章句集注》,頁 155。《朱子語類》(臺北:文津出版社,1986年)中解這段為:「志若可奪,則如三軍之帥被人奪了。做官奪人志。志執得定,故不可奪,執不勞,也被物欲奪去。」(卷第 37,頁 982)都是扣緊普遍義的「志」而言,並不注意是否為「人君」言志的問題。
[73] 轉引程樹德:《論語集釋》(北京:中華書局,1990 年),頁 619。

> 曰：「慈愛惻怛之心，眾德之所由生，萬事之所由立，
> 仁人於天下，何事不成，何行不得，況於禮樂乎！」此
> 不知禮樂者之言也。[74]

仁齋用「慈愛惻怛之心，眾德之所由生，萬事之所由立」的普
遍意義解釋仁人，這種意義下的「仁人」就不限定在有位的君
王，但在徂徠的理解下，全放在上位「安民」的政治事功下來
理解此章，因此只有在上位的人才可能成為仁人。又如他對聖
人述作問題的論點，也是以「位」取聖人之意，他對「聖」的
定義是：「聖者作者之稱也。〈樂記〉曰：『作者之謂聖，述者
之謂明。』……堯舜制作禮樂，而正德知道始成焉。」[75]又強
調聖人不可學而至，批判宋儒曰：「盛德之至，豈可學而為乎，
宋儒輩多不學聖人之道，而欲學聖人，故云爾。聖人豈可學而
能乎。」[76]並以開國先王論聖人，他說：

> 聖人本開國先王之稱，善人亦齊桓、秦穆之倫，故曰不
> 踐跡，謂其不拘先王之舊也，是有大用者。[77]

由此可知，徂徠解聖人乃本開國先王之稱，稱齊桓、秦穆之倫
僅為善人，因為他們也沒有踐跡得王位，此蓋取諸王之事功來
理解聖人。按此理解，則一統天下之開國君皆為聖人，這些開
國君所訂之禮樂制度，即是所謂的先王之道。因此，儒門所稱
「舜何人也，予何人也，有為者，亦如是」的聖人可為的普遍
意義，亦僅能在徂徠特定古文辭的解經脈絡下，成為一種不可
能的事業，此即是徂徠反對宋儒內聖之學的原因。

---

[74] 荻生徂徠：《論語徵》，乙卷，頁 47。
[75] 荻生徂徠：《弁名》，「聖」第 1 則，頁 216 下。
[76] 荻生徂徠：《論語徵》，丁卷，頁 134。
[77] 同上註，頁 147。

　　以上關於徂徠均以政治角度來解釋《論語》的「仁人」、「君子」、「匹夫不可奪志」、「聖人」，可說明一個事實，即是在古代先王之道中，只有上對下的政治之特殊義，沒有後儒成聖成德的普遍義，徂徠所要破除的，是後儒用「儒家」的義理，[78]來理解先王《六經》的義理，因為儒家基於整體論的「性善」、「仁義禮智」、「內聖外王」、「聖人可學而至」等普遍命題，本來就不存在先王《六經》之道中。換言之，在徂徠的理解下，孔子的「道」從作為人之行為的普遍原理，被狹隘化成為政治性意義的「道」。[79]這就是丸山真男在《日本政治思想史研究》中所稱：徂徠是將儒教規範中所論的天道、天理的宇宙之「自然」，以及本然之性的人性之「自然」，推移到人為制度的「作為」，徂徠這種人為制度觀念的「作為」思想，使得朱子學的正統地位與權威歸於解體與崩潰。[80]換言之，《六經》先王之道不會是形而上的普遍之「理」或「道」，只能是具體人間的「人作」——即聖王的制禮作樂。對徂徠而言，既然我們要求古義，則古代《六經》經典之所以為經典，並不在於經典義理在哲學上是否可供合理開放的解釋，只要把握聖人「述而不作」的單向活動原則來面對經典，這個單向活動原則，即是只能用單一方法的古文辭「述」先王之道，「作」也只能留給有位的聖王或開國之君制作之。

---

[78]　徂徠本就不認為自己是儒者，他在學問成熟後，便極力峻別「先王之道」和「儒者之道」，故他嘆道：「吁嗟！先王之道，降為儒家者流，斯有荀孟，則復有朱陸，朱陸不已，復樹一黨，益分益爭，益繁益小，豈不悲乎！」氏著：《弁道》，頁 200。此所以本文未稱徂徠為儒者之因。

[79]　有關徂徠以政治學解讀孔子的「道」，從而使「道」的涵義狹隘化，可參前引黃俊傑教授：〈作為政治論述的經典詮釋學：荻生徂徠〉之觀點。

[80]　丸山真男：《日本政治思想史研究》（東京：東京大學出版會，1976 年），頁 210。

五、結論

荻生徂徠是日本古文辭學派的開創者，其思想中心就是「孔子之道，先王之道也」，主張非了解古文辭則不能知古義，因此他扣緊孔子所說「非先王之法言，不敢道也」、「子曰默而識之，不言而喻」的道理，一切以《六經》及《論語》所說的「道」為標準，並以孔子之語及《六經》之古語為中心。

本文首先在第二節分析徂徠基於《六經》古文辭方法，指出他的學問之道在於追求「名」、「物」相合的先王之道，「名」即是秦漢以前典籍中的古文辭語言（即《六經》的語言），「物」即是名所指涉的事物，即《六經》所載的禮樂制度，換言之，唯有語言與語言所指涉的對象物相合，才可能論議先王與孔子之道，即他所謂的「古言明而後古義定，先王之道可得而言」，徂徠相信捨去這種方法去追求古義或先王之道，不異緣木求魚。其次，本文在第三節探討徂徠「不言」之意的解經特質，分析（一）徂徠特強調「禮樂不言」，「不言」在此係作為強調實踐禮樂的動態意義，以區別宋儒基於「理學」而重視言語之教的靜態意義；（二）「不言」作為否定後儒「無中生有」的解經之批判用法，反對後儒編造如「性善」、「天理人欲」、「內聖外王」、「仁義禮智」等概念來解釋古代經典，恣意解釋先王《六經》之意；以及（三）從《論語徵》闕解《論語》的章節中窺知徂徠的「不言」之意。在這一小節中，主要分析了徂徠闕解九章的君臣緊張關係，以及闕解三章有關顏回的評價，綜合分析徂徠只要碰到《論語》中以下犯上，或是關於諸侯無道的對話，一概在他的《論語徵》中闕解，從而了解徂徠尊君且政治

優位之「不言」意涵；其次對於顏回評價的闕解，從旁論證了徂徠對顏回的貶價，以政治事功義來定位聖人，企圖藉此瓦解宋儒所強調的內聖之學。第四節則進一步分析上述徂徠的「不言」之意的解經特質，卻產生連自己都無可避免的自毀原則的矛盾，以及所衍生的詮釋問題。本節以徂徠肯定管仲的事功為例，分析其矛盾在於他借孔子雖言管仲「器小」，卻「不言」管仲「之所以」器小，而跳出來解釋孔子是積極肯定管仲的事功，這種為古人論述，正犯了他批判後儒無中生有的錯誤，此其矛盾之處。另外，本節亦探討了徂徠以古文辭求《六經》先王之道的方法，將喪失經典解釋的開放性意義，從而使得普遍性理念無法參與經典解釋的活動，使得經典解釋僅能侷限於特殊的時空脈絡中。

　　綜而言之，徂徠解經的最大特色是其古文辭方法，但是最有問題、也最讓後人批判的，也是他的古文辭方法。[81]我們都知道，對一個語詞命名或定義，本身其實就是一種「限定」語詞走向完整真意的意圖，徂徠思想成熟的作品《弁名》與《弁道》，首先闡明他是根據《六經》的古文辭來定義儒學道德觀念中的「道」、「性」、「忠」、「孝」、「仁」、「義」、「禮」、「智」、「天命」等，批判後儒出主入奴，恣意解經，違背先王之道。但我們也同時可以如第四節中對徂徠質疑他用這種古文辭的方法論解經，亦常作繭自縛，常於無意間自毀其解經方式，故

---

[81] 即使屬於徂徠學派的後學者龜井朝陽（1773-1836）也批判徂徠的古文辭學，他說：「今之學者，以識古言為要。此物子（筆者按：即徂徠）格言，而物子之於古言，黯智支離，有甚於宋儒者焉。無他，企其大而不矜其小，此所以併與其大而累之者也。物子立大之言，不獨瘵蒙學，其自戕賊者如此。」氏著：《續弁道》，收入賴惟勤校注：《徂徠學派》（東京：岩波書店，1972年），頁482-483。

在其著作中也常有「唐宋之句法」，[82]這是因徂徠太把語言放在《六經》的脈絡中，扼殺了語言本身的開放性。殊不知《六經》中的語言，也不會全是一人一地一時所作，《論語》的紀錄也是如此，故語境的脈絡性可能未必遵循古義，也可能是自創新義，用徂徠的「物」與「名」的關係來說，「物」（《六經》語言的實體）與「名」（語言指涉的對象）本來就存在著既緊張而又開放的關係。「物」與「名」之所以是緊張的關係，乃出於理解語言的是人，因此每一個被言說出的陳述，都有作者的意向或動機（包括故意掩飾），故作者所用以解說的「名」，能否無偏向而真實地反應「物」，誰都無法保證二者的絕對性關係，這就是為何有時「默識」反比「解釋」更具真實性的原因；另外，「物」與「名」之所以是開放的關係，乃來自於語言本來就不是屬於封閉性質，誠如高達美（Hans-Georg Gadamer，1900-2002）所說：「沒有任何東西可以完全避開被言說，只要我們的意向活動指及某物，某物就無法避免被言說。」[83]因為語言具有包容一切的開放性質，所以「物」不會被單向性或特定時空的「名」所限定。由此可知，解經若執一而解，勢必扼殺解經的多元與開放性。

　　職是之故，徂徠如何能確定依他這樣的「物」與「名」相合的古文辭方法，就能保證可以了解先王之道。如前言所論，中外思想家早就懷疑語言本身能否真正地指涉真理，即語言與語言所指涉的對象物是否能完全相應，這是自古即存在的問

---

[82] 蟹維安在《非徂徠學》（收入《日本儒林叢書》，第 4 冊）中，指出徂徠的〈學則〉並非像儒者一般顯示學習之法的學則，卻是個議論的學則，並指出徂徠〈學則〉中「雜用陳言奇句，然未免於唐宋之句法」，參頁 2。

[83] Hans-Georg Gadamer 原著，洪漢鼎譯：《真理與方法》（臺北：時報文化出版公司，1999 年四刷），卷 2，頁 153。

題。《道德經》中所謂「道可道，非常道」，但道還是要透過言說，方可為教，因此言說乃成為呈現「道」的必要手段，卻無法成為「道」本身，所以才有過度詮釋、主觀的己意詮釋乃至創造性的解釋等等現象。因此，許多本以為自然明白的，經過詮釋後，反而更凸顯其複雜性而變得不明白了，宋儒如此，徂徠也未嘗不是如此。如果我們追溯徂徠這種「不言」思想的來源，難免發現頗具有老莊思想的色彩，《道德經》第二章即有「聖人處無為之事，行不言之教」，「不言之教」在魏晉玄學中亦是一項重要的思想課題，如王弼反對儒學的名教，提倡「不言之教」；魏晉玄學中也有一派倡導「言不盡意」，如張韓的〈不用舌論〉說：「余以留意于言，不如留意于不言，徒知無舌之通心，未盡有舌之必通心也。仲尼云：『天何言哉！四時行焉』、『夫子之文章可得而聞也，夫子之言性與天道不可得而聞』。」[84]雖然，徂徠弟子中有不少註解或校訂老莊或魏晉玄學者，[85]不過我們也必須釐清，徂徠的「不言」思想誠然受到老莊的影響，但魏晉玄學的「不言之教」、「則天行化」都是以否定外在形式的禮儀規範之教化為旨，徂徠的不言之教，卻是扣緊禮樂制度的先王之道而論述。質言之，二者雖同樣是反儒學名教，但思

[84] 張韓：《不用舌論》，收入嚴可均校輯：《全上古三代秦漢三國六朝文》（北京：中華書局，1958 年），第 2 冊，頁 2077。

[85] 徂徠弟子如太宰春臺、宮田金峰著《老子特解》（1783 年刊），服部南郭校訂的《郭注莊子》（1739 年刊）與《莊子音義》（1741 年刊），宇佐美灊水校訂《老子道德真經》（王注老子，1769 年刊），近藤芦隱著《芦隱先生老子問答書》（1740 年刊，按：近藤雖非徂徠門人，但與徂徠一門有親切的交情），渡邊蒙庵的《老子愚讀》（1748 年刊）及《莊子口義愚解》（1762），滝鶴台之《三之邏》（1756 年刊，是一部三教一致之書）。有關徂徠及其弟子們的思想和老莊思想的關係，參日野龍夫：〈徂徠における自然と作為〉，收入相良亨等編：《講座日本思想Ⅰ・自然》（東京：東京大學出版會，1983 年）。

想內涵有實質的不同，魏晉玄學中的「不言」思想背後有「自然」、「貴無」的本體內涵，徂徠的「不言」則是扣緊「名」、「物」現象的先王禮樂之道。

綜而言之，徂徠的「不言」的解經特質，旨在批判宋儒解經的恣意性，認為宋儒往往過度詮釋經典。相較於此，徂徠採取經典解釋的限定義，用特殊的古文辭解經方法，想把「作意」（聖王之作意）、「物」（《六經》經典），限定在「名」（古文辭）上，以此企圖阻斷了後人與原「作意」、原「經典」的恣意性，從而使經典的解釋權僅能在特定制度下（禮樂刑政），以特定的方法論（古文辭），解釋特定時空的經典（孔子以前的《六經》），以便在現實環境中創造出一個類似「大巨靈」（Leviathan）的權威性之經典世界。但是，徂徠所要創造的「大巨靈」的經典理想世界，後人是如何繼承的呢？徂徠弟子中有號稱「蘐園八子」者，即太宰春臺（1680-1747）、服部南郭（1683-1759）、安藤東野（1683-1719）、山縣周南（1687-1752）、平野金華（1688-1732）、高野蘭亭（1707-1757）、宇佐美灊水（1713-1776）、僧萬庵等皆成為德川中期有名的儒者，形成徂徠學派的中堅羽翼，自享保以後至天明年間（1716-1781），支配了學界數十年，以致朱子學者那波魯堂（1727-1789）稱當時徂徠學「世人喜其說而習之，信之如狂」。[86]但是，徂徠眾多弟子中最能繼承徂徠禮樂制度論的「不言」之意者，當屬太宰春臺。太宰春臺根據徂徠《論語徵》之古文辭方法，再補充師說而注解成為《論語古今注》，之後又有《論語古訓外傳》，皆奉徂徠古文辭之注經方法，尤其對中國古代禮樂制度更加詳細

---

[86] 那波魯堂：《學問源流》，收入川上操編：《少年必讀日本文庫》（東京：博文館，1891-1892年），第6編，頁13。

考證。然而春臺思想有進一步讓徂徠的「先王之道」政治化的傾向，如他在《經濟錄》中說：「先王之道，悉在《六經》。《六經》即《詩》、《書》、《禮》、《樂》、《易》、《春秋》也。先王之道，天下之治道也；《六經》，治天下之道具也。」[87]這是純以「治道」的政治層面以言《六經》之道，更強化了徂徠學的禮樂政治論。[88]其次，徂徠思想中由於極端反對內在心性論而專以外在的禮樂制度論來解釋經典，加上他又推崇至高的聖人與先王到無以復加的地步，由「禮樂不言」的實踐動態意義，自然地再推到「敬天」思想，故徂徠說：「殊不知先王之道，敬天為本，聖人千言萬語，皆莫不本於是者焉；詩書禮樂，莫非敬天。孔子動言天，先王之道如是矣，君子之道如是矣。」[89]如是「先王之道」（或聖人）─「禮樂制度」─「敬天」─本是一條縱貫且合一的思維體系，由「禮樂制度」推展到「敬天」，勢必牽涉到各種祭祀活動，學者已經指出後期水戶學之所以出現國家神道的觀點，是因為受到「徂徠學」理論的啟發。[90]而把徂徠「敬天」思想推尊到「皇道」思想，則在明治維新後的國體論中，展開天皇的造神文化運動，使此一天皇崇拜的文化

---

[87] 太宰春臺：《經濟錄》，收入賴惟勤校注：《徂徠學派》（東京：岩波書店，1972 年，《日本思想大系》37），頁 43。

[88] 相關的研究，可參前引小島康敬：《徂徠學と反徂徠》，第 4 章〈太宰春臺の「禮」への固執と同時代認識〉。

[89] 荻生徂徠：《論語徵》，辛卷，頁 306。

[90] 這個觀點參子安宣邦原著，陳瑋芬譯：《東亞儒學：批判與方法》（臺北：臺灣大學出版中心，2004 年），第 5 章〈何謂鬼神論：談有鬼無鬼〉，頁 73-74。子安宣邦稱：後期水戶學為因應外來危機，最重要的是「民心的統一」。而統一民心需要什麼？依會澤正志齋（1782-1863）的答案就是祭祀，唯有藉由祭祀才可以達到民族統一，這與徂徠重視天命觀與鬼神論有著千絲萬縷的關係。因為徂徠相信透過鬼神的祭祀，人類社會才能以祭祀共同體的型態成立，所以他說：「聖人制鬼，以統一其民。」

運動凌駕儒教、佛教及西方上帝教等各種宗教之上，似乎也與徂徠學的聖人制作禮樂論及「敬天論」的色彩有某種契合。此項課題則是本論文以後想要進一步探討的重點。

* 本章曾刊於《臺大文史哲學報》，第 63 期（2005 年 12 月），收入本書時，頗有修訂。

第四章

丁茶山與太宰春臺的《論語》解釋之比較

一、前言

　　本章旨在比較朝鮮儒者丁茶山（若鏞，1762-1836）與德川儒者太宰春臺（純，1680-1747）二者對《論語》的解釋，從而探索二者的實學思想內涵之差異。丁茶山與太宰春臺的年代相差近百年，又處於不同國度，但是，二者思想之所以發生關係實來自於茶山閱讀古學派的著作，因而頗知德川古義學派伊藤仁齋（1627-1705），以及古文辭學派的荻生徂徠（1666-1728）及其弟子太宰春臺的學風；特別是太宰春臺的《論語古訓外傳》，茶山曾加熟讀，並多引用在自己的《論語古今注》中，其注經模式頗受到太宰春臺的影響。

　　太宰春臺活了六十七歲，茶山享年七十四歲；太宰春臺死後十五年，而有朝鮮大儒丁茶山的出生。太宰春臺所處的學術背景是在德川朱子學備受挑戰的時代。十八世紀中期以前的德川日本，朱子學並沒有獨佔整個德川學術思想界，反而是各家林立的多元時代，舉凡中江藤樹（1608-1648）的陽明學派，山鹿素行（1622-1685）、伊藤仁齋、荻生徂徠所倡的復古學派，以及井上金峨（1732-1784）、片山兼山（1730-1782）的折衷學

派，[1]賀茂真淵（1697-1769）、本居宣長（1730-1801）的國學
派等等，[2]他們的思想源頭幾乎都在十七世紀或十八世紀初
期，這個時代可以說是儒學思想異說分立、百家爭鳴時代。太
宰春臺是荻生徂徠的弟子，恰好是活躍於十八世紀初期的黃金
學術氣氛中，這個時代可以說是古學派最昂揚的時代。

　　德川古學派有兩大主流，其一是伊藤仁齋的「古義學派」，
另一則是荻生徂徠的「古文辭學派」，二者雖皆名為「古學」，
但學問與方法之旨趣迥然有別。仁齋的「古義」之「古」是要
追求孔孟時代之原旨，視《論語》、《孟子》為主要經典，以仁
義為宗，以王道為主。徂徠則認為所謂「古義」是先王之道，
而先王之道的具體內容乃在禮樂刑政，並以敬天為本，而《六
經》即是闡揚先王之道的經典，所以說「《六經》即是先王之
道」。[3]仁齋的「古義」重視主觀義理，徂徠的「古義」重視客
觀的文辭根據。但二者的共通處，皆反對宋儒以理學解釋古代
儒家經典，主張返回孔子或先王的古典義理，故均被視為「古
學派」。[4]仁齋舉起反朱子學大纛後，未幾便蔚為風氣，古義學
派從十七世紀末期到十八世紀初期在德川學界獨領風騷近三

---

[1]　井上金峨初學古學派的川口濟之，又曾學於程朱學者井上通熙
　　（1705-1761），以後思想成熟，取捨漢宋，自成一家，故謂之折衷學。片
　　山兼山初學於古文辭學派太宰春臺之弟子服部元喬（1681-1759）、鵜殿孟
　　（1710-1774），後轉學於程朱學者秋山儀（1702-1763），以後反對古學派，
　　也不近程朱學，主張應該參酌漢唐古注，倡導折衷學。
[2]　賀茂真淵學於國學派荷田春滿（1669-1736）。國學派旨在研究日本古典國
　　史，並倡議恢復古代神道。
[3]　荻生徂徠：《弁道》，收入吉川幸次郎、丸山真男編：《荻生徂徠》（東京：
　　岩波書店，1982 年，《日本思想大系》36），上冊，第 1 條，頁 200 下。
[4]　關於日本古學派伊藤仁齋與荻生徂徠的比較研究，可參拙著：《日本德川
　　時代古學派之王道政治論：以伊藤仁齋、荻生徂徠為中心》（臺北：臺灣
　　大學出版中心，2004 年）。

十年。[5]仁齋講學四十年，門弟子達二千餘人，蔚然成為一大學派，其五子皆繼承家學，發揚仁齋所謂的「古學」，其中以長子伊藤東涯最為突出，博通經學制度，亦通本草，使其家聲益廣。學者曾說：「從元祿中期（約 1695 年）至正德年間（1715年），學者佔天下十之七。」[6]古義學派儼然成為當時德川幕府中期的大學派。接著，徂徠學踵繼仁齋學之後，頗有獨佔學術市場之勢，其弟子有所謂的「蘐園八子」，即太宰春臺、服部南郭（1683-1759）、安藤東野（1683-1719）、山縣周南（1687-1752）、平野金華（1688-1732）、高野蘭亭（1707-1757）、宇佐美灊水（1713-1776）、僧萬庵等，他們皆是德川中期有名的學者，形成徂徠學派的中堅羽翼，自享保以後至天明年間（1716-1781），支配了數十年間的學界。朱子學者那波魯堂（1727-1789）稱當時徂徠學盛行的情況是「世人喜其說而習之，信之如狂」。[7]《茅窗漫錄》作者更稱徂徠為「東方之偉人」，認為徂徠學風一新天下之學，造成「自是以來，東方之學分成

5　約三十年之推估，說明如下：仁齋在三十六歲（1662 年）有大量成熟的著作如草定《論語古義》、《孟子古義》、《中庸發揮》等，此期間才開始廣招生徒講學，但這期間到四十六歲（1672 年）左右，約有十幾年時間，仁齋學問仍徘徊於宋學與古學之間，最後放棄細川越中侯的徵召，絕意仕途，全心致力講學，門弟子日進，名聲更遠播。而在同期的有名學派中，朱子學的山崎闇齋學派也有門弟數千人，二者隔著京都的堀川招收生徒，可謂當時儒學雙璧。但闇齋晚年信奉神道學，並在 1682 年去世，學儒者盛況不再。因此，仁齋學獨領風騷儒學界可從闇齋學衰頹開始，至仁齋去世的1705 年，其子伊藤東涯仍繼承家學，一直到荻生徂徠學問成熟後的 1715年，方對仁齋學形成威脅，如此推估，從 1682-1715 年，計有三十三年左右時間。

6　栗田元次：《江戶時代史》（東京：平凡社，1930 年），頁 138。

7　那波魯堂：《學問源流》，收入川上操編：《少年必讀日本文庫》（東京：博文館，1891-1892 年），第 6 編，頁 13。

兩歧，不歸宋則歸明，不之明則之宋」。[8]這就是太宰春臺所處的古學派昂揚之學術背景。

　　茶山被譽為朝鮮實學的集大成者，相較於春臺所處的學術多元背景，朝鮮則是朱子學籠罩的時代，並且是禁止異教甚嚴的時代。茶山十五歲始讀西書，二十三歲受洗為天主教徒，其胞兄丁若鐘、丁若銓亦都是天主教徒。但是，不久茶山又脫離教門，在往後思想中頗判別「西學」與「西教」。今觀其《與猶堂全書》，幾不論西教，但多有西學影子，可見其熱衷西學遠勝於西教。[9]茶山二十八歲任官，雖深受正祖（在位1776-1800）的信任，不過也捲入當時改革與保守的政爭。茶山晚年則因教案而被流配十八年（1801-1818）之久，最後在故鄉的一場大饑荒中，含憂辭世。《論語古今注》是茶山五十二歲（1813）之際，流配康津時，由弟子們幫助完成。從書名可知，這是一本縱貫古今的注解書，與太宰春臺的《論語古訓》只在追求「古訓」之正確義理，意旨互別。

　　本文首先在第二節介紹茶山所認識的日本古學派，以作為背景之說明，其次在第三節比較茶山的《論語古今注》與春臺的《論語古訓外傳》兩本書的解釋方法，以及在第四節分析二者的心性論及管仲論的思想內涵之差異，進而在第五節申論茶山的「牧民論」和春臺的「愚民論」之觀點。最後，在結論指出二者雖皆被視為韓、日實學的代表者，但由於其思想內涵相差甚大，尊孟與反孟的立場也迥然有別，不可輕易歸之為同一

8　同上註，頁452。

9　茶山的學問風格終是「西學」勝於「西教」的觀點，可參姜日天：〈丁若鏞的「實踐實用之學」〉，收入葛榮晉主編：《韓國實學思想史》（北京：首都師範大學出版社，2002年），第17章第3節，頁357-360。

思路的實學思想家。

二、茶山所認識的日本古學派

　　朝鮮儒者透過派往日本的通信使，間有注意到日本朱子學者如林羅山、雨森芳洲（1668-1755）等官方學者。[10]丁茶山則是少數注意到日本古學派並且對之有深度評論者，可謂朝儒第一人。茶山曾注意日本古學派而說：

> 日本今無憂也。余讀其所謂古學先生伊藤氏所為文，及荻先生、太宰純等所論，經義皆粲然以文，由是知日本今無憂也。雖其議論間有迂曲，其文勝則已甚矣。夫夷狄之所以難禦者，以無文也。無文則禮義廉恥以愧其奮發驚悍之心者也，無長慮遠計以格其貪婪攫取之慾者也。……文勝者，武事不競，不妄動以規利。彼數子者，其談經說禮如此，其國必有崇禮義而慮久遠者，故曰日本今無憂也。[11]

茶山透過對日本古學派的「談經說禮」之認識，認定日本是有「崇禮義」之人，文勝於武，則朝鮮可不需要擔憂日本以武力侵犯朝鮮。當然這樣的觀察，可以視為茶山個人的樂觀看法，也顯見茶山注意到日本也有粲然文采的儒者，並不只是個崇尚

---

[10] 林羅山歷仕德川家康以降四位將軍，擔任侍講儒官，學於朱子學者藤原惺窩（1561-1619），經常代表幕府與朝鮮使者筆談學問與詩文。雨森芳洲是朱子學者木下順庵的門人，通中國語與朝鮮語，仕於朝鮮對岸的德川對馬藩，常應接朝鮮使者。

[11] 丁茶山：〈日本論一〉，收入《與猶堂全書・2》（漢城：民族文化文庫，2001年三版），第一集「詩文集」，卷12，頁282-283。

武事的國家。茶山甚至認為由於日本並無科舉制度的關係，故
其文學亦在朝鮮之上。他說：

> 日本近者名儒輩出，如物部雙柏[12]，號徂徠，稱為海東
> 夫子，其徒甚多，往往信使之行，得篠本廉文，三度而
> 來，文皆精銳。大抵日本本因百濟得見書籍，始甚蒙昧，
> 一自直通江淅（按：應為「浙」，原文如此）之後，中
> 國佳書無不購去，無科舉之累，今其文學，遠超吾邦，
> 愧甚耳。[13]

從上面的引述，不難獲知茶山對日本學術的理解，有些是得自
於朝鮮通信使傳來日本江戶後期的儒者篠本廉（1743-1809）[14]
的著作而來，從中略知德川儒學發展脈絡。上面引文中，亦可
窺知茶山不滿科舉之學問，所以才會說「無科舉之累」。茶山
雖欣羨日本名儒輩出，而其對古學派學問的批評，始終遠超過
他所肯定的。在以下〈古詩二十四首〉中的一首詩這樣寫著：

> 日本多名儒，正學嗟未見。伊藤稱好古，荻氏益鼓煽。
> 流波及信陽（按：太宰春臺），詖淫亂經卷。五穀未始
> 嘗，稗稊種已遍。危哉洛閩脈，雞林亦一線。世運噫如
> 此，中夜獨轉輾。[15]

---

[12] 按：荻生徂徠的名字應是「雙松」，茶山這裡誤書為「雙柏」。

[13] 丁茶山：〈示二兒〉，收入《與猶堂全書·3》，第一集「詩文集」，卷21，
頁373。

[14] 篠本廉，是江戶後期的儒者，號竹堂，字子溫。師事學問風格屬折衷學派
的井上金峨，曾任幕府儒官。著有《江戶春遊記》、《朝野見聞錄》、《竹堂
文抄》、《天命聞記》等著作。

[15] 丁茶山：〈古詩二十四首〉，收入《與猶堂全書·1》，第一集「詩文集」，
卷2，頁139。

這首詩批評古學派伊藤仁齋及荻生徂徠，尤其是對太宰春臺，特批之為「詖淫亂經卷」。此詩的著作年代，從〈示二兒〉標題看來，是在茶山所流放的康津，寄給二個孩子的書信之一，而且應在《論語古今注》的著作之前。然而，茶山對古學派學問的批評中，何以獨對太宰春臺最為激烈？筆者以為茶山並未有機會得到伊藤仁齋與荻生徂徠的著作，對於古學派這兩位大儒的認識，茶山大都透過閱讀太宰春臺的著作而來，所以茶山的《論語古今注》中所引用古學派之言語，多來自太宰春臺的《論語古訓外傳》。而茶山雖在訓詁與考證方面，受太宰春臺這部書的影響，但也批判甚力。茶山在〈跋太宰純論語古訓外傳〉中，如是批評春臺：

> 太宰純，日本名儒也。其所著《論語古訓外傳》，祖述皇侃，抵排朱子章句，異哉！一時風氣如烟幕霧，漲至及海島之中也。《論語》有〈牢曰〉、〈憲問〉二文，遂以七篇為出琴、原二子之手，其言之乖巧類如此。其淵源蓋出於伊藤維禎，而轉轉噭激，放肆至此。[16]

由此可知，茶山既說春臺是「詖淫亂經卷」，又罵春臺「放肆至此」，顯見二者雖被同列為韓日的兩大實學家，又都是反程朱理學者，但其學問思想卻多有不可磨合之處。以下兩節即以茶山的《論語古今注》及春臺的《論語古訓外傳》之詮釋比較為主，一窺韓日兩派實學代表者之思想異同及其特色。

---

[16] 丁茶山：〈跋太宰純論語古訓外傳〉，收入《與猶堂全書‧2》，卷 14，頁 498。

三、茶山與春臺的《論語》解釋方法之比較

（一）

　　由於春臺著作或思想是被茶山拿來批判的論述基軸，故本節的行文方式是以析論茶山思想為主，再比較他與春臺的思想之異同。

　　茶山在《論語古今注》用了以下五種解經體例，一一說明如下：

1.「補曰」：是出現在引用《論語》正文之後，茶山或引用諸儒之說，或自己補充正文的意思。

2.「駁曰」：是駁斥諸註解家的解釋，其中最常被駁斥的是包咸、邢昺及皇侃三人。

3.「質疑」：可分兩類，一類是對經典原文義理的懷疑，如茶山對於〈衛靈公・31〉「子曰君子謀道不謀食。耕也，餒在其中矣」章，質疑說：「耕者雖有時而餒，亦有時不餒；學者雖有時而祿，亦有時而不祿，何得曰：『耕也，餒在其中；學也，祿在其中』乎？」[17]向來解經的儒者，不乏反對孟子以降的解釋者，但質疑《論語》經典原文意思，向來為注家所忌諱，所謂「注不破經」本是原則，而茶山此項「質疑」體例。顯然違反此一原則。另一類「質疑」是對諸儒解釋的懷疑，此類最常被用來

---

[17] 丁茶山：《論語古今注》，卷 8，收入《與猶堂全書・6》，頁 41。

質疑朱子的說法。如〈子罕〉篇的「子畏於匡，曰：文王既沒，文不在茲乎？天之將喪斯文也。」章，茶山「質疑」朱子集注的解釋：「道之顯者，謂之文。不曰道，而曰文，亦謙辭。」而按曰：「孔子道之將行也與，命也；道之將廢也與，命也。公伯寮其如命何？道則言道，文則言文，不必以晦者為道，顯者為文。」[18]顯然是不滿朱子對「文」的限定解釋。又如解〈顏淵〉篇「克己復禮」章，茶山質疑集注「仁者，本心之全德」的解釋，而曰：「仁者，人也，二人為仁。……仁之名必生於二人之間，近而五教，遠而至於天下萬姓，凡人與人盡其分，斯謂之仁。」[19]茶山是從人與人相處而盡其職分以言「仁」，不從「心」的觀點解釋「仁」。

4. 「引證」：係指舉出經文所提及的事件，引用經書或史書之事實來證實經文的道理，皆在「質疑」與「駁曰」之後。如〈八佾〉篇的「觀過，斯知仁矣」章，茶山舉出「子路喪姐」、「孫性進父」及「張岱去官」等三事實，以證「觀過知仁」的義理。[20]

5. 「事實」：是指舉出經文所提及的事件，列出經書或史書

---

[18] 丁茶山：《論語古今注》，卷4，收入《與猶堂全書‧5》，頁316。

[19] 丁茶山：《論語古今注》，卷6，收入《與猶堂全書‧5》，頁453。

[20] 茶山「引證」舉《漢書‧外戚傳》云：「燕王上書，稱子路喪姐，朞而不除。孔子非之。子路曰：由不幸寡兄弟，故不忍除，故曰觀過知仁。」又舉《後漢書‧吳祐傳》云：「嗇夫孫性私賦民錢，市衣以進其父。父怒，遣性伏罪。祐屏左右問故，嘆曰：掾以親故，受污辱之名，可謂觀過知仁矣。」以及舉《宋書》：「張岱為司徒左西曹掾，母年八十，籍注未滿，岱便去官還養，有司以違制，糾之。宋孝武帝曰：觀過可以知仁，不須案也。」《論語古今注》，卷2，收入《與猶堂全書‧5》，頁141-142。

及各家對此事實的說法，以證經文在當時脈絡的事實。此一「事實」體例，前三卷皆無，自第四卷方出。性質頗同於「引證」，所不同者，「引證」乃在闡釋經文義理，以證其道理；「事實」則在於舉諸多說法，以證經文的事件。

綜而言之，從茶山「駁曰」的體例可以窺知，被駁斥最多的是包咸、皇侃及邢昺的註疏，他們算是茶山最不滿的註解家。茶山其次不滿的注家是鄭玄（127-200）、何晏、孔穎達，對他們也都有不少的「駁曰」。至於對於朱子的解釋，茶山從未用一個「駁曰」體例，而是多用「補曰」或「質疑」之體例來補充或懷疑朱子之說。因此，這部《論語古今注》，尚保留適度地尊重朱子學，未如春臺強烈地非議朱子學。不過，茶山雖然適度尊朱註，卻從來不言朱子形上的道德學，也幾乎不談「理學」。他解釋《論語》的道德名詞，從不落入形上玄理的論辯，可以說他所重視的是實實在在的「實學」。從前述茶山質疑朱子「仁者，本心之全德」的論點，茶山寧可解為「凡人與人盡其分，斯謂之仁」，即可窺出茶山箇中的實學意味。再如《論語古今注》對《論語》敘及有關禮樂的章節時，茶山常援古證今，詳細考證，足見茶山對古代禮樂制度的熟悉與重視，也讓人知曉茶山實學的學問基礎。

茶山除了引用中國注家的解釋《論語》以外，也常引用日本古學派（僅限於伊藤仁齋、荻生徂徠與太宰春臺）的解釋。根據學者的統計指出，《論語古今注》總共引用了伊藤仁齋 3 次，荻生徂徠 50 次，太宰春臺則達 148 次之多。[21] 又有關引用

21　關於《論語古今注》到底引用了多少次日本古學派之說的統計數字，學者

伊藤仁齋與荻生徂徠的說法，也都是間接引用。換言之，都是
從太宰春臺的《論語古訓外傳》而來，這證明茶山所認識的日
本古學派印象，都是從太宰春臺書中引用的斷言片語而來，可
知茶山未曾親自讀過仁齋與徂徠的著作。以下即分析太宰春臺
這部《論語古訓外傳》的解釋方法，其中可以鮮明地看出春臺
與茶山解經方法及態度的異同點。

（二）

　　雖然學者都知茶山《論語古今注》引用了許多太宰春臺的
說法，但太宰春臺《論語古訓外傳》（以下簡稱《外傳》）並未
出版，世所罕見。本文所用《外傳》版本係日本京都大學館藏，
由江戶時代書店嵩山房在延享二年（1745）之藏板。[22]

　　太宰春臺原有《論語古訓》，《外傳》並不只是根據《論語
古訓》再增訂而成。春臺在此書卷一的開頭即說明何以謂之「外
傳」：

　　有不同的說法。韓國學者鄭璟的〈論語古今注之分析及其孔子思想 1/2〉（收
　　入《茶山學報》第 3/4 集，1980/1982 年）曾做過整體的調查，茶山引用了
　　朱子 398 次為最多，其次北宋時代的邢昺 372 次居第二，漢代的孔安國 305
　　次是第三位，後漢時代的鄭玄 150 次為第四位，其他包咸有 117 次，太宰
　　春臺有 82 次，荻生徂徠有 37 次。但根據何宇鳳的〈丁若鏞の日本儒學研
　　究〉（收入氏著：《朝鮮實學者の見た近世日本》，東京：ぺりかん社，2001
　　年）的引用統計是伊藤仁齋有 3 次，荻生徂徠有 50 次，太宰春臺有 148
　　次。二者之差別在於何宇鳳不是只有根據「藤曰」、「荻曰」、「純曰」，而
　　且還包括「XX 謂」、「XX 云」者。本文以何說為準。

22　由於《論語古訓外傳》在日本出版界，並未影印出版，僅能在少數幾家著
　　名大學之圖書館見到，故連日本學者求一見《論語古訓外傳》也必須親自
　　到大學圖書館見其影印本。筆者於 2004 年暑假期間觀書於京都大學附屬
　　圖書館地下室三樓，欣見塵封已久的《外傳》，欣喜若狂，影印後始撰此
　　文。

> 余既撰《論語古訓》，其所考證古書文，乃諸家異同之
> 說，與夫愚按取捨之辯，不可具載。茲別錄之以為古訓
> 外傳，藏諸篋笥，可得同志之士而傳之，不可博施，以
> 致僭妄之誚云爾。[23]

由此可知，春臺原有《論語古訓》一書，重在考證古文與諸家
之說，另外加上自己取捨的按語。但因為「愚按」常常意猶未
盡，故別錄「愚按」（即自己的折衷意見），集錄之而為「外傳」，
這就是《外傳》成書的源由。但是，春臺著作《外傳》目的並
不在於出版，只是想作為教導弟子講課之用。根據春臺的弟子
水野元朗稱《外傳》一書，本不肯輕易示人而出版，經其數請，
始得付梓，水野元朗在這本書的〈序〉中說：「仲尼之道，得
徂徠先生而後明。徂徠先生之道，得古訓而後益明。」[24]這當
然是學生的推崇之語，把春臺當成是得徂徠學的真傳。春臺除
通經書外，亦懂經濟，曾出仕出石藩，後辭官問學於荻生徂徠。
春臺另著有《經濟錄》，是對德川一朝的現實政治與經濟問題
所擘劃的藍圖，立場傾向重商主義。春臺亦著有《聖學問答》、
《孟子論》，由於批駁孟子甚力，引起德川程朱學者紛紛著書
批判春臺之說，掀起古學與程朱學者之思想論爭。[25]

　　值得一提的是，春臺不滿朱子學的淵源，與《孝經》有很
大的關係。春臺自幼即受父親傳授《孝經》，同門的服部南郭
（子遷，1683-1759）曾如此描述春臺：「幼受《孝經》、《論語》

---

[23]　太宰春臺：《論語古訓外傳》，卷第 1，頁 1。

[24]　水野元朗：〈刻論語古訓外傳序〉，收入京都大學館藏：《論語古訓外傳》
　　（江戶：嵩山房，延享二年，1745 年），上冊。

[25]　太宰春臺的《孟子論》中批判孟子的觀點，引起德川儒者的批判與捍衛的
　　思想論爭，可參前引拙著：《日本德川時代古學派之王道政治論：以伊藤
　　仁齋、荻生徂徠為中心》，頁 251-271。

於大翁，及學成，亦尊尚焉。」春臺以後教授門人弟子，亦首
《孝經》，又特別重刊《古文孝經》，批判程、朱懷疑《孝經》
不是聖人所作。春臺曾為孔安國的《古文孝經》寫序，此序亦
收入《續修四庫全書》中。在這篇序中，春臺說：

> 自二程至朱熹氏，皆疑《孝經》，以為後人所擬。……
> 自是以來，學朱氏者，舉不信《孝經》。塾師不以為教，
> 至令童子輩目弗見《孝經》，悲夫！……夫孝不可以一
> 日廢，則《孝經》亦不可以一日廢也。夫自朱氏之學行，
> 而《孝經》久廢於世，純常慨焉。[26]

因此，春臺確信《古文孝經》為聖人所作的經典，痛惡宋儒之
後，深受朱子的〈孝經刊誤〉論點的影響，不相信《孝經》是
聖人之作的謬誤。[27]如所周知，反對宋儒及採用漢儒古注，向
來是古文辭學風的一貫立場，春臺對《孝經》的詮釋立場，完
全符合古文辭學風，故春臺的古文辭學之啟蒙，早在從學徂徠
之前即顯露端倪。對春臺而言，今古文的取捨相當重要，由於
有像宋儒這樣輕易不相信古文的解經者，才會形成恣意解經、

---

[26] 太宰春臺：〈古文孝經孔氏傳序〉，收入《續修四庫全書·經部·孝經類》
（臺南：莊嚴文化，1997年），第176本，頁2-4。

[27] 朱子依據古文《孝經》校定而作〈孝經刊誤〉，認為：「《孝經》相傳已久，
蓋出於漢初《左氏》未盛行之時，不知何世何人為之也。」（〔宋〕黎靖德
編：《朱子語類》，臺北：文津出版社，1986年，卷第82，頁2141）所以
朱子懷疑是戰國時人集湊而出，特別勘定《孝經》經一章，傳十四章，合
1780字，內刪230字。於是朱子將今文《孝經》的〈開宗明義〉章第一至
〈庶人〉章第六，合為一章，而只承認唯有這前六章才是「當時曾子聞於
孔子，後面皆是後人綴緝而成」，將其他經文分為傳十四章，而說這些他
歸類的傳文「固多傅會」，若覺有文義不通者，則予以刪之，並在各傳之
文均闡述其文之得失。參〔宋〕朱熹：〈孝經刊誤〉，收入《朱熹集》（成
都：四川教育出版社，1996年），第6冊，卷66，頁3459-3467。

另立經典解釋的權威之現象。

　　以上春臺解讀《孝經》時，相信古注，特別是對孔安國的注解多所肯定，並以古注批判朱注。這樣的解釋態度與方法，運用到對《論語》的解釋時，也如出一轍。觀《外傳》對註解各家的取捨態度，他大多肯定宋儒以前的註解家，對漢儒鄭玄、王肅等的注經態度甚為嘉許，說：「漢儒注經，未嘗一下評語，法當然也。惟好古之士知之。」[28]再如像何晏、皇侃、包咸、孔穎達等也多有肯定，這與茶山對這些注家動輒批判與反駁的態度顯然不同。春臺特別肯認孔安國之說，並常取王充《論衡・問孔》篇之論申論，但獨獨對朱子解經甚為不滿，尤其是集注的圈外之註，說：「凡集注之妄，圈外尤甚，不可不除也。」[29]春臺這樣嚴格批判朱注，是引起茶山斥之為「放肆」的主因。

　　至於春臺書名的「古訓」是怎樣的古學解釋方法？春臺說：「學貴博古，讀書不可以不詳考也。」因此，「博古」與「詳考」是古學的基本功。例如，關於《論語》「貧而無諂」章的「未若貧而樂，富而好禮」，春臺考證石經「樂」字下有「道」字，皇侃義疏本及日本博士家古本集解亦皆有「道」字，並舉司馬遷《史記・仲尼弟子列傳》及范曄《後漢書・東平憲王傳》引《論語》此語時，也都作「貧而樂道」。但自宋以下注疏本，皆闕「道」字，只有孔安國注中「道」字猶存，春臺以此證明

---

[28] 太宰春臺：《論語古訓外傳》，卷第 1，頁 14。

[29] 同上註，頁 10。所謂「圈外」係指朱子在註解時，引用其他儒者的話加以補充解釋或是證明自己的解釋，最常被引用的即是二程之語。在古線裝書中的版本中，通常會用一圓圈標記在朱注欄外，以示區別。

今本的闕文。[30]再如對於「子張問十世可知也」章，對孔子所說「殷因於夏禮，所損益，可知也」(〈為政‧23〉)，馬融注解為「所因，謂三綱五常」。

而關於「五常」或「五典」的解釋，自班固以「仁義禮智信」作為五常內容，邢昺之疏、朱熹之注，皆依之，春臺認為都非古訓，舉出《尚書‧泰誓》：「狎侮五常」，〈舜典〉云：「慎徽五典」，以證明「五常」、「五典」字始自於此二篇，而孔安國傳解說：「五典、五常之教，父義、母慈、兄友、弟恭、子孝」，春臺以安國為古訓正解，斥責班固、邢昺、朱子皆違古訓。[31]由此我們可以窺知春臺的古學態度，他以尊漢唐古注為主，不取宋以下諸注，特別不取朱子理學家的注解。

以上是說明春臺的「古學」取捨態度。至於春臺的古文辭方法，筆者以徂徠及春臺師徒二人對〈公冶長〉篇的「子曰：巧言、令色、足恭，左丘明恥之，丘亦恥之」章作為代表性的解釋，來加以說明之。徂徠《論語徵》這樣解釋「足恭」：

> 足恭，孔安國曰：「便辟貌。」其人去孔子時不甚遠，必有所受。邢昺解其義曰：「便習盤辟，其足以為恭也。」未知是否。又曰：一說：「足，將樹切，成也。謂巧言令色，以成其恭，取媚於人也。」朱註因其音而換其義曰：「足，過也。」然二說皆無據。……祇當從孔說，讀如字而不必深求其義可也。理學家妄以中為妙道，動以過不及為說。假使過恭果為可恥，則正考父「一命僂，再命傴，三命而俯，循牆而走」(〈正考父鼎銘〉，見《左

---

30 太宰春臺：《論語古訓外傳》，卷第 1，頁 24。
31 太宰春臺：《論語古訓外傳》，卷第 2，頁 20。

傳・昭七年》），豈非過恭邪？〈大象〉（《易・小過》）
曰：「山上有雷，小過，君子以行過乎恭。」豈不君子
乎？可謂妄說已。[32]

太宰春臺則推衍其師徂徠之說：

足字，安國讀如字，陸氏《釋文》云：「足，將樹反，
又如字。」「將樹反」者，邢《疏》云：「成也」，朱熹
曰：「過也」。朱注從「將樹反」，不取古注。荻生從古
注，以為巧言、令色、足恭是三項事。巧言在言，令色
在色，足恭在容貌，三者皆以實事言之，若從將樹反，
則足恭是「虛」。且足恭為「便辟之貌」，則固為君子之
所惡。若訓「成」訓「過」，於義不切。《堯典》「允恭」，
《中庸》「篤恭」，與「成恭」、「過恭」何別？君子行恭
敬，病不至耳，何病「成恭」、「過恭」乎？此可以見其
說之非也。是故，足恭當從古注為是，意者，安國之解
必是孔門相傳之說，「將樹反」恐非古音，《釋文》先舉
之，蓋誤。[33]

按：孔安國讀「足」如字（即讀像「足」的字），未將「足」
讀成「將樹切」，並解「足恭」為「便辟」。馬融解「友便辟」
的「便辟」為「巧避人所忌，以求容媚者。」邢昺的《論語》
疏則解為：「便辟其足以為恭，謂前卻俯仰，以足為恭也。」
即善用自己身體的動作順從於人，故意增添其恭，與朱子解為
過度的「過恭」不同。徂徠認為過恭並不是可恥的事，考之古

---

[32] 荻生徂徠：《論語徵》，收入關儀一郎編：《日本名家四書註釋全書》（東京：
鳳出版株式會社，1973 年），丙卷，頁 105。
[33] 太宰春臺：《論語古訓外傳》，卷第 5，頁 24-25。

典，反而是美事。[34]如是解釋，則「足恭」是單獨一項不適當的行為，故「巧言」、「令色」、「足恭」是三件事情，[35]同樣都可以是君子所厭惡的事，並不是如邢昺另存一說解「足」為「成」，形成「巧言、令色，以成其恭，取媚於人也」。當然也非如朱子解為「過」，是對「巧言」、「令色」二事所做的太過之價值形容詞。以上「成」與「過」的解釋都使「巧言令色足恭」這句話，變成只是「二事」而非「三事」，而使朱子與邢昺會解為「過」或「成」的根據，就是出在古音的誤解，是受到陸氏的《經典釋文》將「足」唸成「將樹反」的影響，如徂徠所批判：「朱注因其音而換其義」，古文辭學派要爭的是從古音以判定古義。[36]

---

[34] 竹添光鴻則舉「晏子浣衣、豚肩，過儉也」及「公孫弘布被脫粟，足儉也。足儉，亦可恥之事矣。」二例說明「足恭」是故意增添其恭也。氏著：《論語會箋》（臺北：廣文書局，1993 年三版），上冊，卷第 5，頁 329。

[35] 將「足」讀如本義的「足」字，而取「足恭」為「便辟」之意者，在中國古典亦不少，〔清〕劉寶楠《論語正義》（臺北：文史哲出版社，1990 年）舉出以下三個例子：「《史記·五宗世家》：『趙王彭祖為人，巧佞、卑諂、足恭，而心刻深。』又〈日者列傳〉『攝趨而言』，《索隱》曰：『攝趨，猶足恭也。』顏師古《漢書·景十三王傳注》：『足恭，為便辟也。』李賢《後漢書·崔駰傳注》：『夸毗，謂佞人足恭，善為進退。』皆讀『足』如字。」（卷 6，頁 202）

[36] 這裡所謂的以「古音」判定古義，在徂徠學派中甚為重視，徂徠本身即批判留學生吉備真備（695？-755）提倡用和音讀中華文字，或用和訓之教解中華之書，故徂徠說：「是迺黃備氏（筆者按：即是吉備真備）之詩書禮樂也，非中國之詩書禮樂也，則其禍殆乎有甚於侏離鴃舌者也哉！」氏著：〈學則〉，收入《荻生徂徠全集》（東京：みすず書房，1973 年），第 1 卷，頁 328。徂徠古文辭方法亦極力主張「以古言解釋古言」，故他斥責那些「以今言瞭古言，以古言瞭今言，均之侏離鴃舌哉！」同上，頁 331。所以徂徠著《論語徵》十卷，有許多指出《論語》的語句是非孔子所言，而是孔子引古言而發揮，如說：「里仁為美，古言，孔子引之。」（頁 73）「觀過斯知仁矣，蓋古語。」（頁 79）「父在觀其志，父沒則觀其行，古言

　　由於古文辭學風處處追溯語言是否出自《六經》原典，故他們不僅反對宋儒的理學，也認為孟子是孔子的叛徒，因宋儒思想脈絡是順著孟子思想而來，如春臺指責宋儒是：「祖述孟軻，而叛仲尼，真所謂邪說也，禁之可也。」[37]從以上所舉春臺站在「古文辭學」的立場批判朱子之例子，可知「古文辭學」的方法特色，相當重視古代辭語的「音」，所以即使像陸氏的《經典釋文》的解釋，也多所批判，如前舉春臺懷疑陸氏將「足」解為「將樹反」的例子，即是誤導後儒解「足」為「成」或「過」的始作俑者。

　　其次，春臺解《論語》似乎已經到了「逢朱（熹）必反，見孔（安國）必褒」的程度，上舉二例皆尊孔注，而為何選擇孔安國的解釋，除孔安國較諸鄭玄、何晏、邢昺更去古未遠外，尚認為古文經較能貼近地詮釋古義，遠非今文經所能比。當然徂徠與春臺相信古文經的這種理由不免牽強，但更重要的是，他們能從古代《六經》的聖典中提出旁證，使其古文辭的解釋更具有說服性。相對而言，茶山並不以孔安國註疏為師，多有褒鄭貶孔之意；而且茶山雖也反宋學，但態度不如春臺反宋之激烈；再者，茶山仍尊孟子，並未視孟子思想為「邪說」。由此我們可知二者對「古學」的取捨與解釋方法上，有其鮮明的不可磨合之處。

也。」（頁87）「『智者樂水，仁者樂山』，此二句，非孔子時辭氣，蓋古言也。」（頁122）
[37]　太宰春臺：《論語古訓外傳》，卷第15，頁6。

四、茶山與春臺的經典義理解釋之比較：
　　以人性論及管仲論為例

　　觀茶山注解《論語》，用了二十頁的篇幅注解〈陽貨〉篇的「性相近，習相遠」章，[38]而〈憲問〉篇第十七章與十八章有關管仲論的注解篇幅也有十二頁，足見茶山對此二課題的重視。以下即從人性論與管仲論這兩個課題，再探茶山與春臺二者實學內涵的差異。

（一）對宋儒人性論的反駁

　　茶山在《論語古今注》與《孟子要義》的解釋中，對朱子的態度截然不同。《論語古今注》雖有許多不同意朱註之處，但未用過「駁曰」體例，表明茶山尚適度地尊朱子學。

　　但茶山的《孟子要義》則對朱子學語多批判，尤其在人性論的觀點上。茶山與春臺皆反對宋儒的人性論，但是春臺幾不談人性論，也反對以心解釋任何道德名詞，例如解「士不可不弘毅，仁以為己任」章，即表明反對以「心」解「仁」而謂：「仁以為己任。仁者，安民之事，故其任重。朱熹以為人心之全德，非也。人心之全德，豈謂之重任哉！死而後已，亦以為仁言。」[39]其他反對以「心」言「禮」或「信」等不勝枚舉，[40]

38　茶山單是對這章的註解，從頁 101 一直到頁 121，共計有二十頁的篇幅，引用各家說法，其中最重要的是針對宋儒的本然與氣質之性的說法。
39　太宰春臺：《論語古訓外傳》，卷第 8，頁 8。
40　如太宰春臺解「子入太廟，每事問」，就反對宋儒就「心」言「禮」而曰：「入太廟，每事問，是實事，孔子常言禮，皆就實事而言。若謂敬慎是禮，則其禮也虛。夫禮豈可虛言哉！宋儒說禮，必就心上而言，非古訓也。凡

認定「談心論性」是朱子理學家的專長，違反孔子本意。而春臺皆以實事解仁、禮等道德名詞，批判宋儒以抽象的「心」或「理」上解仁，所以承襲徂徠以「安民」之實事，充分展現「仁」、「禮」的政治實義。

茶山則正視宋代理學家的心性解釋，一一提出反命題，既反對程子的「心本善」之說，[41]也駁斥朱子的「性本善」論，認為程朱之說並非孟子的「性善論」，從而區隔出孟子的「性善論」與宋儒之「性本善論」，顯見茶山在反對程朱的人性論之餘，仍堅持孟子的人性論。

茶山的這種立場，與太宰春臺的反孟子論，迥然相異。春臺如是反對宋儒的性善論說：「朱熹以為人性皆善，而其類有善惡之殊者，氣習之染也。故君子有教，則人皆可以復於善，而不當復論其類之惡矣。此祖述孟軻，而叛仲尼，真所謂邪說也，禁之可也。」[42]春臺只是消極性地反對朱子的性善論，並未提出自己對人性論的立場。茶山則不滿春臺這樣簡單的解釋，他批判春臺說：

> 純（筆者按：即太宰春臺）曰：「朱子以為人性皆善，此祖述孟軻，而叛仲尼。」（茶山）案：不信孟子非異

孔子所謂禮者，皆指先王之制而言。」氏著：《論語古訓外傳》，卷第3，頁14。又如解「克己復禮為仁」章，批朱子以「心」解「仁」，而謂：「熹不曉是義，徒欲以心治心，叛孔氏而黨釋氏。」《論語古訓外傳》，卷第12，頁2-3。

41 茶山針對程子所說：「心本善而流於不善，所謂放也。」而曰：「有惻隱之心，有羞惡之心，此善心也。有鄙詐之心，有易慢之心，此惡心也。心之發用可善可惡，與性不同，故古經無心本善之說。」參氏著：《大學講義》，卷2，收入《與猶堂全書‧4》，頁166。

42 太宰春臺：《論語古訓外傳》，卷第15，頁6。

端乎？孔子下愚不移者，謂其識見愚迷，不知徙義也，
豈謂本性有善有惡乎！太宰之學，不知心性為何物，激
於宋儒，並斥孟子，謬妄甚矣！[43]

由以上一稱「孟子」，一稱「孟軻」，即可知二者對孟子的鮮明
不同之立場。茶山雖反宋儒人性論，但卻仍高度尊崇孟子，故
要明顯區分宋學與孟子學的不同；而春臺之反孟學，是因宋儒
理學的學術之源係得之於孟子學，因而也極力反對孟子思想，
並不區分宋學與孟子學。

　　職是之故，茶山敏銳地區分宋學與孟子學，提出「性善論」
（孟子）≠「性本善論」（宋學），區隔了宋學與孟子學，展開
他獨特的孟子學的解釋。以下從 1.「仁義禮智成於外」說，以
及 2.「以嗜好為性」兩項理論，論茶山反朱子學的論點，間以
日本古學派之論作為比較對象。

1. 古學派與茶山的「仁義禮智」論

　　孟子在〈公孫丑上・6〉章如是定義四端之心：「惻隱之心，
仁之端也；羞惡之心，義之端也；辭讓之心，禮之端也；是非
之心，智之端也。」孟子由心的仁義禮智之端以言性善，由四
端的擴充以言盡心、知性、知天，即心以言性，攝仁於心。孟
子「心學」如學者所稱具有（1）普遍必然性；（2）超越性；（3）
連續性等三項思想特質，蓋為學術定論。[44]

---

[43] 丁茶山：《論語古今注》，卷 8，收入《與猶堂全書・6》，頁 52。

[44] 參黃俊傑：《孟子思想史論・卷二》（臺北：中央研究院中國文哲研究所籌
備處，1997 年），第 7 章第 2 節，頁 290-295。有關古學派伊藤仁齋對孟
子學的心性內涵之解釋，黃俊傑另有〈伊藤仁齋對孟子學的解釋：內容、

　　但是，朱子以心性情三項義理間架解釋孟子此章：「惻隱、羞惡、辭讓、是非，情也。仁義禮智，性也。心，統性情者也。端，緒也。因其情之發，而性之本然可得而見，猶有物在中而緒見於外也。」心的超越性與普遍必然性在此被減煞，已與孟子學有所岐出，向來也引發學者們的諸多爭議；而其中的關鍵處是朱子解「端」為「緒」，與趙岐（？-210）古注：「端者，首也」之解釋歧出，朱子如此把「心」從屬於「仁義禮智」的「性」的解釋，在思想上有兩大革新意義：其一是反轉了古注將「仁義禮智」從屬於「心」的關係；其二是以「仁義禮智」為「性」的獨特解釋。以後，日本古學派不論是伊藤仁齋或是荻生徂徠皆反對朱子將「仁義禮智」定義為「性」的革新論點。仁齋即解曰：

> 端，本也。言惻隱、羞惡、辭讓、是非之心，乃仁義禮智之本。能擴而充之，則成仁義禮智之德，故謂之端也。先儒以仁義禮智為性，故解端為緒，以為仁義禮智之端緒見於外者，誤矣！[45]

仁齋雖然解「端」為「本」，但輕易滑過「心」的超越性與普遍性之解釋，只關注「仁義禮智」，而堅稱「仁義禮智」是「德之名」，非「性之名」，直言「仁義禮智乃道德之本體」，[46]以斬斷「性」的窠臼論調，故又說：「仁義禮智四者，皆道之名，非性之名。道德以達遍天下言之，非一人所有，性以專為己有

性質與涵義〉，收入氏主編：《儒家思想在現代東亞：日本篇》（臺北：中央研究院中國文哲研究所籌備處，1999 年），頁 135-179。

[45] 伊藤仁齋：《孟子古義》，收入《日本名家四書註釋全書》，第 9 卷，卷之 2，頁 69。

[46] 伊藤仁齋：《語孟字義》，收入《伊藤仁齋・伊藤東涯》（東京：岩波書店，1983 年），「仁義禮智」第 1 條，頁 128 上。

言之，非天下所該。」[47]簡言之，「仁義禮智」與「性」無關，是「道德」的名稱，要學者不要混淆「道德」與「性」的區別。換言之，「性」是個別的，並不具普遍意涵，「道德」才具有是普遍的意義。

筆者過去的研究嘗指出仁齋與徂徠以「仁義禮智」只是「德」之名，非「性」之名，並認為「心」、「性」是二分，二者也不具有孟子心學的普遍、超越、連續性之內涵。「性」在古學派的解釋中，只是生物學本有的「性」，「心」也無如王陽明「心即理」的形上理則意味。仁齋與徂徠皆認為「心」、「性」只是個別存在的事實，皆可「人人而殊」。[48]

茶山也力辨「端」為「首」，頗如仁齋解釋而曰：「端也，始也。物之本末，謂之兩端，然猶必以始起者為端。故《中庸》曰：『君子之道，造端乎夫婦；及其至也，察乎天地。』端之為始，不既明乎！」[49]但是茶山對「心」、「性」的理解是否與古學派相同，則值得進一步觀察。

茶山既區隔宋儒之學與孟子之學的不同而尊孟貶宋，論四端之心也與朱子岐出，那麼茶山如何定義「心」？茶山在《大學講義》中特有〈心性總義〉，可窺知他對「心」之看法，他說：

　　神形妙合乃成為人，故其在古經總名曰身，亦名曰己。

---

[47] 伊藤仁齋：《語孟字義》，「仁義禮智」第 3 條，頁 129 上。

[48] 伊藤仁齋與荻生徂徠對「仁義禮智」與「道」、「德」、「心」、「性」的討論，可參拙著：《日本德川時代古學派之王道政治論：以伊藤仁齋、荻生徂徠為中心》，第 4 章第 3 節〈「仁義禮智」與「道」「德」「性」之關係〉，頁 191-206。

[49] 丁茶山：《孟子要義》，收入《與猶堂全書・4》，卷 1，頁 415。

而其所謂虛靈知覺者，未有一字之專稱，後世欲分而言之者，或假借他字，或連屬數字曰心曰神曰靈曰魂，皆假借之言也。孟子以無形者為大體，有形者為小體，佛氏以無形者為法身，有形者為色身，皆連屬之言也。若古經言心，非大體之專名，惟其含蓄在內，運用向外者，謂之心，誠以五臟之中，其主管氣血者，心也；神形妙合，其發用處，皆與血氣相須。於是假借血氣之所主，以為內衷之通稱，非謂此鑿七竅而懸如柿者，即吾內衷也。故衷之內篤曰「歡心」，其篤愛者謂之「仁心」，其樂施者謂之「惠心」，欲爭奪者謂之「爭心」，設機巧者謂之「機心」。然則人心、道心亦當與諸文同例，不必以此疑心之有二也。故朱子曰：「心之虛靈知覺，一而已。」[50]

由此可知，茶山乃專在形下氣論中言「心」，因心是虛靈知覺，發用在神形妙合的身之血氣上，是「內衷」（內在之物）的通稱，其發用可有多種心，如「欲心」、「仁心」、「惠心」、「爭心」、「機心」，但只是一心而已。

大體而言，茶山這種經驗實然的「心」之認知與朱子認心為「氣」略同，不過茶山認為宋儒所區分的「人心」與「道心」也應是在此發用的脈絡來理解，而不是把「心」視為兼攝形上的「性」與形下的「情」。換言之，人若要見此「心」，只能從其「運用向外」窺知，即使認知「道心」也需如此，故根本無「道心」、「人心」的區別。這與朱子專從內在的理路來認知「心」

---

[50] 丁茶山：《大學講義》卷 2 之〈心性總義〉，收入《與猶堂全書‧4》，頁141-142。

的思維有很大的不同。[51]

　　茶山即由此進一步從孟子所說「仁義禮智根於心」而展開他的「仁義禮智成於外」之說：

> 孟子曰：「**仁義禮智根於心」，仁義禮智譬則花實，惟其根本在心也。**惻隱羞惡之心發於內，而仁義成於外；辭讓是非之心發於內，而禮智成於外。今之儒者認之為仁義禮智四顆在人腹中如五臟然，而四端皆從此出，此則誤矣。然孝弟亦修德之名，其成在外，又豈有孝弟二顆在人腹中如肝肺然哉！[52]

茶山一再強調「仁義禮智，可以行事而成之」，「仁義禮智成於外」，此說在於強調仁義禮智之外顯行為是根於虛靈知覺之心，否定宋儒直接把仁義禮智當成本有的心。對茶山而言，這個「心」是中性的虛靈知覺之心，並無道德性可言。茶山要爭的是，孟子之心也只有這一心，所以舉凡仁義禮智，乃至孝弟等道德行為，也是根於此心。因此茶山以內外區別「心」與「仁義禮智」，以惻隱之心為內，以仁義成於外，堅持「仁義禮智」等道德名詞是因有外在的行為表現出來才有的德性名詞，有如花的果實（如仁義禮智），其長出是根於其核心（四端之心），爾後才為人所賦予的名詞，並不是宋儒認「仁義禮智」為先天

---

[51] 朱子甚強調「道心」與「人心」之別，在《中庸章句》序中，論及「人心」及「道心」之異時說：「以其或生於形氣之私，或原於性命之正。」形氣之私指的是「人心」，原於性命之正，指的是「道心」。又朱子在抒解「心」此一課題時，如朱子解釋「克己復禮為仁」時說「仁者，本心之全德」，又釋「仁」為「心之德，愛之理」等皆是內在抽象的理路來言心，這與茶山以「運用向外」的「仁心」、「惠心」、「爭心」、「機心」等應用之心來解釋「心」有內外的差別。

[52] 丁茶山：《論語古今注》，卷 1，收入《與猶堂全書・5》，頁 20-21。

具有的性，也不能說是陽明「心即理」的道德主宰之心，故也不會只有「仁義禮智」四種心而已。

茶山上述的思維等於在孟子的基礎上進一步論說實踐道德的重要性，而不從形上或超越的立場來談論四端之心。[53]這讓我們很清楚看到茶山在心學上的實學之一面，但也與日本古學派伊藤仁齋視「仁義禮智」為外顯的道德名詞有雷同的思維。不過茶山並未如古學派滑過對「性善」的討論，從而提出他以下所謂的「以嗜好為性」說。

2.「以嗜好為性」

茶山所認知的「心」與「性」之關係是：「**性者，本心之好惡也。習者，聞見之慣熟也。**」[54]「心」與「性」對茶山而言，雖承認其內在性，但不是朱子把「性」、陽明把「心」視為超越的價值創生之「理」，故茶山提出以「嗜好為性」來解釋孟子的性善論。茶山說：

> 案心性之說最精微，故最易差，唯其字義先明，乃可分也。其在古經以虛靈之本體而言之，則謂之大體（見《孟子》）；以大體之所發而言，則謂之道心（見道經）。以大體之所好惡而言之，則謂之性。天命之謂性者，謂天於生人之初，賦之以好德恥惡之性，於虛靈本體之中，非謂性可以名本體也。**性也者，以嗜好厭惡而立名。**《詩》

---

[53] 茶山這種不滿朱子學而不從形上學的立場來解釋心性論，蔡振豐最近在〈伊藤仁齋與丁若鏞的《中庸》古學詮釋〉（收入黃俊傑主編：《東亞儒者的四書詮釋》，臺北：臺灣大學出版中心，2005 年）一文中分析茶山的《中庸》思想時，也有同樣的觀察；參閱該書，頁 254-259。

[54] 丁茶山：《論語古今注》，卷 9，收入《與猶堂全書·6》，頁 101。

云：「民之秉彝，好是懿德。」秉彝即性也，而必以好
德為言，斯可驗也。〈召誥〉曰：「節性，唯日其邁」，〈王
制〉曰：「修六禮以節民性」，孟子曰：「動心忍性」，皆
以嗜好為性也。[55]

茶山以嗜好為性，是在孟子的性善論基礎下所提出，故「以好
德恥惡之性」為生人之初所賦予。茶山反對宋儒將「性」當成
本體意義的「性體」，旨在把「性」拉回人道脈絡來論性，而
不要從天道的超越意義去把握「性」。「性」在茶山看來，是因
為「嗜好厭惡」才有所謂的「XX 性」之名。因此，雖然茶山
以孟子「大體」（即「虛靈本體」）之所發為道心、「大體」之
所好惡為性，但此「大體」雖不是宋儒具有價值意義的創生概
念，卻亦能闡發孟子的性善論的普遍意涵。由此，茶山在反對
宋儒的「心統性情」之說時，也提出了「性以嗜好立名」之命
題：

謂心統性情，則心為大；謂性是理，而心是氣，則性為
大。以心為大者，主神形妙合，只有一心而言之也。以
性為大者，把此「性」字以為大體、法身之專稱也。然
若必欲假借一字，以為大體之專名，則心猶近之，性則
不可性之為字，當讀之如雉性、鹿性、草性、木性，本
以嗜好立名，不可作高遠廣大說也。〈召誥〉曰：「節性，
唯日其邁」，〈王制〉曰：「修六禮以節民性」，〈孟子〉
曰：「動心忍性」，皆以嗜好為性也。嗜好有兩端，一以
目下耽樂為嗜好，如云「雉性好山」、「鹿性好野」、「猩
猩之性好酒醴」，此一嗜也。一以畢生之生成為嗜好，

---

[55]　同上註，頁 104-105。

如云「稻性好水」、「黍性好燥」、「蔥蒜之性好雞糞」，
此一嗜也。……凡此皆嗜好之驗於畢竟者也。天於賦生
之初，予之以此性，使之違惡以趨善，故人得以依靠此
物，以尊此路。子思之言性命，孟子之談性善，都是此
意。**今觀孟子言性，皆以嗜好立喻（〈告子〉、〈盡心〉
篇），凡以是也。**今人推尊「性」字，奉之為天樣大物，
混之以太極陰陽之說，雜之以本然、氣質之論，渺芒幽
遠，恍惚夸誕，自以為毫分縷析，窮天人不發之秘，而
卒之無補於日用常行之則，亦何益之有矣。[56]

茶山明言「嗜好有兩端」：一以「目下耽樂」為嗜好，這是指
動物的自然之性，即禽獸之性，所以他舉的「雉性好山」、「鹿
性好野」、「猩猩之性好酒醴」都是有關動物耽於玩樂的性情。
這種嗜好之性並不是茶山要討論的重點，因為它「不可作廣大
高遠」之說。

茶山另一則是以「畢生之生成」為嗜好，如「稻性好水」、
「黍性好燥」、「蔥蒜之性好雞糞」等等。從茶山所舉都是有關
植物的嗜好之性來看，茶山似乎特從植物的生長中觀察到攸關
其生命存養（即「畢生之生成」）的嗜好，以探求人的嗜好之
性是「違惡以趨善」，這種「違惡趨善」之性是攸關人的整體
生命存養。換言之，人若無此嗜好之性，就不成為生命本身，
而難以在世上生存，或不知如何維持整個人類的和平秩序。這
才是子思、孟子所要談的人性論，並不是宋儒推尊「性」到形
上的「天」般地悠遠渺茫。

茶山根據上述這種違惡以趨善的嗜好之性來解釋孟子的

---

[56] 丁茶山：《大學講義》，卷2之〈心性總義〉，頁143-145。

性善論，不放過批判宋儒「氣質之性」與「本然之性」的理論。茶山批判「本然之性」原出自佛書，本非聖人之言，甚至說「逆天慢命，悖理傷害，未有甚於本然之說」。[57]茶山認為宋儒「本然之性」是出自佛氏的輪迴之說，尤其在《楞嚴經》一再強調「本然」澄澈之性。[58]而宋儒借之，區別「本然」與「氣質」兩性，並論「本然之性」純善無惡，「氣質之性」可善可惡，以為孟子只論「本然之性」而不論「氣質之性」，未為完備。

以上茶山所觀察的「目下之耽樂」及「畢生之生成」的兩種嗜好之性，茶山認為人兼具上述兩種動植物的「嗜好之性」，所以在反駁宋儒的區分形上的「本然之性」與形下的「氣質之性」後，提出他以下專在形下分別「道德之欲」與「氣質之欲」。茶山說：

> 人之性只是一部人性，犬牛之性只是一部禽獸性。蓋人性者，合道義、氣質二者而為一性者也。禽獸性者，純是氣質之性而已。今論人性，人恒有二志相反而並發者，有饋而將非義也，則欲受而兼欲不受焉。有患而將成仁也，則欲避而兼欲不避焉。夫欲受與欲避者，是氣

---

57 茶山說：「本然之義，世多不曉。據佛書，本然者，無始自在之意也。儒家謂吾人稟命於天，佛氏謂本然之性，無所稟命，無所始生，自在天地之間，輪轉不窮。人死為牛，牛死為犬，犬死為人，而其本然之體，澄澈自在，此所謂本然之性也。逆天慢命，悖理傷害，未有甚於本然之說。先儒偶一借用，今人不明來歷，開口便道本然之性。『本然』二字，既於六經四書、諸子百家之書，都無出處，唯《首楞嚴經》，重言復言，安望其與古聖人所言，泐然相合耶？」參氏著：《大學講義》，卷2，頁147-148。

58 茶山說：「佛氏謂如來藏，性清淨本然（《楞嚴經》），謂本然之性，純善無惡，無纖毫塵滓，澄澈光明，特以血氣新薰之故，陷於罪惡。有宋諸先生，皆從此說。然吾人靈體，若論其嗜好，則樂善而恥惡；若論其權衡，則可善可惡，危而不安，惡得云純善而無惡乎？」同上註，頁146-147。

質之欲也，其欲不受而不避者，是**道義之欲也**。犬與牛
也，投之以食，欲食焉而已，怵之以刃，欲避焉而已，
可見其單有氣質之性也。且人之於善惡，皆能自作，以
其能自主張也；禽獸之於善惡，不能自作，以其為不得
不然也。人遇盜，或聲而逐之，或計而擒之。犬遇盜，
能吠而聲之，不能不吠而計之，可見其能皆定能也。夫
人性之於禽獸性，若是懸絕，而告子只就其生覺運動之
同處，便謂之一性，豈不謬乎！臣以為犬牛人之性，同
謂之氣質之性，則是貶人類也；同謂之道義之性，則是
進禽獸也。二說俱有病痛。臣謂人性即人性，犬牛之性
即禽獸性。至論本然之性，人之合道義、氣質而為一性
者，是本然也。禽獸之單有氣質之性，亦本然也，何必
與氣質對言之乎？[59]

根據以上所引內容，可知茶山認為人性是綜合了「道義」與「氣
質」二者，而禽獸只純是氣質，以此區別人禽，認為人性有此
二欲，若「氣質之欲」重於「道義之欲」，是偏於禽獸之性；
若「道義之欲」重於「氣質之欲」，則表現出人性之善，而人
本有「好德恥惡」的嗜好之性，故還是一種性善論。

　　以上，茶山在「仁義禮智成於外」與「以嗜好為性」的解
釋基礎上仍然可以承認孟子的性善論是眾說中「獨得其本」，
但也不否認荀子性惡、揚雄性之善惡混等諸說之原因。[60]茶山

---

[59] 丁茶山：《孟子要義》，收入《與猶堂全書・4》，卷2，頁529-530。
[60] 茶山說：「諸說皆有所據，惟孟子性善之說得大體之本而耳。……夫惟好
德而恥惡，曷不謂之純善乎？此孟子之言所以獨得其本者也。孟子以性為
性，荀、揚、公孫以性與形為性，孰得而孰失乎！」參氏著：《論語古今
注》，卷9，收入《與猶堂全書・6》，頁117-118。

所謂「獨得其本」之意，是指孟子能純以「道心」論性，非如諸家或以「人心」論性（如荀子），或以「道心」、「人心」相混而論性（如揚雄）。不過，茶山此處之「道心」並非形上的命令主宰，不是宋儒在體用脈絡下所使用的「道心」與「人心」。茶山的人性論中皆不論本體論，他不把孟子中的「大體」理解為道德優先性的「體」。要言之，茶山的「道心」皆就發用而言，他所定義的「道心」是因道義而發者，「人心」是因形質而發者，二者的關係並非體用關係，不是朱子學的「心」可統性情，反而較有陽明學重視主體性自覺的「心體」（但未有超越的面向）。職是之故，茶山雖不相信有一道德實踐的先天根據的「性體」或「心體」，而代之以「好德恥惡」（或違惡以趨善）的嗜好之性，斬斷宋儒及陽明以內在超越來掌握天理的可能性。如此一來，茶山阻絕了孟子學的知心、知性、知天的內在超越的體證思路。

綜而以上對日本古學派及茶山的心性論之解析，我們可以得知日本古文辭學派恥於談心論性，認為心、性皆屬個人特殊義，無關普遍的道德意涵（心、性皆人人而殊），故滑過心性論而未能與宋儒作對決的討論，可說是在外「操戈」並未「入室」。然而，茶山正視心性論，並提出與宋儒對決的「以嗜好為性」的性善說，搶灘了心性論思想的一席之地。這反映韓、日兩大實學派存有根本的異質面向。

（二）從管仲論的見解比較二者的實學內涵

1.

中國管仲論之爭議問題，始於孔子而爭論於孟子。管仲雖

不死君難，孔子仍稱管仲「如其仁」（〈憲問・17〉），孔子的理由是「管仲相桓公，霸諸侯，一匡天下，民到於今受其賜。微管仲，吾其被髮左衽矣。」（〈憲問・18〉）孟子則極力斥管仲、晏子之事功，恥弟子將自己比於管仲，因管仲「以其君霸」，非以仁義為其君謀（〈公孫丑上・1〉）。茶山對於〈憲問・17〉「子路曰桓公殺公子糾」及〈憲問・18〉「子貢曰管仲非仁者與」章，詳列了注家的各種說法，其中最可注意茶山註解之處即是「桓公與公子糾孰兄孰弟」與「是否仁者」之解，以下論之：

（1）桓公與公子糾孰兄孰弟之說

程、朱皆以桓公為兄，公子糾為弟；茶山則以桓公為弟，公子糾為兄。桓公與公子糾孰兄孰弟的不同解釋，亦影響義理的詮釋。茶山特質疑程子之說：「程子曰：『桓公兄，子糾弟，襄公死，則桓公當立。』朱子曰：『仲之可以不死，正以小白兄而子糾弟耳。』」關於程、朱的「桓兄糾弟」之說，清初儒者顧炎武（1613-1682）《日知錄》[61]及毛奇齡（1623-1716）《四書改錯》多不從。毛奇齡以下的評論即為茶山所取：「糾、桓長次，自《春秋三傳》、《史記》、《漢書》外，其見于他書如《莊子》、《荀子》、《韓非子》、《尹文子》、《越絕書》、《說苑》，類無不曰糾兄桓弟、糾長桓幼。即《管子》亦云：『齊僖公生公子諸兒及公子糾、公子小白。』祇漢薄昭上淮南王長書，以漢文是淮南王兄，忌諱，故稱殺兄為殺弟，此在韋昭已明註其下，無容錯者。」[62]茶山按曰：「桓弟糾兄，審矣。」除一一找出了

61　參顧炎武《日知錄》（〔清〕黃汝成：《日知錄集釋》，石家莊：花山文藝出版社，1990年），卷之7，「管仲不死子糾」條，頁317。

62　毛奇齡：《四書改錯》，收入《續修四庫全書・經部・四書類・165》（上海：

毛奇齡所列舉的書單，加以引證「桓弟糾兄」之說，[63]充分說明茶山對此議題的關心，而茶山雖證實桓弟糾兄後，但並不妨礙他稱管仲是仁者；而程、朱以桓兄糾弟，跳過了管仲不死君難的指責。茶山對於管仲的不死君難做了如下婉轉的解釋：

> 每有國難，身不必與，豈皆無君臣之義於其前君乎？公子公弟，法當君國，既正其位，義不敢讎，此《春秋》之義例也。子糾、小伯，均是僖公之子，既正其位，斯我君也。子糾之未死也，我以子糾為君，故可以讎桓；子糾既死，猶必讎之乎？召忽之死，固為仁矣；管仲之事，未必為不仁也。王珪、魏徵，亦其所秉者如此，必

上海古籍出版社，據嘉慶十六年全孝柏學圃刻本影印），卷1，頁12-13。茶山《論語古今注》卷七中引這段文字時與此有些出入，但大意皆同，見頁578-579。另毛奇齡《四書索解》（收入《四庫全書存目叢書・經部・四書類・173》，臺南：莊嚴文化，據清華大學圖書館藏清康熙刻西河集本）卷三中，亦有類似反駁「桓兄糾弟」之說，見頁21。

63 （1）《春秋》傳：「齊小白入于齊。」杜氏注：「小白，僖公庶子。公子糾，小白庶兄也。」（2）《公羊》傳曰：「齊小白入于齊，篡也。」又曰：「子糾貴，宜為君者也。」（3）《穀梁》傳曰：「小白不讓，故惡也。」（4）《管子・大匡》篇曰：「齊僖公生子，諸兒公子糾、公子小白。」又曰：「鮑叔傳小白，辭疾不出，以為棄我，因小白幼而賤故也。」（鮑叔不欲傳小白）（5）《荀子・仲尼》篇曰：「桓公殺兄而返國。」又曰：「前事則殺兄而爭國。」（6）《莊子・盜跖》篇：「昔者桓公小白殺兄入嫂，而管仲為臣；田成子常殺君竊國，而孔子受幣。」（7）《韓非子》云：「桓公，五伯之上也。爭國而殺其兄，其利大也。」（8）《越絕書》云：「管仲臣于桓公兄公子糾，糾與桓爭國，管仲張弓射桓公，中其帶鉤。」（9）《說苑・尊賢》篇云：「將謂桓公仁義乎？殺兄而立，非仁義也。」又鮑叔曰：「昔者公子糾在上而不讓，非仁也。」（10）《尹文子》云：「齊人殺襄公，立公孫無知，而無知被殺，二公子爭國，糾宜立者也。小白先入，故齊人立之。」（11）鄧驥《左氏指縱》云：「桓公，襄公之季弟也。」見丁茶山：《論語古今注》，卷7，收入《與猶堂全書・5》，頁579-580。

以殉死為仁者，違於經也。[64]

茶山這樣的解釋，是針對以下程子論理之反駁：

> 程子曰：「桓公兄也，糾弟也（引《漢書》博昭之書），
> 故聖人不責其死。若使桓弟而糾兄，則管之與桓，不可
> 同世之讎也。若計其後功，而與其事桓，聖人之言，無
> 乃害義之甚，啟萬世反覆不忠之亂乎？」

由此可知，程子堅持桓兄糾弟，所以聖人才不責備桓公奪權而
殺糾。依程子之意，如果是桓弟糾兄的場合，則管仲之於桓公
有「不可同世」之讎，豈可再事於桓公？因此，程子認為聖人
絕不會因計量管仲之功，合理化管仲的再事桓公，這無疑是「害
義之甚，啟萬世反覆不忠之亂」。程子此說，目的在證明「桓
兄糾弟」，因為只有桓兄糾弟，管仲才沒有「不死君難」，其所
立之功才可被聖人承認。

但是，針對程子之解釋，茶山認為即使桓弟糾兄，管仲也
沒有「不死君難」的問題。茶山下此按語：

> 案：武王殺紂，箕子不能死，又從而陳〈洪範〉輔，王
> 道，無乃不仁乎？武王殺紂，微子不能死，由從而受封
> 以奉祀，無乃不仁乎？彼當革世之際，猶且如此，況子
> 糾、小白均吾君之子，管仲盡忠所事，及糾之死，入輔
> 桓公，以霸齊而尊周，何謂之害義乎？所貴乎聖經者，
> 凡義理當否，質之於聖言者也。若既聞聖言，猶守己見，
> 亦奚以哉！此不敢不辨。[65]

---

[64] 同上註，頁 585。
[65] 同上註，頁 585-586。

茶山不只是同情的理解管仲而已，他舉出箕子、微子不但不死君難，箕子還為異君陳〈洪範〉，微子也從而受封祭祀，依照程子的君臣之義，這不都是屬於「不仁」者嗎？而孔子為何還要說「殷有三仁」？更何況糾與小白都是同一君之主，事奉何人為君，都不會有不忠的害義問題，因為所忠的對象都是「吾君之子」，並沒有事奉異姓，哪來「害義」的問題？茶山堅持他的「桓弟糾兄」之說，不滿程子明知聖言稱讚管仲霸齊尊周，盡忠其事，才稱管仲為仁，但宋儒卻還堅持己見。對宋儒這種堅持己見，茶山認為是其自己的學說，不符聖經聖言，所以茶山不得不辯。

（2）管仲是否仁者之解

如所周知，孔子稱管仲「如其仁」，孔安國注經增一「誰」字，成為「誰如管仲之仁」。茶山駁斥道：

> 非也。添入「誰」字，猶不白矣。凡此物之數與彼物相當者，曰「如其數」。子路獨以召忽為殺身成仁，而不知管仲之功將仁覆天下，故孔子盛稱其功曰：「管仲雖不死，亦可以當召忽之死也。」秤其輕重，細心商量，而終不見其不相當，故再言之曰「如其仁」。[66]

朱子也是反對孔安國增字解經，但並不直接稱管仲是仁人，特別區分管仲有「仁人之功」，但不即是「仁人」。茶山質疑道：

> 朱子曰：「管仲雖不得為仁人，而其利澤及人，則有仁之功。」案：仁者，非本心之全德，亦事功之所成耳。然則既有仁功而不得為仁，恐不合理。然孔子於二子之

---

66 同上註，頁 582。

問，每盛言其功，以拒未仁之說，而亦未嘗親自口中直
吐出一個「仁」字，則孔子於此，亦有十分難慎者，朱
子之言其以是矣。

李卓吾云：「子路以一身之死為仁，夫子以萬民之生為
仁，孰大孰小？」[67]

孔子不直接說管仲是「仁」，但也不否定管仲是「未仁」，茶山
看出孔子的「十分難慎」，故朱子以此而區分「仁人之功」與
「仁人」之不同。但是，子路、召忽身死於君難是仁，管仲以
事功利澤萬民也是仁，前者仁小，後者仁大，故茶山引李卓吾
之說，顯然也是承認管仲之仁。而且茶山也指出朱子「仁人之
功」≠「仁人」之不合理性，因朱子定義的「仁」是「本心之
全德」，但茶山不贊成這樣解釋「仁」，相信「事功之所成」也
可以是「仁」。茶山一貫的「仁」解如下：

仁者，人也，二人為仁。父子而盡其分則仁也（父與子
二人），君臣而盡其分則仁也（君與臣二人）。夫婦而盡
其分則仁也（夫與父二人）。仁之名必生於二人之間，
近而五教，遠而至於天下萬姓。凡人與人盡其分，斯謂
之仁。故有子曰：「孝弟也者，其為仁之本。」[68]

又曰：

原來仁人為仁，故求仁者或於自求之外，更求諸人。孔
子嚴嚴辨破，曰自修則民服，於是乎為仁豈由人乎哉！
若有一顆仁德，原在心竅之內，為惻隱之本源，則「一

---

[67] 同上註，頁 582-583。
[68] 丁茶山：《論語古今注》，卷 6，收入《與猶堂全書・5》，頁 454。

曰克己復禮」以下二十字，都泊然無味也。**從來「仁」**
字宜從事為上看。[69]

簡言之，所謂「仁」就是人與人之間各盡其分，「仁」之所以
為名，無法單獨存在於一人，**必存在於二人之間。**茶山之所以
爭「仁」是**二人之間之事**，旨在強調此仁德必顯露於事上，而
非內在之「理」上。了解茶山的「仁」解，我們便不難理解何
以在「管仲是否為仁者」的議題上，他與宋儒會有岐出的意見。
不過，令人不解的是，茶山對於孟子恥於被比管仲之事，在其
《孟子要義》中，並未提到批判孟子的話，而且茶山稱管仲為
仁者的立場也必然與孟子思想牴觸。然而我們只見茶山批判宋
儒，卻未見他批判孟子，這是茶山與春臺在批判孟子此一立場
上的最大不同之處。

2.

　　茶山承認管仲之仁，頗與日本強調實學的古學派理論相
通。古學派中不論伊藤仁齋還是荻生徂徠，皆稱讚管仲之事
功。仁齋有所謂的「管仲之仁」＝「聖人之仁」，[70]甚讚管仲安
民濟世之功；徂徠則持「貴能賤德」之說，稱管仲何止「器小」，
實為「大器」。[71]徂徠弟子太宰春臺特著〈孟子論〉上下二篇，

---

[69] 同上註，頁 454。

[70] 伊藤仁齋：《童子問》，收入家永三郎、清水茂等校注：《近世思想家文集》
（東京：岩波書店，1976 年，《日本古典大系》97），卷之上，第 52 章如
是記載：問：「聖人之仁與管仲之仁，是同與不同。」曰：「同。堯舜之仁，
猶大海之水，汪汪洋洋，不可涯涘也；管仲之仁，猶數尺井泉，雖不足觀，
然遇旱歲，則亦可以資灌溉之利，雖有大小之差，豈謂之非水而可乎！」
頁 218 上。

[71] 徂徠在《論語徵》解「管仲之器小」章時說：「孔子無尺寸之有，亦異於
湯與文武焉，使孔子見用於是邪，唯有管仲之事已。然其時距文武五百年，

如其師荻生徂徠一樣極力詆毀孟子。春臺批駁孟子之論有：（1）駁孟子「齊王好貨好色」章為誣衊古人；（2）斥孟子「臣視君如寇讎」之不尊君論；（3）斥孟子認為管仲不足為；（4）批孟子之性善論及不動心論；（5）駁孟子的養氣論；（6）責孟子妄以夷惠為聖人；（7）駁孟子絀霸而專言王；（8）辯駁孟子與淳于髡辨「權」；（9）推崇戰國之士，如蘇秦、張衡、范睢等之事功，而責孟子在戰國徒述唐虞三代之德，不知時也。[72]

　　管仲是否為仁者，首先要解決的就是如何定義「仁」？春臺的《論語古訓外傳》的管仲論中，也與茶山一樣，批判朱子的「仁人」≠「仁之功」之論。他說：

> 「如其仁」，朱熹曰：「蓋管仲雖未得為仁人，而其利澤及人，則有人之功矣。」純（按：即春臺）謂此說非也。**孔子凡說仁，必以事功言；若有仁心，而未見其功，則夫子未嘗許其仁也**。宋儒則專就心上言，故不肯以管仲為仁人。夫孔子明言「如其仁」，許之者至矣。宋儒猶未之信，何也？且仁如管仲，而謂之非仁人，甚無謂也。然則宋儒所謂仁人者，果何如哉！此亦可以捧腹矣。[73]

又曰：

> 朱注圈外載程子之論，其意不滿於管仲。夫管仲之功，

正天命當革之秋也，使孔子居管仲之位，則何止是哉。故孔子與其仁而小其器，蓋惜之也，亦自道也。夫孔子小之，而終不言其所以小之，可以見已。夫管仲以諸侯之相，施政於天下，可謂大器已，而孔子小之，或人之難其解，不亦宜乎。」氏著：《論語徵》，乙卷，頁 68。

[72] 太宰春臺：〈孟子論〉，收入《日本儒林叢書》（東京：鳳出版株式會社，1978 年），第 4 冊，載於《斥非》附錄，頁 17-23。

[73] 太宰春臺：《論語古訓外傳》，卷第 14，頁 12。

孔子嘗稱之，子路、子貢皆學於孔子者，彼宜素知貴管
仲，惟子路疑其不死子糾之為未仁，子貢疑其相桓公之
為非仁。故二者皆以仁為問，而孔子答以如仁、微管之
言，則其與管仲者至矣。夫仁莫大於安民，故孔子論仁，
必以事功。自孟軻引曾西之言，以管仲不足為，而宋儒
因之，亦皆賤管仲，豈不悖哉！曾西、孟軻皆未得居管
仲之所居，而為管仲之所為，縱有仁心，未嘗行仁者之
事，而極口薄管仲之功，可謂妄矣。宋儒又信孟軻之言，
而不信孔子，何其畔也！且宋儒何足與言仁乎！[74]

這裡春臺所說「仁莫大於安民，故孔子論仁，必以事功」，一
如茶山反對以「心」解「仁」。如解「士不可不弘毅，仁以為
己任」章時，春臺說：「仁以為己任。仁者，安民之事，故其
任重。朱熹以為人心之全德，非也。人心之全德，豈謂之重任
哉！死而後已，亦以為仁言。」[75]仁者就是具有「安民之事」
的人，不是如朱子專注於動機純粹的「人心之全德」，空有「仁
心」，卻未見其「事功」，怎麼可以稱之為「仁者」呢？這是春
臺批判孟子、朱子之處。

　　實則春臺也如朱子區分「仁人」與「仁之功」的思維，春
臺也特區分「事上論仁」與「心上論仁」，只是二者的解釋立
場完全相反。春臺解〈公冶長〉篇「子張問曰令尹子文」章時，
就以「事上論仁」相對於「心上論仁」之思維說：

　　蓋仁之為德，以安民為功。子文雖賢，而其德未足以安
民，故夫子不許其仁也。此章子張之問，夫子之答，皆

---

[74]　同上註，頁 13-14。
[75]　太宰春臺：《論語古訓外傳》，卷第 8，頁 8。

> 就事上論之，宋儒必就心上論之，且以天理人欲為說，
> 皆釋氏之學也，非徒不知仁，實不知聖人之道也。……
> 夫仁在安民，君子之道，或出或處，或進或退，苟其德
> 足以安民，則可以為仁，尚何暇問其果無私心否？君子
> 以義制事，以禮制心，義則不必尋理，禮不必去私，然
> 則所謂**當理而無私心者，浮屠之教也**。以是說仁，愈說
> 愈差。[76]

以安民解釋「仁」是從春臺之師徂徠慣有的特解，春臺更解「一
以貫之」時說：「**一者，仁也。夫子之道即先王之道，先王之
道在安民。**」[77]可以代表古文辭學派的立場。春臺反對宋儒以
有無私心論「仁」，認定「無私心」是佛教用語，出仕奉公之
人當然也有私心，但只能以「**以義制事，以禮制心**」，是就君
臣之義的事上，不是就超越「事」之上的「理」上。「心」只
是「事」的從屬者，而非「事」的依循者。

　　總而言之，茶山雖仍站在「管仲是仁者」的立場，唯與春
臺的「直接性地肯定管仲」論相較而言，茶山則較持保留態度。
春臺之論，讓議者幾乎沒有議論管仲道德問題的空間，但茶山
並未將話說滿，仍然保留著管仲並不是不可議論其道德上的瑕
疵之空間。

　　筆者認為，從茶山這種「保留」態度，可以一窺他和春臺
在學問方法的關鍵性不同。首先，春臺的管仲論對「不死君難」
往往缺乏解釋，而茶山的管仲論一開始與程子爭辯「桓弟糾
兄」，目的即在於解決管仲「不死君難」的課題，顯見春臺避

---

[76]　太宰春臺：《論語古訓外傳》，卷第 5，頁 18-19。
[77]　太宰春臺：《論語古訓外傳》，卷第 4，頁 16-18。

談「不死君難」之課題，或許由於日本武家國度中特別強調尊君的一面而避諱不談。其次，茶山不批判孟子，春臺批孟不遺餘力，這就是茶山尚努力從旁分解孟子的「性善論」與宋儒的「性本善論」之不同，而春臺根本不辨心性之論的原因。再次，茶山對「仁」的解釋，只言從「事」上看；春臺直以「事功」論仁。「事」與「事功」之不同在於：「事功」帶有對事情效益的直接性，有功利主義的傾向；「事」則重點在於可見的「事」上，並不以事情的有效性為主，故仍保留求之於「事」之初衷。這就是茶山尚談心論性，春臺則完全對心性論提不起興趣之原因。職是之故，他們二者的「實學」精神雷同在此，但差異也在於此。下節中所分析二者的教化論，一持愚民論，一持牧民論，即可知二者實學的面向有根本的不同。

五、「愚民論」與「牧民論」

　　徂徠學派所抱持的教化論，基本上是一種「愚民論」，嚴格區分武士和庶民階級，各有不同的職分倫理。徂徠曾說：「民是愚之物」，他對「愚民」的教化觀點如下：

> 民間的百姓，要讓他們知道孝悌忠信的事情，除此之外，其他的事情不必教導之，所以不可教導他們超出《孝經》、《列女傳》、《三綱行實》範圍之類的書。那些書籍以外的學問，只會增長人邪惡的智慧，以致散亂無章，無所適從。如果百姓的邪惡智慧很流行的話，就會變成很難治理他們了。[78]

---

[78] 荻生徂徠：《太平策》，收入吉川幸次郎、丸山真男編：《荻生徂徠》，下冊，

上述徂徠的愚民論觀點，指出一般庶民只要讓他們知道孝悌忠信的道理即可，因為像孝悌之類的德行，是「不待解，人所皆知」的，[79]徂徠深信只有武士才能享有學問的養成教育。

　　春臺的教化論，實則繼承徂徠這種愚民論，從他對《論語》的「民可使由之，不可使知之」（〈泰伯〉篇）的以下評論即可知：

> 夫天下之人有君子焉，有小人焉。有君子可以治民，有民可以養君子。其必一君子可以治眾民，然後天下治。若使天下之人，家喻戶曉，而民咸為君子，是天下無民也。無民非國也，其君子亦且無所使。若然者，何以為國乎？……故雖堯、舜之世，民自民矣，非上之人不能喻之，如秦人愚黔首然，以其不可故也。[80]

春臺此種「愚民論」，恰與朱子之解：「不是愚黔首，是不可得而使之知也」之論相反。春臺另外在《斥非》一書中，講得更明白，他說：

> 自生民以來，有君子焉，有小人焉。君子者，所以治小人也；小人者，所以食君子也。是故，君子有君子之道，小人有小人之道，君子小人，各盡其道，而天下治。君子而行小人之道，固不可；若小人而行君子之道，亦失其所以為小人也，其不可以為國也均矣。故孔子曰：「民可使由之，不可使知之。」先王之於民，如斯而已矣。故教民者，惟喻之孝弟忠信、勤儉畏法耳，為之說經，

頁 485。

[79] 荻生徂徠：《弁名》，「孝悌」，第 1 則。

[80] 太宰春臺：《論語古訓外傳》，卷第 8，頁 8。

非其所宜也。世儒乃有欲使天下之人咸知君子之道者，
構說經之堂於街衢而日說經，令行路之人留而聽之，此
徒知教民而不知臣亦各有其道也。先王導民，豈有夫人
而說之以君子之道乎？況小人而好君子之道者，不犯上
作亂，必失身破家，何則？君子之道者，為人上之道；
而小人之道者，為人下之道也。且古者有圭璧金璋、命
服命車、宗廟之器，皆不粥於市，以尊物非民所宜有故
也，先王之制也。今說經於衢路，豈不亦粥尊物於市之
類乎？[81]

春臺向來注解《論語》的「君子」，以「凡古人所謂君子小人
者，皆以位言之」[82]的政治義解釋之，而不是從道德義來理解。
春臺在這種階級的政治義上強調：「君子有君子之道，小人有
小人之道，君子小人，各盡其道，而天下治。」反對世儒向小
人階級說經而使知君子之道，認為儒者若要教民，只要曉喻（而
非教導）之以「孝弟忠信勤儉畏法」就夠了，這種論點與徂徠
的愚民論如出一轍。依照這樣的庶民教育論，則興學與教民根
本是不必要的。

相較於春臺專以政治階級義解釋《論語》的「君子」與「小
人」，茶山在「子曰君子上達小人下達」章，針對春臺說：「純
曰：君子上達者，君子謂士大夫，言君子之道，得上達王公也。
小人謂庶民也，小人之道下達而已。」茶山駁斥曰「非也」，
並解釋：「君子小人，其始皆中人也。毫釐之差，喻於義利。
君子日進其德，一級二級升而達乎最上之級。小人日退其步，

---

[81]　太宰春臺：《斥非》，收入《日本儒林叢書》，第 4 冊，頁 10。
[82]　太宰春臺：《論語古訓外傳》，卷第 2，頁 13-14。

一級二級降而達乎最下之級。」[83]茶山是以德行義理解此章，
與春臺一貫只取政治義解釋「君子」或「小人」之態度不同。
我們由此進一步窺知二者的教化論的不同。

　　針對春臺上述的愚民論，茶山特為長文反駁道：

> 非也，孔子親自言曰「有教無類」（〈衛靈公〉），而又反
> 之曰「不可使知之」，有是理乎？《書》大傳曰：「公卿
> 大夫元士之適子，十五入小學。」故說者遂謂孟子所云
> 「謹庠序之教，申之以孝弟之義」者，亦不過貴族。然
> 〈王制〉曰：「卿大夫元士之適子，國之俊選，皆造焉。」
> 所謂國俊者，即朱子所謂「凡民之俊秀者」，《周禮・大
> 司徒》：「以鄉三物教萬民而賓興之」，「以鄉八刑糾萬
> 民」，「以五禮防萬民之偽」，「以六樂防萬民之情」，[84]凡
> 萬民之不服教者，歸于士，**名曰萬民，豈復有尊卑貴賤**
> **於其間乎？聖人之心，至公無私**，故孟子曰：「人皆可
> 以為堯、舜。」豈忍以一己之私欲，愚黔首以自固，阻
> 人堯、舜之路哉？設欲自固，亦當教民以禮義，使知親
> 上而死長，然後其國可守；真若愚黔首以自固，則不踰朞
> 月，其國必亡，秦其驗也。[85]

茶山的反駁相當鏗鏘有力，舉出古典《尚書》、《周禮・大司
徒》、《禮記・王制》等證明古者「教萬民」並無區分尊卑貴賤，

---

[83] 丁茶山：《論語古今注》，卷7，收入《與猶堂全書・5》，頁595。
[84] 《周禮・大司徒》的「三物」是：「一曰六德：知仁聖義忠和；二曰六行：
　　孝友睦婣任恤；三曰六藝：禮樂射御書數。」「八刑」是「不孝」、「不睦」、
　　「不婣」、「不弟」、「不任」、「不恤」、「造言」與「亂民」之刑。「五禮」
　　是吉、凶、賓、軍、嘉禮。「六樂」是雲門、咸池、大韶、大夏、大濩、
　　大武。
[85] 丁茶山：《論語古今注》，卷4，收入《與猶堂全書・5》，頁297-298。

而且「民」是普遍意義的「民」，不是階級意義的「民」；並說明孔子是站在有教無類、至公無私，以及孟子也基於「人皆可為堯舜」的教育立場，教導人民禮義，而不是愚民。針對上述春臺擔心若萬民得教，則「君子」與「小人」階級混合，則國將無民，所以秦國才用愚民之策以治民，茶山則反駁若果真用愚民來自保，則「不踰朞月，其國必亡，秦其驗也」。職是之故，就教民而言，茶山與春臺之立場南轅北轍，近於孟子及宋儒的民本論。

　　茶山既站在民本論的立場，所以主張興學與教民，形成他的「牧民論」。他所著的《牧民心書》首先就對「牧民」下定義：

> 昔舜紹堯咨十有二牧，俾之牧民，文王立政，乃立司牧以為牧。夫孟子之平陸，以芻牧喻牧民。養民之謂牧者，聖賢之遺義也。**聖賢之教，原有二途：司徒教萬民，使各修身；大學教國子，使各修身而治民。治民者，牧民也。然則君子之學，修身為半，其半牧民也。**[86]

根據這個自序，古代牧民官（司徒）教萬民，重視修身之教，進入大學學習的子弟，也強調一半修身，一半治民。這裡茶山並沒有放棄庶民教育觀，而且不管是庶民也好，治民者也罷，修身都是前提。在〈教民〉條中茶山說：

> 後世王者，無居民之法，民自散居，不異鳥獸，農或在邑，士多在野。今之教民，不可以中外別士民，其所以教戒之者，宜在學道之士。其畎畝小民，自其鄉里，冬

---

[86] 丁茶山：《牧民心書》，收入《與猶堂全書・16》，〈自序〉，頁3。

> 月訓誨，申之以孝悌之義，如孟子之法，教之以鉏耰之
> 隙，如伏生之說而已。[87]

由此可知，茶山認為不論士、民，皆須受教，士者受高深的道
理，小民則趁農忙之際，申以孝悌之義。茶山之說係根據中國
古制，以及孟子「不教民而用之，謂之殃民」(《孟子・告子下》)
的精神。茶山處處站在孟子民本、教民之立場，他的教民與興
學論，與反孟的古文辭學者徂徠、春臺之愚民教化論，實有天
壤之別。

此外，在〈興學〉條文中，茶山列舉了許多中國儒者興學
之例，以作為牧民之官的典範，舉出的有後漢伏恭（常山太
守）、杜畿（河東太守），隋代的梁彥光（相州刺史）、何妥（龍
州刺史），唐代韓愈（潮州刺使），宋代的程明道（晉城令）、
陳襄（常州郡知事）、唐鎰（濠州）、黃俊良（新寧縣監）、趙
克善（溫陽郡守）、張詠（益州守）、胡瑗（蘇湖二州教授）……
等人。茶山看出中國歷代這些興學者，都重視「學者」是興學
的核心，所以興學是否成功，首要任務在於延攬「學者」。他
說：

> 學者學於師也，有師而後有學，招延宿德，使為師長，
> 然後學規乃可議也。中國州學皆有教授，吾東郡縣之學
> 亦有訓導。中世以來，此官亦廢，今欲聚徒勸學，必有
> 宿德鴻儒，為之師表，乃可行也。難矣哉！[88]

茶山意識到中國地方牧民官熱衷興學，推展能夠順利之主因是
地方州學中皆有「教授」，朝鮮在以前郡縣雖也有「訓導」之

---

[87] 丁茶山：《牧民心書》，卷7，〈教民〉條，頁648。
[88] 丁茶山：《牧民心書》，卷7，〈興學〉條，頁677-678。

制，但中世以後廢除，以是招不到宿德鴻儒者前往教學，這是朝鮮興學困難之原因，故茶山難免感嘆曰：「招賢入學，以教諸生，此興學之首務也。然吾東惟嶺南可議此事，餘未易也。」[89]由此可知，茶山把「延攬學者」視為興學首務，其次才談及其他興學措施，而茶山所提及興學的具體措施有「修葺堂廡，照管米廩，廣置書籍」，[90]以及「簡選端方，使為齋長，以作表率，待之以禮，養其廉恥」[91]等項目。

　　總而言之，茶山與春臺雖均被視為韓、日的實學重要之代表者，但本文在比較二者的心性論、政治論及教化論後，二者實學的內涵相差甚大，故可以理解茶山何以在解釋《論語》之際，對古學派是批判遠多於肯定。

六、結論

　　本文分析韓、日兩位實學代表者丁茶山與太宰春臺對《論語》的解釋比較，二者在解經方法與義理的詮釋上都相當異趣。首先，關於解經方法，雖然我們看到茶山在《論語古今注》

---

[89] 同上註，頁681。

[90] 該項興學的詳目為：「俗之所以荒昧，學之所以鹵莽，以無書籍也。《十三經註疏》、二十三代史、《三國史記》、《高麗史》、《國朝寶鑑》、杜佑《通典》、鄭樵《通志》、馬端臨《通考》、王圻《續通考》、吾東之《文獻備考》。此數帙書籍，不可以不具也。牧宜竭力經紀，以圖購置，嚴其鎖鑰，時其曝晒，出納看閱，皆具條例之遵守焉可也。」同上註，頁684。

[91] 其詳目為：「鄉校任事者校長一人、掌議一人、色掌二人。荒遠之地，士族稀少，土族如林，羞與為伍，絕不往來。於是土族專擅學宮，據為窟穴。此輩多不學無識，分群立黨，傾軋則發人陰事，爭奪則視如朝局，締結奸吏則蜚語于監司，交通嬖妓則納賂于縣官，常為吏家之狎客爾。」同上註，頁685。

引用許多太宰春臺的註解內容，注經模式也受其影響，不過批判多於肯認。春臺鮮明地繼承徂徠，其解經範本是跳過宋儒以降，而以《六經》及漢唐古注作為其參照標準。但茶山則多不取漢唐注疏，他解經所運用的「引證」與「事實」體例，非常重視「歷史脈絡性」，而不是以經解經而已，「以史證經」也多是春臺少用的解經方法。

其次，關於民本論與教育論，茶山十分認同孟子的民本論與教育論，亦與春臺的愚民論互別，這或許是茶山罵春臺「詖淫亂經卷」的主因之一，也充分說明二者的實學思想內涵存在著很大的鴻溝。不過，茶山雖尊孟子，在管仲論上顯然與孟子的立場不同，孟子恥於被比管仲，茶山卻稱許管仲為「仁者」。又如在解釋《論》、《孟》經典思想上，茶山亦出現「質疑」經典原文的義理，顯見茶山認為儒家經典義理並不是不可懷疑與挑戰的，而這些懷疑當中，往往與茶山的實學注經態度息息相關。

再者，關於尊孟與否立場，以及相關的心性論之解釋，茶山與春臺的尊孟與反孟立場迥然相異。茶山認為孟子解性與諸家相較是「獨得其本」，春臺則直斥孟子為孔子叛徒，視宋儒與孟子為同一思路，故既不談心，也不論性，認為心性是個人內在情感之事，並非普遍的道德命題，故只批判宋儒心性論，卻未實質提出心性論與宋儒對決。相對於古學派，茶山則提出好德恥惡的「以嗜好為性」之自然性善論，雖沒有宋儒天道論的「性體」意涵，卻也照顧到孟子素樸的性善論，也使得茶山的人性論可以獨樹一幟，與日本古學派消極性地看待心性論有明顯的不同。

簡言之，春臺偏向以政治義解經的實學，反對宋儒以心、

理之概念解經；茶山雖不滿宋儒的心、性、理學，卻不反對以心性之學解經，故他屢從「心」的發用觀點及「好德恥惡」的嗜好之性上解讀經典的「道」與「仁」之思想。然而，茶山雖區隔了宋儒的「性本善」與孟子的「性善論」，承認了「心」的內在性，卻反對有一形上超越的先天根據。而以嗜好為性的結果，斬斷了宋儒性本善及「心統性情」之主導功能，僅能從發用處見「心」，不從形而上立場看待心性之課題。這樣既否定了「性即理」，也斬斷了「心即理」的思路，重視形而下發用的道德作用。這種思路近於德川古學派的伊藤仁齋，而遠不同於反對心性論道德觀念的徂徠學派。[92]至於茶山不相信有一道德實踐的先天根據的「性體」或「心體」，雖斬斷了宋儒及陽明內在超越來掌握天理的可能性，卻也阻絕了孟子學的知心、知性、知天的內在超越的體證思路。這般防堵由心性以知天的內在超越面向，雖由於不滿宋儒的心性論，或許也與茶山天主教的人格神信仰的背景有關。只是這樣的論點，或許還要結合茶山如何看待「天」的課題，方可有定論，有待專文討論之。

* 本文曾宣讀於臺灣大學與韓國茶山學術文化財團合辦的「東亞視域中的茶山學與韓國儒學」國際學術研討會（2005 年 7 月 14 日），經大幅改寫後，刊於韓國學術雜誌《茶山學》，第 8 卷（2006 年 6 月），頁 235-335。

---

[92] 茶山與仁齋雖然在重視形而下發用的道德作用之思路相近，但二者解說孟子思想仍有相當大的差異。蔡振豐〈伊藤仁齋與丁若鏞的《中庸》古學詮釋〉（收入黃俊傑主編：《東亞儒者的四書詮釋》，臺北：臺灣大學出版中心，2005 年）一文指出茶山尚能照顧到孟子道德主體自由的意義，故對性善論的解說不出孟子思想，仁齋則由於專注於孟子的「王道」政治論，而輕忽孟子的「性善論」，故較不重視道德主體的自由，有抖落主體自由與理想政治的必然關係之嫌；參閱該書，頁 271-273。

日本陽明學的淵源與作用

第五章

晚明《孝經》風潮與中江藤樹思想的關係

一、前言

本章旨在分析晚明《孝經》風潮的形成與發展脈絡，論述這股《孝經》風潮對日本陽明學的開宗者中江藤樹（1608-1648）思想的影響，並探討陽明學者的《孝經》解釋之特色。

《孝經》之解釋與注釋，代不乏人，但是如晚明士大夫對《孝經》的熱衷，以及闡釋、注釋著作之多則為歷代所僅見，乃至有《孝經大全》的編撰。而晚明時代何以會有這股重視《孝經》的風潮，並以江浙地區為其重鎮？而且何以許多學者都有強調《孝經》神秘性的政治功能之傾向？又為何他們許多都來自陽明後學？為探討上述問題，本章將扣緊分析以下三個重點：（一）晚明政治紛爭與士大夫對「孝」思想的重視：即從晚明時代的「大禮議」與「奪情」兩事件的政治紛爭脈絡，探索晚明士大夫的「孝」之政治思想。（二）陽明學與《孝經》風潮的關聯：從《孝經大全》的「參閱姓氏」與「羽翼孝經姓氏」中，發現大部分作者均是江浙地區的士大夫，其地緣接近陽明思想傳播地帶。又如《孝經大全》亦收有如鄒守益（東廓，1491-1562）、馮從吾（仲好，1556-1627）、方學漸（本菴，1540-1615）、羅汝芳（近溪，1515-1588）、楊起元（復所，1547-1599）等陽明後學者有關《孝經》的著作，並且諸作者

及對儒學道統的安排，均側重陽明心學一系的解釋，頗具特色。（三）晚明三教合一思想與日本陽明學的展開：王陽明學問本身即有道教與佛教之色彩，學生王畿（龍溪，1498-1583）〈三教堂記〉、〈不二齋說〉，亦有混同儒釋道三家之言，這種思想深深地影響日本陽明學者中江藤樹與大鹽中齋（後素，通稱平八郎，1793-1837），但日本的三教卻含有本土的「神道」色彩，相當具有日本思想之特色。

二、以「孝」為核心的政治風暴： 「大禮議」與「奪情」的政爭

（一）

明代諸大臣對於「孝」問題的爭議，先起之於世宗皇帝的「大禮議」問題，後爭之於萬曆、崇禎朝的大臣「奪情」論爭。循此政治脈絡，可以窺見晚明士大夫編撰《孝經》熱誠的政治背景，而且，晚明三教盛行，唱陽明的良知學者亦多持有三教一致的立場，晚明士大夫重視《孝經》以及「孝」思想，亦有其思想史之理路可尋。

大禮議始於 1521 年，是在王守仁（陽明，1472-1528）平宸濠之亂（1519 年）後的宮廷大事。孝宗死後（1505 年），子武宗立，武宗死後（1521 年）無子，皇位虛懸近四十日，內閣首輔楊廷和（介夫，1459-1529）依《皇明祖訓》中的「兄終弟及」為據，擬遺詔迎立興獻王之十四歲的獨子厚熜繼位，即為世宗，年號嘉靖，厚熜為武宗的從弟，孝宗的姪子，興獻王與孝宗為同胞兄弟。

　　嘉靖即帝位後，即詔議追崇所生。大學士楊廷和、禮部尚書毛澄（憲清，1460-1523）與朝臣一百餘人皆議稱孝宗為「皇考」，改稱興獻王為「皇叔父」。世宗不悅，認為自己生前未曾入嗣孝宗為其後，故並非為人後而入繼大統，而是依據太祖「兄終弟及」的明訓繼位大統。世宗這層所謂「兄終弟及」，是指自己本生父親興獻王為孝宗之弟，故世宗當是繼承本生父親這條兄終弟及的血胤才繼位大統。而以「父母可易乎？」質問禮部，並下令再議。朝臣一百餘人先後上疏，支持楊廷和的主張，如此議禮三上三卻，不得結果。

　　不久大學士張璁（孚敬，1475-1539）、主事霍韜（渭先，1487-1540）、都御史席書、吏部主事方獻夫（號西樵，？-1541）及尚書桂萼等紛紛上疏支持世宗。張璁上〈大禮疏〉、席書上〈議定大禮疏〉，都提出世宗是「尊祖訓兄終弟及，屬以倫序，實為繼統，非為繼嗣也」，以及「子無自絕父母之義」、「純孝之心」、「非天子不議禮」等要世宗正大倫、定大禮，與楊廷和等閣臣的主張針鋒相對；[1]桂萼亦上奏疏主張應稱孝宗為皇伯考，稱武宗為皇兄，稱興獻王為皇考。[2]於是，展開明史上著名的「議禮之爭」。

　　世宗執意要追尊其父母為「興獻皇帝」、「興獻皇后」，但此舉自然衝擊到孝宗、武宗帝位的合法性，以及廟制禮儀的排定，宗廟禮制勢必大亂。桂萼、張璁等支持世宗的看法，但更多大臣反對，世宗卻執意尊其本生父母為帝為后。其結果發生

---

[1]　相關論點參〔明〕張璁：〈正典禮第一疏〉、〈正典禮第二疏〉，以及席書〈議定大禮疏〉，均收入〔明〕陳子龍等主編：《皇明經世文編》（北京：中華書局，1962 年），卷 176，頁 1785-1789；卷 183，頁 1869-1870。

[2]　〔明〕桂萼：〈請正大禮疏〉，收入前引《皇明經世文編》，卷 179，頁 1825。

嘉靖三年（1524）所謂「左順門」的杖死十七名廷臣的事件，議禮之爭方得止息，以編纂世宗滿意的《明倫大典》為收場（1527 年完書）。[3]清儒段玉裁（若膺，1735-1815）如是評論世宗：「恣其荼毒，慘于桀紂，明之元氣，始于此斨喪。」[4]

值得注意的是，這場議禮之爭，雙方皆認為自己站得住「禮」。反對世宗者輒引漢哀帝入繼成帝之統，宋英宗入繼仁宗之統，卻追尊本生父母，是不合宗法典制，並徵引程頤（正叔，1033-1107）議論濮王典禮的疏文，程頤於疏文中曰：

> 竊以濮王之生陛下，而仁宗皇帝以陛下為嗣，承祖宗大統，則仁廟，陛下之皇考；陛下，仁廟之適子；濮王，陛下所生之父，於屬為伯；陛下，濮王出繼之子，於屬為姪。此天地大義，生人大倫，如乾坤定位，不可得而變易者也。固非人意所能推移，苟亂大倫，人理滅矣。

---

[3] 嘉靖三年七月，世宗召見群臣於左順門，預備下令更改尊號，朝臣群情激昂，何孟春、楊慎（用修，1488-1559）等二百二十餘人跪伏於左順門，齊聲哀哭，聲震闕廷。世宗震怒，遂先將一百九十餘人下獄，數日後將為首者戍邊，四品以上者奪俸，五品以下廷杖，至有十七人杖死，首輔毛紀（維之，1463-1545）丟官，禮部侍郎何孟春奪俸貶南京。有關這場大禮議論爭的來龍去脈，參《明世宗實錄》（臺北：中央研究院歷史語言研究所，1965 年），卷 38-42，世宗登基後的前三年有關大禮議的奏疏。相關脈絡的分析可參孟森：《明清史講義》（臺北：里仁書局，1982 年）之第二編第四章第二節〈議禮〉，頁 199-215；相關研究可參張璉：〈從大禮議看明代中葉儒學思潮的轉向〉，《明清史集刊》，第 3 卷（1997 年 6 月），頁 51-68；鄧志峰：〈誰與青天掃舊臣——大禮議思想背景新探〉，《學術月刊》，1997 年第 7 期。大陸的研究有劉真武的〈大禮議之爭是非考辨〉，《湖北大學學報》，1991 年第 1 期。日本的研究可參小島毅：〈嘉靖禮制改革について〉，《東洋文化研究所紀要》，1992 年第 3 期，總第 117 冊。

[4] 〔清〕段玉裁：〈世宗論一〉，收入《明史十二論》（臺北：廣文書局，1968 年），頁 10。

陛下仁廟之子，則曰父，曰考，曰親，乃仁廟也。若更
稱濮王為親，是有二親。則是非之理昭然自明，不待辨
論而後見也。[5]

程頤的意思，是要英宗深明天地大義，因為英宗既是繼承仁宗
大統，則應以仁宗為皇考，而英宗為濮王出繼之子，應屬為侄，
否則若尊濮王為親，則有兩親，破壞「天地大義，生人大倫」，
而這種「天地大義，生人大倫」就像乾坤定位，不可隨意以人
情變易者，否則將「亂大倫，人理滅」，如此議論英宗追尊本
生父母為「親」的不當。程頤在這疏文中提到英宗身為王者，
應了解所謂的「大孝之心」，他說：「蓋大義所當，典禮之正，
天下之公論。而執政大臣不能將順陛下大孝之心，不知尊崇之
道，乃以非禮不正之號上累濮王，致陛下於有過之地，失天下
之心，貽亂倫之咎。」又稱「王者之孝」應以四海為考量，不
可循人情而滅大倫，王者應以「大孝」為重，以「明示天下」、
「光於萬世」。[6]

　　這裡尤應注意的是，理學家程頤要英宗從「大孝」、「王者
之孝」的宏觀視野來解消與血緣關係的「小孝」之衝突。換言
之，「小孝」是基於「情」，「大孝」是超越血緣關係的「大倫」、
「天地大義」的「人理」。但畢竟中國社會不重視養父母優於
生身父母，反對者如張璁等基於血緣關係以論大孝，天子就是
因為居大位，更應為表率堅守血緣意義的「奉親」立場，故更
應強調「父子天倫」與「純孝之心」。如張璁解釋「禮」的本
質：「禮非從天降也，非從地出也，人情而已矣。故聖人緣人

---

[5]　〔宋〕程頤：〈代彭思永上英宗皇帝論濮王典禮疏〉，《河南程氏文集》，卷
　　5，收入《二程集》（北京：中華書局，1984 年二刷），第 2 冊，頁 515-518。
[6]　同上書，頁 517-518。

情以制禮，所以定親疏、決嫌疑、別異同、明是非也。」[7]方獻夫論「禮」則從人心論之：「夫道之大原出於天，而生於心者也，故率性以為教，緣情以為禮。……故禮可變，道不可變。」[8]又曰：「是心也，良心也，降衷秉彝也，人固有之也，不可得而泯滅焉者也。」[9]當然，雙方對於「禮」的解釋與綱常的反省，皆持之有故，也言之成理。但亦可窺出張璁一派走出宗法禮統的程朱理學思維，別樹基於本心、體人情之心的原則以論天理。而贊成張璁意見者，考之思想淵源，多為姚江王門高弟。如席書與陽明介乎師友之間，嘗力薦陽明入閣；方獻夫、黃綰、黃宗明均是王陽明納贄弟子，方獻夫在議禮上得到世宗的寵幸，黃綰則與陽明情誼極深，《明儒學案》亦列黃宗明為浙中王門。[10]

大禮議論爭之際，是王陽明死前六、七年，也正是他平宸濠叛亂（1519年）後，征討思、田的軍事倥傯之際，此時陽明也提出了「致良知」之教（1521年），良知學思想也已成熟，陽明學者在這場論爭抱持何種態度，頗值得令人注意。

觀《年譜》有關陽明晚年對於「大禮議」的記載：

是時大禮議起，先生夜坐碧霞池，有詩曰：「一雨秋涼

7　張璁：〈正典禮疏〉，《張文忠公文集》，卷1，收入《皇明經世文編》，卷176。《明世宗實錄》卷四載世宗對於張璁上疏後的心理轉變：「上心殊不悅，然奪於眾論，未有以折之。及得璁奏，喜曰：『此論一出，吾父子必終可完也。』」（頁165）足見張璁的進奏，激使世宗一翻舊臣之論。

8　〔明〕方獻夫：〈方獻夫後序〉，收入《明倫大典》（臺北：國家圖書館藏善本圖書，1997年據明嘉靖八年〔1529〕湖廣重刊本）。

9　同上註。

10　關於王門子弟在大禮議的立場分析，參歐陽琛：〈王守仁與大禮議〉，《新中華》，第12卷第7期（1949年），頁27-33。

入夜新，池邊孤月倍精神；潛魚水底傳心訣，棲鳥枝頭
說道真。莫謂天機非嗜慾，須知萬物是吾身；無端禮樂
紛紛議，誰與青天掃舊臣？」又曰：「獨坐秋庭月色新，
乾坤何處更閑人？高歌度與清風去，幽意自隨流水春。
千聖本無心外訣，六經須拂鏡中塵。卻憐擾擾周公夢，
未及惺惺陋巷貧。」蓋有感時事，二詩已示其微矣。四
月，服闋，朝中屢疏引薦。霍兀崖、席元山、黃宗賢、
黃宗明先後皆以大禮問，竟不答。[11]

此年譜記載於嘉靖三年（1524）八、九月之際，即是左順門廷
杖事件發生的同時。其實，陽明不答是可以理解的，因為一年
多前已有御史程啟充、給事毛玉要彈劾陽明唱良知學危害正
學，謗議日熾，此時如果表明立場，無疑給自己添麻煩。但也
不必過度解釋陽明一定是支持弟子方獻夫的立場，[12]舒芬（國
裳，1484-1527）、鄒守益也都是陽明弟子，卻持反對世宗立場，
可見方獻夫之立場，未必是陽明的意見。[13]從詩中所透露的含

---

[11] 〈年譜三〉，《王陽明全集》（上海：上海古籍出版社，1995年），頁1292。

[12] 論者如鄧志峰的〈誰與青天掃舊臣——大禮議思想背景新探〉一文，即強調
陽明是主張以本生父母為皇考的一派，舉出陽明弟子陸澄「反覆」之例，
先是陸澄極言追尊之非，後自言在問過老師陽明之後，立場轉變，支持世
宗（頁99）。但這只是根據陸澄的轉述，故筆者對陽明的立場仍是抱持保
留的看法。

[13] 陽明弟子舒芬，黃宗羲在〈諸儒學案〉中這樣記載其事跡：「字國裳，號
梓溪，江西進賢人。正德丁丑進士第一人。授翰林修撰。……大禮議起，
先生執為人後者為之子，不得顧私親，三疏爭之不得，乃偕同諫者哭於武
廟。上震怒，杖如前。明年，母喪歸。丁亥三月卒，年四十四。萬曆中，
贈左諭德，諡文節。」〔明〕黃宗羲：《明儒學案》（臺北：里仁書局，1987
年），卷53，〈諸儒學案〉，頁1280。陽明另一弟子鄒東廓（守益）也反對
世宗的議禮，《明儒學案》載：「嘉靖改元，起用。大禮議起，上疏忤旨，
下詔獄，謫判廣德州，毀淫祠，建復初書院講學。」卷16，〈江右王門學

意看來，陽明認為兩造皆有理，但不必興起「無涯際的禮樂」之爭，又曰：「千聖本無心外訣，六經須拂鏡中塵」，亦有不贊同固執於經典的宗廟禮法之主張。但是，陽明基於「心學」的立場，同樣也可以來質疑贊成世宗者的主張，因為如果世宗沒有純乎天理之心來對待本生父母，只執著於要給本生父母何種尊貴的牌位，一樣是流於形式的禮儀。質言之，禮儀只是個外在儀式，陽明並不會反對這種「禮之文」的存在，但更著重於由內心自然萌發的「禮之本」（或「禮之質」），如《傳習錄》記載：

> 鄭朝朔問：「至善亦須有從事物上求者。」先生曰：「至善只是此心純乎天理之極便是。更於事物上怎生求？且試說幾件看。」朝朔曰：「且如事親，如何而為溫清之節，如何而為奉養之宜，須求簡是當，方是至善。所以有學問思辨之功。」先生曰：「若只是溫清之節，奉養之宜，可一日二日講之而盡。用得甚學問思辨？惟於溫清時，也只要此心純乎天理之極。奉養時，也只要此心純乎天理之極。此則非有學問思辨之功，將不免於毫釐千里之繆。所以雖在聖人，猶加精一之訓。若只是那些儀節求得是當，便謂至善，即如今扮戲子扮得許多溫清奉養得

案一〉，頁 333。另外，贊成世宗議禮的方獻夫，《明儒學案》說：「西樵名獻夫，字叔賢。弱冠舉進士。為吏部主事，遷員外郎。陽明起自謫所，為主事，官階亞於西樵。一日與語，西樵有當於心，即進拜稱弟子。未幾引疾歸。將十餘年，而大禮議起，西樵自家上疏，請追崇興獻帝后。召入，擢侍講學士，至禮部尚書，加太子太保。復引疾歸。起兼武英殿大學士，未幾請歸。歸十餘年卒。贈太保，諡文襄。」卷 30，〈粵閩王門學案〉，頁 655。

儀節是當，亦可謂之至善矣。」愛於是日又有省。[14]

依陽明上述心學對於形式禮節儀式的消極態度來看，陽明學對於世宗是否該宗其本生父母為帝的「大禮議」之爭，應不必拘泥任何形式或禮儀。所謂「禮以時為大」，只要存得此心，即是所謂「至善只是此心存乎天理之極便是。」由大禮議諸大臣奏章看來，兩造皆堅持站得住「禮」，但反對世宗尊本生父母的大臣，所依據的是宋儒程頤意見，顯然與陽明心學互異，如是這場議禮之爭，實可視為宋明理學與心學在政治上的角力之爭。[15]但是，官場上心學派雖然因有皇帝的支持，佔了上風，但卻開啟嘉靖以後有關臣子「奪情」的政爭風暴，這無異是「大禮議」之爭的延續。

（二）

明臣關於「奪情」的政爭，以萬曆年間張居正（叔大，1525-1582）「奪情」之爭最烈，崇禎朝的楊嗣昌（文弱，1588-1641）則為其次。參劾張居正與楊嗣昌者不知凡幾，尤其張居正被諸臣參劾，更動用廷杖摧折大臣，足見「奪情」論爭乃為明末一大事。

所謂「奪情」，即在朝官員若遭逢親喪，按禮法應去職服喪，若不如此，便稱「奪情」從公。明代奪情雖不起於張居正，但因奪情而引起明臣政爭的，實自居正始。事實上，在居正前

---

[14] 陳榮捷：《傳習錄詳註集評》（臺北：臺灣學生書局，1992 年），第 4 條，頁 32。

[15] 如前引鄧志峰〈誰與青天掃舊臣──大禮議思想背景新探〉一文，即說：「綜觀議禮兩派的理論基礎，大禮議實際表現為一種『天理』與『人情』之爭，說穿了，便是作為正統的朱學與新興的王學之間的鬥法。」頁 98。

的英宗正統年間（1436-1449）已有刑部右侍郎楊寧的奪情，以及憲宗成化元年（1465）大學士羅倫（應魁，1431-1478）即上疏議論李文達奪情而為明代之名疏。[16]逮至世宗朝，大禮議論爭起，隨即（1521 年）對大臣也下了敕令：「命自今親喪，不得奪情，著為令。」[17]然而事隔二十四年，到了神宗朝萬曆年間，1577 年發生了張居正的奪情政爭，1636 年復有黃道周（號石齋，1585-1646）反對楊嗣昌的奪情入閣，明末的這波奪情政爭亦可說是世宗大禮議政爭的延續。

張居正奪情論爭事件，起於萬曆五年（1577）九月，張居正逢父喪，戶部侍郎李幼孜想諂媚居正，倡議奪情，馮保亦強留居正。神宗皇帝諭留居正，言居正是：「先帝付託佐朕沖年，安定社稷，關係至重。」並要居正：「今宜以朕為念，勉抑哀情，以成大孝，朕幸甚！天下幸甚！」[18]於是引起諸翰林王錫爵（元馭，1543-1610）、張位、吳中行、趙用賢（汝師，1535-1596）、習孔教、沈懋學（？-1596）等人的反對，聲援的大臣亦不少。爭議結果，吳、趙以及員外郎艾穆、主事沈思孝、進士鄒元標，皆坐廷杖，《明史・刑法志》稱：「萬曆五年，以爭張居正奪情，杖吳中行等五人。其後盧洪春、孟養浩、王德完輩咸被杖，多者至一百。後帝益厭言者，疏多留中，廷杖寢

---

[16] 羅倫的上疏反對陳選的奪情，史書贊曰：「自羅倫疏傳誦天下，而朝臣不敢以起復為故事，於倫理所神，豈淺鮮哉。」《明史》，卷 179，〈羅倫列傳〉，頁 4763。

[17] 《明史》，卷 17，〈本紀・世宗一〉，頁 216。《明世宗實錄》卷四亦載：「吏部覆給事中邢寰懲奪情以重人倫事，言丁憂之例載諸職掌，奪情之禁，申於累朝，所以示教而懲不孝也。今海宗道以序班夤緣奪情，傳陞寺丞，故太醫院使李宗周從而效尤，且獲麕子，皆不孝之大者。宗道宜逮問，宗周官及麕皆宜削奪。」上是其言。頁 166。

[18] 《明神宗實錄》，卷 67，以上兩引文，均自頁 1469-1470。

不用。」[19]當時恰逢彗星從東南方起，長劃天際，群臣怪責此天象之凶兆乃因居正破壞禮法所致，人群洶洶，鬧到神宗皇帝面前，神宗捍衛居正立場，最後下詔諭群臣：「再及者誅無赦」，謗遂止息。最後的替代方案是使居正之子與司禮太監魏朝代為主祭，禮部主事曹誥、工部主事徐應治喪，居正以青衣、素服、角帶入閣治政，侍經筵講讀，並請辭歲俸。[20]

其次，另一圍繞在「奪情」政爭的主角是崇禎朝的楊嗣昌，楊嗣昌歷任兵部侍郎，總督邊事軍務，崇禎帝異其才。因以父憂去職，復遭繼母喪，崇禎九年（1636）令楊嗣昌奪情起兵部尚書，不唯如此，亦起正服喪的陳新甲為宣大總督，於是引起少詹事黃道周、御史林蘭友、給事何楷等衛道者，上疏以抗，黃道周疏曰：「我朝自羅倫論奪情，前後五十餘人，多在邊疆。故嗣昌在邊疆則可，在中樞則不可；在中樞猶可，在政府則不可。止嗣昌一人猶可，又呼朋引類，竟成一奪情世界，益不可。」[21]由此疏文可知，反對奪情者並不一定主張逢親喪必去職，如果在邊疆主持軍事，因攸關國家安全，屬另當別論。但楊嗣昌奪情乃在內閣政府非在邊疆，後又帶領陳新甲奪情，更為不可。事件的結果，黃道周等三人俱獲罪下獄，復有修撰劉同升以及曾經反抗張居正奪情的趙用賢之孫趙士春（時任編修）、南京御史成勇、兵部尚書范景文、諸生田壽民等亦抗言，皆遭貶謫外放。[22]

---

[19] 《明史》，卷 95，〈刑法志〉，頁 2330。

[20] 《明史》，卷 213，〈張居正列傳〉，頁 5647。

[21] 《明史》，卷 255，〈黃道周列傳〉，頁 6598。

[22] 這些反對楊嗣昌奪情的相關史料，可參《明史》，〈楊嗣昌列傳〉、〈成勇列傳〉、〈趙用賢列傳〉、〈劉同生列傳〉、〈田壽民列傳〉等，以及黃宗羲：《明儒學案》，卷 56，〈諸儒學案下四〉。

　　綜而言之，萬曆與崇禎二朝的「奪情」論爭，均扣緊「孝親」的議題而發，例如反對者如陽明後學鄒元標（號南皋，1551-1624）的疏文：「夫帝王以仁義為學，繼學為志，居正道之功利，則學非其學，忘親不孝，則志非其志。」[23]又趙士春的疏言：「陛下（按：指崇禎帝）破格奪情，曰人才不足故耳。不知人才所以不振，正由愛功名、薄忠孝致之。且無事不講儲材，有事輕言破格，非用人無弊之道也。」[24]反駁崇禎人才不足的觀點，他們的人才定義是以道德性為本質，其他才能是次要的，所以人才不振，正是因為愛功名、薄忠孝的人所導致的。

　　其次，遭逢親喪而被皇帝詔令奪情，神宗朝以前並未形成明顯政爭，也未造成士大夫的群情洶洶，晚明奪情之所以會形成政爭，與當政者張居正、楊嗣昌的獨斷為政風格有關。事實上反對奪情者，雖持「忘親不孝」理由，但也有不滿居正、嗣昌的獨斷政治之因素。筆者以為，「奪情」能夠成為政爭，與世宗的「大禮議」以及下令諸臣不得「奪情」有關。按照世宗的標準，張居正與楊嗣昌均如黃道周所說呼朋引類，「竟成一奪情世界」，道出了他對國家前景的憂慮，如果在上者不能尊禮法，不能祭親以禮，其影響世道民心與士大夫風骨是全面的，故我們不難理解他會在「奪情」論爭的同時，特別有《孝經集傳》的著作。[25]

---

[23]　《明儒學案》，〈江右王門學案〉，頁 533。

[24]　《明史》，卷 229，〈趙用賢列傳〉，頁 6002。

[25]　〔明〕黃道周：《孝經集傳》二卷，載於《明史・藝文志》中，亦收錄於《四庫全書・經部》中。《明史・黃道周傳》載：「漳浦人。天啟二年進士。改庶吉士，授編修，為經筵展書官。故事，必膝行前，道周獨否，魏忠賢目攝之。未幾，內艱歸。」又曰：「道周以文章風節高天下，嚴冷方剛，不諧流俗，公卿多畏而忌之。」道周每抗言上疏，不惜得罪奄黨與崇禎帝，

　　總之,「大禮議」與「奪情」在官場上的角力,我們可以清楚看到兩造皆環繞在「孝」的問題上。「大禮議」的結果,世宗如願追尊本生父母為帝后,於是基於血緣關係的「孝」乃確立。士大夫以後在「奪情」上,極力反對張居正、楊嗣昌的奪情,也正是基於血緣關係的「孝」的思想著眼。要言之,反對「奪情」與贊成「大禮議」,其共通點是:沒有所謂基於「大孝」而要犧牲「小孝」的問題。對反對奪情的士大夫而言,血緣關係的「孝」即是「道」、「良心」,違反了此原則,即是違反了「道」、「天理」。由此我們不難理解江元祚在編《孝經大全》這樣讚許世宗:「嘉靖中興,尊崇至孝,超越千古,纂《明倫》一書,萬曆庚辰乙酉,咸以此經策士,用之掄才。」[26]

　　由於大禮議與奪情在晚明從上到下皆是士大夫非常關心的重點,筆者以為由於有這政治上對於「孝」問題的爭議,遂促使大量著作有關《孝經》的注解,以及對「孝」的詮釋。如反對奪情的黃道周有《孝經集傳》、呂維祺編有《孝經大全》,贊成世宗議禮的江元祚彙著《孝經大全》等。甚至江旭奇向崇禎皇帝上疏應以《孝經》取代《四書》為科考之首,因而這股編纂《孝經》風潮,恐亦與孰為首經的主張有關,其背後帶有對程朱理學解釋《四書》典範的反動意義。尤可注意的是,這些具有《孝經》專著的士大夫,他們的地域分布,大都在江浙地區為主,而這地區正是陽明學傳布的地區。

至累被貶官乃至下獄。明亡後,募兵江西抗清兵,兵敗不屈而死。
[26] 〔明〕江元祚:〈孝經考〉,收入氏彙編:《孝經大全》(濟南:山東友誼書社,1990年),頁77。另外在《孝經大全》收有江旭奇向崇禎皇帝上奏的〈進孝經疏義奏疏〉,也如是嘉許世宗的議禮:「世宗皇帝於文廟進祀歐陽修,以其濮議有裨於孝思也。」頁1047。

三、晚明《孝經》的編纂風潮與陽明學之關係

　　前節分析晚明官場政治上有關「孝」的爭議問題，我們雖沒有足夠的證據證明晚明士大夫重視註解《孝經》與政治的紛爭有何直接關係，但穆宗、世宗二朝也正是陽明學風行的時代，亦是民間三教盛行之時，我們若結合政治、學術思想及民間宗教三方面來看的話，「孝」的議題實可作為這三項領域的共通媒介。例如「孝」的議題，除了反應在官場政爭上，也攸關天下舉子的科考科目，一些官員已經倡議以《孝經》為科考之首，與《四書》並重為科考科目，甚至認為應該以《孝經》為群經之首，這種意見雖僅在官員上發論，實也可反應在士大夫編《孝經》的動機上。

　　其次，在學術思想發展史上，重視「孝」的思想議題，也反應在晚明陽明學者的許多言論與著作當中，尤其是王龍溪與泰州學派的王艮（心齋，1483-1540）、羅近溪、楊起元，他們都對「孝」的思想有獨到的見解。最後，在民間宗教上，「孝」的議題也充分顯露在三教合一的宗教態度上，許多持三教合一的教主型人物如林兆恩（1517-1598）、袁了凡等都也將「孝」的思想推崇到宗教層次上來理解。關於政治上的「孝」爭議問題，前節已經從「大禮議」及「奪情」的政爭上討論過，以下兩節扣緊後二項學術思想上與民間宗教上分析之。

（一）晚明編纂《孝經大全》風潮與陽明學之關係

　　《孝經》累代不乏有人解釋、注釋，但是如晚明士大夫對《孝經》的熱衷，以及闡釋《孝經》之多，是歷代所沒有的現

象。據明末虞淳熙統計，《孝經》自魏文侯而下至唐宋，傳之
者百家九十九部，二百零二卷，由元到明末，則又更多。[27]然
《孝經》雖沒如《四書》成為科舉取士之定本，由於是各階層
（上至天子下至庶人）、儒釋道三教必讀之經典，其流傳之廣，
殆無疑義。何以說晚明士大夫有重視《孝經》的趨勢？可從以
下看出：

首先，晚明闡釋、注釋《孝經》的著作之多為歷代僅見，
乃至有《孝經大全》的編撰。筆者根據晚明出現的三本彙集《孝
經》的朱鴻《孝經總類》（約刊於萬曆十三年，1585）、[28]呂維
祺《孝經大全》（崇禎十一年刊，1638），以及江元祚《孝經大
全》（崇禎六年刊），[29]等著作中，所有提到有關《孝經》著作
（包括序文及圖考、彙註、彙集），以及《明史・藝文志》、《四
庫全書》、《續修四庫全書》和國家圖書館館藏《孝經》線裝書
等七項粗略計算，[30]扣掉重複出現的著作，時代則以王陽明去

27　〔明〕虞淳熙：《孝經集靈》，收入江元祚編訂：《孝經大全》，頁 705。由
　　於無從得知虞氏統計是否屬實，但明末從朱鴻、江元作、呂維祺等人均搜
　　羅古今《孝經》之著作，以作為編撰《大全》的基礎，而虞氏又與朱鴻、
　　江元祚關係密切，且其著作均收入二者所編《大全》與《總類》中，所以
　　虞氏之統計不無根據。

28　關於朱鴻其人，據朱鴻同鄉之友張瀚為《孝經總類》（上海：上海古籍出
　　版社，1995 年影北京圖書館藏明抄本，《續修四庫全書》本）所寫的〈重
　　刻孝經序〉說：「余友朱君鴻，生平純孝，篤信是經，博求諸本，考訂異
　　同，詳定釋義，採輯經言，敷衍大義，其志意專。」頁 17。

29　江元祚其人，《明史》及《四庫提要》均未提及，從葛寅亮為《孝經大全》
　　所做的「跋」，可知：江元祚，名邦玉，崇禎時代人，江家世世代代登仕
　　錄，以忠孝聞名，但元祚樂恬退，獨居於橫山中，無書不讀，特精通《孝
　　經》一書。

30　本表之統計數字係筆者根據三本《大全》及《明史・藝文志》、《四庫全書》、
　　《續修四庫全書》的《孝經》類等六項，加上國家圖書館館藏《孝經》線
　　裝書之資料初步簡略統計，至於清代《四庫全書・經部・孝經類》蒐集有

世前後作為區分兩個時代作品的界線，作一比較，簡單表列於下（詳本章最後附錄表）：

王陽明前後之明代有關《孝經》著作比較簡表

時代 ＼ 數量	有關《孝經》的「序文」及「跋文」數量	有關《孝經》的專著數量	說　　明
陽明以前（包括陽明）	2	14	三本《大全》著作均提及宋濂〈孝經集善序〉、王禕〈孝經集說序〉
陽明以後	36	43	三本《大全》均收有朱鴻、孫本、虞淳熙三人之作品

當然，這只是被記載下來的資料統計，晚明實際的《孝經》著作應更多。從上述的數字顯示，晚明士人對《孝經》的興趣顯然遠高於前期，而帶動整個《孝經》熱潮，以江浙地區的朱鴻、孫本、虞淳熙等三人為火車頭。從朱鴻首先有《孝經總類》的編撰開始後，江元祚、呂維祺之《大全》均以此為基礎加以彙撰。

　　由於呂本《大全》刊刻時代已接近明代亡國，他所蒐集的許多資料也較前人為多，如從他所收錄的許多「序」文是上述二者所無，我們也可從這些「序」文或「跋文」中，看出士人亦流行刊刻當時人所撰有關《孝經》著作或翻刻古代版本之《孝經》。如呂編之《大全》有陳于廷、施達、閔洪學等三篇〈刻孝經跋〉，均是對不同版本的《孝經》所做的跋文；此外，尚有虞淳熙、葛寅亮等兩篇〈孝經跋〉、鄧以誥的〈刻孝經全書

關明代《孝經》著作，均已包括在《明史・藝文志》中，故不在計算之內。本表統計所用資料難免不全，但作為晚明與晚明之前的《孝經》著作數量比較參考，已可看出兩個時代之懸殊。

序〉、王佐的〈古文孝經序〉等。可見晚明士人喜歡翻刻《孝經》，以資廣為流傳。如施達〈刻孝經跋〉記曰：

> 國朝《孝經》不列於學官，而《春秋》孤行。先儒盱江羅氏，學先仁孝，厥徒楊歸善氏傳得其宗，纂輯是經，采摭武林虞淳熙《集靈》、《禮記》諸書引證，及師門宗旨合為一編，俾學者朝夕禮誦其言。[31]

足知施達所跋的《孝經》版本是收集虞淳熙《孝經集靈》、羅汝芳《孝經宗旨》及其弟子楊起元之《孝經引證》等合編的《孝經》著作。羅、楊自是陽明學者，而虞淳熙從其〈宗傳圖〉看來（詳下），亦以陽明為正統，以朱子為次統。至於虞淳熙的〈孝經跋〉則是為朱鴻《經書孝語》、《家塾孝經》、《經曰曾子孝實》、《古文直解》并《古疏》等五本著作之翻刻所作的跋文。

　　復次，我們可再從《孝經大全》出現的「參閱姓氏」與「羽翼孝經姓氏」中出現的人物來看，晚明士大夫熱衷《孝經》者的地緣偏重在江浙地區，尤其以浙江省為重鎮。特別的是，江元祚的《孝經大全》所引錄的三人，其中朱鴻是仁和人，虞淳熙、孫本皆錢塘人，仁和、錢塘皆在今日浙江杭縣境內。而且經日本學者加地伸行的研究，《孝經大全》開卷的「參閱姓氏」103 人（按：加地氏算為 113 人），出身統計，七成皆屬浙人，其餘雖屬江蘇及安徽，但地緣皆近浙江，因此浙江省可謂《孝經》學的重鎮，肯定受到餘姚之風影響。[32]

---

31 〔明〕施達：〈刻孝經跋〉，收入〔明〕呂維祺：《孝經大全》（上海：上海古籍出版社，1995 年影清康熙二年呂兆璜等刻本，《續修四庫全書》本），卷 22，頁 494。

32 加地伸行：〈《孝經啟蒙》の諸問題〉，收入氏著：《中國思想からみた日本思想史研究》（東京：吉川弘文館，1985 年），頁 171-172。關於江本《孝

　　再者，呂維祺出身新安，其《大全》乃晚出於朱鴻，自是繼承此股江南《孝經》熱潮而起。在開卷的「羽翼孝經姓氏」有關晚明部分，凡朱鴻所提及者，呂書一律有之。因此可以證明呂書之編撰正是延續補充朱鴻的工作，而且所補入的人物，亦大皆江浙、安徽一帶的人物，以及出現許多陽明後學者如鄒守益、馮從吾、方學漸等人物。質言之，晚明時代有一群喜好鑽研《孝經》的士大夫集團，而其特色乃側重陽明心學的解釋，不意此種以心法解釋《孝經》的風潮，竟然在日本開花結果，促成日本陽明學的展開。

　　從闡釋《孝經》的內容來看，晚明註解《孝經》者，往往亦多傾向陽明心學的解釋。陽明本身雖然常從「孝」的義理闡明良知學，《明史・藝文志》及晚明編纂的《孝經大全》中的「羽翼《孝經》姓氏」中，亦皆載有陽明嘗著有《孝經大義》一卷。不過就筆者所知，至少《陽明全集》中沒有收錄這本《孝經》著作，且各《孝經大全》的作者也沒有收錄。可見《孝經大義》一卷，陽明後學者已無能見其本，因此也無從得知其內容。但從陽明《傳習錄》以及書信中，他幾乎沒有提過《孝經》，也沒有把「孝」的義理提升到「本體」地位，進而超越於傳統儒家「仁」的總綱德目，更遑論將「孝」思維宗教化、神聖化。

　　陽明後學特重視《孝經》當屬泰州學派的王艮與羅近溪，此與二者早年均有誦習《孝經》的特殊經驗有關。心齋早年見父親在寒冬中取冷水洗臉而痛哭的孝行，時人傳誦。[33]他出身

經大全》的參閱姓氏人數統計不一，由於筆者根據山東友誼書社所出版的江本《大全》（1990 年），其未說明根據何種版本而來，故不能確定加地氏是否誤算。

[33] 王艮因見父親急赴官役，取冷水盥面，而痛哭曰：「有子而親勞若是，安

貧困，無法入私塾就學，並沒有受過正統儒學教育，但門人張峰〈年譜〉記二十五歲時謁孔廟後「嘆曰：『夫子亦人也，我亦人也』，奮然懷尚友之志。歸誦《孝經》、《論語》、《大學》，置其書袖中，逢人質義。」[34]在《王心齋全集》中有〈孝箴〉、〈孝弟箴〉、〈與南都諸友〉，特別闡明「孝」的義理，但也不無把孝從形氣觀念來論天人感應之特點。其中〈孝箴〉中首曰：

> 父母生我，形氣俱全。形屬乎地，氣本乎天。中涵太極，號人之天。此人之天，即天之天。此天不昧，萬里森然。動則俱動，靜則同焉。天人感應，因體同然。天人一理，無大小焉。[35]

至於王艮的再傳弟子羅汝芳，他嘗自言：「每讀《論》、《孟》孝弟之言，則必感動，或長要涕淚。」[36]近溪自幼母親即親授《孝經》等書曰：「某至不才，然幸生儒家，方就口食，先妣即自授《孝經》、《小學》、《論》、《孟》諸書。而先君遇有端緒，每指點目前，孝友和平，反復開導。……後遂從《大學》至善，推演到孝弟慈，為天生明德，本自一人之身，……由一人身之孝弟慈而觀之一家，一家之中，未嘗有一人而不孝弟慈者；由一家之孝弟慈而觀之一國，一國之中，未嘗有一人而不孝弟慈者；由一國之孝弟慈而觀之天下，天下之大，亦未嘗有一人而

用人子，為遂請出代親役。自是晨昏夜間如古禮。」見《王心齋全集》（臺北：廣文書局，1979 年），卷 1，頁 2。

[34] 張峰所撰王心齋〈年譜〉，收於《王心齋全集》，卷 1，頁 2。黃宗義《明儒學案》之〈泰州學案一〉亦記王艮曰：「從父商於山東，常銜《孝經》、《論語》、《大學》袖中，逢人質難。」收入《黃宗義全集》（臺北：里仁書局，1987 年），第 8 冊，頁 703。

[35] 〔明〕王艮：〈孝箴〉，收入《王心齋全集》，卷 4，頁 1。

[36] 黃宗義：《明儒學案》，〈泰州學案三〉，頁 790。

不孝弟慈者。」[37]因此近溪之著作中不乏以孝弟慈開導後學，常「反而求之，又不外前時孝弟之良，究極本原而已。從此一切經書，皆必歸會孔孟，孔孟之言，皆必歸會孝弟。」[38]觀近溪悟人，亦大從孝弟慈、赤子之心、不慮不能起念，其後學程開祜論述其學曰：「其學獨得宣聖之大，以明明德於天下為宗旨，以孝弟慈為實際，以不學不慮之知能為運用。」[39]黃宗羲（梨洲，1610-1695）亦曰：「先生之學，以赤子良心、不學不慮為的，以天地萬物同體、徹形骸、忘物我為大。」[40]錢穆（賓四，1894-1990）先生評近溪之學說：「從此卻把宋明幾百年各家各派爭辨歧見，只把孔孟孝弟兩字來統括淨盡了。」[41]

晚明這股重視「孝」義理與實踐的風潮，也表現在亡國士大夫的殉國或出處進退上。晚明士大夫殉國的方式往往以保全遺體的「孝」作為考量，如劉宗周（蕺山，1578-1645）選擇以餓死的方式殉國，乃在於「全歸之孝」，臨死遺其子訓曰：「胸中有萬斛淚，半灑之二親，半灑之君上。」[42]又如隨鄭成功（1624-1662）來臺的寧靖王朱術桂（1618-1683），在清軍破澎湖，鄭克塽（1670-1717）議降之後，選擇自縊而死，臨死前大書於壁曰：「……時逢大難，全髮冠裳而死，不負高皇，不

[37] 同上註，頁 781-782。

[38] 同上註，頁 790。

[39] 〔明〕程開祜：〈鐫旴壇直詮序〉，收入〔明〕羅汝芳：《旴壇直詮》（臺北：廣文書局，1996 年），頁 1。

[40] 〔明〕黃宗羲：《明儒學案》，〈泰州學案三〉，頁 762。

[41] 錢穆：《宋明理學概述》（臺北：中國文化大學出版社，1980 年），頁 232。

[42] 岡田武彥編：《劉子全書及遺編》（京都：中文出版社，1981 年），卷 40，門人董瑒編次〈年譜〉，頁 938-939。關於「全歸之孝」是祖軾所問：「先生不以他端立決，必欲絕食而死，非但從容就義，或欲為全歸之孝乎？」先生微笑肯之。

負父母，生事畢矣，無愧無怍。」[43]再如劉宗周弟子黃宗羲在
1646 年，其舊部要求他復出重振旗鼓，黃宗羲推以「有老母在，
且先人不可無後，乃以俠名江湖耶」[44]的理由拒絕。以上之例，
無一不是以「孝」作為優先的考量。

羅近溪在其《孝經宗旨》著作中自設答問：

> 問：「仁與孝亦有別乎？」羅子曰：「無別也。」孔子云：
> 「仁者人也。」蓋仁是天地生生之大德，而吾人從父母
> 一體而分，亦純是一團生意。

又曰：

> 問：「孝何以為仁之本也。」羅子曰：「子不思父母生我
> 千萬劬勞乎，勞乎未能分毫報也；子不思父母望我高遠
> 乎，未能分毫就也。思之自然悲愴生焉，疼痛覺焉，即
> 滿腔皆惻隱矣。遇人遇物必能方便慈惠周卹博濟，又安
> 有殘忍戕賊之私耶。」[45]

近溪強調「仁孝無別」，但其內涵實是主張「孝為仁之本」。「孝」
是否為仁之本，或「仁」為孝之本，自古以來，歷代注家多有
爭議，這也成為德川陽明學者大鹽中齋所特別注意。所以，中
齋所彙編的《增補孝經彙註》特補羅近溪以心學解釋孝的義
理。以後中齋更進一步由此而倒轉程朱以來的「仁孝」體用關

---

[43] 連橫：《臺灣通史》（臺北：黎明文化出版公司，2001 年），卷 29，〈寧靖
王列傳〉，頁 870。

[44] 見之於〔清〕邵廷采：〈遺獻文孝先生傳〉，《思復堂文集》（杭州：浙江古
籍出版社，1987 年），頁 6。

[45] 〔明〕羅汝芳：《孝經宗旨》（臺北：藝文印書館，據明萬曆繡水沈氏尚白
齋刻《寶顏堂秘笈》本影印），頁 19-21。

係，可說是從近溪處汲取到思想的養分。[46]

　　陽明後學另有楊起元（近溪弟子）《孝經引證》、鄒元標（江右王門）之〈孝經引證序〉等，皆為呂維祺《孝經大全》所錄。楊起元在《孝經引證》中大量引用曾子、孔子、張載（橫渠，1020-1077）之論孝的義理，更多舉孔子與魯哀公針對「孝」議題的對話，舉證周文王、武王之孝，以及王者之「孝」在政治上的重要性，並結合「事天」與「事親」的思想，他說：「仁人不過乎孝子，不過乎物，是故仁人之事親也如事天，事天如事親，是故孝子成身。」[47]值得注意的是，非陽明學者闡釋《孝經》者亦頗偏陽明學立場，尤可注意者如虞淳熙，在其所載〈宗傳圖〉，將道統的譜系如是排列：[48]

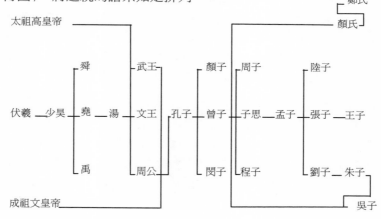

[46] 關於日本陽明學者中江藤樹與大鹽中齋將中國「仁體孝用」思想，逆轉為「孝體仁用」的分析，可參拙著：〈日本陽明學者中江藤樹與大鹽中齋對「孝」之解釋〉，《臺大歷史學報》，第 29 期（2002 年，臺北），頁 127-167。

[47] 〔明〕楊起元：《孝經引證》（臺北：藝文印書館，據明萬曆繡水沈氏尚白齋刻《寶顏堂秘笈》本影印），頁 14-15。

[48] 虞淳熙此〈宗傳圖〉，收入江元祚編訂：《孝經大全》，頁 79。

由此圖可知，虞淳熙將道統分為一個直系與兩個旁系，而孔、曾、思、孟下接張載、陽明，陸象山（九淵，1139-1192）與劉子翬（號屏山，1101-1147，朱子之師）、朱熹（元晦，1130-1200）為其次，鄭玄（康成，127-200）為更次。足見其尊陽明一系為主，故江元祚在〈宗傳圖考〉中這樣解「明德」曰：「所謂明德者，則天之明而為心之良知者也。」[49]呂維祺編《大全》，面對搜羅泰州學派者羅近溪與楊起元的文章之質疑時，解釋說：

> 諸儒之言，胡可盡沒也。故以述文次第之，曰序、曰跋、曰論、曰說、曰解、曰考、曰辨、曰別傳、曰衍義、曰心法，而文之變盡矣。然有敘事之文，有闡道之文，有廣義之文。至於羅氏宗旨、楊氏引證，亦採數則附諸述文之末，在觀者潛泳而自得焉。[50]

另外，呂氏《大全》中所收之王佐為鄧氏所作的〈孝經序〉也是不折不扣的良知學。他說：

> （孔子）與曾子問答幾二千言，總不離良知良能者，是蓋不假誅賞，而愛敬若發自孩提而不容自已，此吾夫子作經意也。……敬齋鄧公嘗取《古文孝經》暨經傳名家語錄，彙成一集授梓，令不佞序諸簡端。……彼七十二子向北辰磬折，與吾夫子跪受黃玉刻文。夫非尊德性而示吾良知良能不可棄且褻耶，勿作徵異觀可也。[51]

由此可知，晚明三本《大全》的編撰中，朱鴻與江本均收有虞

---

[49]　江元祚：〈宗傳圖考〉，收入氏編訂：《孝經大全》，頁81。
[50]　呂維祺：《孝經大全》，頁515。
[51]　〔明〕王佐：〈古文孝經序〉，收入呂維祺：《孝經大全》，卷22，頁487-488。

淳熙的〈宗傳圖考〉，以陽明為正統，朱子為旁統；至於晚出的呂本《大全》，則蒐集更多陽明後學與有關良知學的《孝經》著作，足知晚明這股編《孝經》風潮，與陽明學的發展有莫大關係。

但是，晚明這股編《孝經》熱潮，或可視為對《四書》作為科考經典科目的挑戰。《孝經》在漢唐宋初皆設有博士，但王安石定科制後，置《孝經》不在科考範圍內，於是《孝經》僅淪為童習啟蒙之書。[52]前所提及的江旭奇的奏疏中，亦稱學習當以《孝經》為首，科舉亦應明定《孝經》為九經之首，建請皇帝命令禮部集儒臣編纂《孝經大全》，以作為科考命題；[53]沈淮亦期許神宗皇帝應把《孝經》「頒布諸天下，與《五經》、《四書》同列科制，既以孝導民，更以孝試士，則孝治之會，端在今日」；[54]孫本在《古文孝經說》結語時亦指望朝廷，應使《孝經》「得與《五經》、《四書》並列，以行於世」；[55]呂維祺也向崇禎皇帝上奏建議「布告中外，命學官士子通習《孝經》」。[56]

由上述可知，晚明編纂《孝經大全》的呼聲，並非只是民

---

[52]　〔明〕溫存為朱鴻《孝經總類》所寫的序文即曰：「先王以孝治天下舊矣，漢近古帝號，率以孝稱。我明則以孝上號，列后重化原也。然孝之說，詳在《孝經》，自宋執政，定科制，置《孝經》不用學，士大夫始以童習亡奇弁髦之矣。」頁 19。

[53]　〔明〕江旭奇：〈進孝經疏義奏疏〉，收入江元祚彙編：《孝經大全》，頁1048。

[54]　〔明〕沈淮：〈孝經序〉，收入〔明〕朱鴻：《孝經總類》，頁 27。

[55]　〔明〕孫本：《古文孝經說》，收入江元祚彙編：《孝經大全》，頁 917。孫本在此書中也對《孝經》只是被以童習教材不滿而說：「(《孝經》) 大抵後世王者告也。夫何千載之下，乃目為童習之書，而晦蝕以至於今，良可慨也。」頁 911。

[56]　呂維祺：〈孝經大全序〉，收入氏著：《孝經大全》，頁 345。

間的行為而已，同時也是官場士大夫的使命，希望《孝經》作為群經之首，成為科考命題的最重要科目。所以，江元祚之《孝經大全》、朱鴻的《孝經總類》與呂維祺的《孝經大全》等人，便在這股上下風潮的帶動下，著手編纂有關《孝經》的大部頭之彙編書。雖然江旭奇的奏議，最後是留宮「酌議具奏」，但是編纂《孝經》儼然成為當時的一股潮流。

　　值得注意的是，晚明許多士大夫想以《孝經》作為群經之首，實有其源遠流常之原因，可以上溯陽明學對經典解釋的開放態度。如眾所皆知，陽明論良知、講心學，常以「孝」作為例子來發揮良知思想，經過嘉靖、隆慶時代，良知學風靡天下，一轉百年來學風，主要是針對程朱理學以及被形骸化的科考制度之不滿。因此，《孝經》學的提倡，實亦可視為朱學與王學內在鬥爭的具體化結果。然而這股《孝經》熱潮影響所及，在易代之後，清代初期統治者也都高度關注《孝經》的編撰。順治十三年（1656）即下令諭修《孝經衍義》，歷經康熙更大量投入士大夫加以修撰，至 1682 年始完成頒行之。[57]以後這部欽定的《孝經衍義》成為後代皇帝頒行教化之重點，而且從雍正特詔：「《孝經》與《五經》並重，為化民成俗之本。」[58]以後更與《四書》並重成為儒童考試科目之一，《孝經》終於能成為科考科目，顯然是承續晚明如江旭奇等士大夫的觀點，不過仍只是限於儒童科考而已。又這部欽定《孝經衍義》之內容，沒有陽明學的良知學色彩，亦無如虞淳熙《孝經集靈》的神秘色彩，也沒有晚明士大夫熱切殷盼一個重視《孝經》的明王出

---

[57]　《清史稿・聖祖本紀》載：「戊申（1668），命編纂《孝經衍義》。……壬戌（1682），頒行《孝經衍義》。」
[58]　《清史稿・選舉志》，卷 108。

現的思想，只是純就化民成俗目的觀點而編纂。

（二）晚明「孝」解釋的宗教化與三教一致論

晚明士大夫編撰《孝經》熱已如前述，但士大夫是抱持何種心理編撰《孝經大全》？從《孝經》本身內容或《孝經》的發展史上來看，它具有政治道德教化與神秘化的兩個現象。前者現象乃正統儒者所依循之路，均視「孝」為人倫之至的道德根本信條；後者現象則廣泛流傳於民間，而成為三教遵奉之經典，尤其在紛亂社會的時代，《孝經》總會扮演神秘化的角色。如兩漢之際，出現許多緯書，除《五經》各有許多圖讖和緯書外，尚有孝經緯、論語緯（或讖）、河圖緯和絡書緯。其中孝經緯在漢代即有《勾命決》和《援神契》，而在道教盛行的魏晉南北朝中，許多《孝經》的緯書紛紛出籠，如《隋書·經籍志》即載有：《孝經雜緯》、《孝經元命包》、《孝經古祕援神》、《孝經古祕圖》、《孝經左右握》、《孝經左右契圖》、《孝經雌雄圖》、《孝經異本雌雄圖》、《孝經分野圖》、《孝經內事圖》、《孝經內事星宿講堂七十二弟子圖》等種類繁多，涵蓋天文、星象，強調孝心可感天地、通神明，神秘色彩十分濃厚。[59]

例如呂維祺《孝經或問》有一條「論元隱士預期表章《孝經》」之答問：

---

[59] 關於《孝經》緯書的介紹與研究，可詳參日本學者安居香山、中村璋八：〈孝經緯・論語緯（讖）について〉，收入二氏共編：《重修緯書集成》（東京：明德出版社，1971-1981 年），卷 5，頁 9-16。有關漢代士人強調《孝經》有神秘力量事例，閻鴻中在其論著《周秦漢時代家族倫理之變遷》（臺北：國立臺灣大學歷史學研究所博士論文，1997 年）中之第六章〈秦漢時代的家族倫理思想〉有一些論述，該書認為《孝經》在漢代上下崇奉之程度以及普及性遠過於《五經》，見頁 243-263。

或問：「元隱士釣滄子預期五百年必有明王興起，表章
《孝經》。朱鴻謂必仙家者流，其言是否？」曰：「釣滄
子未必是仙家，蓋賢人而隱者，……蓋有道者之言也。
今我皇上適當五百年之期，而拳拳表章是經，乃知聖經
興廢，自有天意，存乎其間者，釣滄子其知天乎！」[60]

根據這段問答，呂維祺期待在他的時代裡出現明王，昭然可
見。另外，如虞淳熙《孝經集靈》即採集許多《孝經》緯書的
神秘靈異之事，也有許多正史記載皇帝重視「孝」的神秘感通
故事。如下引一則載東漢明帝的神秘事件：

明帝時，自期門羽林之士，悉令通《孝經》章句。當時
甘露降於甘陵，仍降附樹枝，芝草生殿前，神雀五色翔
集京師。西南夷哀牢、儋耳、焦僥、槃木、白狼、動黏
諸種，前後慕義貢獻。匈奴亦遣子入學，吏稱其官，民
安其樂，遠近肅服，戶口滋植焉。[61]

事實上，像呂維祺、虞淳熙等士大夫相信在位者表章《孝經》
就能治世的知識分子，為數不少。晚明緯書的盛行，可以充分
說明在紛亂的社會中，有一股民間信仰的神秘力量，加上政治
的不穩定，許多以宗教的反亂事件特出現在晚明。明代中期以
後，秘密宗教又與流民相結合，勢力更大。1465 年，河南人劉
千斤（劉通）與石和尚（石龍）等，在荊襄一帶的流民中宣傳

---

[60] 呂維祺：《孝經或問》（上海：上海古籍出版社，1995 年影清康熙二年呂
兆璜等刻本，《續修四庫全書》本），卷 3，頁 554-555。

[61] 虞淳熙：《孝經集靈》，頁 710-711。虞氏這段引文來自《後漢書‧孝明帝
紀》：「是歲，甘露仍降，樹枝內附，芝草生殿前，神雀五色翔集京師。西
南夷哀牢、儋耳、焦僥、槃木、白狼、動黏諸種，前後慕義貢獻；西域諸
國遣子入侍。夏五月戊子，公卿百官以帝威德懷遠，祥物顯應，乃並集朝
堂，奉觴上壽。」

組織，後以饑荒而起事，一時糾合黨仲數萬人，稱王改元，並且置將軍元帥等官，荊、襄等地因之遍遭劫掠。朝廷乃派湖廣總兵李震進剿，但無結果。後來又以兵部尚書白珪提督軍務，合李震兵夾攻，才捕殺劉通與首領多人，石龍則逃入四川，直到一年多後才平定亂事。1670 年，劉通的餘黨李鬍子又率眾叛亂，後來雖被消滅，但一說竟有流民四十多萬參與，民間存在的問題嚴重。[62]嘉靖以後，白蓮教的活動更是頻繁與壯大。如浙江湖州馬祖師的起兵、河北張用傳的聚眾萬餘、四川的蔡伯貫謀反等等，都是世宗一朝的地方動亂。萬曆年間，事態更為嚴重，如浙江人趙古元自稱國王、福建人吳建、吳昌兄弟抗官傳教、河南人劉天緒號龍華帝王。熹宗天啟二年（1622），更發生了山東徐鴻儒的大起義，尤能證明秘密宗教在當時的威力。徐氏在山東經營教務二十年，徒眾不下二百萬人，起事規模之大，震驚了大明朝廷，官員上奏章時稱此為「二百六十年來未有之大變」。徐鴻儒等反政府活動後來雖被平定了，但白蓮教的勢力也因教徒的南走避禍而轉移重心於南方，造成了日後秘密宗教南北普及的新局面。

　　明代秘密宗教，除白蓮教以外，還有其他教派，尤其到了萬曆以後，真可謂名目繁多，教派林立。從當時官方的記述中，我們可以看出計有涅盤教、紅封教、老子教、羅祖教、南無教、淨空教、悟明教、大成無為教等等。實際上在民間另有西大乘、黃天、龍天、南陽、金山、金禪、大乘、圓頓、收圓等等名目的存在。不過其中勢力與影響較大的，也只有白蓮、羅教、弘揚、黃天、聞香、圓頓幾派。而且有的在信仰與組織上又與白蓮教大同小異，並且日後又有趨於一致、互相混同的現象。而

---

[62] 陳捷先：《明清史》（臺北：三民書局，1990 年），頁 76-77。

這些民間宗教的教義多是主張儒道釋三教合流，這可從民間發展的「三教堂」得知。「三教堂」在明中後期之民間頻頻出現，清代柴萼即指出：「所謂三教堂者，據《文廟祀典考》，明英宗廟，民間繪老、孔、佛三像，名三聖祠，永川訓導某上疏言其非，下敕禮部禁革。是三教堂明代已行，絕無疑義。相傳衍聖公奉母命而作，未詳何據？俞氏《印雪軒隨筆》記萬全具有三教堂，內供塑像三，釋迦居中，孔子居右，老子居左，其義謂三教殊徒，皆以行善為本，自明迄今，相沿成俗。」[63]

晚明教亂如此，士大夫亦不乏信仰神通經典，對儒者而言，他們尤其寄望《孝經》。因為理學家主要是以理性的哲理來解釋經典，並且扣緊《四書》，《孝經》並不含於其中。但意識到那種民間動亂的時代，能讓士人既相信感通神明，殷望一個明王治世之心理，而又不失儒者形象的，當屬《孝經》。因為「孝」不僅是「至德要道」，同時經文中也有「孝弟之至，通於神明，光於四海，無所不通」。因此，晚明士人詮解《孝經》，也不免帶有神秘傾向，並經常取證於緯書。這些緯書內容不外記載皇帝及士人如果重視《孝經》的話，則會有許多神秘的感通現象，諸如能「消卻奸邪」、「以正治邪」、「天降神女」、「五色翔集」等祥兆。《孝經》被漢代某些人認為有絕大的神秘力量，而且這股神秘信仰有其普遍的社會心理。晚明江浙地區在政治局勢日危的心理下編輯《孝經大全》，恐亦是此股心理的復燃。

日本學者酒井忠夫指出陽明門下尤其泰州學派的三教合一思想，以及泰州學派和善書發展的關係非常密切。如袁黃（了

---

[63] 〔清〕柴萼：〈三教堂〉，收入《梵天廬叢錄》（北京：中華書局，1926年），卷29。

凡）《立命篇》與王畿、管志道（東溟，1537-1608）、楊復所、李贄（卓吾，1527-1602）、周汝登（海門，1547-1629）等之關係，另外時人稱三教先生的林兆恩，其《三教會編》也受王艮影響。[64]晚明士大夫喜談三教合一之旨，王陽明已被陳建批評為：「陽明一生講學，只是尊信達摩、慧能，只是欲合三教為一，無他技倆。」[65]清初張烈（伯安，1622-1685）如是批評陽明四句教首句「無善無惡心之體」，是陷王門之徒墮入三教之由，而批判陽明說：「謂良知二字，足以貫通三教，噫！此又鄙俚之甚，經書傳註所未有也。」[66]

晚明三教小說也盛行，有關陽明的小說題材就有《皇明大儒王陽明先生出身靖亂錄》。[67]另外，陽明後學者王龍溪、何心隱、管志道、李贄等也不乏有三教合一之論旨，[68]即使林兆恩

---

[64]　酒井忠夫：〈陽明學と明代の善書〉，收入《陽明學入門》（東京：明德出版社，1971 年，《陽明學大系》第 1 卷），頁 341-363。

[65]　〔明〕陳建：《學蔀通辨》（臺北：廣文書局，1971 年），卷 9，頁 150。

[66]　〔清〕張烈：〈附錄：讀史質疑四〉，《王學質疑》（臺北：廣文書局，1982 年），頁 13。

[67]　此書被歸在《馮夢龍全集》（南京：江蘇古籍出版社，1993 年），第 11 冊中的《三教偶拈》，另收有《濟癲羅漢淨慈寺顯聖記》、《許真君旌陽宮斬蛟傳》二本，故可視為三教作品。

[68]　王龍溪所著〈三教堂記〉、〈不二齋說〉，均收入《王龍溪全集》（臺北：廣文書局，2000 年），卷 17。明顯混同儒釋道三家之言，如他說：「三教之說，其來尚矣。老氏曰虛，聖人之學亦曰虛，佛氏曰寂，聖人之學亦曰寂。執從而辨之？世之儒者不揣其本，類以二氏為異端，亦未為通論也。」頁 1206。又如管志道所著：《問辨牘》（北京：書目文獻出版社，據明萬曆刻本影印），自言其書是「通三教聖人之秘密」，其折衷三教立場鮮明，如他說：「學必以孔子為宗，而不力拒二氏以自作異同之障。理必以融通為微，而尤慎守方矩以堅護吾道之防。既直探釋門上乘之密義，復推重宋儒扶世之大功。至謂理則儒釋不宜相礙，教則儒釋不宜相濫。」〈答王太常塘南先生書〉，收入《問辨牘》，頁 3。李贄也云：「謂三教聖人不同者，真妄也。因地一聲，道家教人參學之話頭也；未生以前，釋家教人參學之話頭也；

也與陽明學者有相當的過從，林曾往江西拜謁陽明江右學派的
中堅人物之一羅洪先（念庵，1504-1564），後來兩人常有書信
往來，關係密切。林也與泰州學派何心隱關係密切，嘉靖三十
八年（1559），何心隱抵莆避難，寓林府一個多月，何心隱曾
對林兆恩說：「昔儒道釋三大教門，孔子、老子、釋迦已做了。
今只有三教合一，乃第一等事業，第一大教門。茲又屬之先生，
我即不能為三教弟子，願為三教執鞭焉。」[69]因此林兆恩實與
陽明學者有密切的關係，學者稱：「林兆恩的三教合一論既是
魏晉以來三教逐漸融合的必然產物，又是魏晉以後三教合一思
想的集大成者。」[70]不唯如此，林兆恩的三教著作，日本德川
初期有名的儒者幾乎都見過其著作，朱子學者藤原惺窩
（1561-1619）、林羅山（1583-1657）、貝原益軒（1630-1714）、
山崎闇齋（1618-1682），以及陽明學者中江藤樹等均讀過林氏
之書，批判者有之，認同者也有之，造成一定的影響。

　　由於《孝經》本身發展既兼政治及教化的功能，同時也是

未發之中，吾儒家教人參學之話頭也。同乎？不同乎？唯真實為己性命
者，默默自知之」、「三教聖人不得而自異，雖天地亦不得而自異也。」〈答
馬歷山〉，《續焚書》（北京：社會科學文獻出版社，2000 年），卷 1，頁 1。
即使不是陽明學者，晚明士大夫論及「道」或「教」時，許多都帶有三教
色彩，例如〔明〕樂純（天湖）所撰：《雪庵清史》（北京：書目文獻出版
社，據明書林李少泉科本影印）：「三教名殊，救世則一。孔子之人好名也，
以名教誘之；釋迦知人怕死也，以死懼之；老氏知人貪生也，以長生引之。
是皆權立名色以誘後人。」卷 3，頁 460。又如〔明〕陳師道（思貞）：《禪
寄筆談》（北京：書目文獻出版社，據明萬曆二十一年自刻本影印）亦摘
錄有「轉世類」14 條、「報應類」24 條、「仙釋類」30 條，雜染儒釋道。
他說：「儒者立大體而賤小體，佛氏存覺悟而外形骸，道家養神煉形，久
則尸解，其大略同。」卷 5，〈仙釋類〉，頁 110。

[69]　《林子本行實錄》，以上參林國平：《林兆恩與三一教》（福州：福建人民
出版社，1992 年），頁 33。

[70]　林國平：《林兆恩與三一教》，頁 57。

與佛道相容的民間信仰，晚明儒者最能走上接近這種思路者，
當屬陽明學者，而陽明學者中最能契合這股思想的即是泰州學
派。晚明相信《孝經》有特殊政治功能現象，王艮已啟之，如
王艮見明世宗有純孝之心，特撰長文〈與南都諸友〉闡明以孝
治天下之宏論。斯篇點出人主若盡孝道則可安天下之心，並舉
《孝經》「孝弟之至，通於神明，光於四海，無所不通」之文
以闡明「孝」的感通化育，又曰：「蓋孝者，人之性也，天之
命也，國家之元氣也。元氣壯盛而六陰（按：指相對於六陽的
不孝之行）漸化矣。」最後結語曰：「此道人人可知可能，上
合天心，下合人心，幽合鬼神，古今聖人，時合當今，其機不
可失矣。」[71] 在此我們不難體會王艮殷望行孝治世之心，因國
家元氣與王者行孝有關，若君能行孝，則可順利化教而治世，
視孝具有幽合鬼神與聖人的政治效能。以後泰州學派羅汝芳、
楊起元、方學漸等人皆重《孝經》且皆有專著。[72] 而晚明士大
夫相信《孝經》有神秘力量者，例如江旭奇所上給崇禎皇帝的
〈進孝經疏義奏疏〉中就說：

> 天地見雲物垂星象，孔子曰：「我行在《孝經》」，漢孝
> 宣時，疏廣疏受以之訓儲。孝章時，介甫皆通《孝經》。
> 孝靈時，向栩言北向讀《孝經》，賊自消滅。隋蘇威言，
> 惟《孝經》一卷足以立身治國，何用多為。[73]

另外，晚明士大夫相信《孝經》具有神通的代表作，當屬前面
所提過的虞淳熙之《孝經集靈》。虞著《孝經集靈》，清代《四

---

[71] 王艮：〈與南都諸友〉，收入《王心齋全集》，卷 5，頁 4-7。
[72] 泰州學派中有《孝經》專著者：如羅汝芳的《孝經宗旨》、楊起元《孝經
引證》、方學漸《孝經繹》、蔡悉《孝經孝則》等。
[73] 江旭奇：〈進孝經疏義奏疏〉，收入江元祚彙編：《孝經大全》，頁 1043。

庫全書總目》之孝經類存目，特不予採收，將其退為小說類，稱：「虞淳熙《孝經集靈》，舊列經部，然侈陳神怪，更緯書之不若，今退而列於小說家。」[74]虞氏此書亦蒐集了一些仙佛有關孝的解釋與事蹟，如說：「釋氏曰：『孝者所以通神明、廣四海，百行之立，孰先此乎。』」又曰：「全真教重陽子王中孚，勸人誦《孝經》可以修證。」[75]、「丘處機長春子謂元太祖曰：『嘗聞三千之罪，莫大於不孝。今聞國俗於父母未知孝道，帝宜教戒之。』上集太子諸生，諭以處機語，且曰：『天遣神仙，為朕言此，汝輩各銘於心。』」[76]

　　三一教主林兆恩也相信「孝」可通三教之旨，他說：「孝其二親者，而又安感有一毫之不盡其誠邪！獨不觀《孝經》乎，人之行莫不大於孝，通乎神明，光乎四海，無所不通，其於道、釋之旨，亦有何異此三教立本之同也。」[77]因此，晚明士大夫把《孝經》或「孝」的思想進一步的神秘化或宗教化，顯然與晚明三教的氣氛有密切的關係。晚明這一股風氣，很快地傳到日本，兩本《孝經大全》及林兆恩的三教書籍都很快的被德川諸儒所閱讀，不管他們贊成與否，其影響是廣泛的。尤其是日本陽明學的開宗者中江藤樹，受晚明這股《孝經》熱潮影響甚深，他將《孝經》當作拜誦經典，把「孝」進一步宗教化。

---

[74] 《四庫全書總目》，卷32，《經部‧孝經類存目》。

[75] 虞淳熙：《孝經集靈‧附集》，頁808。

[76] 同上註，頁809。

[77] 〔明〕林兆恩：〈三教合一大旨〉，收入《林子三教正宗統論》（北京：北京出版社，據明萬曆刻本，《四庫禁燬書叢刊‧子部》第18冊），第1冊，頁671。

四、中江藤樹「孝」的思想與
晚明《孝經》風潮的關係

　　陽明學發展特重《大學》的解釋，但日本陽明學除特重《大學》解釋外，對於《孝經》的解釋也同樣重要。藤樹有《大學考》、《大學蒙註》、《大學解》、《孝經啟蒙》，熊澤蕃山有《大學或問》、《孝經解或問》，大鹽中齋有《古本大學刮目》、《增補孝經彙註》，佐藤一齋有《大學欄外書》、《孝經解意補義》。因此，日本陽明學者特別看重《孝經》這部經典，並把《孝經》推尊到宗教性的地位，與藤樹不無關係，尤其到了中齋將「仁」、「孝」本體地位逆轉。這樣將「孝」的詮釋宇宙論化、神秘化、宗教化，的確是日本陽明學之特色。它的發展雖然與中國有異，但追本溯源，與晚明編撰《孝經》風潮，以及部分士大夫將之視為具有神秘的社會功能思想有關。以下從藤樹對「孝」思想解釋的神秘化與宗教化兩方面，分析晚明《孝經》及三教一致的思想如何對藤樹陽明學的性格產生影響。

（一）中江藤樹「孝」的宗教性格

　　《孝經大全》在清初後幾不流行，但飄洋過海後的命運迥異於中國。日本德川時代流行的《孝經》版本，即是呂維祺的《孝經大全》和江元祚之《孝經大全》。而日本陽明學開宗者中江藤樹和幕末陽明學者大鹽中齋所依據和受影響的，即是江本《大全》。藤樹所著《翁問答》中說：「今大明時代，善尊信此經者多。」因此，江元祚所彙收的《孝經彙註》（屬今文本），

對於日本陽明學之展開有相當大的關係。[78]

　　中江藤樹早年即有《孝經考》、《首經考》（約 31、32 歲）之作，根據的是《今文孝經》；在浸染陽明學後，三十四、三十五歲據《古文孝經》撰《孝經啟蒙》，這是藤樹晚年最重要且最在意的著作，而藤樹除參酌今古文《孝經》版本外，並大量參考江本《孝經彙註》。[79]

　　藤樹所著《孝經啟蒙》是以虞淳熙的〈全孝圖〉、〈全孝心法〉（均為明末虞淳熙所作，收於江本《彙註》中），以及〈誦經威儀〉（亦收錄於江本《彙註》，作者不明）作為解釋《孝經》的開卷語，使《孝經》不僅具有陽明心學的色彩，也具備相當的宗教意識。

　　值得注意的是，藤樹在正式接觸陽明學之前，已經將《孝經》當作每日誦拜之經典。這種將《孝經》當作每日誦拜的經典，一些晚明重視《孝經》的士大夫，已經有這種習慣。例如著作《孝經大全》的呂維祺就是典型的例子，[80]其他如虞淳熙的〈誦經威儀〉也都有拜《孝經》的習慣。因此藤樹在受到陽

---

[78] 加地伸行：《中國思想からみた日本思想史研究》，頁 173。有關《孝經大全》的文獻學考證，加地氏已考證甚詳，基本上認為流行於德川版本的屬於呂維祺的《孝經大全》（1638 年）年刊，以及江元祚的《孝經大全》。而藤樹所參照的即是江本《孝經大全》，詳參同上氏著，頁 142-173，尤其是頁 164-165。

[79] 木村光德考訂出藤樹《孝經啟蒙》引用《今文孝經》三十四字，在天子章的「刑於四海」、諸侯章的「居上不驕」則採用了《古文孝經》的語句。關於藤樹的《孝經》的受容研究，可參木村光德：《藤樹學の成立に關する研究》（東京：風間書房，1971 年），頁 160-169。

[80] 呂維祺在所著《孝經或問》〈引言〉中說：「愚敬信此經如天地神明父母師保，二十年苦心玩索，沉潛反覆，或晨夕焚香，恭誦數過，久之始敢作《本義》、《大全》二書。」頁 527。

明心學影響之前，幾乎是受到晚明《孝經大全》的影響而將「孝」當作宗教規範，或者可以說藤樹是藉由晚明的《孝經》著作，吸收到陽明心學的思想。如前節所述，晚明三本《孝經大全》，包括虞淳熙、呂維祺等人都有陽明心學的傾向。

　　藤樹三十二歲時在他的學舍有這樣一條規定：

> 每日清晨拜誦《孝經》，可以養平旦之氣。而後或受讀或受講，或溫習，或謄寫，不可一時放慢。[81]

〈行狀〉亦載先生三十三歲：「夏讀《孝經》，愈覺其味深長，從此每朝拜誦。」此年藤樹因弟子所請著《翁問答》上下兩卷，其中最重要的上卷即是因《孝經》之觸發而筆之於書。也就是在這一年，藤樹得到晚明鍾人傑所著的《性理會通》，同時閱讀了《王龍溪語錄》與唐樞的《禮元剩語》，三十四歲才得到《陽明全集》，開始作《孝經啟蒙》，歷時一年完成。由此可知，在三十三到三十五歲三年之間，是藤樹思想最豐富、也最創造力的時期。這個時期藤樹因由書商處購得有關晚明的著作，使他的思想飛躍前進。他從拜誦《孝經》開始，找到中國也有人禮拜太乙靈像，此即是唐樞（維中，1497-1574）《禮元剩語》中的大（或太）乙（或一）思想。藤樹在〈太上天尊大乙神經序〉敘說了這次的神會經驗：

> 愚嘗拜靈像，而以為易神之尊像，而儒者之所敬事者也。然宋儒排斥符章，而無他左驗，是以疑而不能決，三年於此矣。今讀唐氏《禮元剩語》，而豁然得證悟靈像之真，而喜不寐，命哉！於是會眾說而析其衷，斟酌

81　中江藤樹：〈學舍坐右戒〉，收入《日本の陽明學・上》（東京：明德出版社，1973 年，《陽明學大系》第 8 卷），頁 521。

> 祭祀之儀節而為編，名曰《大乙神經》。與同志篤行，
> 而庶幾不離尊神之左右云爾。[82]

由此可知，藤樹殫思竭慮苦奉靈像三年，終於在晚明唐樞《禮
元剩語》這本著作找到支持他崇拜靈像的伴侶。觀《禮元剩語》
旨在闡揚「太一」（或太乙）之神通，曰：「至哉！一之為神也，
其太一而無以復加者乎。一無形，故強形之以〇，至於〇形，
無形圓成，而斷際天下之道，無有出於此矣。」[83]觀唐樞此文
所奉的「〇」形即是周敦頤〈太極圖解〉之無極圖。張載以此
符號為「太虛」，唐樞則用為太乙元神之符號，所以唐氏此文
所論「空」、「虛」、「靈」、「自然」、「太虛空真妙一」、「太乙元
神」，其思想來源與〈太極圖說〉和〈正蒙〉有密切關係。晚
明許多有神秘思想傾向的士大夫，都習慣以這個無形圓成的〇
圖形作為至高的象徵神靈。如董穀的《冥影契》：「學者最要識
天，識破天，無復餘事。太極圖上一白圈，即天也。復推數圈，
明之識破，皆筌蹄耳。」[84]

　　唐樞自云自幼即朝夕奉禮此「太乙元神」，每覺墮落愧疚，
則於此像提省周旋。這種藉助一太乙神像約束反省己過的情
形，頗可與晚明流行功過格的情況視為同一現象，只是比較有
神秘化的傾向。藤樹自言早年有默默拜靈像的習慣，大體來
說，與唐樞自幼奉禮「太乙」神像的經驗不謀而合，而透過《性
理會通》，終於在異域經典中找到與自己深切體驗的儒者。

　　在受到唐樞文章的鼓舞後，藤樹規定自己每月一日齋戒祭

---

[82] 中江藤樹：〈太上天尊大乙神經序〉，收入《日本の陽明學‧上》，頁 522。
[83] 同上註，頁 426。
[84] 〔明〕董穀：《冥影契》（臺北：藝文印書館，據明隆慶王文祿輯刊《百陵
　　學山》本影印），頁 3。

拜太乙神。之後，藤樹三十四歲時有了人生第一次的參詣日本
勢州大神宮。[85]他並賦詩：「光華孝德續無窮，正與犧皇業亦同。
默禱聖人神道教，照臨六合太神宮。」[86]可見在藤樹心中，「孝」
的思想是貫通中國聖王與日本神皇之道的共同公分母，因此中
國《尚書》的天神（即「太乙神」），周敦頤的無極圖，都可以
透過藤樹強化「孝」的宗教性，與日本的神道教共存共通。藤
樹這種有意統合中日至高的天神，而以「孝」作為其背後思想
之預設，正是立基於以「孝」作為超越及普遍意義的道德準則
乃至宗教信念。

（二）中江藤樹的三教思想

　　晚明《孝經大全》經由書商傳到德川初期諸儒的手上，對
中江藤樹的影響已如前述。另一個值得注意的是，《性理會通》
與三教合一的作品也是如此，而且漸漸在日本思想界與民間宗
教界發酵。如早期的朱子學者藤原惺窩、林羅山、山崎闇齋等，
他們均有一個特色，即是由佛轉儒，並信本土之神道。尤其是
羅山與闇齋皆有神道的作品，他們也都閱讀過林兆恩與陽明學
的作品。如《林羅山文集》中提到林兆恩的〈桃源寓言〉；[87]山
崎闇齋二十二歲嘗作〈三教一致〉論、三十九歲成《孝經外傳》。
而受林兆恩影響較大的則是日本朱子學開宗者藤原惺窩，惺窩
在《逐鹿評》（一名《大學略要》）中，大量引用林兆恩之論，

---

[85] 關於藤樹何以在敬拜太乙神後，會有參詣日本勢州大神宮之舉的分析，參
　　拙著：〈日本陽明學中江藤樹與大鹽中齋對「孝」之解釋〉。

[86] 參柳町達也：〈中江藤樹・解說〉，收入《日本の陽明學・上》，頁46。

[87] 林羅山：〈惺窩先生行狀〉，收入《林羅山文集》（京都：京都史蹟會編纂，
　　1979年），卷第40，頁466。

例稱林為「林子云」，這與德川陽明學者尊稱陽明為「王子」以代表其崇高的敬意是相同的。

值得注意的是，惺窩評論《大學》，稱其書名為《逐鹿評》，其中「逐鹿」一語乃自禪語：「逐鹿獵士不見山」而來，故他在解《大學》「心不在焉，視而不見，聽而不聞」的文句時，即引曰：「視而不見，亦和禪語逐鹿獵士不見山同，失心故也。聽而不聞，雖食其味，不知其為之何也。」[88]顯然未脫禪機，尚未以朱子學為宗。其次，惺窩並有調和朱陸，維護陽明學的立場，他曾稱「陽明詩洒落可愛」，並在《大學》是「新民」或是「親民」的爭議中，如是折衷說：「親民之中，亦有新民之意。」[89]又在回答「致知格物」的解釋時，因人質疑陽明的解釋別出意見，他則說：「此處未易言也，汝唯熟讀玩味，涵泳從容可也。要在默而識之也，至一旦豁然貫通，則諸儒之同異定于一。」[90]所謂「諸儒之同異定於一」，顯然對陽明學抱持開放而未排斥的態度。因此，在《逐鹿評》中有一段他引用林兆恩以《孝經》破朱子解《大學》的「明明德」：

> （問）在明明德，《或問》：「德也者，得也，得之於心之謂德也。」而五常乃達道也，謂之德也可乎？
>
> 林子云：「有何不可？……夫謂之明德者何也？自其天序、天秩不可得而紊者言之，謂之明德也。惟此常德，而天下之至美焉，故亦謂之懿德。《詩》曰：『民之秉彝，好是懿德』，惟此常德，而極天下之至順焉。故亦謂之

---

[88] 藤原惺窩：《逐鹿評》（或一書名《大學略要》），收入《藤原惺窩集》（京都：思文閣，1978 年），上卷，頁 402。

[89] 藤原惺窩：《惺窩問答》，收入《藤原惺窩集》，下卷，頁 392。

[90] 同上註，頁 393。

順德。孔子曰：『父母其順』，又曰：『以順天下』，悖此
五常而以順，則逆者，凶人之為不善也。《孝經》云：『不
愛其親，而愛他人者，謂之悖德』，又云：『不在於善而
皆在於凶德』，惟此五常，豈但謂之德焉已也。而亦可
謂德之本矣。孔子曰：『夫孝，德之本也』，夫既謂之德
本矣，乃反不可謂之德邪。」

（問）然則謂之峻德也可乎？

林子云：「有何不可？孔子云：『先王有至德要道』，至
也者，至極之義也。峻也者，峻極之義也。夫既謂之至
德矣，而獨不可謂之峻德邪！」[91]

從上引可知，林兆恩以《詩經》的「懿德」、《孝經》的「至德」
義理來解「明德」之「德」字，不侷限於朱子以「德也者，得
也，得之於心，之謂德也」，這是對朱子解釋《四書》時均不
以《孝經》解釋經典義理的質疑。[92]要言之，朱子對「明德」
的「德」字解釋，僅侷限於人生倫理的「德」，無關《孝經》
的「至德」可以總包形上、形下或是宇宙、人生界，故強調三
教一致的晚明諸儒並不會滿足於朱子對「德」字的解釋。

　　至於陽明學者中江藤樹，他是從《性理會通》接觸到林兆
恩的《心聖直解》與唐樞的《禮元剩語》，而這兩部作品都帶
有神秘的宗教性。藤樹所著《經解》即引用了林兆恩《心聖直
解》中的「艮背心法」。按：林兆恩的「艮背心法」來自《易
經》艮卦：「艮其背，不獲其身，行其庭，不見其人，無咎。」
林氏以心法解之曰：「背字從北從肉，背乃北方之肉，北方屬

---

[91]　藤原惺窩：《逐鹿評》，頁 383。
[92]　朱子解釋《四書》廣引《五經》，獨不引《孝經》以解《四書》。

水，今以北方之背之水推之，而南方之心則火矣。……今以心之火之南，而洗之以背之水之北，《易》所謂洗心退藏於密，孔門傳授心法也。」[93]但藤樹評曰：「右千聖心法之秘妙，林子發明，未得其真。林子以背為洗心之水，水有凝冰之變，與火有炎焦之變相對，是以其說未瑩。背止之象也，神水神火交泰，既濟之妙竅，所謂背也。是以艮其背，則得無我之本然，而無焦火凝冰之變，未知也否。」[94]也就是說，藤樹質疑林氏的是「以背為洗心之水」這樣的解釋，水還是會有凝結為冰的變化，以此來比喻心難免還是會被欲望所控制而不得自主，故藤樹提出更圓而神的解釋，配之以「神火神水交泰」的妙訣。換言之，藤樹重視水（北方之背）火（南方之心）之間的交互感應作用，才能化解水火各自凝結為冰與燒焦為炭的困境，以此來解釋他的「無我」心法。

　　藤樹上述的解釋顯然是在林兆恩的基礎上，發展為更加圓滿而神秘化的特色。藤樹受艮背心法的解釋影響，便在《翁問答》中將之拿來與「全孝心法」互通，他說：「全孝之心法，艮背敵應之心法。……以此為本體工夫也。」[95]「全孝心法」來自虞淳熙，「艮背心法」得自林兆恩，雖不完全肯定林兆恩，但顯然藤樹是藉著閱讀晚明著作得到他思想刺激的泉源。

　　《性理會通》影響中江藤樹的陽明學性格也非常明顯，這本書蒐集有王龍溪的《南遊會紀》、《三山麗澤錄》，也收錄有

---

[93] 林兆恩：〈艮背心法〉條，《心聖直解》，收入《林子全書》（北京：書目文獻出版社，據明崇禎刻本），頁 1102。

[94] 中江藤樹：《經解》，收入《藤樹先生全集》（東京：岩波書店，1940 年），第 1 冊，頁 19-20。

[95] 中江藤樹：《翁問答》，下卷之末，收入《藤樹先生全集》，第 3 冊，頁 274。

神秘傾向而崇拜太乙神的唐樞之《禮元剩語》，以及唱三教的
林兆恩之《心聖直解》。日本學者一般都持以下的看法：即藤
樹以王龍溪為首的明末儒者為思想汲取的泉源，進而上溯到王
陽明，可以說受到王學左派很大的影響，特別是在繼承明末帶
有佛教及三教一致的濃厚宗教色彩的這一個面向。[96]日本藤樹
研究學者木村光德也認為以下的看法是妥當：「藤樹三十七歲
得《全書》而為日本陽明學之始祖，而筆者寧可認為陽明的高
徒王龍溪思想的方法，是藤樹思想的底流。」[97]總而言之，《性
理會通》的三教或宗教性，影響藤樹學術性格甚鉅，故這部書
促進陽明學在日本的展開意義上，扮有開拓之功。

　　藤樹既受晚明三教思想的影響，但三教到了日本風土，將
展現出何種特色，尤其是日本有自己本土的神道思想。德川時
代以前，日本是以佛教為文化中心，因此很早即有「神佛習合」
的論調。德川開國以後，積極發展儒教，遂有以「神儒合一」
取代「神佛合一」的趨勢。典型的例子即是德川家康的重臣本
多正信（1538-1616）所著的《本佐錄》，這本書目的是向將軍
進言有關治國之道德勸戒書，一直到新井白石均承認此書的正
當傳承性，書中顯然排除神佛習合，主張神儒合一。[98]由於日

---

[96] 疋田啟佑：〈日本における陽明學の系譜（上）──中江藤樹から中根東里
　　まで〉，收入岡田武彥編著：《陽明學の世界》（東京：明德出版社，1986
　　年），頁371。

[97] 木村光德：《日本陽明學派の研究──藤樹學派の思想とその資料》（東京：
　　明德出版社，1986年），頁170。關於王龍溪思想在日本的受容情形，可
　　參錢明：〈王畿思想在日本的受用與評價〉，《中國文哲研究通訊》，第9卷
　　第1期（1999年3月）。

[98] 《本佐錄》這樣記載：「在佛教未渡來以前的日本，神武帝守堯舜之法治
　　天下時，及二千年代代傳天下於子孫。其後，以佛法調合堯舜之道，名為
　　神道而暫治日本，其所謂道，乃根據天理之一而興來調融佛法，於是道漸

本有神道的宗教背景，且自古代以來「神佛合一」已成習俗，
故日本儒者在接受晚明三教合一思想時，很自然有「神儒合一」
或「神儒佛合一」的思想，所以排斥異端論在德川初期時代，
尚未有如中國儒家士大夫那般明顯，藤樹便在日本儒學方興之
際吸納了三教思想。以下分別探討藤樹對於儒神、儒佛、儒老
相容之思想特色。

　　首先，關於藤樹的神、儒相通論點。藤樹並不諱言神道與
儒道相通，即使是禮法亦皆適合，[99]《翁問答》下卷之末，載
門人問儒道與日本風俗適應的問題，藤樹回答說：

> 不辨道之所以為道，專得心以儒教之禮法為真實之道，
> 謬也。本來儒道，太虛神道之故也，世界之內，舟車之
> 所至，人力之所通，天之所覆，地之所載，日月之所照，
> 露霜之所墜，有血氣者之所住，儒道無不行也。[100]

「太虛神道」是藤樹的特殊用法，由這個詞的使用可以略窺其
儒道互通的特色，因為「太虛」有道教色彩，「神道」雖是日
本宗教，卻出自於《易經・觀卦》：「聖人以神道設教」，故亦
不脫儒教特色。如前節所述，藤樹由於有崇拜「上帝」或「太

衰而背神武帝之法，故王法衰而失天下。」轉引阿部吉雄：《日本朱子學
　與朝鮮》（東京：東京大學出版會，1975 年複製版），頁 28-29。阿部吉雄
　在該書曾經分析該書的思想脈絡，參頁 24-33。

[99]　藤樹在《翁問答》中說：「日本神道之禮法，適合儒道祭祀之禮。」下卷
　之末，第 94 條，頁 142。本章採用《翁問答》之版本頁碼，不以《全集》，
　而是以山井湧等編：《中江藤樹》（東京：岩波書店，1982 年，《日本思想
　大系》29）為主，之所以採用山井湧等編集的版本，除了有逐條順序的標
　號外，乃因他們有詳細的解說，可以讓讀者更了解其中的思想內涵及其背
　景。

[100]　中江藤樹：《翁問答》，下卷之末，第 95 條，頁 143。

乙神」靈像的習慣，他認為宇宙中有至高的無形之神靈，這個神靈高過一切有形之物，他說：

> 天神地示，萬物之父母，太虛之皇上帝，即人倫之太祖，
> 於此神理觀之，聖賢人如釋迦、達摩、儒者、佛者、我、
> 人，在世界中都有人之形，皆皇上帝、天神地祇的子孫
> 也。故儒道即皇上帝、天神地示之神道，有人間之形而
> 若謗毀背棄儒道，即謗毀其先祖父母之道，背棄其命
> 也。如前所論，我人敬畏大始祖之皇上帝、大父母之天
> 神地示之命，欽崇其神道而受用之，以孝行名之，又以
> 至德要道、儒道名之，以此教為儒教，以此學為儒學。[101]

由上面所引資料可知，藤樹是用「孝」的宗教思想，來貫穿小我的有形體之人與大我的皇上帝，歷史上出現的許多聖賢如釋迦、達摩、儒者（孔子）都尚在有形之人之列，他們也都是皇上帝的子孫，只是在體顯無形皇上帝的「神道」。藤樹將這個「皇上帝」稱為人類的「大始祖」、「大父母」，而作為人如何與這位大父母的皇上帝合一呢？唯有先從「孝」自己的「小父母」即血緣關係的父母開始，由此可知，為何「背棄儒道」，即是「謗毀其先祖父母之道」，也等於是背棄皇上帝的神道，因為儒教比起佛、道更重視血親之「孝」。

　　藤樹如此遵奉皇上帝的神道，那麼他如何看待日本本土的神道呢？〈年譜〉載他三十四歲時，攜其兩子往拜伊勢神宮，藤樹說：「太神宮，本朝之大祖，至德神明也，生此國，有不蒙神恩者哉！不可不拜者矣。」[102]遂往拜太廟，並提祝詩：「光

101　中江藤樹：《翁問答》，下卷之末，第 81 條，頁 124。
102　〈藤樹先生年譜〉（會津本），收入《藤樹先生全集》，第 5 冊，卷 42，頁

華孝德續無窮，正與犧皇業亦同。默禱聖人神道教，照臨六合太神宮。」此詩自是與《日本書紀》卷一：「此子光華明彩，照徹於六合之內」相通。由此可知，藤樹使用「神道」一詞，都持與儒道同尊的意思，上述之詩，也是透過「孝」作為結合儒道與神道的公分母。

　　職是之故，我們不宜太過強調藤樹的「神道」只是日本傳統的神道，但也不只是儒家認知的無人格神的「天道」而已，藤樹的「神道」是具有人格神的意義。關於藤樹人格神的想法，或許受到耶穌會上帝觀與道教思想（詳於後）兩方面的影響。藤樹時代之前，耶穌會士如 Luis Frois（1532-1597），已在戰國時代來日本傳教，並曾與京都附近的大名（諸侯），甚至與織田信長（1534-1582）、豐臣秀吉（1536-1598）等人都有親交，信徒也不少。而遭藤樹批判過的朱子學者林羅山，年輕時代的讀書目錄就有《天主實義》（羅山以後猛烈批判耶穌會），可見藤樹時代（十七世紀初期）耶穌會已經在日本存在而且傳播日廣，藤樹或許受其影響，而有近似上帝的人格神思考。

　　其次，關於藤樹的儒佛相通思想。藤樹在《翁問答》中雖曾經批評佛教，但他屢提及釋迦牟尼拋棄帝位，而說：「釋尊十九，棄天子之位，入山，三十成道後，不營人間本分之生理。」[103]《大學抄》也這樣說：「釋迦棄帝位出家，居下而以教為先，遂終廢其生國。入中國而害中國，來日本而亡日本之神道，使其國衰微。」上二引文雖有批判佛教意味，但藤樹有時稱釋迦牟尼為「釋尊」，可見尚對其懷有敬意，因此藤樹的排佛態度，寧

46。
[103]　中江藤樹：《翁問答》，卷下之末，第 83 條，頁 128。

可是溫和的。[104]而藤樹專注於釋尊的棄天位出家一事，又說佛教傳來日本而亡日本之神道，這都難免與日本萬世一系的天皇制有關係。

　　雖然如此，藤樹仍有鮮明的儒佛習合色彩。由於藤樹母親篤信佛學，曾親為母親講佛學。〈行狀〉載曰：「先生之母信佛學。一日先生為之講佛學，出為諸生曰：『某頃日見佛書，其奧旨亦悉包於吾儒教中。若彼教別有好意思，學之亦可也；彼亦不過明此心，則何舍吾儒全體之教而別求之哉！』」[105]可見藤樹對佛教的態度是「以儒統佛」。另外，〈年譜〉亦曾說他三十三歲對王龍溪雜揉儒佛一事的掙扎：

> 是年冬，得《王龍溪語錄》，讀之而觸發數多。雖然，恐佛語間雜近禪學。後至讀《陽明全集》，知龍溪非禪學也。且佛語混雜者，覺憫世之深焉。抑聖人一貫之學，以太虛為準則。老佛皆不離一貫中，唯有精粗。而先覺憚何佛語乎。此時佛學之徒多繁也，是以使其語悟之者歟。[106]

由上引文可知，藤樹對龍溪染禪學一事，雖然一度疑惑，但在

---

[104] 藤樹曾在《翁問答》改正篇的「序」文中說：「先生嘗曰：『問答之中，如論儒佛處，今讀之覺未得精當。』」因此，藤樹想要改正《翁問答》有關儒佛的一些問答內容，但因病未果，而門人亦已付梓刊行，大驚而毀之，但藤樹沒後，仍遭湮沒被刊行，經門人止之，校定後出刊。由此可見，藤樹在《翁問答》著作之時（時33歲），對佛教態度，並無嚴格排斥。

[105] 小川喜代藏：《藤樹先生補傳》，收入《藤樹先生全集》，第5冊，卷43，頁154。

[106] 〈藤樹先生年譜〉（會津本），收入《藤樹先生全集》，第5冊，卷42，頁46。按：〈年譜〉此段文字記載略有不同，不過大意出入不大，本稿以「會津本」為主。

閱讀《王陽明全集》後，疑惑隨即冰釋，即使老佛也不離聖人
的一貫之旨。

綜而言之，藤樹對儒佛的態度，門人西川季格稱之為：「天
下儒佛共醒目，自成聖學之宗。」[107]折衷儒佛本是陽明學的特
色，但藤樹又尊日本獨特的神道教，這是中土所沒有的，卻是
日本學者獨具的特色，故可以說成「自成聖學之宗」。當然這
種「聖學」是以儒統佛，折衷神道與儒道的自成一格的「聖學」
精神。

最後，關於藤樹具有人格神的信仰，受到道教思想上的影
響也不容忽視，這是判定藤樹受到晚明三教合一影響的最有力
證明。木村光德、酒井忠夫的研究指出：藤樹著作中不乏引用
晚明道教的作品，尤其是明末顏茂猷（字狀其、光衷）撰《笛吉
錄》（1631 年刊）和陳智錫（成鄉）所編《勸戒全書》（1641 年，
藤樹 34 歲）等善書的作品，他們都是明末盛行功過格的代表文
獻。[108]前者影響藤樹的《鑑草》（36 歲成）之作，[109]後者影響藤
樹《春風》、《陰騭》的著作。而這些作品都有三教一致乃至三
教歸儒的立場。藤樹弟子淵岡山的會津學派更同時敬奉《孝經》
與《太上感應篇》兩部作品。[110]木村光德更說藤樹儒佛一致思

---

[107] 西川季格：《集義和書顯非》，收入《日本儒林叢書》（東京：鳳出版株式
會社，1978 年），第 4 冊，頁 155。

[108] 〔明〕陳智錫的《勸戒全書》分有「感應篇」、「功過格」、「寶訓集」、「衛
生集」、「延齡方」、「種子方」、「祈榮方」、「阜財方」、「敲本集」、「廣愛集」、
「思省集」、「達觀集」等十二卷。

[109] 據加藤盛一的解說，藤樹的《鑑草》引用《笛吉錄》有六十一條之多（插
入一般的教訓之中者除外），木村光德在其《日本陽明學派の研究—藤樹
學派の思想とその資料》一書中詳列這些出處，可參頁 193-197。

[110] 曾我部靜指出：「會津藤樹學的道教書籍，和《孝經》同時如《教育敕語》
般的被恭讀。」氏著：〈會津の藤樹學と道教〉《藝林》，第 8 卷第 3 號（1954

想的媒介即是道教思想。[111]

　　據〈年譜〉記載：1604 年冬，藤樹獲《王龍溪語錄》，讀之，心痛其間雜佛語。四年後又得《王陽明全書》，乃釋然曰：「聖人一貫之學，以太虛為體，異端外道皆在吾範圍中，吾安忌言語之相同哉！」認為三教之根本即「太虛一貫之道也」。又藤樹受明儒唐樞的太乙信仰之影響，而唐樞的太虛神靈說又與王畿等有密切關係。

　　就目前出版藤樹相關的文獻看來，藤樹除了拜誦《孝經》外，尚未及於道教經典的《太上感應篇》，但從藤樹的〈太乙神經序〉（按：其所著《太乙神經》已經亡佚，今只能見其序文）及〈靈符疑解〉兩著作來看，「太乙神」是道教神的信仰。其次，在藤樹晚年所著的《鑑草》所云：「明德佛性」，強調三世因果報應，也大量採用佛教、道教的論點，以至其弟子淵岡山有禮拜《太上感應篇》的舉止，這可證明岡山的太乙神崇拜深受藤樹晚年的陰騭思想所影響，而在道教的受容程度上，比藤樹更具神秘的宗教傾向。

　　另外，藤樹晚年的「陰騭」解說，亦如同晚明流行的善書性質。所謂「陰騭」，即是定天之陰的意思，「陰騭」出自《尚書・洪範》：「惟天陰騭下民」，據藤樹的解釋：上帝以真實無妄之慈愛，造化萬物而定人極。[112]他所著《陰騭》，分為「辨

年，東京藝林會）。木村光德調查喜多市的照相業者二瓶忠氏，所出示其先祖的《孝經》一卷，竟是前半是《孝經》，後半有《太上感應篇》一卷，而其先祖正是受到淵岡山之學的影響，參氏著：《日本陽明學派の研究——藤樹學派の思想とその資料》，頁 43。

[111] 木村光德：《日本陽明學派の研究——藤樹學派の思想とその資料》，頁 198。
[112] 中江藤樹：〈陰騭解〉，收入《藤樹先生全集》，第 2 冊，卷 21，頁 584。

惑立志」、「陰騭解」、「種子方」（即求嗣的方法）、「親親仁民
愛物」四篇，其旨趣在於要人奉行禍福善惡之理，很類似晚明
善書的功過格。如袁黃（了凡）持功過格甚謹，鄉里稱為愿人，
至今其著《了凡四訓》為道教的名著經典，他的另一作品《祈
嗣真詮》即是教人如何得好的子嗣，有如藤樹這裡的「種子
方」。[113]

　　總之，藤樹《翁問答》有陽儒陰佛的王龍溪思想的影子，
已經有盛論儒佛的現象，之後接觸《王陽明全書》，也沒有鮮
明的排佛立場；而晚年的《鑑草》之作，實包含佛、道二教色
彩，引用佛語甚多。因此，藤樹的三教思想，自為其學生所繼
承，唯弟子所重不一。誠如木村光德所說：「藤樹之二高弟熊
澤蕃山、淵岡山二人，蕃山寧可傾向《翁問答》，岡山則編組
《鑑草》，繼續發展藤樹的思想。」[114]不過蕃山排佛立場比藤
樹鮮明，甚至對儒教在日本亦持戒心，晚年更鼓吹日本水土的
神道思想；而岡山在道、儒一教的立場比藤樹更為明顯，二人
雖自得藤樹之一面，卻也各擁己學之特色。嚴格言之，藤樹的
思想不可稱之為「三教合一」，僅能說「三教貫通」，但不失儒
教本色，他常喜用「一貫」的稱呼，如他說：「忘佛、儒之名，
致本來至誠無息、不貳一貫之心學，悟太虛寥廓之神道，無惑
也。」[115]不管是佛、道或儒，忘掉他們彼此不同之名稱，僅追
求他們共通的一貫之心學，體悟他們同屬「太虛寥廓」之神道，
即不會有任何爭議或疑惑。

113　〔明〕袁了凡的《祈嗣真詮》分「改過」、「積善」、「聚精」、「養氣」、「存
　　神」、「和室」、「知時」、「祈禱」等八門，該書於氣論、論善惡之功過格傾
　　向取儒、道二教，於祈靈神明則偏取佛教，也是典型的三教作品。
114　木村光德：《日本陽明學派の研究—藤樹學派の思想とその資料》，頁 43。
115　中江藤樹：《翁問答》，下卷之末，第 80 條，第 121 頁。

五、結論

　　本章之所以用《孝經》「風潮」或「熱潮」之詞，是因晚明士大夫的《孝經》著作，不僅超邁前人，同時儒者咸認「孝」思想具有浸染政治、社會與宗教的功能。本章從晚明「孝」思想的時代背景，如政治上的「奪情」與「大禮議」論爭，以及王陽明倡導良知學後，「孝」的思想被其後學如王艮、羅近溪等加以推廣，並頗與晚明的三教思想合流，而這股重視《孝經》與「孝」思想的熱潮，也間接影響日本陽明學者的宗師中江藤樹，故與日本陽明學的展開亦有不可分的關係。

　　為了探索晚明「孝」思想與德川陽明學的展開關係，本章首先指出晚明重視「孝」的思想迴異於歷代，一開始是由宮廷的政治紛爭所引起的，世宗繼位之初的「大禮議」之爭，以及神宗、思宗二朝的「奪情」論爭，朝廷士大夫皆論王者與臣者之「孝」是否妥當，掀起大規模的政爭。不論贊同或反對世宗尊本生父母為帝后的立場或是張居正與楊嗣昌奪情的立場，這場政治風暴由於規模龐大，牽動層面甚廣，故對後世造成很大的影響。其一是帶動士大夫反思歷來對《孝經》或「孝」思想解釋的熱潮，乃至有《孝經大全》的編纂之風。其二是重視《孝經》的解釋，與晚明三教、陽明的良知學合流，幾有撼動《四書》經典的地位，如江旭奇上奏以《孝經》為眾經之首，並作為科考命題經典，便是欲取代《四書》的龍頭經典地位的實證。因此這股重視《孝經》熱潮，實也可說是對程朱理學的反動。

　　其三是間接影響到日本陽明學的展開性格，晚明重視《孝經》熱潮以及士大夫的三教合一思想（如王龍溪、林兆恩），

都影響了日本中江藤樹的陽明學性格，藤樹拜誦《孝經》，以及奉太乙神明之靈像，亦尊日本神道，也受佛教、道教影響，深具三教性格，這都使陽明學在日本的發展史上，一開始便添加了多元文化的色彩。另外，由於藤樹將「孝」的詮釋宇宙論化、神秘化與宗教化，著重於強調「孝」思想的「感應」神秘性，這種注重「感應」的神祕性，與日本傳統的神道有密切關聯。因此日本陽明學者所認知的「心即理」、「萬物一體」、「知行合一」、「天理」、「格物」等思想內涵，都有強調「感應」的面向，這使得日本陽明學有比中國陽明學更重視宗教性的面向。換言之，晚明的三教雖然有中國陽明學的影子，但藤樹的陽明學卻更強化宗教性的面向。

　　儒學在日本向來被稱為「儒教」，這個「教」有「修身教化」與「宗教信仰」的兩種涵義。在德川儒學發展史上，這兩種涵義並行不悖，而宗教化的儒學頗有與日本神道結合的意味。例如藤樹弟子熊澤蕃山提倡的水土神道，以及本書第二章分析朱子學者林羅山的理學神道、山崎闇齋的垂加神道等，都是結合神儒合一的方式來宣揚儒學。本章所分析藤樹的宗教化儒學態度則比較複雜，因為被藤樹宗教化的儒學是建立於原始儒教經典《尚書》中的皇上帝以及天命思想，並以之為靈像加以崇拜，其中以孝來折衷日本神道思想，更奉《孝經》為拜誦經典，可說是非常特殊的例子。但藤樹的思想不是憑空而來，如果沒有晚明士大夫重視《孝經》，以及陽明學、三教一致的風潮的話，日本陽明學的展開可能是另一面貌。

＊ 本章曾收入張寶三、楊儒賓共編：《日本漢學研究續探：思想文化篇》（臺北：臺灣大學出版中心，2005 年）。

〈附錄〉：王陽明前後有關《孝經》著作比較表
（總計「專著」57 筆，「序文」38 筆）

一、陽明以前明代《孝經》之作品

<table>
<tr><td colspan="8" align="center">1.朱鴻《孝經總類》</td></tr>
<tr><td>著類</td><td>編號</td><td>書　名</td><td>作者</td><td>編號</td><td>書　名</td><td>作者</td><td>小計</td></tr>
<tr><td>序文</td><td>1.</td><td>〈孝經集說序〉</td><td>王　禕</td><td>2.</td><td>〈孝經集善序〉</td><td>宋　濂</td><td>2</td></tr>
<tr><td>專著</td><td>1.</td><td>《孝經集善》</td><td>孫　蕡</td><td></td><td></td><td></td><td>1</td></tr>
<tr><td colspan="8" align="center">2.江元祚《孝經大全》</td></tr>
<tr><td>序文</td><td>1.</td><td>〈孝經集說序〉</td><td>王　禕</td><td>2.</td><td>〈孝經集善序〉</td><td>宋　濂</td><td>2
（重出2）</td></tr>
<tr><td>專著</td><td>1.</td><td>《教孝誠俗》</td><td>方孝孺</td><td></td><td></td><td></td><td>1</td></tr>
<tr><td colspan="8" align="center">3.呂維祺《孝經大全》</td></tr>
<tr><td>序文</td><td>1.</td><td>〈孝經集說序〉</td><td>王　禕</td><td>2.</td><td>〈孝經集善序〉</td><td>宋　濂</td><td>2
（重出2）</td></tr>
<tr><td>專著</td><td></td><td></td><td></td><td></td><td></td><td></td><td>0</td></tr>
<tr><td colspan="8" align="center">4.《明史・藝文志》</td></tr>
<tr><td rowspan="6">專著</td><td>1.</td><td>《孝經新說》一卷</td><td>宋　濂</td><td>2.</td><td>《孝經集善》一卷</td><td>孫　蕡</td><td rowspan="6">12
（重出2）</td></tr>
<tr><td>3.</td><td>《孝經誠俗》一卷</td><td>方孝孺</td><td>4.</td><td>《孝經刊誤》一卷</td><td>晏　璧</td></tr>
<tr><td>5.</td><td>《孝經述解》一卷</td><td>曹　端</td><td>6.</td><td>《孝經集注》三卷</td><td>余　本</td></tr>
<tr><td>7.</td><td>《定次孝經今古文》一卷</td><td>薛　瑄</td><td>8.</td><td>《孝經解詁》一卷</td><td>陳　深</td></tr>
<tr><td>9.</td><td>《孝經注解》一卷</td><td>孫吾與</td><td>10.</td><td>《孝經大義》一卷</td><td>王守仁</td></tr>
<tr><td>11.</td><td>《孝經私鈔》八卷</td><td>楊守陳</td><td>12.</td><td>《孝經集解》一卷</td><td>劉　實</td></tr>
<tr><td colspan="8" align="center">5.《四庫全書簡明目錄・孝經類》（文淵閣原抄本）</td></tr>
<tr><td>專著</td><td></td><td>《孝經述註》一卷
（從永樂大典錄出）</td><td>項　霨</td><td></td><td></td><td></td><td>1</td></tr>
<tr><td rowspan="2">總計</td><td>序文</td><td colspan="6" align="center">2</td></tr>
<tr><td>專著</td><td colspan="6" align="center">14</td></tr>
</table>

二、明代陽明以後有關《孝經》之作品

著類	編號	書名	作者	編號	書名	作者	小計
	1.朱鴻《孝經總類》（或名《孝經彙輯》）
1.序文或圖解	1.	〈宗傳圖〉	虞淳熙	2.	〈全孝圖〉	虞淳熙	9
	3.	〈孝經集義序〉	余時英	4.	〈孝經集義後序〉	趙鐿	
	5.	〈孝經序錄〉	歸有光	6.	〈孝經別傳〉	李槃	
	7.	〈曾子孝實序〉	沈淮伯	8.	〈經書孝語序〉	沈詔	
	9.	〈五等章解〉	孫本				
2.專著	1.	《古文孝經說》	孫本	2.	《古文孝經解意》	孫本	11
	3.	《孝經會通》	沈淮	4.	《孝經集靈》	虞淳熙	
	5.	《孝經邇言》	虞淳熙	6.	《從今文孝經說》	虞淳熙	
	7.	《家塾孝經集解》	朱鴻	8.	《父母生之續莫大焉衍義》	吳從周	
	9.	《孝經宗旨》	羅汝芳	10.	《古文孝經直解》	朱鴻	
	11.	《五經孝語集》	朱鴻				
	2.江元祚《孝經大全》
1.序文	1.	〈孝經考〉	虞淳熙	2.	〈宗傳圖考〉	虞淳熙	15（重出4）
	3.	〈傳經始末〉	虞淳熙	4.	〈全經綱目〉	虞淳熙	
	5.	〈全孝心法〉	虞淳熙	6.	〈誦經威儀〉	虞淳熙	
	7.	〈孝經集義序〉	余時英	8.	〈孝經集義後序〉	趙鐿	
	9.	〈孝經總序〉	張瀚	10.	〈盡孝精疏義奏疏〉	江旭奇	
	11.	〈全孝圖說〉	虞淳熙	12.	〈孝字釋〉	虞淳熙	
	13.	〈孝經會通後序〉	陳師	14.	〈孝經會通序〉	沈淮	
	15.	〈孝經別傳〉	李槃				
2.專著	1.	《家塾孝經集解》	朱鴻	2.	《古文孝經直解》	朱鴻	16

	3.	《五經孝語集》	朱　鴻	4.	《孝經會通》	沈　淮	(重出8)
	5.	《古文孝經解意》	孫　本	6.	《孝經釋疑》	孫　本	
	7.	《古文孝經大旨》	孫　本	8.	《孝經通言》	虞淳熙	
	9.	《孝經彙註》三卷	江元祚彙輯	10.	《曾子孝實》	江元祚刪註	
	11.	《孝經集文》	江元祚彙輯	12.	《古文孝經說》	孫　本	
	13.	《四書孝語》	朱　鴻彙輯	14.	《孝經集靈》	虞淳熙	
	15.	《孝經疏鈔》	梅鼎和	16.	《孝經彙目》	江元祚述	
3.呂維祺《孝經大全》							
1.序文	1.	〈刻孝經跋〉	施　達	2.	〈刻孝經跋〉	陳迁廷	21 (重出5)
	3.	〈孝經跋〉	虞淳熙	4.	〈全孝圖說〉	虞淳熙	
	5.	〈孝經跋〉	葛寅亮	6.	〈父母生之續莫大焉衍義〉	吳從周	
	7.	〈孝經序錄說〉	歸有光	8.	〈五等章解〉	孫　本	
	9.	〈孝經考〉	朱　鴻	10.	〈孝經本文說〉	褚　相	
	11.	〈表章孝經疏〉	江旭奇	12.	〈古文孝經序〉	王　佐	
	13.	〈孝經引證序〉	鄒元標	14.	〈孝經引證〉	楊起元	
	15.	〈孝經引證序〉	楊起元	16.	〈刻孝經全書序〉	鄧以誥	
	17.	〈刻孝經跋〉	閔洪學	18.	〈聖人因嚴以教敬因親以教愛解〉	朱　鴻	
	19.	〈全孝心法〉	虞淳熙	20.	〈孝經解〉	蔡　悉	
	21.	〈孝經別傳〉	李　槃				
2.專著	1.	《孝經或問》	呂維祺	2.	《孝經大全》二十八卷附〈孝經詩〉	呂維祺	3 (重出1)
	3.	《孝經宗旨》	羅汝芳				
4.《明史·藝文志》							
專著	1.	《孝經錄》一卷	歸有光	2.	《孝經疏義》一卷	江旭奇	24

	3.	《孝經疏義》一卷	李 材	4.	《孝經外傳》一卷	楊起元	(重出7)
	5.	《孝經彙注》三卷	江元祚	6.	《孝經小學詳解》八卷	陳仁錫	
	7.	《孝經通言》九卷	虞淳熙	8.	《孝經集靈》一卷	虞淳熙	
	9.	《孝經本義》二卷	呂維祺	10.	《孝經大全》二十八卷	呂維祺	
	11.	《孝經貫注》二十卷	瞿 罕	12.	《孝經存餘》三卷	瞿 罕	
	13.	《孝經對問》三卷	瞿 罕	14.	《孝經衍義》六卷	張有譽	
	15.	《重定孝經列傳》七卷	吳撝謙	16.	《孝經質疑》一卷	朱 鴻	
	17.	《孝經注解》一卷	胡時化	18.	《或問》三卷	呂維祺	
	19.	《孝經引證》二卷	楊起元	20.	《孝經考異》一卷	瞿 罕	
	21.	《孝經集傳》二卷	黃道周	22.	《孝經集傳》二卷	何 楷	
	23.	《孝經疑問》	姚舜牧	24.	《(孝經)集解》一卷	朱 鴻	
5.《續修四庫全書・經部・孝經類》							
專著	1.	《孝經總類》	朱 鴻	2.	《孝經注解》一卷	胡時化	6(重出3)
	3.	《孝經讚義》一卷	黃道周	4.	《孝經大全》	呂維祺	
	5.	《孝經或問》	呂維祺	6.	《孝經翼》	呂維祺	
6.《四庫全書・孝經類》							
專著	1.	《孝經集傳》	黃道周	2.	《孝經疑問》	姚舜牧	2(重出2)
7. 中央圖書館館藏孝經線裝書							
專著	1.	《孝經今文直解》一卷	朱 鴻	2.	《孝經臆說》一卷	朱 鴻	2
總計	序文	36					
	專著	43					

表註：

1.上二表之所以以王陽明的時代作為前後區分，主要想凸顯陽明以後著作《孝經》，蔚為一股風潮，而這股《孝經》風潮也

影響到德川日本對於《孝經》的重視。

2.按本表係將《大全》中所有提到明代有關《孝經》的著作所製成之表，由於《大全》中收有許多「序文」，因此特將「專書」與「序文」分開計算。另外，收有圖表的也歸在「序文」中。

3.由於各《大全》或〈藝文志〉中有許多重複，因此只要是第二次提及的均標底線以示區別，並在計算方面均特標明「重出 xx」篇以利扣減。

4.國家圖書館館藏《孝經》線裝書，與前面六項重複者不再列入，僅列出未有重複的兩本著作。

5.本表係根據拙著《德川日本「忠」「孝」概念的形成與發展——以兵學與陽明學為中心》之附錄修訂完成。

第六章

幕末維新陽明學的思想內涵及其作用

有心殺賊，
無力回天。
死得其所，
快哉快哉！
　　——譚嗣同〈臨終語〉

吾今為國死，
死不負君親。
悠悠天地事，
鑑照在明神。
　　——吉田松陰〈絕命詩〉

一、前言

　　陽明學思想從十六世紀中期到十七世紀晚期籠罩中國的思想界，朝鮮儒者首當其衝，亦不乏陽明學信徒，江華學派張維（1587-1638）、鄭齊斗（霞谷，1649-1736）奠定了朝鮮陽明學的基礎，近代的朴殷植（1859-1925）與鄭寅普（1892-？）等學者，亦藉著提倡陽明學精神，對韓國民族進行愛國的啟蒙教育，以抵抗日本侵略的帝國主義。[1]

　　其次，陽明學的思想更桴海橫渡日本，深深地影響十七世紀初期的中江藤樹（1608-1648）和熊澤蕃山（1619-1691），也在十九世紀中後期的幕末維新之際，影響明治維新志士的行動

---

[1] 有關陽明學在韓國的發展分期與特色，可參李甦平：〈從韓國陽明學的發展看儒學的生命力〉一文，收入劉述先主編：《儒家思想在現代東亞：韓國與東南亞篇》（臺北：中央研究院中國文哲研究所籌備處，2001 年），頁43-80。

與思想，許多幕末勤王志士，不是陽明學者就是傾慕陽明學者，如春日潛庵（仲襄，1812-1878）、梁川星巖（孟緯，1789-1858）吉田松陰（虎之助，1830-1859）、橫井小楠（平四郎，1809-1869）、東澤瀉（正純，1832-1887）、西鄉南洲（隆盛，1826-1877）、高杉晉作（東行，1837-1867）等人。[2]因此，陽明學的「知行合一」、「致良知」精神在維新後被知識界捧為明治維新的精神動力，他們大力鼓吹陽明學精神，有如日本戰後文學家三島由紀夫（1925-1970）所說：「不能無視陽明學而談明治維新」；[3]清末民初章炳麟（太炎，1869-1936）雖不滿王學，但也不得不承認：「日本維新，亦由王學為其先導」；[4]近代中國思想家梁啟超（任公，1873-1929）亦將景仰陽明學者的吉田松陰，推尊為是明治維新「首功」、「原動力」、「主動力之第

---

[2] 如井上哲次郎說：「我邦維新前後之志士及元勳者中，依王陽明之學修養者不少。如鍋島閑叟公（1814-1871）及橫井小楠、佐久間象山、橋本左內（1834-1859）、高杉東行、河井繼之助（1827-1868）、西鄉南洲、大久保甲東（利通，1830-1878）等，皆有所接姚江之學派。」氏著：〈傳習錄抄序〉，收入杉原夷山：《修養傳習錄講話》（東京：荻原星文館，1937年五版），頁1。

[3] 三島由紀夫在〈革命哲學としての陽明學〉（收入《三島由紀夫評論全集》，第3卷，東京：新潮社，1989年）對明治維新的兩大精神支柱這樣說：「明治維新依我之見，是神秘主義（mysticism）的國學和能動性虛無主義（nihilism）之陽明學而被預備的。本居宣長倡導的國學，歷經平田篤胤，更匯集林櫻園擔任神秘性的行動哲學，平田篤胤的神學，直接培養了明治維新志士們的激情。與此並行的是，中江藤樹以來的陽明學，以大鹽平八郎之亂為背景，被認為是形成明治維新思想行動遙遠的先驅者，而大鹽所著《洗心洞劄記》，同時是明治維新以後，最後一個國家反亂的西南戰爭之首領西鄉隆盛至死都愛讀之書。又，吉田松陰的行動哲學背後也有陽明學強烈地波動。」頁566。

[4] 章炳麟：〈答鐵錚〉，《民報》，第14號（1907年6月），〈附錄〉；收入黃季陸主編：《中華民國史料叢編》（臺北：中央文物供應社，1969年），頁113。

一人」；[5]而吉田松陰在獄中讀中國之《孟子》、王陽明
（1472-1528，名守仁，字伯安）之《傳習錄》與日本幕末陽
明學者大鹽中齋所著的《洗心洞劄記》時，即高度頌揚陸象山、
王陽明思想，導致松陰講學的松下村塾孕育出的維新功臣，皆
帶有陽明學思想的影子。[6]

　　甲午戰後，日本更分為「國家主義」與「平和主義」兩派
鼓吹陽明學的革命精神。在明治後期與大正初年期間，日本出
現吉本襄、東敬治、石崎東國等人所主持的三種有關陽明學的
期刊。[7]陽明學承幕末之後，繼續在明治與大正年間蔚為風潮，
得到了十九世紀末期與二十世紀初期主張維新變法的中國知

---

[5] 有關梁啟超對吉田松陰的評價及其時代脈絡，郭連友的〈梁啟超と吉田松
　　陰〉(《季刊日本思想史》，第 60 號（2002 年 1 月），「近代日本と東アジア
　　專刊」）分析甚詳，頁 69-88。

[6] 松陰在獄中嘗讀《洗心洞劄記》說：「吾曾讀王陽明《傳習錄》，頗覺有味。
　　頃得李氏《焚書》，亦陽明派，言言當心。向借日孜以《洗心洞劄記》，大
　　鹽亦陽明派，取觀為可。然吾非專修陽明學，但其學真，往往與吾真會耳。」
　　吉田松陰：〈己未文稿〉，收入《吉田松陰全集》（東京：岩波書店，1986
　　年），第 4 卷，頁 293。

[7] 把陽明學看作具有革命精神者，可從甲午戰爭後日本紛紛成立三個雜誌鼓
　　吹陽明學精神可以看出端倪。甲午戰爭後，日本分別有三種有關陽明學的
　　雜誌出刊，極力提倡陽明學與日本的國粹主義：（一）是 1896 年（明治二
　　十九年）7 月 5 日由吉本襄為主，鐵華書院發刊《陽明學》，終刊於於 1900
　　年 5 月 20 日。（二）接著 1906 年由東京明善學社發刊《王學雜誌》，由幕
　　末陽明者東澤瀉後人東敬治主持，井上哲次郎亦為主要人物，1908 年改以
　　《陽明學》出刊至大正三年（1914）。（三）1907 年 6 月在大阪由自稱私淑
　　大鹽中齋之後學石崎東國創設「洗心洞學會」，翌年 12 月改為「大阪陽明
　　學會」，1913 年（大正三年）3 月以《陽明》小冊子發行，1916 年發行《陽
　　明》，1918 年 1 月改為《陽明主義》續刊。三刊主旨均在闡明陽明良知之
　　學，振作社會人道為目的。這三個戰前的陽明學雜誌，其實可以區分為主
　　張國家主義的「東京陽明學會」與主張平和的世界主義之「大阪陽明學
　　會」。在各刊所刊載的許多文章中，有許多視陽明學是具有革命行動的精
　　神指導動力，甚至將「陽明」與日本「日神」的天照大神互相附會。

識分子，如康有為（長素，1858-1927）、梁啟超、譚嗣同（復生，1865-1898）等人的注意，他們皆受到日本這股陽明學的熱潮，而重新評價陽明學在中國思想的地位。革命家孫文（逸仙，1866-1925），也認為明治維新是受到陽明知行合一哲學的影響。[8] 還有國民黨領導人蔣介石（中正，1887-1975），更以陽明學作為他的革命哲學，奉行不已，也是驚訝於陽明學對日本人的影響所致。[9] 陽明學在近代歷史上，有如浴火鳳凰般重生於日本，而又撲回中國，帶動中國知識分子重視陽明學的精神。

　　但是，陽明學在中國晚明乃至清初之際，已常被一般學者所詬病，他們的批評大致在於：王學走讀書人便捷的道路，詆毀朱子學為支離，批判朱子居敬窮理致知的實踐功夫程序，援

---

[8] 孫文於 1905 年在東京對清末留學生發表演說，其中提到：「五十年前，維新諸豪傑沉醉於中國哲學大家王陽明知行合一的學說，故皆具有獨立尚武的精神，以成此拯救四千五百萬人于水火之大功。」〈中國應見共和國〉，收入《國父全集》（臺北：中央文物供應社，1989），第 3 冊，頁 3。

[9] 蔣介石曾自述他對陽明學的興趣是從十八歲開始，他說：「王陽明『知行合一』的哲學，我是自十八歲從顧葆性先生時候起，就開始研究的，以後五十年來，更曾經讀了再讀，研究再研究，他的『傳習錄』與《大學問》這兩個小冊子，真使我百讀不厭，心嚮神馳，不知其樂之所止。」參《蔣總統言論選集—教育與文化》（臺北：中央文物供應社，1977 年），頁 154。二十歲他留學日本時，更目睹當時的日本陸海軍官，幾乎無人不讀陽明的《傳習錄》，他這樣敘述日本對陽明學的熱衷程度：「當我早年留學日本的時候，不論在火車上、電車上，或在輪渡上，凡是在旅行的時候，總看到許多日本人都在閱讀王陽明《傳習錄》，且有很多人讀了之後，就閉目靜坐，似乎是在聚精會神，思索這個哲學的精義；特別是他的陸海軍官，對於陽明哲學，更是手不釋卷的在那裡拳拳服膺。後來到書坊去買書，發現關於王陽明的哲學一類的書籍很多，有些還是我們國內所見不到的，我於是將陽明哲學有關的各種書籍，盡我所有的財力都買下來。」參《蔣總統言論選集—哲學與科學》（臺北：中央文物供應社，1977 年），頁 128。有關陽明學說對於蔣介石的影響，可參楚崧秋：〈陽明學說對於蔣公思想德業的影響〉，《中華文化復興月刊》，第 19 卷第 11 期（1986 年 11 月）。

《大學古本》而別立致良知之說，引禪佛以言心體，言理皆惡分而喜合，以「心即理」取代「性即理」，為求此心之速成，悟《六經》任我驅使，不必循塗守轍，專注尊德行而遺漏道問學……等等。綜而言之，陽明所倡良知學，在當時時空環境下，是帶有自由解放精神的意義，傳至後學，更有許多倡良知學者，與釋、道結合，脫逸傳統禮教，致造成禮樂淡薄，名教收拾不住的氣象。故其流弊所及，被批評無補於國家、政事、民生，更有所謂「見成良知」、「滿街都是聖人」、「率天下為佛老」，甚至有詆毀聖賢、訶佛罵祖、今日悟道而明日醉酒的情形出現。

　　當然，後人所批，大都是王門後學所導致的流弊，並非王陽明學術本身的問題。而這些王門後學所衍生的問題，在異邦的德川日本，並無法得到滋生的土壤。日本景仰或信仰陽明學的學者或志士們，他們的學問精神大都僅宗象山、陽明及劉宗周（念臺，1578-1645），並高度關注陽明學者的豪傑事蹟，諸如象山的習騎射、訪奇才，陽明之平宸濠、練保甲，以及劉宗周的志節。[10]至於王門左派頂多討論到王畿（龍溪，1498-1583）、王艮（心齋，1483-1540）、羅近溪（1515-1588），卻多基於批判立場，幾乎沒有何心隱、徐存齋等權術一路的陽明學者。

　　再者，日本陽明學者中也只有棄佛從儒者（如中根東里1694-1765、池田草庵 1794-1859、東正純 1832-1891），未聞棄

---

[10] 日本戰前王陽明的《傳習錄》是部流行的作品，當時景仰陽明學者每言及陽明之事功，如杉原夷山在〈傳習錄解題〉中說：「當是時，王陽明先生出，其學以致良知為宗旨，論心即理，說知行合一之說，簡易直截，直開進修聖賢之路，且活用此學於事業。討伐橫水、桶岡、三浰、大帽、浰頭等諸寇，又平定宸濠，一世之偉功，赫奕輝千古，真可謂孔明以後之儒將。世於其學，與晦庵並稱，其名之所以可亞孔孟，實在於此。」收入前引氏著：《修養傳習錄講話》，頁 15。

儒歸佛者（如鄧豁渠、李贄）。換言之，左派王學或良知現成派者，所產生重本體輕功夫的問題，在日本武士國度中沒有滋生的土壤。何以故？這牽涉到中日兩國文化、思想、社會等的複雜因素，值得探討。**本章旨在分析為何中國陽明學成為清初知識分子所稱的亡國禍首，而日本陽明學卻可以成為明治維新之精神動力？**首先，在第二節簡單論述中日陽明學不同命運的發展與評價。其次，在第三節企圖從外在的歷史文化脈絡，解釋中日陽明學在不同文化土壤下所產生的不同思維，特別扣緊中國「士大夫文化」與日本封建「武士文化」的不同文化背景，分析中日陽明學各自發展的特色。第四節則從「本體論」與「功夫論」之觀點，審視日本維新志士的陽明學思想內涵，比較重視功夫論的實踐精神（「事上磨練」），並探討劉宗周「慎獨」之學何以能成為幕末陽明學所宗的學問。最後在結論中提出綜合性的看法。

二、「亡國」抑或「維新」：陽明學
在中日的評價與形象

（一）陽明學作為晚明「亡國」的形象

　　中、日在十六世紀中後期至十七世紀初期皆是個歷史巨變的時代。在中國，1616 年滿洲人努爾哈赤建立後金政權，二十八年後，他的子孫攻克北京，終結了奄奄一息的明代政權，建立了二百六十八年的大清帝國政權。在日本，德川家康（1542-1616）於 1603 年建立了江戶幕府（-1868），結束了半個世紀烽火戰亂的戰國時代。這個時期的中國思想界，是陽明

學風起雲湧的時代，學者及史書均稱這個時代是「姚江之學，嘉隆以來，幾遍天下」。[11]

　　但是，相對於王學的蓬勃發展、思想活躍的情況，明代政治與國勢卻日益窮厄，終至滿清入關，漢族政權再度易幟。處於跨越兩個朝代的中國知識分子，如顧炎武（亭林，1613-1682）、黃宗羲（梨洲，1610-1695）、王夫之（船山，1619-1692）、呂留良（晚村，1629-1683）、孫奇逢（夏峰，1584-1675）、李顒（二曲，1627-1705）等，在面臨這樣一個風雲變色、草木含悲的狂飆時代，不免都要思考一個問題：何以明代終會亡國，使中國淪為「夷狄」治理的國家？他們試圖要找到一些原因，來解釋何以明代會淪落到「亡國」與「亡天下」的地步，於是許多知識分子將亡國責任的矛頭指向陽明學。因此，他們評論陽明學的影響，所觸及的不僅是學術上的問題而已，還包括陽明學風破壞了整個風俗、制度、民心。以下即簡單回顧陽明學在明末清初如何被批判與亡國的關聯。

　　明代未亡以前，懷疑與批判王學即已經展開，甚至在陽明

---

[11] 〔清〕湯斌（潛庵）：〈答陸稼書〉，收入氏著：《湯子遺書》（臺北：臺灣商務印書館，1986年影文淵閣《四庫全書》本），頁527。按：引文中「嘉隆以來」係指明世宗嘉靖年代從公元1522到1566年，明穆宗隆慶年代從1567到1572年。事實上，所謂「王學遍天下」之說法，《明史・儒林傳一》說：「宗守仁者曰姚江之學，別立宗旨，顯與朱子背馳，門徒遍天下，流傳逾百年，其教大行，其弊滋甚。嘉、隆而後，篤信程朱，不遷異說者，無復幾人矣。」又，連反王學甚力的陸稼書也說：「自陽明王氏倡為良知之說，以禪之實而託儒之名，且輯《朱子晚年定論》一書，以明己之學與朱子未嘗異。龍溪、心齋、近溪、海門之徒，從而衍之，王氏之學遍天下，幾以為聖人復起，而古先聖賢下學上達之遺法滅裂無餘，學術壞而風俗隨之。」參氏著：〈學術辨・上〉，收入《三魚堂文集》（臺北：臺灣商務印書館，1986年影文淵閣《四庫全書》本），卷2，頁15-16。

同時代也已經同步推展。東林學與黃宗羲雖矯挽王學末流弊病不遺餘力，但終究還是不能說服以後反王學之人。[12]與陽明同時代的羅欽順（整庵，1465-1547）所著《困知記》，是懷疑陽明學之始，嚴厲批判者則以陳建（清瀾，1497-1567）之《學蔀通辨》為始，顧炎武在反王學時即說：「《困知》之記，《學蔀》之編，固今日中流之砥柱矣。」[13]足見二者在晚明之際甚具反王學之代表性，[14]這已是學界周知之常識，茲不再贅述。

---

[12] 如陸稼書對於顧憲成、高攀龍還是不滿，他說：「……於是涇陽、景逸起而救之，痛言王氏之弊，使天下學者復尋程朱之遺規，向之邪說詖行，為之稍變。然至於本源之際，所謂陽尊而陰篡之者，猶未能盡絕之也。治病而不能盡絕其根，則其病有時而復作，故至於啟禎之際，風俗愈壞，禮義掃地，以至於不可收拾，其所從來，非一日矣。」〔清〕陸隴其（稼書）：〈學術辨·上〉，收入氏著：《三魚堂文集》，卷2，頁15。

[13] 〔清〕黃汝成集釋：《日知錄集釋》（石家莊：花山文藝出版社，1990年），卷之18，〈朱子晚年定論〉，頁829。當然明代反王學者尚有站在朱子學立場的馮貞白所著《求是篇》，以及獨創學說的吳廷翰（蘇原，1490？-1559）之《吉齋漫錄》，以氣一元論兼批程朱陸王，還有堅持古學的郝敬（楚望，1558-1639）。本章僅以約略和陽明同時代的陳建與羅整庵為代表。

[14] 觀《困知記》（臺北：廣學社印書館，1975年）一書，排斥佛、老甚力，亦極力批判陸象山心學，羅整庵說：「自陸象山有六經皆我註腳之言，流及近世，士之好高欲速者，將聖賢經書都作沒緊要看了，以為道理但求之於心，書可不必讀，讀亦不必記，亦不必苦苦求解。看來，若非要作應舉用，相將坐禪入定去，無復以讀書為矣。一言而貽後學無窮之禍，象山其罪首哉！」（卷3，頁25-26）羅欽順並對陽明良知說也多所懷疑，他首先質疑陽明的《朱子晚年定論》（見其〈與王陽明書〉，收入《羅整庵先生存稿》，臺北：廣學社印書館，1975，卷之1，頁4-8）。其次，陳建所著《學蔀通辨》（臺北：廣文書局，1971年）則專揭陽明心學之弊，代表明代反王學的高峰，他如是斥陽明說：「昔韓絳、呂惠卿代王安石執政，時號韓絳為傳法沙門，呂惠卿為護法善神。近日繼陸學而興者，王陽明是傳法沙門，程篁墩則護法善神也。」（卷之9，頁159）。將倡導心學的陽明與程篁墩比擬為南宋末年導致亡國的政治人物呂惠卿和韓絳（1012-1088）。陳建又批陽明學術猖狂自恣，皆與釋氏相通，根本不是古代聖賢的義理，他說：「愚惟求心一言，正陽明學術病根，自古眾言淆亂折諸聖，未聞言之

　　洎乎清代，批判陽明學最力且具有一定影響力者，當推顧炎武、張烈（伯安，1622-1685）、陸隴其（稼書，1630-1692）、呂留良等四人，而且四者之論幾成清代反王學之學術通論。顧炎武如是陳述王學之害，他說：

> ……而文成以絕世之資，倡其新說，鼓動海內。嘉靖以後，從王氏而詆朱子者始接踵於人間。而王尚書（按：王世貞）發策謂：「今之學者，偶有所窺，則欲盡發先儒之說而出其上。不學，則借一貫之言以文其陋；無行，則逃之性命之鄉，以使人不可詰。」此三言者，盡當日之情事矣。故王門高弟為泰州、龍谿二人，泰州之學一傳為顏山農，再傳為羅近溪、趙大洲。龍谿之學，一傳為何心隱，再傳為李卓吾、陶石簣。昔范武子論王弼、何晏二人之罪深於桀、紂，以為一世之患輕，歷代之害重，自喪之惡小，迷眾之罪大。而蘇子瞻謂李斯亂天下，至於焚書坑儒，皆出於其師荀卿高談異論而不顧者也。[15]

根據上文，顧氏將陽明學之蠱惑比擬為王弼（輔嗣，226-249）、何晏（平叔，190-249）、李斯（？-208B.C.）、荀子（況，

是非折諸心。雖孔子之言，不敢以為是者也，其陷於師心自用、猖狂自恣甚矣。夫自古聖賢，皆主義理，不任心，故不曰『義之與比』、『惟義所在』，則曰『以禮制心』、『在正其心』，一毫任心師心無有也。惟釋氏乃不說義理而只說心，惟釋氏乃自謂了心照心、應無所住、以生其心，而猖狂自恣。嗚呼！此儒釋之所以分，而陽明之所以為陽明。」（參前引《學蔀通辨》，卷之 9，頁 155-156）陳建在前引文中提到的程篁墩，名敏政，字克勤，篁墩為其號，係明成化初年之進士，享年五十五，贈禮部尚書。程氏年代早於王陽明，其所著《道一篇》六卷，認為朱陸二子之學，初異而終同，與陽明日後編纂〈朱子晚年定論〉之旨相謀而合。

[15] 黃汝成集釋：《日知錄集釋》，卷之 18，〈朱子晚年定論〉，頁 829。

313-238B.C.）等，尤指泰州、龍谿一派，[16]其罪甚至比桀、紂
還深，以致顧氏頗將亡國之因，歸之於陽明良知之學。他痛陳
道：

> 以一人而易天下，其流風至於百有餘年之久者，古有之
> 矣。王夷甫之清談，王介甫之新說；其在於今，則王伯
> 安之良知是也。《孟子》曰：「天下之生久矣，一治一亂，
> 撥亂世反之正，豈不在於後賢乎？」[17]

由於顧炎武《日知錄》之主要精神，旨在關懷歷代士大夫志節，
以及各時代的制度、名教、風俗教化等，而他所認知的陽明良
知學，正是戕害晚明風俗的始作俑者，故不免將之比擬為歷來
史家所指為亡國風氣的王安石（介甫，1021-1086）之新說、
王弼等之清談。

　　懷抱強烈民族情感的呂晚村，也嚴厲訶斥陽明之罪：「故
姚江之罪，烈於金谿（陸象山），而紫陽之學，自吳（澄）、許
（衡）以下，已失其傳，不足為法。今日闢邪當先正姚江之非，
而欲正姚江之非，當真得紫陽之是。」[18]呂晚村亦如顧炎武一
樣，認為王學之弊非只是儒林中事，乃是攸關生民禍亂之源頭，
他說：「道之不明也，幾五百年矣。正嘉以來，邪說橫流，生心

---

[16] 顧炎武對於王學左派人物，尤其極力詆毀李贄與鍾惺，他這樣評李贄：「自
古以來，小人之無忌憚而敢於叛聖人者，莫甚於李贄。」對於鍾惺則曰：
「其罪雖不及李贄，然亦敗壞天下之一人。舉業至於抄佛書，講學至於會
男女，考試至於鬻生員，此皆一代之大變，不在於王莽、安祿山、劉豫之
下。」均參黃汝成集釋：《日知錄集釋》，卷之18，〈李贄〉、〈鍾惺〉之條，
頁 833-835。

[17] 黃汝成集釋：《日知錄集釋》，卷之18，〈朱子晚年定論〉，頁 832。

[18] 〔清〕呂留良（晚村）：〈復高彙旃書〉，收入《呂晚村先生文集》（臺北：
鐘鼎文化出版公司，1967 年），上二引文，頁 37。

害政，至於陸沉，此生民之禍亂之原，非僅儒林之門戶也。」[19]

　　上述顧炎武與呂晚村可以代表清初在野力量反對王學最有力的呼聲，而張烈與陸稼書則可以作為清代初期官學者反對王學之最具代表者。張烈自稱他學王學十五、六年，終「由王返朱」，知王氏之非，皆與聖門背道而馳，遂有《王學質疑》之作，特針對《傳習錄》中重要的條文，逐條質疑之，陸隴其稱之：「其學以程朱為宗，深疾陽儒陰釋之徒，以閑邪衛道為己任。」[20]張烈在《王學質疑》即如是批判王學：「自陽明氏，倡為異學，以偽亂真，援儒入墨，天下學者，翕然宗之。於是荒經蔑古，縱欲敗檢，幾至不可收拾。」[21]又曰：

> 自陽明操戈樹幟，為天下禍首，於是魁桀黠猾之士，相助為波濤，而庸愚下士，盡從風而靡，《五經》、《四書》悉更面目，綱常名教為之掃地矣。故一傳而為王畿，則直言二氏而不諱，再傳而為李贄，則盡詆古之聖賢，而取夫姦雄淫暴者以為法。雖其人已伏辜，而天下相與扼腕而歆慕之。當是時以姚江為聖人，誦佛老者為名士，掊擊朱子者為高賢，詆傳註者為儁傑，酗博狎虐者為風流，爭自號於天下，曰我學禪者也，學姚江者也。既顯遁於朱教之外，然後可以恣為濁邪而不愧。蓋鄙俗之見，不可以敵聖賢，惟持高說以駕之，則名教不足束我，即無所不為而不失為高士。陽明馳騁異論，欲使人人為聖人，而適以便天下之不肖。……王弼、何晏罪浮桀紂，

[19] 同上註，頁 35。
[20] 陸稼書此論，收入〔清〕張烈：《王學質疑》（臺北：廣文書局，1982 年），〈後序〉，頁 1。
[21] 張烈：《王學質疑》，〈原序〉，頁 1。

> 竊以為陽明之禍天下，即懷山、襄陵未足為喻。陸氏之
> 學不行於宋，而行於明，此其效然也。[22]

從張烈上述言論來看，張烈並將陽明視為「天下禍首」，也點
名泰州學派王心齋之學術，其實與佛、老二氏無異。王學傳至
李贄（卓吾，1527-1602）更變本加厲「盡詆古之聖賢，而取
夫姦雄淫暴者以為法」，並在引文最後也比擬陽明之禍天下超
出王弼、何晏，將亡國的責任推給陽明，不言可喻。[23]同時代
的陸稼書亦力陳王學之弊：

> 自陽明王氏倡為良知之說，以禪之實而託儒之名，且輯
> 《朱子晚年定論》一書，以明己之學與朱子未嘗異。龍
> 溪、心齋、近溪、海門之徒，從而衍之，王氏之學遍天
> 下，幾以為聖人復起，而古先聖賢下學上達之遺法滅裂
> 無餘，學術壞而風俗隨之。其弊也，至於蕩軼禮法蔑視
> 倫常，天下之人恣睢橫肆，不復自安於規矩繩墨之內，
> 而百病交作。……故愚以為明之天下不亡於寇盜，不亡
> 於朋黨，而亡於學術，學術之壞，所以釀成寇盜、朋黨
> 之禍也。[24]

上述陸稼書的指陳，還是扣緊陽明學傳至心齋、龍溪學派，是
導致整個晚明學術敗壞，而風俗、禮法、倫常也隨之腐敗。最
後更指出明代之亡即是亡於學術，因為亡於學術，才導致寇
盜、朋黨之禍。

　　綜而言之，上述清代初期四學者將陽明學或王陽明視為

---

[22] 張烈：《王學質疑》，〈附錄：朱陸異同論〉，頁 2-3。
[23] 同上註。
[24] 陸隴其：〈學術辨・上〉，收入氏著：《三魚堂文集》，卷 2，頁 15-16。

「天下禍首」、「生民禍亂之源」，擬之為王弼、何晏、王安石等亡國之罪人。但是，這些被點名批判的「左派王學」（依嵇文甫《左派王學》一書之分類）人物，即使連王學者黃宗羲、劉宗周本身，或與王學有關聯者的東林學者以及孫夏峰、湯斌（潛庵，1627-1687）等也都批判過，可見不論是王學內部本身或是非王學者，「王學左派」人物都是被攻擊的焦點，只是王門後學者未將責任上推到王陽明身上而已。[25]

　　雖然清代初期許多大儒如孫夏峰、李二曲、湯潛庵、彭定求（南畇，1645-1719）等仍捍衛王學，反對上述諸人的王學批判，但是反王學這股勢力，在往後的清代學術發展過程中還是佔了上風。如清代末期的魯一同（1805-1863）在當時都還嘆說：

> 象山標尊德性之旨，姚江開致良知之說，率其高明，自趨簡易，承學之士沿流增波，浸以放濫。要之二子，未為披猖，今必斥之為異端，為非聖無法，比之楊、墨之邪說，商鞅之壞井田廢封建。甚以明社之屋，歸罪陽明，掊擊之風，於斯為甚。[26]

又，唐鑑（1778-1861）年代已是道光年間，他更著《學案小識》亦旨在排擊陽明，他斥陽明為：

---

[25] 嵇文甫頗為龍溪、心齋的左派王學翻案叫屈，他說：「自東林學派以後，如孫夏峰、劉蕺山、黃梨洲等，都攻擊左派王學，而以羅念庵一系為王學的正宗。嗣後樸學興盛而道學微，左派王學除供讀史者照例嘲罵幾句以外，殆全被人忘卻了。」參氏著：《左派王學》（臺北：國文天地雜誌社，1990 年），頁 74-75。

[26] 〔清〕魯一同：〈與高伯平論學案小識〉，收入〔清〕饒玉成編：《皇朝經世文編續集》（光緒 8 年刊，補刻續編江右饒氏雙峰書屋刊本），卷 2,〈學術二・儒行〉，頁 15-1。

> 是以天泉一會，為陽明之學者推闡師說，各逞所欲，各
> 便所私，此立一宗旨，彼立一宗旨，愈講愈誕，愈肆愈
> 狂，愈名高而愈無禮，淪漸流蕩，無所底極，而人心亡
> 矣。人心亡，世教裂，而明社亦遂墟矣。[27]

由此可知，從晚明羅整庵《困知記》、陳建《學蔀通辨》，尤其
到顧炎武舉反王學大纛以來，一直到晚清，這股視王學為亡國
禍首的反王學系譜，可說是清代學術之主流。梁啟超道出了實
情：「炎武之排斥晚明學風，其鋒芒峻露，大率類是。自茲以
後，王學遂衰熄，清代猶有襲理學以為名高者，則皆自托於程
朱之徒也。雖曰王學末流極弊，使人心厭倦，本有不摧自破之
勢，然大聲疾呼以促思潮之轉戾，則炎武最有力焉。」[28]梁啟
超又在《新民說》中也嘆王學在當時的中國還是處於被唾棄的
狀態，[29]道出王學在清代發展的窘境。

　　從顧炎武以來這股反王學勢力雖是清代學術主流，並且帶
動考證學的興起，但曾如方東樹（植之，1772-1851）所說「考
證學衰，陸王將興」。王學在清代既然未曾斷絕，只要官學正
統勢力稍降，其復興的力量自然也暗朝洶湧，畢竟王學具有自
由解放、追求平等的思想，時代愈亂，王學便有復興的趨勢。
不過，晚清王學的復興，不只是由中國內部而發，還帶有外來
的推力，那就是晚清民國初年知識分子受到日本明治維新成功
的影響，在尋求維新的精神動力泉源時，發現了陽明學在日本

---

[27]　〔清〕唐鑑：〈學案提要〉，收入盛康編：《皇朝經世文編續編》（臺北：文
海出版社，1972年），卷2，〈學術二・原學〉，頁31-1。

[28]　梁啟超：《清代學術概論》（北京：東方出版社，1996年），頁10。

[29]　梁啟超說：「陽明之學，在當時猶曰贅疣柄鑿，其在今日，聞之而不卻走
不唾棄者幾何？」氏著：《新民說》，收入《飲冰室文集》（臺北：名江書
局，1980年），〈論私德三・私德之必要〉，頁96。

維新志士的指導力量。

（二）陽明學作為明治維新的精神動力泉源

　　陽明學傳入日本伊始，相較於中國，並沒有「亡國」的切膚之痛。雖然以後德川幕府政權是以朱子學為正統的官方儒學代表，但因無如中國之以科舉取士，所以學術較難定一尊。其次，王學與朱學是同時傳入德川日本而成為顯學，而且德川朝以前的日本，是以佛教文化為主流，並且海通未發達，印刷業也未普及，朱子學依附在佛教思想之下，並未廣泛傳到下級武士與庶民，更不用說它會取得政權的庇護與倡導。[30]所以陽明學是與德川初期如古義學、古文辭學、兵學、國學等諸學並興。

　　日本陽明學之開宗者中江藤樹，早年是在中國儒家著作的薰陶之下養就他的學問。藤樹在三十三歲得到《王龍溪語錄》，不久接觸到《陽明全集》，其學彌進，並結合晚明士大夫的《孝經》學，展開他獨特的「以孝貫良知」的學問宗旨，播下日本陽明學開發的種子，弟子德行如淵岡山，功業如熊澤蕃山，傳播陽明學於日本關西。

　　從藤樹接觸陽明學的著作來看，一般德川初期的王學者，皆只接觸到王陽明與王龍谿的著作，對於王門後學的書籍並無緣見識。反倒是一些懷疑朱子學或陽明學的著作者，如羅整庵（1465-1547）《困知記》對朱子學理氣論的補充，和吳廷翰

---

[30] 關於德川幕府的意識形態，可參考 Herman Ooms, *Tokugawa Ideology: Early Constructs, 1570-1680* (Princeton: Princeton University Press, 1984), 日譯本：ヘルマソ・オームス，黑住真ほか譯：《德川イデオロギ》（東京：ぺりかん社，1990 年）。

（1490？-1559）《吉齋漫錄》中的「以氣反理」的思想，比較能引起日本學者的重視。[31]因此，德川初期有名的儒者如古學派山鹿素行、伊藤仁齋、荻生徂徠等儒者，皆在其思想成熟後，兼批程、朱、陸、王，而且一致主張氣學，批駁程、朱的理學與陽明的心學。所以，陽明學在德川時代初期的發展中，是處於諸派在批判朱子學之餘，連帶被攻擊的對象，並不是主要被挑戰的對象。

但是，自藤樹以後，在十七、十八世紀近乎兩百年的漫長歲月中，陽明學還是僅能在日本關西地區牛步式地發展。縱然十八世紀出現三輪執齋（1669-1744），之後尚有中根東里（1694-1765）的轉佛歸陽明學，但畢竟還是很難傳入關東地區，甚至在關西地區，也斷斷續續，幾有斷絕之勢，有如幕末陽明學者大鹽中齋所嘆：「我邦藤樹、蕃山二子，及三輪氏後，關以西，良知學既絕矣。」[32]不過，陽明學到了幕末卻有勢不可擋的魅力。

十八世紀末、十九世紀初期的陽明學者佐藤一齋，本身即

---

[31] 吳廷翰字崧伯，號蘇原，明南直隸無為州（現安徽省無為縣），有關吳蘇原的生平大略，載於《江南通志》之《無為周志》，以及陳田的《明詩記事》。吳之官位並不高，歷任兵部主事，戶部主事、吏部文選司郎中、廣東僉事、嶺南分巡道、浙江參議、山西參議等官，1582 年前後，歸鄉專務著述，著有《吉齋漫錄》二卷，《櫝記》二卷，《甕記》二卷，《湖山小稿》、《洞雲清響》、《詩集》、《文集》等，吳歿後刊有《蘇原先生集》，流傳不廣。吳蘇原的著作思想在德川初期已經廣傳，如荻生徂徠學生太宰春臺（1680-1747）曾說：「明末吳廷翰者，著《吉齋漫錄》、《櫝記》、《甕記》等書，辟程朱之道，豪杰也。聞日本伊藤仁齋讀吳廷翰書開悟。」參氏著：《聖學答問》，收入井上哲次郎、蟹江義丸共編：《日本倫理彙編》（東京：育成會，1960 年），第 6 冊，卷下，頁 286。

[32] 大鹽中齋：〈寄一齋佐藤氏書〉，收入《日本の陽明學・上》（東京：明德出版社，1973 年，《陽明學大系》第 8 卷），頁 550-551。

擔任幕府昌平黌儒官的首席地位，為陽明學在關東地區而且是在官方取得了非正式的傳播地位，幕末諸多陽明學者，都出身於一齋門下。而在野的大鹽中齋亦私淑中江藤樹，開塾倡良知學，延續著關西陽明學的香火。

　　陽明學在十八世紀末期有復興的趨勢，實與當時的時代背景有莫大的關係。一齋與中齋所處的十九世紀初期，同時也是德川幕府統治的尾聲。幕末更是天災相隨，人禍不斷。在外船大量叩關以前（約 1850 年代前後），百姓一揆（即農民起義）動亂頻仍，起因於 1832 年（天保三年）開始的全國性的「天保大饑饉」，接連幾年又有關東大水害，東北大洪水，凶年稻作無成，造成米價暴騰，民不聊生。在上述的背景下，1837年發生了大鹽中齋舉兵為解救貧民而起義的事件，雖然半日即被剿平，但在大鹽起事同年，連續有四月之備後三原、六月之越後相崎、七月之攝津、能勢之一揆連鎖反應，而且都直接或間接以大鹽的名義起亂，可見大鹽之思想已經引起一般民眾思想的共鳴。大鹽之亂像是一座火山蓄勢待發，為明治維新鋪了前路。[33]

　　在這樣天災人禍不斷的幕末天保時代（1830-1843），思想

---

[33] 如大正年間的一位學者今西茂喜就說：「先生（按：指大鹽中齋）義舉後，渡邊華山、藤田東湖、吉田松陰、武市半平太等勤王志士輩出，遂促進了明治維新之大業。」參今西茂喜：〈大鹽先生海外脫走說に就て〉，《陽明主義》，第 95 號（大正八年，1919 年 12 月），頁 19。小山正武也說：「是所以促成明治維新，而率先首唱名譽者，不得不推之於大鹽中齋。何以故？如以吉田松陰、橋本景岳為始，近世各地方志士之奮起為國家，以致實行獻身之活動者，雖說是出於其人天性之善良，誠實決心之勇，但聞大鹽中齋之風而起者亦多。」《陽明》，第 76 號（大正七年，1918 年 5 月），頁 16。

界也是個狂亂的時代。民間宗教在這個時期如前所述蓬勃發展，一些開創意義的教主型的如天理教、黑住教等也都是在這時期興起的，而且也都有三教（神道、佛教、儒教）合一的現象。倡導心學的石田梅岩（1685-1744），便是一種典型的「神儒佛三教調和」之代表，[34] 這頗似晚明時代所流行三教（道教、佛教、儒教）融合運動。日本幕末時期，一方面是在這種社會商業力量勃興，一方面也是民間宗教力量昂揚但政治卻是腐敗的時代背景下，頗與晚明的中國相類似，兩者皆是在人心浮動的時代中，使陽明學得到活躍的生機。因而日本學者野口武彥就說：「幕末的思想史上，可說是陽明學的季節。」[35] 幕末距晚明約二百年左右，其面臨情況亦何其相似，但其命運之發展，不啻天壤。

　　由於大鹽中齋以尊陽明學之名而起亂，因此陽明學一度被視為「反亂之學」，但在幕末紛亂的時代裡，卻澆不息陽明學的熱潮，尤其佐藤一齋系統下的弟子，名家輩出，出現許多遵奉陽明學的幕末維新志士（如吉田松陰、高杉晉作、東澤瀉、西鄉隆盛）與反維新志士（如山田方谷、河井繼之助、雲井龍雄），其他如吉村秋陽、池田草庵、林良齋、奧宮慥齋、奧宮曉峰等均是奉良知學的幕末知名人物。

　　綜上所述，德川時代的陽明學發展，並沒有像中國一樣遭逢巨大的排擠力量，它的發展主力與動力，大皆來自民間與下

34　參河野省三：〈心學と神道〉，收入《心學》（東京：雄山閣，1942 年），第 4 卷，頁 2-3。在十八世紀末期以「心學」作為號召的著作尚有野崎一步齋的《克己道得鈔》（刊於 1799 年），也是一部倡導神儒佛三教合一思想的著作。

35　野口武彥：《江戶の兵學思想》（東京：中央公論社，1991 年），頁 293。

層武士。其次，日本陽明學之發展雖然無法與大皆為武士所宗的朱子學派或古學派相比，但它藉由良知學的階級平等主義，以及結合日本武士文化精神，在民間的號召力量卻是驚人，這股力量在十九世紀的幕末終於爆發開來，成為許多明治維新志士的精神動力。岡田武彥（1908-）即認為明治維新與陽明學精神有密切之關係，他說：「從（三輪）執齋到（大鹽）中齋所畜積的陽明學精神，在明治維新前後吐萬丈之氣。……日本之陽明學，最了不起之處，即是貢獻於開國與明治維新。這個時期，雖不出偉大的理論家，但如佐久間象山和吉田松陰之開國，西鄉南洲和伊藤博文之遠大政策，均大有功於日本，此即受陽明學之賜。」[36]即使中國學者張君勱（1878-1969）著《比較中日陽明學》也如是認為陽明學在日本實現了國家建設的大業，他大嘆陽明學在中日結果之不同：

> 嗚呼！陽明學之在吾國，人目之為招致亡國之禍，而在日本則殺身成仁之志行，建國濟民之經綸，無不直接間接受王學之賜。語曰：「種瓜得瓜，種豆得豆」，瓜豆之種同，而所獲之果大異。在吾國則為性心空譚，在日本則實現近代國家建設之大業。[37]

誠然陽明學在中國無法得到璀璨的結果，卻在他邦日本展開它的新生力。無怪乎近代中國知識分子，尤其康、梁變法一派，要藉由日本人的提倡陽明學，也跟著呼籲陽明學的的重要性。

---

[36]　岡田武彥：〈日本人と陽明學〉，收入氏編著：《陽明學の世界》（東京：明德出版社，1986 年），頁 447。按：幕末一些陽明學者誠然有功於明治維新（如春日潛庵與東澤瀉），但岡田這裡也把朱子學者佐久間象山算入陽明學行列，顯然有點附會。

[37]　張君勱：《比較中日陽明學》（臺北：中央文物供應社，1955 年），頁 3。

但陽明學為何會成為幕末志士景仰的學問？以下兩節將嘗試從「外在文化」與「內在思想」兩個脈絡來進一步深入解析陽明學精神何以可以成為明治維新的精神動力之泉源。

三、「士大夫文化」與「武士文化」：中日陽明學　在不同歷史文化脈絡中的作用

我們要探索陽明學何以在幕末能成為武士群起嚮往的學問，進而風靡明治維新前後的知識界，或許不可避開日本特殊的「武士」文化，它迥異於中國的「士大夫」文化。釐清這方面文化背景的差異，有助於我們進一步分析陽明學的精神，何以能在幕末時代成為武士們景仰的學問。

明治維新的成功帶給晚清民初的中國知識分子很大的刺激，尤其是維新變法一派的康有為、梁啟超更是醉心於明治維新的成功，進而去追尋日本維新成功的原因。康有為於變法前在「萬木草堂」授徒時，已經用維新志士吉田松陰的事蹟及著作當作教材激勵士徒，[38]並著有《日本之變法由遊俠浮浪之義憤考》，把明治維新志士比擬為司馬遷（約 145-86B.C.）《史記》中的〈遊俠列傳〉之戰國遊俠，希冀中國也能如日本得志士義俠以救國難。[39]梁啟超在湖南主持「時務學堂」時也說：「日本所以

---

[38] 梁啟超在寫給吉田松陰弟子品川彌二郎（1843-1900）書信中提到康有為這段藉松陰以剔勵學生的教學過程，他說：「啟超昔在震旦，遊於南海康先生之門，南海之為教也，凡入塾者皆授以《幽室文稿》，曰：『茍士氣稍偶衰弱，輒讀此書，勝於暮鼓晨鐘也。』僕既受此書，因日與松陰先生相晤對，而並與閣下相晤對者，數年於茲矣。」《民報》，第 24 號（1908 年 10 月），頁 22。

[39] 康有為所著《日本之變法由遊俠浮浪之義憤考》於 1898 年春由大同印書

能自強者，其始者皆由一二藩士慷慨激昂，以義憤號召於天下，天下應之，皆俠者之力也。中國無此等人，奈何！奈何！」[40]譚嗣同在《仁學》亦主張游俠之風、暗殺以伸民氣，[41]這些也都是受到日本維新志士們的行為之影響。以後梁啟超著有《中國之武士道》及〈尚武論〉等倡導中國應重視尚武精神，恢復春秋戰國時代的武士道精神。由此可見，康、梁、譚皆倡俠義、義憤救國，嚮往春秋戰國的遊俠，梁啟超更寄望於素有俠風的湖南志士能有所作為。三者皆慨嘆在中國從秦漢入郡縣制度後，只養就一派「士大夫」的官僚知識分子，遊俠風氣漸衰，以致中國不畏死的古代遊俠俠義之風者遂不可得。但在日本，武士精神卻可以成為明治維新之功。三者之論，其實碰觸到中日「士道」文化的不同，可惜三者無暇對日本的「武士文化」作深論的探索。本節擬從中國「士大夫」與日本「武士」文化之不同，探討何以在武士的國度中，比較能夠接受陽明學精神。

局刊行，係命其長女康同薇編纂而成。在該書中他說：「我中國雖有四萬萬人，而弱氣彌頓，蕩風成俗，雖舊政束縛，戎貊宰割，而無有舍身命激涕淚而起力爭者。……欲求志士義俠以救大難，何可得哉！何可得哉！太史傳遊俠，吾願似續之，命女子子同薇，集日本義俠發憤之事，以著其維新強盛之由，以告我大夫君子。我再續再寫，予頹有沘，不知汗之浹背、髮之衝冠也。」

[40] 楊家駱主編：《中國近代史文獻彙編・二》之《戊戌變法文獻彙編》（臺北：鼎文書局，1973 年），「戊戌變法」（二），頁 549。梁啟超在「時務學堂」任教期間是從 1897 年 10 月至 1898 年 2 月，約四個月。

[41] 譚嗣同在《仁學》（臺北：臺灣學生書局，1998 年）中肯定游俠，他說：「志士仁人，求為陳涉、楊玄感以供聖人之驅除，死而無憾。若其機無可乘，則莫若為任俠，亦足以伸民氣、倡勇敢之風，是亦撥亂之具也。……儒者輕詆游俠，比之匪人，烏知困於君權之世，非此益無以自振拔。」頁 68。

（一）「階層」與「階級」之責任倫理的差異

梁啟超在比較中日封建社會時曾經注意到中國沒有日本意義的「士族」，認為中國因為沒有「士族」，所以封建雖滅，反而君權強盛，而日本因為有「士族」，封建滅後，遂有民權的產生。[42]

姑且不論梁氏之論的化約，但他至少點出了中日的「士」涵義之不同。本節首先應釐清的是「階級」與「階層」的用法，縱然學術界對於中國的「士大夫」有用「階級」者，[43]也有用「階層」者，[44]本章的用法是就其王朝身分制的流動性之高低而言，身分制流動性低者，屬於「階級」；身分制流動性高者，屬於「階層」。前者係指國家有統一的制度規範，規定四民階級如士農工商等，並賦予其世襲的地位，例如中國古代西周的

---

[42] 梁啟超曾說：「日本封建滅而民權生；中國封建滅而君權強，何也？……日本有士族，中國無有也。」詳參氏著：〈論中國封建之制與歐洲日本比較〉，《新民叢報》，第 9 號（1902 年 6 月），頁 28。

[43] 如宮崎市定在〈明代蘇松地方の士大夫と民眾──明代史素描の試み──〉（《史林》，第 37 卷第 3 號，1954 年）一文，在討論到士大夫與民眾的互動關係時，他用「士大夫階級」一詞來稱呼明代的士大夫。

[44] 在中文學界中，錢穆先生例用「階層」來稱呼中國的「士大夫」，他在《中國歷史研究法》（臺北：東大圖書公司，1991 年）中說：「士為中國四民社會中一領導階層，農則為中國四民社會中之基本階層。」（頁 41）日本學界酒井忠夫在〈鄉紳について〉（收入氏著：《中國善書的研究》，東京：弘文堂，1960 年）則區分「士人階層」與「鄉紳」，用的是「階層」而不是「階級」。另一方面，關於明清「士」的地域研究，一般學者用「紳士」或「紳士層」，未嘗用「階級」論明清時代的「士」，如和田正廣的〈明末清初以降の紳士身分に關する一考察〉，以及吳金成的〈明代紳士層の社會移動について〉，分見《明代史研究》，第 9 號（1981 年 10 月）、第 10 號（1986 年 3 月）。

封建社會，區分公、卿、大夫、士與庶民等階級；日本明治維新以前的社會，上古時代即區分為皇族、華族、士族、良民與職工等五個階級，[45]以後經室町、鎌倉到德川的幕府體制，除了皇族地位式微、士族地位提高外，都還保留世襲階級的制度，各階級與階級之間比較缺乏流動性。而在中國秦始皇（在位於公元前 221-210 年）確立了郡縣制的中央集權體制後，君主專制的型態在中國政治上雖不合理想，但從漢代的鄉舉里選到唐宋元明清的科舉考試，平民百姓可以「朝為田舍郎，暮登天子堂」，而且其地位或官位也不可世襲，身分制流動性相當高，下面的社會沒有所謂的「階級」，即是所謂「公侯將相本無種」。

　　因此，中國社會基本上屬於士農工商並列的型態，套用梁漱溟先生的話，即是「職業殊途，倫理本位」。[46]士農工商只是職業的不同，不可視為階級，迥異於日本的階級社會與中國古代的封建社會。所以，像德川初期有名的儒者伊藤仁齋，是個町人學者（商人出身的儒者），若在中國的認知，當然是屬於「士大夫」，但在日本他不是被認定為「士」階級，「儒者」與

---

[45] 如本山彥一：〈穢多說〉（收入《日本近代思想大系・6》之《教育の體系》，東京：岩波書店，1991 年）中說：「按我邦上古，統御人民，務正戶籍，今舉其區別，第一皇族，以之為真人之姓，即貴人之義也；第二華族，以之為朝臣之姓，大兄之義；第三士族，以之為宿禰（按：重臣之敬稱）之姓，少兄之義。蓋大兄少兄之名，贊翼天子，相親如兄弟，視天下之人民如子，以為治者也。第四良民，以之為忌寸之姓，即清民之義。第五職工，以之為道之之師姓，經師、藥師、塗師之類是也，以上為被治者之分。所謂姓也者，身分關係之謂也，諸民各世其職，不敢妄而變更之。即所以起門閥，所以有庶民之別也。是上古立法為政之大略也。」頁 319。

[46] 詳見梁漱溟：《中國文化要義》（臺北：正中書局，1969 年），第 5 章，頁 78-95；以及第 8 章，頁 143-162。

「士」並不一定就可以劃上等號，而在中國「儒者」與「士大夫」根本就屬於同一個概念。[47]

上述中國的「士大夫」觀念，絕不適用於日本武家政權上，日本普遍所云的「士」，就是階級意義的「武士」而言，這種「武士」階級之成立，根源於對主君的「恩」意識而來，因此武士階級對「忠」的先天思想甚為濃厚。

至於中國「士」理念的養成，均透過經書「正心誠意修身齊家治國天下」之思想，先由本身正心出發，最終達治國平天下，但「治國」與「平天下」之差別何在？換言之，一個是「天下意識」，一個是「國家意識」，此二者有無衝突？一般士大夫所說「天下」係以「文化」言，指的是「道統」；「國家」專以「政治」言，指的是「治統」，如顧炎武所說「有亡國，有亡天下」，就是孔子「微管仲，吾其被髮左衽矣」（〈憲問‧18〉）所著眼於「文化」的態度。因此，在中國士大夫觀念中，「文化」（道統）優先於「國家」（治統），理由是中國王朝更迭中常有文化後進國征服文化先進國（如春秋戰國、元、清等），

---

[47] 關於中國「士大夫」一詞的文化現象與階層的研究，現代學者的論著頗多，最著名及深入的是余英時所著：《中國知識階層史論：古代篇》（臺北：聯經出版公司，1993 年二刷）。此外，也可參以下諸氏之研究：何冠彪：《生與死—明季士大夫的抉擇》（臺北：聯經出版公司，1997 年），頁 2 之定義；吳晗（1909-1969）：〈論士大夫〉，收入吳晗、費孝通等著：《皇權與紳權》（上海：觀察社，1948 年），頁 66-74；林同濟：〈大夫士與士大夫—國史上的兩種人格型〉，見周陽山主編：《知識份子與中國》（臺北：時報文化事業公司，1980 年），頁 37-44；又〈士的蛻變〉，同上書，頁 45-52；黃景進：〈社會變遷中的知識份子〉，見國立政治大學中文系中研所編：《漢學論文集》（臺北：文史哲出版社，1982 年），頁 17-34；韓鐵錚：〈說士〉，《歷史教學》，第 2 期（1984 年 2 月），頁 16-17；閻步克亦有專書：《士大夫政治演生史論稿》（北京：北京大學出版社，1996 年）。

士大夫關心不變的道統重於常變的治統；但在另一方面，中國除有高度的天下文化意識，也有強烈的宗族、家族意識，唯獨缺乏「國家意識」，這就是梁啟超慨嘆中國沒有「國家」的公民意識，孫中山也稱在中國只有家族主義、宗族主義，沒有國家主義。簡言之，日本「武士」的責任倫理之關懷偏重在政治上優位性格的「國家」意識，中國「士大夫」的責任倫理則偏重在文化上的「天下」意識。

（二）科舉制度的有無與民間講學型態之不同

造就中國士大夫與日本武士成為不同的文化，兩國科舉制度的有無，以及民間講學型態的不同，亦是重要的原因。

中國在官場上有科舉制度，民間上有書院講學傳統，講學之士都是超越一鄉一里。如錢穆先生說：

> 隋、唐統一，進士科第，各地士人，必群赴京師應舉。及其出仕，不能在本鄉，多歷全國，老死不歸。姑舉李、杜、韓、柳為例，讀其詩文集，凡其一生足跡所履，居住所在，老病所終，皆可稽考。故中國的士傳統，每以天下為家，流動性極大，極少固定於一鄉一土者。……此下元、明、清，凡為士，名列史籍，傳誦人口，為中國文化傳統中一士，則莫非國士、天下士，而決不為一鄉一里之士。[48]

以上錢先生所說的即是任官的迴避本籍及限定任期制度，這是

---

[48] 錢穆：〈再論中國文化傳統中之士〉，收入氏著：《國史新論》（臺北：東大圖書公司，1989 年），頁 180。

統治者想辦法要使中國士人脫離土著，防範其在地方上形成尾大不掉的勢力，而加以限定的制度，其結果是造成士人無法土著化，但是，這種結果其實與經書中不限於國家的「平天下」道理相通。又如宋代以後民間書院的講學，更見其全國性，學者不以一地方一書院為限，如朱熹一人就修復了白鹿洞與岳麓書院，更請陸九淵來白鹿洞書院講學，陸且率其弟子同來，這種講學學團的互動當然超越了一鄉一里。講學與書院之風氣，到了明代王陽明以後，更見其風靡，陽明學派弟子在各地皆有講舍，四處講學，如聶豹講學於京師，一時震動京城；如顏山農在民間講學的足跡不可勝數；小者在民間闢建書院，開講會，立精舍，互相切磋學問。其他如東林學派在東林書院的講學，更是當時士人聚會對抗閹黨，展現士人氣節的代表場所，甚至在被禁毀後，仍有不少人日趨書院舊址講學不輟。

　　相較於中國，德川幕府將軍為便於統治，嚴格規定「土著」原則，如荻生徂徠（1666-1728）所說：「武士悉使之土著，養孝悌忠信之德，成禮義廉恥之風俗，時時使之練習軍法，教之勇於公戰而怯於私鬥之事。」[49]各藩武士不可互通聲息，除非幕府徵調，或是藩主同意，有學問的藩士方可至中央或他藩任職，但他的身分還是屬於原藩，若有違抗隨意出藩者，可判死罪。

　　另外，為了追求治國安民的學問，或是熱衷於學問的一些武士，也必須得到藩命認可，方能至他藩向名士學習，學成後仍必須歸國，服務於自己的藩國，這是非常具有土著性的武士文化。因此，一般武士的概念，地方的藩國意識是凌駕於朝廷

---

[49] 荻生徂徠：《徂徠先生答問書‧下》，收入《荻生徂徠全集》（東京：みすず書房，1973年），第1卷，頁466。

意識，一直到幕府末期，這樣的制度才漸趨鬆動。例如德川初期大儒伊藤仁齋、山崎闇齋，他們一生皆講學於京都；又如中江藤樹，違背藩命，回鄉奉母後，只在家鄉近江一帶講學；藤樹弟子熊澤蕃山參與岡山藩的藩政改革，頗有建樹，但也限定於一藩之政。幕末舉兵起事的陽明學者大鹽中齋，其講學亦限於大阪地區。

綜而言之，中國的士人，可以說是東西南北的士人，尤其宋代以後，私學興盛，士人的講學不以地域為拘，皆屬全國性，即天下性。但在日本的儒者或武士，其講學卻只能被限定在某一地區，雖然儒者或武士修習的學問是超越一藩一國的，但在國家制度上與思想上的防範政策下，使日本武士文化不免帶有「地方意識」的土著性格。

（三）武士與禪學的密切關係

以上中日「士」文化的不同，主要還在於政治制度上所導致的差異，至於日本武士與禪學的密切關係，則屬思想精神層次的不同，與中國士大夫主要以儒學理想為目標有根本的不同。

日本武士何以熱衷佛學，特別是在武家政權成立之後又熱衷禪學，當然與日本從七世紀以來是個以佛教為國教的時代背景息息相關。[50]日本佛寺遍布全國，在十九世紀中期據粗略的

---

[50] 當然佛教從公元 538 年傳入日本後，並非沒有受到阻力，而是經歷過長期「神佛鬥爭」的時期，代表佛教勢力的聖德太子（574-622）、大臣蘇我馬子（？-626），與力主反對「捨國神而事蕃神」的物部守屋（？-587），發生激烈的政治奪權鬥爭。這場政治鬥爭，其實也可說是神、佛之思想鬥爭，其結果造成日本史上以弒天皇收場的歷史悲劇，物部氏被滅，崇峻天皇（在

估計也有十萬之數。[51]佛教不僅深入民間，武士與將軍、天皇們也大都有佛教的信仰，戰國以前甚至有僧兵，其中以奈良興福寺及京都比叡山延曆寺勢力為大。只是，武士是種以戰鬥勇猛為職業的階級，為何又與慈悲為懷的佛教產生關聯？學者曾附會禪學的「戒定慧」三學與武士強調的「智仁勇」三德精神，有異曲同工之處。[52]不過或可從《葉隱》這部十八世紀初期的武士道經典中找到解答。該書特有一條〈慈悲心與勇猛心〉記曰：

> 根據湛然和尚平日的教訓，出家者以慈悲為表面，但內心如果沒有儲存徹底的勇氣，就無法成就佛法之道。又，武士以勇氣為表面，但內心如果不帶有大慈悲心，也無法完成武士的職務。因此，出家者結交武士而學勇

位 587-592）被弒，佛教經蘇我氏以及聖德太子的推廣之後，得到空前的發展，而這個時期同時也是日本積極學習漢化和吸收佛教的時代。到了七世紀中期，孝德天皇（在位 645-654）「尊佛法，輕神道」，一度還要讓位奉佛，可見佛教勢力之盛，致使神、佛勢力仍然明爭暗鬥，孝德天皇終於在公元 645 年正式承認日本為佛教國家，下了「佛教興隆」之詔。佛教傳入日本，經一百多年的發展，快速成為日本的國教，可以說贏得了初期的勝利，這對往後日本文化史的發展產生非常大的影響。

[51] 根據水戶藩主德川齊昭（1800-1860）的《明訓一斑抄》（收入石井紫郎校注：《近世武家思想》，東京：岩波書店，1982 年）記載：「在日本國中推估有十萬寺」（頁 148），此數字與《梅翁隨筆》（收入《日本隨筆大成》，第 2 期第 6 卷，東京：吉川弘文館，1994 年）所記載「日本諸宗寺數之事」略同，這是根據寬政十二年（1800）因修復四天王寺由全國各寺廟所寄附的數量所計算出來的。

[52] 釋悟庵的《禪と武士道》（東京：光融館，1907 年）中即論「戒定慧」與「智仁勇」其本歸一。大意如下：「戒」相當於「仁」，因無慈悲仁愛之大心，則無法體全戒體，相當於武士道的仁；「定」相當於「勇」，因禪定後可有八風吹不動、山崩海嘯也不動的大膽力、大定力，有如武士道之勇；「智」相當於「慧」，因「慧」是般若真智，可辨別善惡正邪，截斷一切煩惱妄想的利劍，相當於武士道的智（頁 85-87）。

　氣，武士接近出家者而學慈悲心。……所謂慈悲者，如
　孕育的母親一般，沒有慈悲而只有勇氣的武士，到頭來
　都將破滅，古今有都有顯明的例子。[53]

身為武士，光有勇猛心，充其量只是個好戰的「勇士」，無法
解決問題，也不會為這個世界帶來和平。但若兼具「慈悲心」，
則能化暴戾為祥和，武士道的最終目標──「和平」，也將得
以實現（武，止戈也）。[54]因此，「勇猛心」的另一面實是「慈
悲心」，二心一體兩面，而訓練慈悲心需要僧人的加持，這是
讓武士為何會接近佛教的原因之一。

　　武士會與禪學密切結合，尤其與戰國紛亂的時代背景息息
相關。武士作為戰鬥的階級，處於戰國時代，生命如草芥，早
上起床猶可憐見愛妻的容顏，晚上則可能殞命於戰場的愁雲慘
霧中，武士往往在殊死戰中的剎那間猛然醒悟，體悟到生死不
二的真理，禪由此生焉。

　　戰國武將常運用禪理於戰陣與攻伐之中，這與中國武將大都
以儒將顯名，大相逕庭。[55]例如戰國武將武田信玄（1521-1573）、
上杉謙信（1530-1578）自幼即受教於禪師，德川家康也是自幼

---

[53]　山本常朝著，神子侃編譯：《葉隱》（東京：德間書店，2000 年），〈聞書
　　第一〉，頁 167-168。

[54]　如一位德川中期的兵學者松宮觀山說：「夫兵法以戰止戰，止戈為武，以
　　致人而不致於人為法。戰爭之道，在於誅國賊而成太平也。」氏著：《學
　　論抄錄》，收入井上哲次郎、有馬祐政共編：《武士道叢書》（東京：博文
　　館，1906 年），中卷，頁 160。

[55]　日本武將均不乏有宗教信仰，當然信仰的最大宗者為佛教，不過耶穌會士
　　早在十五世紀也傳入日本，故也有一些武將是有基督教信仰的，如豐臣秀
　　吉部將小西行長（？-1600）與細川忠興（1563-1645）之妻，以及在九州
　　地區有大量的大名（諸侯）信仰基督教。即使織田信長本人也對基督教信
　　仰採開放的態度，曾經收養西方基督教徒為養子。

在念佛聲中長大，其出陣軍旗不乏有「遠離穢土，欣求淨土」
的淨土宗教語。[56]武田信玄素有中國的諸葛孔明之稱，信仰京
都臨濟宗妙心寺的關山派，其名字中的「玄」字即取中國臨濟
義玄，以及日本信濃禪師關山惠玄之「玄」而來。[57]廣被後人
景仰的武將上杉謙信，七至十二歲即有嚴格的禪修體驗，壯年
亦曾上比叡山修行，他一生信奉佛教，不妻不葷，終生禁慾，
軍旗上大書「毘」字，以求毘沙門天王之護持。再如有獨眼將
軍之稱的伊達正宗（1567-1636），出生之際即帶有濃厚的佛教
色彩。[58]還有長期掌控關西勢力的毛利元就（1497-1571）自十
一歲後就接受僧人的教導念佛，養成每朝念佛十篇的習慣。[59]再
如豐臣秀吉（1536-1598）時代戰功彪炳的加藤清正（1562-1611）
則是虔誠的法華宗信徒，一生在其九州領地協助建立法華宗的
佛寺。[60]

　　職是之故，日本武將或著名武士背後均不乏有禪師指導其
心靈的提升與武道的修養，如日本禪宗始祖榮西禪師

---

[56] 德川家康的部將，似乎也喜歡模仿這樣的軍旗出陣，如一位小野氏的部將
在攻城野戰之際，往往在其軍旗上題寫「吹毛不曾動」五大字，以助其在
戰事混亂之際，也能不動心地看清戰局，並告誡其子孫若想練心術，必須
修習禪學。參橫尾賢宗：《禪と武士道》（東京：國書刊行會，1916 年初
版，1978 年再版），頁 93。

[57] 信玄入禪門即受岐秀元伯和尚教予《碧巖錄》，參腰原哲朗解說：《甲陽軍
鑑》（東京：ニュートンプレス，2003 年），〈品第四〉，頁 120。

[58] 傳說伊達正宗母親懷有正宗，乃夜夢白髮僧人賜予胎育，始懷胎，生下正
宗。伊達正宗這種誕生傳奇故事，頗與豐臣秀吉是「日輪授胎傳說」如出
一轍，均是後人赴會。

[59] 參毛利元就：〈毛利元就遺誡〉，收入小澤富夫編集：《（增補改訂）武家武
訓・遺訓集成》（東京：ぺりかん社，2003 年），第 12 條，頁 177。

[60] 加藤清正所協助興建的佛寺，至少可考的有五座，均在今九州地區，即：
熊本縣的本妙寺、法華寺，大分縣的法心寺，長崎縣的本蓮寺、本經寺。

（1141-1215）之於鎌倉幕府（1192-1333）第二代將軍源賴家
（1182-1204）及其母親北條政子（1157-1225）、道元禪師之於
幕府權力者北條時賴（1227-1263）、祖元禪師（1226-1286）之
於北條時宗（1251-1284）；又如戰國時代快川禪師之於武田信
玄、宗謙和尚之於上杉謙信、隱元禪師之於兵學者山鹿素行
（1622-1685）等等。武將信佛如此，知名的劍術家亦不例外，
德川初期一代劍豪宮本武藏（1584？-1645）自述自己兵法與
劍道是以「天道與觀世音為鏡」，[61]在其晚年作品的《獨行道》
中有一條：「貴神佛，但勿恃神佛。」其實他的劍道體悟也不
離禪宗；另一同期劍客柳生宗矩（1571-1646）年輕時嘗向澤
庵和尚（1573-1645）學過禪學，所著《兵法家傳書》實是一
部禪宗兵法書。[62]

　　以上所分析的日本武士與禪學的密切關係，幾乎在中國以
儒教立國的士大夫文化中非常少見。雖然有些士大夫也雜染佛
教，皇親國妻也不乏有佛教信仰，但由於儒教視佛教為異端，
故儒教自儒教、佛教自佛教，區分非常清楚，未能如日本武士
可以堂而皇之，以佛教為信仰，並作為自己武道修養的重要精
神食糧。

---

[61] 宮本武藏著：《五輪書》，收入何峻譯：《武士的精神：五輪書與兵法家傳
書》（臺北：遠流出版社，2004年），〈自述〉，頁2。

[62] 關於武士道與禪學的關係，筆者另有專文〈電光影裡斬春風：武士道與禪
學〉（未刊稿）討論之，此處簡略其概要。該文發表於第三屆「心靈環保
與人文關懷」系列學術研討會，主題：「東亞禪文化的形成與發展：理念
與實踐」，法鼓人文社會學院與廣州中山大學文學院合辦（廣州：中山大
學哲學研究所，2006年3月27日）。

（四）陽明學在幕末日本的發展

　　以上是闡明中國士大夫與日本武士彼此文化的不同。我們發現日本武士具有濃厚的階級意識，從而帶有強烈政治優位的責任倫理之國家意識，以及科舉制度的缺乏和民間講學的限制，加上一般武士接近禪學的文化普遍現象，都帶給陽明講求知行合一的良知學之所以能在德川日本落地生根的助力。

　　首先，德川幕府政權嚴密的身分階級制度，是陽明的良知學極力要打破的形式之物。如前所提及，日本陽明學的開宗者中江藤樹已經苦於武士身分的種種限制，冒死回鄉著述講學。德川中期的三輪執齋（1669-1744）特著有「士心論」，解釋《論語・泰伯》篇所說的「巍巍乎！舜禹之有天下也，而不與焉」之內容時，而說：

> 士；人也；無位不賤之稱也。卿大夫，貴位也，苟去其位，其人士也。農工商賈，賤業也，若除其業，其人士也。故有士心而居貴位者，謂之「不與」，能興太平。士心立而居賤業者，謂之「逸民」，能不局其事。故富貴不能淫，貴人之士心也；貧賤不能移，賤者之士心也，此是謂大丈夫。（原日文）[63]

按：引文所提及的「逸民」，係出自〈微子〉篇曰：「逸民，伯夷、叔齊、虞仲、夷逸、朱張、柳下惠、少連。」朱注：「逸，遺逸。民者，無位之稱。」因而執齋在這裡著眼的「士」，特別泯除階級意義的「位」和職業的貴賤分別，故即使如舜禹之有天下之「位」，也是不以「位」為樂，縱然如伯夷、叔齊、

---

[63]　三輪執齋：〈士心論〉，收入《日本の陽明學・上》，頁 285。

柳下惠等之無位而居賤業的「逸民」，只要「立士心」，就能夠
如孟子所說的「富貴不能淫，貧賤不能移」者，就是一個頂天
立地的「大丈夫」。

　　邁入十八世紀的德川日本，由於國內幾乎沒有戰事，商業
經濟駁發，「町人意識」（商人意識）崛起，講求「町人意識」
的翹楚者即是講究「心學」的石田梅岩（1685-1744），他有濃
厚的四民平等觀，主張「士農工商，其道一也」，而說：

> 士農工商，天下之治相也，不可無四民之助。治四民，
> 君職也。相君，四民之職分也。士原是有位之臣也，農
> 人是草莽之臣也，商工是市井之臣也。為臣相君，臣之
> 道也。商人為買賣，天下之相也。給細工人製作之酬勞，
> 工之祿也。給農人耕作所得，此亦同士之祿。無天下萬
> 民產業，何以立之哉！商人之買利，亦天下所賜之祿
> 也。[64]

梅岩把士農工商從各自扮演相君的「職分」角度，以論其四民
職分平等觀，亦為商人求利的正當性提供學說的基礎，顯見十
八世紀中後期町人意識的昂揚。

　　幕末陽明學者亦不乏打破階級論者，從他們對「士」的重
新定義可知。例如大鹽中齋從「志」的觀點談「士」。他說：

> 夫志字從士從心，由是觀之，則立士之心焉耳。士之心，
> 則孟子所謂無恒產而有恒心者，惟士為能，其恒心者，
> 何也？不以貧賤禍害，易為善之心也。故學者先立其

[64] 石田梅岩：《都鄙問答》，收入柴田實編：《石田梅岩全集》（東京：石門心
學會，1956 年），〈或學者問譏商人之學問之段〉，頁 82。

心，以從事於聖學。[65]

又如池田草庵從品德的觀點論「士」：

凡為士者，先以立其品為要。若夫材力技藝，特其餘事
也。[66]

由此可知，打破階級的思想利器頗能擄獲下層武士們的心，尤
其是在幕末動盪時期，我們只要看明治維新功臣的出身大皆是
下級武士（如薩摩藩士西鄉隆盛與大久保利通，以及長州藩士
的高杉晉作、伊藤博文等）即可了然。這就是吉田松陰喊出「草
莽崛起」的思想背景，他說：「草莽崛起，豈他人之力哉！恐
不在於天朝、幕府與吾，只必在六尺之微軀。」[67]所謂「草莽」，
並不限定於武士階級，當年參與松陰策劃暗殺幕府重要官僚的
計畫中，多為足輕（下級武士），乃至有魚販、醫師，少部分
才是所謂的「士」。[68]學者稱幕末這股草莽意識與尊王攘夷論密
不可分，甚至可遠溯十八世紀末以來日本面對外來的危機所具
有的深刻化認識。[69]在這樣的環境下，陽明學者良知學的平等

---

[65] 大鹽中齋：《洗心洞劄記·上》，收入《佐藤一齋·大鹽中齋》（東京：岩
波書店，1980年，《日本思想大系》46），第86條，頁576。

[66] 池田草庵：《肆業餘稿抄》，收入《日本の陽明學·下》（東京：明德出版
社，1973年，《陽明學大系》第10卷），頁324。

[67] 吉田松陰：〈野村和作宛書翰〉（安政六年四月），收入《吉田松陰全集》，
第9卷。

[68] 屬「足輕」（下級武士）者有入江杉藏（23歲）、野村和作（18歲）、品川
彌二郎（17歲）、吉田榮太郎（年齡未詳）等四人。松浦松洞（23歲）為
魚商，赤根武人（21歲）、櫻任藏（48歲）為醫師。其他屬於「士」階級
的有前原一誠（26歲）、久保清太郎（28歲）、岡部富太郎（20歲）、生田
良佐（24歲）、作間忠三郎（17歲）及大高又次郎（39歲）等六人。

[69] 「草莽」一詞出自《孟子》：「在國曰市井之臣，在野曰草莽之臣。皆謂庶
人。」松陰並非幕末引用「草莽」的第一人，前此如浦生君平（1768-1813）

論，當然有助長這股草莽意識的功用。

　　其次，德川沒有科舉制度，也有利於陽明學的發展。沒有
科舉制，即表示官學並未定於一尊，思想學說是開放性的。這
也就是為何佐藤一齋可以一個喜歡陽明學而又可以成為幕府
儒官的首席地位的原因。學問本是「為己」而不是「為人」之
學，如今在科舉制度下，追求的學問反成為桎梏學子的思想，
成為功利學問之學。如所周知，陽明學的興起，與當時科舉制
度與書院教學的精神，皆以官學為主，並以功名利祿為主要的
教育，陷入朱子學支離之弊。而當時陽朱貶陸之風潮興盛，陽
明發揚朱陸同歸之論，提倡陸子心學，以救朱子學之流弊。[70]陽
明學雖然在晚明成為一股風潮，但它受到官方朱子學系統的阻
力也從來沒有斷過。

　　日本陽明學雖然也是幕府儒官曾經排斥的學問，但由於沒
有科舉制度，求學的武士們比較可以自由選擇自己的學問，並
且「學問」對武士而言，是基於治國的「實用性」而非基於考
試而謀得一官半職。就這一點來說，這樣的學術土壤也造成陽
明學有利的背景環境。

所著的國防書《不恤歸》，也自稱「草莽之臣」，以及有名的修纂日本史家
賴山陽（1780-1832）也自稱「草莽臣裏」等。在當時用「草莽」一詞並
無統一的定義，未必就是庶民階級的意味。不過「草莽」一詞，在當時實
有「天下慷慨之士」的意義，用此一詞語可以有兩層用意：其一是特別吸
引下級武士，其二是將「臣」的意識從幕府轉移到朝廷。因此學者稱十九
世紀中後期這股「草莽意識」，與尊王攘夷論糾纏不已。有關幕末的草莽
意識之研究，可參高木俊輔：《明治維新草莽運動史》（東京：勁草書房，
1974 年），第 1 篇〈草莽の政治運動史研究の前提〉之第 1 章，頁 1-43。
[70] 相關研究觀點，可參岡田武彥：《王陽明と明末の儒學》（東京：明德出版
社，1970 年），頁 48-54。

更重要的是第三點，日本武士與禪學的密切關係，是促使日本武士能夠親近陽明學的原因。陽明學與禪學有密切的關係，早為人所知。日本禪學研究名家忽滑谷快天（1867-1934）嘗著有《達磨と陽明》一書，將達磨比喻為佛門的王陽明，王陽明比喻為儒門的達磨，又喻王陽明為「孔門的馬鳴、龍樹」，形容陽明的禪學是「行亦坐禪，動亦坐禪，語默動靜體安然」。[71]

由於王陽明是集事功與道德、學業於一身的教育家、思想家及行動家，日本武士學者特別注重陽明「事上磨練」的良知學，特別在德川末期吸引許多武士信仰之，[72]加上陽明良知學說本身即很有禪味，故很能契合已經深染禪學的日本武士傳統。

「事上磨練」是陽明學「知行合一」與「致良知」學說的最簡要直截的行動論說法。事實上，「事上磨練」本是禪學的主要特徵，當年王陽明體會禪學，以及師生之間的問答，經常使用「事上磨練」的觀點。如《傳習錄》說：「人須在事上磨練做功夫乃有益。若只好靜，遇事便亂，終無長進。」[73]或曰：「人須在事上磨，方立得住，方能靜亦定，動亦定。」[74]事上磨練其實不外把日常生活中的內外事情都視為禪，故任何一項技術的學習都可以是禪的體現。武士必須要學習「武藝」，而在學藝的過程中，往往運用禪學的理念，以臻「武士道」。換

---

[71] 忽滑谷快天：《達磨と陽明》（東京：丙午出版社，1908年），頁224。
[72] 有關日本陽明學的發展研究，可參拙著：《德川日本「忠」「孝」概念的形成與發展—以兵學與陽明學為中心》（臺北：臺灣大學出版社，2004年）。
[73] 陳榮捷：《傳習錄詳註集評》（臺北：臺灣學生書局，1992年），第204條，頁288。
[74] 同上註，第23條，頁62。「事上磨練」的問答尚見陳榮捷此書版本的第44、147、262條等，不再一一細舉。

言之,「武藝」作為一項技藝,通過武術技藝的學習,透悟人生真實之道,以成就其「武士道」。不論是武藝的學習還是學習儒家的學問,都是在盡武士的職分,此職分具有先天義務的優先論性質,所以維新志士本就有一套忠君愛國的優先論,一旦接觸陽明的良知學,會把「忠君愛國」推尊到等同於「良知學」,由於忠君愛國本是武士無可逃避的先天義務,甚至可以說是一種宗教信念,故很自然一吸收到陽明「致良知」與「知行合一」的良知學之際,非常切合地轉嫁到自己的忠君愛國思想上。

　　綜上言之,幕末志士均有感陽明良知學提倡平等主義所帶來的上昇意識,平民者可以藉由磨練心志與讀書成為新的武士階級,下級武士亦可以由此信念懷抱治國理念而參與勤皇大業,以是大鹽中齋的《洗心洞劄記》與佐藤一齋的《言志四錄》,幾乎是幕末志士必讀的作品,而且他們的思想比較偏重行動實用而論。所以如佐久間象山、吉田松陰、西鄉隆盛均讀過這部膾炙人口之作品。這種情形也相類似於中國,誠如章炳麟所說:「明代氣節之士,非能研精佛典,其所得者,無過語錄,簡單之說。」[75]將所有明末氣節之士全歸類於這種說法雖待商榷,但中日因為有「士大夫」與「武士」文化的脈絡不同,故同樣是陽明學者以語錄體型態所展現的思想,在中日所得到的效果卻有明顯的不同。這之間當然與時代背景息息相關,但上述所說的「階級」與「階層」的責任倫理、科舉制度的有無,以及武士與禪學的關係,都是促成陽明的良知學能夠吸引幕末武士們有利的文化條件。

---

[75]　章炳麟:〈答鐵錚〉,《民報》,第 14 號(1907 年 6 月),頁 115。

四、中日陽明學思想內涵及其作用：
本體論與功夫論觀點之比較

　　如上所論，討論陽明學帶給日明治維新志士思想動力時，不可離開日本武士的文化脈絡中來理解，畢竟德川封建取士多以武事，雖理想上都說「文武並重」，但實際還是「武重於文」，故清代的考據詞章訓詁之學，在德川時代僅流為少數人之癖好。幕末景仰陽明學的志士（如高杉晉作與西鄉隆盛）等，他們或許無暇討論儒教的本體與工夫的關係，卻皆能深感良知學精神，理由無他，在幕末紛亂的時代，武士需要的是一種簡易直截，可以鍛鍊心魂、磨練志節的學問，而王陽明「在事上磨練」的良知學，恰好投合了武士們之所好。但是，幕末有一群陽明學者，他們對本體與工夫的課題亦有諸多的討論，以下即比較晚明陽明學者與幕末陽明學者對於本體與工夫之間的分析比較，以窺幕末陽明學思想內涵的特色。

（一）從「重本體輕功夫」到「功夫即本體」

　　如所周知，晚明左派王學者之言行，有流於重「本體」而輕「工夫」之傾向，東林學者講學之大要，便是力矯這種王學之末流。[76]例如顧憲成即引羅洪先（念庵，1504-1564）之說批

---

[76] 錢穆先生說：「蓋東林講學大體，約而述之，厥有兩端。一在矯挽王學之末流，一在抨彈政治之現狀。」參氏著：《中國近三百年學術史》（臺北：臺灣商務印書館，1995 年十一刷版），上冊，「引論」，頁 9。而所謂「矯挽王學之末流」尤在於辯論四句教的首句「無善無惡心之體」，東林領導人物如顧憲成、高攀龍等批評王學者，旨在針對重本體而輕工夫的偏向之上。黃宗羲晚年所論：「心無本體，工夫所至，即其本體。」（自序學案）其實也都是矯正王學之末偏本體而發。

評陽明後學曰：「羅念庵曰：『終日談本體，不說工夫，纔拈工夫，便以為外道。』使陽明復生，亦當攢眉。」[77]高攀龍乾脆就說：「不患本體不明，只患工夫不密；不患理一處不合，惟患分殊處有差。」[78]而什麼是「工夫」與「本體」，質言之，一專講求性命道德，一專致力於世道政治的實學上，用顧憲成批評「本體」派的話來說：「官輦轂，念頭不在君父上；官封疆，念頭不在百姓上；至於水間林下，三三兩兩，相與講求性命，切磨德義，念頭不在世道上，即有他美，君子不恥也。」[79]事實上「本體」與「工夫」兩者皆不可分，一體一用，不離不雜，儒者要善用到恰好處，著實困難，故難免偏重。可以說前者以追求普世價值的根本性為首，後者則以講求經世致用的實用性為先，儒者雖皆知「體用兼備」，但東林學源雖出之王學，而其學風主力之一，即在於力矯王門後學（尤以龍溪、泰州學派為主）重性命道德等本體之論，而輕忽經世致用之學。以後，劉宗周特解釋陽明的《大學》「明德」之說，認為陽明的良知說是：「蓋就工夫參本體，非全以本體言也。」[80]他更提出「慎獨」學說，也是在力矯王門後學專言本體而輕忽工夫所衍生的問題。黃宗羲最後總結明末的功夫與本體之論，也說：「心無本體，工夫所致，即其本體」，[81]可見東林學者與劉宗周、黃宗

[77]〔明〕顧憲成：〈論學書・與李孟白〉，收入《明儒學案》（臺北：里仁書局，1987 年），卷 58，〈東林學案一〉，頁 1379。

[78]〔明〕高攀龍：〈論學書・復錢漸庵〉，收入《明儒學案》，卷 58，〈東林學案一〉，頁 1417。

[79]〔明〕黃宗羲：《明儒學案》，卷 58，〈東林學案一〉，頁 1377。

[80]〔明〕劉宗周：〈語錄〉，收入《明儒學案》，卷 62，頁 1529。

[81] 黃宗羲：《明儒學案》，〈原序〉，頁 9。

義皆特感於王學左派「重本體輕功夫」所產生的問題。[82]

　　晚明王門後學「離用而求體」的傾向，還可從陽明晚年所提倡的「致良知」思想來說明。黃宗羲對王學末流誤認陽明「致良知」的「致」之偏向問題，提出這樣的看法：

> 致良知一語，發自晚年，未及與學者深究其旨，後來門下各以意見攙和，說玄說妙，幾同射覆，非復立言之本意。先生之格物，謂「致吾心良知之天理於事事物物，則事事物物皆得其理，以聖人教人，只是一個行，如博學、審問、慎思、明辨皆是行也。篤行之者，行此數者不已是也。」先生致之於事物，致字即是行字，以救空空窮理，只在知上討個分曉之非。乃後之學者，測度想像，求見本體；只在知識上立家檔，以為良知，則先生何不仍窮理格物之訓，先知後行，而必欲自為一說耶！[83]

這段話其實點明了陽明提倡「致良知」的真精神在於「行」，乃為補救終日談空論理，只是在「知」（良知）上辯論本體（討分曉）而不付諸行動的良知「現成派」（根據岡田分類）。所以，陽明的「致」字即是「行」字，學思問辨也均皆不脫「行」字，一般批判王學現成派的論調，大致可以黃宗羲此論為代表。例如清初孫夏峰論王龍谿也說到：「陽明良知之說，著力在致字，故自謂龍場患難死生之後，良知方得出頭，龍谿時而放下致

---

[82] 按：這裡「離用而求體」之語，是引用顧憲成所說：「念庵恐人執用而忘體，因特為拈出未發。近日王塘南先生又恐人離用而求體，因曰：『知善知惡，乃徹上徹下語，不須頭上安頭。』此於良知並有發明，而於陽明全提之指，似均之契悟未盡也。」氏著：《小心齋劄記》，收入《明儒學案》，卷58，頁1390。

[83] 黃宗羲：《明儒學案》，卷10，〈姚江學案〉，頁179。

字，專言良知其究也。遂有認食色以為性者。言不可不慎也。念庵每提戒慎恐懼，為龍谿忠告，見良友切磋之益。」[84]孫夏峰區分陽明與龍谿之別在於一「著力在致字」與一「專言良知其究」。換言之，陽明論良知本體時，已先著立於實踐行動的「致」，並不只停留於「執體忘用」或「離用而求體」，但龍谿等左派王學所走的正是「專言良知其究」的行動派，忽略應遷就「致」的時空脈絡的現象經驗之實用。

　　以上黃宗羲、孫夏峰雖道出王門後學在「致」或「行」的缺憾，但筆者寧可這樣認為，不論是偏重性命道德之學，或是專致治國平天下的經世之學，兩種皆懷有強烈的行動論，王門後學停留於「本體」論辯者，豈有不知「致」的行動精神，而是關鍵在於陽明「知行合一」中的「知」與「行」皆是本體概念，所謂「一念發動處便是行」，故對於「心體」（或良知）的論辯或討分曉等活動，都是直接屬於「行」，而且在現成派看來，這樣的「行」才是根本，否則在良知還未辨明之際就亂「行」或糊裡糊塗地「行」，更有損良知本體。但問題是：「本體」的確難以掌握與體證，因而不免最後只能「終日袖手談心性，臨危一死報君王」的地步，這就是批評良知現成派把所有實踐面全都耗於體證或辯論「本體」上的「行」上，而忽略現實的功夫實用論，一般傾向三教調融或有宗教性的學者，都具有這樣執著於「體證」的行動論之偏向。

　　日本幕末陽明學者論「本體」與「工夫」也扣緊矯正王學末流，如幕末勤王的陽明學者春日潛庵，亦常批判王門左派，而其學即以打破本體工夫之分界為主，他說：「姚江真傳，更

---

[84]　〔清〕孫夏峰：《孫夏峰先生語錄》（臺北：廣文書局，1970 年），頁 1。

無秘訣。本體即功夫，功夫即本體。苟善徹於此語，則千古之
真傳在與此矣。」[85]又曰：「姚江良知之教，真闢千古之祕，簡
而盡矣。所謂盡者，本體即工夫，工夫即本體之謂也。」[86]同
樣是勤王家的陽明學者東正純也批判王學末流：

> 抑如後之為良知之說者，以放縱為自然，以善惡為應
> 跡，任情識而撤名撿，馳事功而薄德義，機變百出無所
> 不至，而猶嘖嘖然訕程笑朱，曰我慕陽明也，我學良知
> 也，是何心乎？[87]

在批判王學末流後，他所提的「致良知」明顯在「功夫論」上，
他在敘述陽明的「致良知」之本原時說：

> （致良知）本之於《大學》與《孟子》也。《孟子》言
> 良知，而不及致，則其失也蕩矣；《大學》說致知，而
> 不本於良，則其失也流矣。辨識於知，合功夫於本體，
> 是致良知之祕旨，而陽明子之苦心，全在於此。[88]

上述末句「合功夫於本體，是致良知之祕旨」，是東正純解釋
陽明「致良知」的主要精神，不停留於本體而重視功夫的實踐
與應用，這可以說是幕末陽明學者的共通之處，而幕末陽明學
者很容易接受中國重視功夫論一派的言論，與前節分析日本武
士重視先天職分的責任倫理有關。

　　因此，大體上可以這樣認為：明末力矯王學流弊的王學後

---

[85]　春日潛庵：〈潛庵偶筆〉，收入《日本の陽明學‧下》，頁 347。

[86]　同上註，頁 348。

[87]　東正純：《證心錄》，上卷，〈說‧致良知〉，收入《日本の陽明學‧下》，
　　　頁 368。

[88]　同上註，頁 369。

勁，由於亡國後沒有得到充分的肯定，批判者因王學末流而否定了王陽明與晚明矯正王學流弊的王學者（如東林黨與王學右派者），甚至將亡國責任推給王學之學風，第二節所提到的顧炎武、陸稼書、張烈等均是持此論者。但這種矯正王學左派弊病的思想，雖沒在晚明後的中國生根，卻在二百多年後的異邦日本發生重大影響，從幕末陽明學者的學風看來，王學左派激烈的思想並未在幕末思想界生根，反倒是明末重視功夫論的劉宗周思想風靡幕末陽明學者，其中如潛庵、東正純均是維新的勤王志士。職是之故，幕末陽明學是繼承東林學與劉宗周「功夫即本體」的學風而來，故明治維新如果要說與陽明學有關，則不是受王學左派學風所影響，而是受到晚明王學重視功夫論一派，尤其是劉宗周的志節與思想所影響。

（二）劉宗周之學在幕末的影響

　　清末民初章炳麟（太炎，1869-1936）提到有關王門後學的弊病，其中提到「戒律未嚴」一點，他說：

> 今人學姚江，但去其孔、佛門戶之見，而以其直指一心者為法，雖未盡理，亦可以悍然獨往矣。所惜戒律未嚴，自姚江再傳而後，其弟子已猖狂自肆，聲色利祿，無不點汙，亭林斥之，致無餘地。[89]

本章借用章炳麟所用的「戒律」概念，並不扣緊佛教中的「戒律」，乃專指儒門「工夫」與「本體」之辨的「工夫」而言。以後東林學派即力矯此種不受禮教規範的弊病，王學殿軍的劉

---

[89] 章炳麟：〈答鐵錚〉，《民報》，第 14 號（1907 年 6 月），頁 115-116。

宗周更在《人譜類記》中的〈考旋篇〉，《人譜續篇》的〈紀過格〉、〈頌過法〉等強調嚴密的功夫，這可以說是陽明學中強調嚴密戒律功夫的最高峰。因而幕末陽明學者不約而同地重視劉宗周的「慎獨」思想，與劉宗周思想重視戒律的工夫論和日本武士精神可以互相拍合有關。

幕末陽明學者非常重視劉宗周之學，而且均有剔除王學左派重本體輕功夫而傾向「動」之精神特色。例如勤王學者春日潛庵強調「不朽」精神，[90]池田草庵也自言：「僕平生尤喜古之奇偉俊拔之人，自夫忠臣義士，挺身殉難之徒，莫不所喜也。」[91]這都具有典型的武士風格，展現日本陽明學者「動」的精神，而劉宗周的慎獨哲學恰好符合幕末陽明學者的學風，因此幕末陽明學者幾乎皆以劉宗周之學為宗，可以顯見幕末流行的不是王門左派學風，而是矯正王學末流的劉宗周之學。以下即論幕末林良齋（1807-1849）、池田草庵、春日潛庵、東正純等四子受劉宗周思想的影響。

佐久間象山曾批評幕末陽明學者大鹽中齋為反對官方不開倉賑災民的起事，罵之為：「顛倒謬戾猖狂橫肆，自以為躋於高明，而日淪於夷狄禽獸而不知矣。」[92]殊不知大鹽中齋也

---

[90]　潛庵在給池田草庵的信中提到：「裏（按：自稱）年少學文章，妄意欲志於古之所謂不朽者。」氏著：〈與池田子敬書〉，收入《日本の陽明學・下》，頁 337。潛庵並在多處言及「不朽」，其「不朽」的概念涵蓋豪傑、經世、德業、文章等之不朽。

[91]　池田草庵：《草庵文集抄》，〈與山本梧菴書〉，收入《日本の陽明學・下》，頁 328。

[92]　佐久間象山：《象山淨稿》，〈與本多伯棫書〉，收入《象山全集》（東京：尚文館，1912 年），上冊，頁 410。象山又如是評價大鹽之起事說：「大鹽某脅眾謀反，竊疑是必傳聞之妄，嘗聞渠溺姚學，而不可救藥，雖然同是尊孔孟，同是崇仁義矣，焉存尊孔孟崇仁義，而犯此悖逆之罪也。……後

曾用類似的語氣批評過王門左派，因此不可將中齋之輕易歸入
王門左派之中。[93]大鹽弟子林良齋，雖在大鹽舉事後，陽明學
普遍被視為「反亂之學」，但他卻不改其學，仍宗其師之學，
唯特凸顯對於劉宗周學問的景仰。同時期之陽明學者池田草庵
稱他的學問是：「蓋君之學，以無我為宗，以慎獨為功，以斃而
後已為了手之期。」[94]良齋在給同是陽明學者的吉村秋陽書中亦
曰：「竊謂：聖人之學，以無我為的，以慎獨為功。聖賢因時立
教，其言不同，而求其要領歸宿，莫非有事於獨也。」[95]由此可
知，良齋學問的用功處即在「慎獨」與「無我」，我們且來看
他對「慎獨」的體證。他說：

　　吾人一點獨知，天機自然，人力不得而與焉，則本亦無
　　我矣。其有我者，乃意欲耳。今欲遣意消欲，復其本無

又見彼檄榜，狂妄乖棘，殊無義理，不謂講天理說至善者，乃自顛倒如此。
吾於是益知學術之害之不可不慎矣；吾於是益知學術之害，其端雖微，而
其禍酷烈矣。」同上書，頁 407-408。

[93] 大鹽中齋批評王心齋說：「王心齋先生，之學者問放心難於求，先生呼之，
即起而應，先生曰：『而心見在，更何求心乎？』此所謂光景上事，而其
說固非也。若以應乎呼者，為心見在，則今呼貓犬，亦應而起來，以此為
良心見在，可乎？是全知覺之知，而人獸一般也。以其有此，謂何求心，
故其弊至猖狂恣睢，不求良心之甚至。先生之獲罪於王門，而受誹乎天下，
只在此光景上事，所謂賢知之過高者也歟。」氏著：《洗心洞劄記・下》，
收入《佐藤一齋・大鹽中齋》，頁 603。關於大鹽中齋一直被學者以左派王
學視之，糾正這種錯誤看法的研究，可參荻生茂博：〈大鹽中齋の『大學』
解釋—江戶儒學史と彼の蜂起問題—〉一文，發表於臺灣大學 2001 年 12
月 21 日《東亞近世儒學中的經典詮釋傳統》第十次研討會議程，修正後
收入於黃俊傑編：《中日「四書」詮釋傳統初探》（臺北：臺灣大學出版中
心，2004 年），下冊。
[94] 池田草庵：《自明軒遺稿抄》，收入《日本の陽明學・下》，〈序文〉，頁 305。
[95] 林良齋：〈與吉村秋陽書〉，收入池田草庵：《自明軒遺稿抄》，頁 309。

之天，無他，在慎其獨而已矣。[96]

良齋特以「獨知」為體，以「慎獨」為功夫，在其著作中經常提到「慎獨」，並都是用來陳述克除欲望的嚴密功夫。由於幕末陽明學諸子皆有書信往來，他們惺惺相惜，以陽明學之學問相規，一人唱之，眾人和之。池田草庵、春日潛庵、吉村秋陽等皆互相通信甚至拜訪，彼此之學亦互相影響。

其次，幕末尊崇劉宗周「慎獨」之學，是由佛歸陽明學的池田草庵。他也批判王學末流說：「王子一切排知識見解，而直向裡面，討此良知，簡易直截，直覺切實。然而學者大率過於自信，浸浸然又啟猖狂自恣之病，是亦學者之所當慮也。」[97]他更推劉宗周的慎獨學說是「千聖之真血脈」，他說：

> 朱王學術互相是非，眾論紛然，固非一日。直至劉子出，兩造聽斷，調停和融，必要之至當而後已。予故曰：朱王之後，更缺此一人不得，特其平日所主張，慎獨之說者，功夫切實，證入微密，實為千聖之真血脈。乃其立朝之本末，持身之始終，冰霜烈日，照映一代，以為有明三百年，士林之後勁者。蓋亦莫非此物也。噫！亦偉矣！[98]

由上面引文可知，草庵視劉宗周為調停融合朱、王最佳的陽明學者，儒學聖脈，絕不可少劉宗周調融的重要性。因此草庵為其學生講學，皆以劉蕺山所著《人譜》為教材，更謂：「《人譜》

---

[96] 林良齋：〈與源子贊書〉，收入池田草庵：《自明軒遺稿抄》，頁 308。

[97] 池田草庵：《肆業餘稿抄》，收入《日本の陽明學・下》，頁 324。

[98] 池田草庵：《草庵文集抄》，收入《日本の陽明學・下》，〈讀劉子全書〉，頁 333。

一書，念臺劉子，絕食殉國，忠節之士也。則其所著之書，不可不敬也。」[99]可見劉宗周影響幕末陽明諸子，不僅在其學問，尚在其殉國、忠節的事蹟。

復次，幕末勤王的陽明學者春日潛庵，他的思想對於維新第一功臣的西鄉隆盛也有很大的影響，他檢討王學末流的「致良知」之病時，提到劉宗周的《人譜》可以救良知學末流之弊，他說：

> 子敬（按：指池田草庵）足下，頃襄獲明劉蕺山所著《人譜》。……夫姚江致良知之教，本之孟子，委曲明邑。然末學之弊，徒知良知，而不知致知，狂肆放蕩，良知之變，而為私知焉。《人譜》一書，此可以救其弊也。然姚江之學，確然信焉而不惑者，方今天下其寥寥焉。且其信者，猶未必確然也，而況不信者哉！[100]

又曰：

> 王門諸子，如龍溪、心齋，無不聞致良知之旨。然往往不能無弊也。如東廓、兩峰、念庵、雙江，皆不失於師旨，而至蕺山得姚江之粹矣！其立大節，不食而卒者，豈偶然哉。慎獨之功熟，而致良知者然也。[101]

潛庵這段解釋，實視劉宗周為得陽明之最精粹者，視「慎獨」即是陽明的「致良知」，批判「徒知良知，而不知致知」，強調功夫實踐的重要性。

---

[99] 池田草庵：《肄業餘稿抄》，頁 322。
[100] 春日潛庵：〈與池田子敬書〉，收入《日本の陽明學・下》，頁 336。
[101] 同上註，頁 337。

　　最後，幕末勤王的陽明學者東正純，也如池田草庵一樣，棄佛歸儒。他曾經精究程、朱、陸、王學說，最後找到劉宗周的學問，作為他學術之所宗，他說：

> ……是杜門謝客，慨然自警，復遍讀程朱之書，而於陸王之言，亦莫不精究焉。必欲盡其蘊奧而後止，蓋用力甚苦，然後始有所洞覺乎斯道焉。既而得讀蕺山劉氏之書，喟然嘆曰：「於朱王之學，能折衷而得其骨髓者，獨有劉氏而已。」乃一遵奉其慎獨之說，而暨經世變歷事難鍊寒暑之久，然後斷然深自信。[102]

可見東正純在學問的歸宿上，終於找到劉宗周的「慎獨」學說，認為宗周之學是最善學陽明者，自己因此奉其學多年。他說：

> 或曰：「劉蕺山慎獨之宗，又何所本？」解曰：「蕺山之學，本出於陽明子，而折衷於程朱。有本體，有功夫，嚴密精透，大備焉。說者言，道學起於程朱，盛於陽明，成於蕺山，亦或不誣矣。予亦奉其學有年矣。」[103]

由此可知，幕末陽明學者皆視宗周之學與陽明無二，尤其是宗周嚴密精透的慎獨之學。從幕末陽明學者多尊劉宗周，並批判王學左派看來，說明日本幕末的學風，絕非晚明王學左派當道可比。事實上王學左派在幕末鮮有信奉者，[104]縱然如幕末志士

---

[102] 東正純：《證心錄》，〈語・下篇・31〉，頁 387。

[103] 同上註，頁 372。

[104] 如春日潛庵說：「王門諸子如龍溪、心齋，雖聞致良知之旨，然亦不能無弊。」（《陽明學大系》，第 10 卷，頁 140）山田方谷說：「人謂王龍溪之說優於劉念臺，不知念臺雖有偏靜之短處，然龍溪若禪學，有輕視人倫規矩之弊害。」（參荒木龍太郎：〈日本における陽明學の系譜（下）〉，載於《陽明學の世界》，頁 408）東澤瀉則主張把陽明學後學中有負陽明之教的王畿

吉田松陰雖景仰李卓吾，但汲取的完全是行動論的積極一面。顧允成（涇凡，1554-1607）嘗斥王門後學為：「恁是天崩地陷，他也不管，只管講學耳。」[105]但李贄所宣揚「私欲」與「童心」，反對以孔子之是非為是非，對松陰而言，他雖感於「童心」，但對「私欲」興趣缺缺，他甚至有「滅私以奉公」的愛國情懷，因松陰正是處於日本天崩地裂時代，而他更雄心萬丈地想要影響國政，曾經派弟子刺殺幕府老中。可見松陰人在獄中，卻心繫日本國政，主張尊王攘夷，身上無一刻不是愛國的熱誠，絕無高攀龍所斥責王門後學之講學流弊。

　　綜上所述，從力矯王學流弊的劉宗周之學在幕末蔚然成風之事實，我們可以瞭解：陽明學成為明治維新的精神動力，絕不在王學左派中吸取思想資源，雖不是王學而傾向陽明學者，則直接取陽明《傳習錄》學說資源；自稱陽明學者，則大皆宣揚明末振興王學的劉宗周之學。總而言之，陽明學精神在中國因滿清的入關，使其帶有亡國的指責，但在日本特有的武士風土培育下，似乎得到新生，並以不同的面貌展現出它璀璨的光

等人與陽明之學區分開來，他說：「議者曰：陽明之學虛而浮，良知之說輕而蕩，使質厚者為薄，使知德者不好，而至也甚，則斥以為淫邪道，為生心害政矣。是誰罪呼？嗚呼！在議者何足以知陽明，而如為其學者，亦豈謂之不負良知之教？不啻商周程朱子之心，又將欺陽明在天之靈也。」（《陽明學大系》，第10卷，頁224）吉村秋陽的致良知學則是以王門之東廓（正統派）、雙江、念庵（右派）為宗，他並批判王門左派說：「予每讀公（按：王陽明）傳，輒慨然以謂，公固百世殊絕人物，所謂三不朽之存乎其身，皆莫非良知之妙用實驗矣。而顧奉公之教者，則往往失立言之旨，唯簸口舌談過高，而既入猖狂自恣之流。」氏著：《讀我書樓遺稿抄》，收入《日本の陽明學・下》，〈王文成公傳本序〉，頁351。但幕末也並不是沒有遵奉王門左派的陽明學者，奧宮慥齋即是唯一高度尊崇王門左派者，他晚年特喜王龍溪，這可算是一個特例。

[105] 黃宗羲：《明儒學案》，卷60，〈東林學案三〉，頁1469。

芒，在明治維新前後扮演行動革命的精神指導之學說。中日陽明學如此異樣發展，實值得令人深思。

五、結　論

　　十七世紀遺民儒者朱舜水（1600-1682）帶著國仇家恨避居日本，得到日本學者的禮遇，在他的文集與書信中，不難看出他也是反對陽明學，並贊同日本古學派伊藤仁齋批判陽明，甚至認為「陸象山、王陽明之非，自然可見矣。**不論中國與貴國，皆不當以之為法。**」[106]弔詭的是，陽明學畢竟還是在日本開花結果，而且影響幕末志士的思想和行動。而為何造成這樣的結果，本章的課題即旨在解決這個課題。

　　本章旨在分析中國陽明學何以成為清初知識分子所稱的亡國禍首，而日本陽明學卻可以成為明治維新之精神動力？第二節首先論述中日陽明學的不同命運發展與評價，探討中國陽明學在明代亡國後，清代學者顧炎武、呂晚村、張烈、陸稼書等人把亡國責任推給陽明學的論調，成為清代學術的主流，一直到晚清在維新變法派如康有為、梁啟超等人，才積極正面肯定陽明學。但是，晚清陽明學復興之動力，除由中國學術的自發以外，還有外來的推力，那就是明末清初知識分子受到日本明治維新成功的影響，當他們在尋求維新的精神動力泉源時，

---

[106]　朱舜水：〈答安東守約書・十九〉，收入《朱舜水集》（臺北：漢京文化事業有限公司，1984 年），頁 166-167。黃俊傑教授在〈論東亞遺民儒者的兩難式〉（《臺灣東亞文明研究學刊》，第 3 卷第 1 期，2006 年 6 月）一文中將朱舜水、黃宗羲（1610-1695）稱為「遺民儒者」，分析他們在「文化認同」與「政治認同」之間的兩難式抉擇（頁 61-80）。

發現了陽明學在日本維新志士的指導精神動力。為了探求陽明學何以能成為明治維新的精神動力，本章在第三節與第四節分別從「外在的文化脈絡」與「內在的思想脈絡」，分析陽明學能夠在幕末時代成為顯學的原因，並且也成為維新志士們所景仰的學問。

　　在外在的文化脈絡上，本章在第三節分析了日本武士文化與中國士大夫文化背景之不同，是促成陽明學成為日本武士的有利條件。從制度的發展現象而言，中日有「階層」與「階級」觀念的不同，這種制度導致彼此「士」的責任倫理差異。中國「士大夫」是基於文化面的「天下意識」之責任倫理，日本「武士」則是基於政治優位層面的「國家意識」之先天責任倫理。其次，中國有科舉制度，「士大夫」任官必須迴避本籍；日本無科舉，「武士」必須遵守封建體制而必須「土著」，因而發展出各自「自由」與「封閉」的講學型態。以上兩項，是讓陽明學這種講究自由與打破階級的平等主義，能夠吸引下級武士或平民出身，而極思改革日本嚴密的階級制度與不自由、不平等的現況。此外，從日本武士的尊崇佛教的現象來看，這又與中國一般以儒教文化為主的士大夫文化截然不同，也是促成日本武士能夠比較接近本來就與佛教有密切關係的陽明學之原因，故武士多能體會「事上磨練」的簡易直截的良知學說。

　　其次，在「內在的思想脈絡」上，本章第四節從儒學的「本體論」與「功夫論」之觀點，審視日本維新志士的陽明學思想內涵，傾向功夫論的實踐精神。如前所說日本武士有一份對主君盡忠的先天義務之政治職分倫理，故武士對於「體」、「用」概念，也是傾向於政治實用的實踐論，即武士不停留於專講性命道德的「本體」論，而致力於政治實用的「功夫」論。因此，

晚明如東林學、劉宗周、黃宗羲等人，力矯專言本體而輕忽功夫的王門後學的言論，成為幕末陽明學者學習吸收的對象，也因此為何在幕末的陽明學者，都以晚明最講功夫哲學的劉宗周之「慎獨」思想為宗，而左派王學的理論並未能在幕末思想界中得到推展。

明治維新以後，維新志士咸感於陽明學的「知行合一」之行動哲學，以致維新後，許多學者大力鼓吹陽明學精神。我大致分為兩派：其一是以東京地區為主，倡導國家主義的井上哲次郎（1855-1944）、高瀨武次郎（1868-1950）等人為主，以及他們附屬的《陽明學》雜誌，二氏並著有許多陽明學專著提倡國家主義的陽明學。其二是以大阪為主，倡導和平主義的石崎東國及其附屬的《陽明》（以後改為《陽明主義》）雜誌，一般認為明治維新是受到陽明學精神的影響，與這兩個雜誌的發行有相當大的關係。有關這兩派雜誌及其相關的陽明學思想，實是本章後續研究的重要課題。此外，日本知識分子的熱衷陽明學，同時也影響了近代流亡日本的維新或革命分子對中國陽明學的重視，從而回國後提倡陽明學，促使民國初年一些傳統知識分子也重視陽明學之精神。但是，另一方面陽明學在中國的發展並不只是外在的影響而已，內部的發展亦其來有自，才能使得陽明學在中國近代的發展中受到重視。因此近代中日陽明學的不同發展現象，亦將是本章繼續探索的重要課題。

結　論

第七章

德川儒學的特質：
兼論日本思想研究的展望

一、前言

　　朱子學在中國元明清三代是思想的主流，十五世紀以後籠罩朝鮮思想界，並於十七世紀開始風靡了德川日本思想界。本書旨在探索德川儒學思想的特質，筆者認為若欲窺探德川儒學思想的特質，與其從朱子學者的思想中探索日本儒學特質，不如直接從朱子學思想之所無者或是反朱儒者思想中，更易得其肯綮。

　　因此，本書在上述的研究取徑上，企圖鮮明地呈現出德川儒學思想的特質。本書涉及的學派有朱子學派、陽明學派與徂徠學派，時代跨越德川初期至末期，內容則含括中日儒學道德價值觀念的比較、理學神道、儒學義理詮釋及陽明學對明治維新之影響等，而以「儒學中的神道思想」、「徂徠學的特質」及「日本陽明學的淵源與作用」等三項主題，凸顯德川日本儒學思想的特質。

　　本書無意於描繪德川儒學思想特質的全貌，但本書所採取的研究方法，大致扣緊中日儒學比較觀點，以透視日本儒學發

展的特質。本書的研究顯示，儒學在德川日本的發展至少在「神道學」、「徂徠學」及「陽明學」等的發展與思想內涵上與中國儒學有特別鮮明的異趣。以下我即環繞著這三項主題，再次扼要說明本書各章的重點，並在最後一節提出有關日本思想史研究的展望。

二、德川儒學思想特質舉隅

欲呈現某種思想的「特質」，則必須把「原有的」與「派生的」作一比較。毫無疑問，「孔子之道」可以作為東亞儒學原有的共同公分母。所以，中日歷代學者都折衷於孔子，雖然取捨不同，但皆自稱是孔子之道。本書《導論》透過中日儒者對儒家道德價值觀之比較，扣緊「仁義」與「忠孝」的思想內涵，分析長期以來日本武家最重要的道德核心價值就是「忠孝」，並且它優先於「仁義」，而且「仁義」、「忠孝」之道德體用關係在近代中日不同的發展之下，也是逆轉的關係。德川武士在理解儒學的道德價值觀時，之所以能夠輕易地轉換儒學道德價值觀念，最根本的原因實與日本獨特的神道思想息息相關，因為神道不僅是武士道思想的本土泉源，同時也是天皇崇拜、國家主義的共同淵源。本書即以儒學道德價值觀念的比較研究方法作為導論，展開爬梳德川儒學思想的特質。

（一）儒學中的神道思想

德川儒學中有神道思想，毫無疑問，這是中國與朝鮮所未見的現象，但在德川時代浸潤在神道思維之中的儒學者，卻比

比皆是。[1]本書第二章旨在闡明這個日本儒學的特殊現象。

　　第二章分析德川儒學中特殊的「理學神道」思維。我以兩位德川初期的朱子學學者林羅山與山崎闇齋為中心，分析並比較他們獨樹一幟的「理學神道」之思想內涵。本章指出這些「理學神道」者有一種「援神排佛」的思想背景，以破除長期以來的「神佛習合」現象。本章亦指出羅山的理學是一種理氣一元論的「從氣言理」思維，而他結合神道學則從「神儒同理」之觀點——即「神道即理」，以論「神儒合一」的「理當心地神道」，側重強調儒教道德的仁義思想內涵。相較於林羅山，山崎闇齋的理學則是固守理氣二元論的「從理言氣」論，雖然站在「理一」立場，但依然持神道自神道、儒道自儒道之論旨，以論「宇宙同理」的「垂加神道」，講究神道中心思想的「正直」。

　　如前所言，德川儒者之有神道信仰者比比皆是，上文旨在指出一個事實，即儒學中有神道思想是日本儒教的特色。關於「日本儒教」，服部宇之吉（1867-1939）曾經在為安井小太郎（1858-1936）的《日本儒教史》寫序時說：「言『日本儒教史』有兩個意義，其一是作為日本儒學的歷史，另一則是在形成日本儒學史上，與吾固有的皇道融會，成為渾然一道，此即『日本儒教』也。」[2]由服部氏對「日本儒教」的解說看來，所謂「日本儒教」指的是結合「皇道」的儒學，當然這裡的「皇道」

---

[1] 關於德川神道與儒道兼攝的諸多學者思想的分析，筆者另有〈日本德川時代神儒兼攝學者對「神道」「儒道」的解釋特色〉一文,《臺大文史哲學報》，第 58 期（2003 年 5 月），頁 143-179。

[2] 服部宇之吉所寫的〈序〉，收入安井小太郎：《日本儒學史》（東京：富山房，1939 年），頁 1。

與神道是不可分的，也與服部氏處在戰前皇道高昂的背景有
關。[3]這樣的「日本儒教」的確不同於中國，本書「理學神道」
的這篇文章也指出這個事實。不過，必須釐清的是，我們確實
可以說儒學中有神道思想是日本儒教的特色，但不能認為這個
就是「日本儒教」的全貌，畢竟日本儒教尚有許多不與神道思
想糾葛的儒者或學派，例如古義學派的伊藤仁齋與古文辭學派
的荻生徂徠，以及許多的朱子學者。因此，我們僅可說儒學中
有神道思想是日本儒教的一大特色，卻不可認為這就是所謂的
「日本儒教」。

（二）返本運動中的返本主義：徂徠學者的儒學解釋　之特質

宋代儒者超越漢唐先儒而直接上復先秦孔孟之學，西方漢
學家 William Theodore de Bary（1919- ）指出這是很具有「返本主
義」（fundamentalism）特色的思想傾向。[4]徂徠學在日本的發展，
實也是這波「返本運動」中的一環，只是它比宋儒更為返本，

---

[3] 服部宇之吉在第一次世界大戰期間，即開始主張「日本式孔子教」，他的
　　所謂「日本式孔子教」的觀點，其實與發揚日本國體、建設「王道日本」
　　息息相關。相關研究，可參陳瑋芬：〈服部宇之吉的「孔子教」論〉，收入
　　氏著：《近代日本漢學的「關鍵詞」研究：儒學及相關概念的嬗變》（臺北：
　　臺灣大學出版中心，2005 年），第 6 章。

[4] 參見 Wm. Theodore de Bary, *Some Common Tendencies in Neo-Confucianism*
　　（Stanford: Stanford University Press, 1959），pp. 25-49。"fundamentalism"
　　一詞，用於描述嚴格地固守基督教植基於聖經文獻的教義，在十九世紀晚
　　期及二十世紀初期泛宗教的新教運動中，反對基督教義對現代科學理論與
　　哲學的調融。我這裡援用「返本主義」實亦有歸返經典的用意，亦即一切
　　解釋以回歸古代儒家經典文獻為主。不過我自己用這個詞，是思想史的研
　　究方式之用法，旨在表明徂徠解經不只回歸孔子，同時要回歸孔子更古的
　　六經時代。

不只是如伊藤仁齋或是宋儒返回原典孔孟時代的儒學，徂徠更進一步地超越原典儒家，甚至批判原典儒家，從而返回更古的《六經》，故我將徂徠學稱為「返本運動中的返本主義」，學者通稱其為「六經主義」的學者。

　　荻生徂徠的古文辭學有如在德川儒學中異軍突起，揮戈斬旗，震耀當時儒學思想界。徂徠這樣具有雙重返本主義的學者會出現在德川思想界，必然有日本相應的風土習俗與思維習慣。但是，類似徂徠這樣的學者，在朝鮮或是中國可能是異數。因此，從鑽研徂徠學者對儒學思想的解釋，亦大致可掌握德川儒學思想的某些特質。

　　本書第三章特別處理徂徠的「不言」的經典詮釋方法。徂徠的思想中心即是「孔子之道，先王之道也」，主張非了解古文辭則不能知古義，因此他扣緊孔子所說：「非先王之法言，不敢道也」、「子曰默而識之，不言而喻」的道理，一切以《六經》及《論語》所說的「道」為標準，並以孔子之語以及《六經》之古語為中心，對於詮解經典的後儒者，輒以「非孔子語」、「非古語」而批判之。職是之故，本章爬梳徂徠的「不言」之意的思想內涵，其中分析了「禮樂不言」、「否定後儒言說的不言」、「肯定事功的不言」及《論語徵》的闕言深意」等四項特質。

　　其次，古文辭學派旗幟鮮明地反對朱子理學，亦得到朝鮮儒者的重視，其中丁茶山便是朝儒評論古學派中最為精細的一位實學派學者。因此，本書第四章透過丁茶山與徂徠弟子太宰春臺對《論語》的解釋與比較，略窺日韓兩大實學家在儒學經典解釋上的歧出。丁茶山基於孟子學立場，闡述他獨特的「以

嗜好為性」的人性論，反對宋儒以形上超越的性理學解經。太宰春臺則直斥孟子為孔子叛徒，視宋儒與孟子為同一思路，又多以政治義解釋經典，排斥心性論之課題。其次在管仲論的立場上，二者雖皆肯定管仲是仁者，但太宰春臺比較直接性地肯定管仲，丁茶山則較持保留態度，由此可以窺見二者「實學」精神之差別，即太宰春臺傾向政治效益主義的實學，丁茶山則仍屬於道德實踐論的實學。最後從教育論的觀點，分析丁茶山的「牧民論」是站在民本論立場，而太宰春臺的教育觀則是屬於「愚民論」。古文辭學派的作品能夠受到十九世紀朝儒的重視與批判，同時清末也有儒者重視荻生徂徠與太宰春臺對《論語》與《孝經》的解釋作品，因此古文辭學的研究實可成為一個中日韓儒學史研究共同的學術課題。

（三）日本陽明學的發展與作用

　　日本陽明學的發展與命運和中國陽明學截然不同，雖然自其發展之初即與晚明有密切的關係，但由於中日風土互異，制度與文化的不同，使得陽明學飄洋過海後，竟搶得思想界的一席之地，並在幕末維新之際，大放異彩，這與中國陽明學在清初以後不被重視的情形相較，直有天壤之別，所以探討陽明學發展並分析其思想內涵，亦可以捕捉到德川儒學思想的特質因素。

　　本書第五章及第六章分別探討日本陽明學的發展淵源及對幕末維新的影響。本書第五章指出日本陽明學的開宗人物中江藤樹之所以推尊「孝」的宗教性格，以及他本人具有鮮明的三教色彩，與晚明流行的《孝經》編纂風潮有莫大的關係。由

藤樹與晚明作品的淵源關係，不禁令我們更深刻地發現晚明思想家的作品，已然在德川思想界流傳，而且達到發酵的作用。例如吳蘇原《吉齋漫錄》與羅整庵《困知記》的氣學思想之於伊藤仁齋、貝原益軒，王龍溪《語錄》與唐樞《禮元剩語》之於中江藤樹，劉宗周的作品之於幕末陽明諸子。此外，晚明清初的《四書》註解書也在江戶中期後流傳，這也對德川儒者造成一定的影響，例如 1790 年的寬政異學之禁的政策，顯然受到清儒陸稼書的官方朱子學態度之影響，又毛奇齡的《四書》解釋也頗受幕末陽明學者大鹽中齋的重視，其作品大量地出現在中齋的著作中而被引用。有關晚明思想家之作品，流傳到德川日本所造成的影響之種種課題，實為本書日後重要的研究課題之一。

其次，本書最後一章分析「為何中國陽明學成為清初知識分子所稱的亡國禍首，而日本陽明學卻可以成為明治維新之精神動力？」之課題。本章從外在的歷史文化脈絡，解釋中日陽明學在不同文化土壤下所產生的不同思維，特別扣緊中國「士大夫文化」與日本封建「武士文化」的不同文化背景，分析「階層」與「階級」意義下的「士」責任感的不同、科舉制的有無，以及日本武士文化與禪學的密切關係等，提出這些不同文化背景實有利於陽明學在日本的發展。另外，本章也從「本體論」與「功夫論」之觀點，審視日本維新志士的陽明學思想內涵，比較重視功夫論的實踐精神（「事上磨練」），此所以劉宗周「慎獨」之學能夠成為幕末陽明學者所宗的學問。

三、日本思想史研究的方法及其展望

　　對華人學者而言，日本思想史的研究是一項重大的新挑戰。在寫作本書時，我運用以下的研究取徑：其一是從日本本土的思想家之彼此論爭，掌握日本思想的特質；其二是將日本內部思想的特質延伸到東亞橫向的聯繫點上，進一步探究日本思想在東亞思想史上的特質與意義。最後，在終篇之際，我想討論日本近代與近世思想關聯的研究方法之問題，並由此提出研究的展望。

（一）深入日本思想的論爭以掌握日本思想的特質

　　中國思想活潑空靈，門派雜多，研究者如想掌握中國思想史的特質，較為有效的方式之一就是注意並比較中國思想內部的論爭，如佛教與儒教思想的論爭，以及儒教內部中的孟、荀之爭，或是朱子學與陽明學之對立。在禪宗思想上也有南宗與北宗的對立、頓悟與漸修工夫的路線之爭等等。即使在中國陽明學內部，也有所謂左派王學與右派王學之爭。研究者可藉由彼此論爭的關鍵核心點，從中掌握其思想特質。

　　同樣，對日本思想史的研究應也是如此。在日本，儒教、佛教都是被視為外來的思想或宗教，因此早從聖德太子時代（574-622）以前即有神佛鬥爭的現象，即使以後佛教一枝獨秀，奈良時代（710-784）起即有貴族佛教與民間佛教的論爭。遣唐史時代，也有最澄（767-822）所傳天臺宗與空海（744-835）所傳真言宗的論爭。即使具有本土特色的神道教也是如此，有

基於「本地垂跡」[5]說的神佛習合論，也有強調擺開佛教而自立的神道（如伊勢神道），即使到了明治時代，乃至有「廢佛毀釋」的論爭。到了戰國時代，基督教傳入，德川初期儒教興盛，則又有儒教、佛教與基督教彼此的論爭。即使儒教內部，也有古學派與朱子學之爭，徂徠學與非徂徠學之爭。面對儒學與佛學等外來的思想，乃至有國學一派，群起而爭之，捍衛日本的傳統學問。[6]

本書第二章所提煉的神道與儒學之思想論爭，以及第四章論太宰春臺與朝儒丁茶山對《論語》解釋的論爭，乃至第五章分析中江藤樹「孝」思想的淵源與晚明《孝經》風潮的思想論爭等等，皆是在這樣的比較方法上之作品。筆者深信，透過比較以上日本思想內部的論爭，當可較輕易地掌握日本思想特質與文化意涵，作為進一步研究的參考。

（二）探討日本本土思想之特質及其與東亞學術的關聯

本書闡明儒學中的神道學是德川儒學思想的特質，而這種學說融合或是宗教融合的現象，或可擴大成為「東亞」學術之共同研究課題。換言之，中日韓在近代以前均有三教融合的現象，但各自均有其發展的特殊性，如能綜合性地加以比較與研究，實有助於形塑具有東亞特色的「宗教融合」思維體系。在

---

[5] 所謂「本地垂跡」，意即日本之神即是本地的佛或菩薩，是為了解救眾生，改變形姿而垂跡在日本本地的神佛同體說。從平安時代開始，「本地垂跡」的現象一直存在於日本神道與佛寺中，到了明治初期的神佛分離政策實施之後，此說才漸漸衰微。

[6] 以上有關日本思想論爭的材料，可參鷲尾順敬編：《日本思想鬭諍史料》（東京：名著刊行會，1969 年）。相關研究參今井淳、小澤富夫編：《日本思想論爭史》（東京：ぺりかん社，2004 年）。

德川日本，類似這種宗教融合的現象並不少見，如德川中期特有一個主張學說或宗教融合的「石門心學派」，是由町人學者石田梅岩（1685-1744）所創立的，他的心學派主張三教融合，在十八世紀末及十九世紀初對庶民教育與文化造成相當的影響。這種三教融合的教派在朝鮮末期也有崔濟愚（1824-1864）創立的東學派，中國晚明也有林兆恩（1517-1598）的三教一致派，若能加以整合與比較中日韓這些三教融合的思想、教派，配合時空背景脈絡，探討其發展與沒落之原因，必有助於我們了解中日韓三國的庶民宗教與文化的特質。

又如氣一元論思想，在德川日本不論是朱子學者（如林羅山與貝原益軒）或是反朱學者（如伊藤仁齋），乃至反儒教者（如安藤昌益）或是蘭學者（如三浦梅園，1723-1789），主氣論顯然是一股不可忽視的思想潮流，如果依學者比例，德川日本的主氣論比中國、朝鮮高出許多，這樣一個現象，若放在整個東亞的學術思潮脈絡來考量的話，則更可指出這些主氣論的「異中之同」與「同中之異」，從而發現彼此的思維特質。

（三）分析日本近代與近世思想之關係

由於現代學術研究習慣於各區域與各時代的專攻，因此往往塑造了某一區域學門或某一時代的專家，卻少見有跨領域或跨時空、跨國界的研究。然而我們都深刻地瞭解某一文化或思想的產生，絕不是平地突起，而常有其先前的母體淵源。以「傳統」這個概念來說，當我們討論「日本傳統」時，便強烈地感受到當代人處在當代時空學術風氣中，他們在解釋傳統時，常會創造另一「新傳統」，導致有各種意義的「傳統」產生。所以，如果以恢復傳統固有的神道思想當成是日本的「傳統」而

言，那麼日本至少經歷過六世紀中末期的「神佛鬥爭」、德川時代的反佛教風潮，以及明治維新初期的「復古趨新」運動等三個塑造「傳統」的階段。

　　同樣地，日本近代許多思想或文化，諸如日本人的自然觀、佛教文化、國家主義、天皇崇拜，乃至企業精神、家族文化、棒球文化、性別文化等等，無一不有近世文化或思想的淵源。即使在明治維新運動中，許多維新志士與儒學均有深厚的背景，在他們思想中也很難找到鄙視儒學的想法，陽明學的精神甚至被推崇為維新精神動力之一（詳見本書第七章）。因此，維新後的明治政府所採取的種種措施，並非完全以西方近代主義為主軸，儒教的道德信條仍然是太子教育與國民教育的重要理念。換言之，近代教育與思想的發展，不必然即與前近代的關係可以輕易地切割而形成斷裂的關係。

　　既然近代與近世無法切割，文化與思想的發展本有其連續性，研究者也有不少著眼於近代與近世之間關聯的研究。現代學者研究日本近代與近世思想之間的關係，常見有以下三種方式：其一是順應式的「以今釋古」方法，即從西方近代思想或價值理念中，找尋近世思想中的近代思想源流與意義。其二則是逆推式的「以古造今」，即雖生乎今之世，卻不能完全苟同於西方近代價值理念，而主張用復古之道塑造日本成為一個符合近代需要的國民國家。其三則是折衷方式的「以古喻今」，即純從當代時空環境，並與今古對照比較，以論其具有獨自性的意義。[7]

---

[7] 本處所用的「以今釋古」與「以古喻今」兩種思維的研究方式，是借用業師黃俊傑：〈中國古代儒家歷史思維的方法及其運用〉（《中國文哲研究集刊》，第 3 期，1993 年 3 月）一文所分析古代儒家的具體性思維方式的兩種運用方式，即「以今釋古」與「以古喻今」的類推思維方式。我這裡把

　　此處的「今」與「古」，係分別就「西方近代價值理念」
與「傳統東方價值理念」而言，「順應」與「逆推」是就回應
「西方近代思想」所區分的說法。前者的「以今釋古」可謂之
為「趨新派」，可以丸山真男（1914-1996）的《日本政治思想
史研究》為代表；後者的「以古造今」可謂「復古派」，可以
井上哲次郎（1855-1944）的儒教與國民道德之諸多研究為主。
第三個「以古喻今」可謂之「折衷派」，可以尾藤正英（1923-）
的《日本封建思想史研究》為代表。

　　丸山真男名著《日本政治思想史研究》，是用黑格爾（G.W.F.
Hegel, 1770-1831）的「東方思想的停滯論」檢視日本政治思想
的發展。丸山真男指出，徂徠學具有從「自然」到「作為」的
轉向特質，意即切斷「自然秩序」到「人間秩序」的連續性思
維，從而認定徂徠是打開日本近代自然秩序思想的源流者。丸
山氏將徂徠的「自然」與「作為」的非連續性思維當作是日本
近代的淵源之論，由於立論不夠充分，推論亦太過，故批評者
眾，筆者不再贅述。[8]但是筆者認為關於徂徠及許多日本思想

這兩種思維方式，借用成為研究的態度或方法，並另加「以古造今」的類
　型。

[8]　這些批判論點的整理，可參丸山弟子平石直昭：〈戰中・戰後徂徠論批判
　　—初期丸山・吉川兩學說の檢討を中心に—〉（東京大學社會科學研究所
　　編《社會科學研究》，第 39 卷第 1 號，1987 年）一文。根據丸山真男本人
　　在此書後記中所說，《日本政治思想史研究》一書，原係各自獨立論稿，
　　從 1940 年至 1944 年，分別刊載於《國家學會雜誌》，戰後（1952 年）出
　　版此書時，作了一些修改，參氏著：〈日本政治思想史あとがき〉，收入《丸
　　山真男集》（東京：岩波書店，1995 年），第 5 卷，頁 283-284。丸山氏又
　　在 1974 年的英文翻譯版的序言中，又作了一些說明其書的寫作用意及讀
　　者應該注意的時代背景，並且修正了以下的看法：其一，舊版認為早期德
　　川時代的「新儒家」（特指朱子學）之思維模式已經達到普遍於社會精英，
　　對於這一點持保留的看法。另外，將「新儒家」思想在德川時代被普遍接

家在思考「人」與「自然」關係之際，具有不連續的特殊思維，則是不可輕易推翻的論點。[9]

　　用「以今釋古」的研究方式，也出現在用馬克思主義的觀點解釋日本傳統思想與文化，如永田廣志（1904-1947）是馬克思主義信徒，他的《日本哲學思想史》、《日本封建制イデオロギー》等作品都有馬克思唯物思想的影子。[10]又如中國研究日本儒學的先驅者朱謙之（1899-1972），他對日本儒學的研究

受的時間點，著重在古學派興起的 17 世紀末或 18 世紀初，丸山修正為在此之前新儒學的普遍化已經興起了。其二：舊版所假設近世初期的日本朱子學是一個從中國傳來的純正儒學，如山崎闇齋之例，丸山並不堅持其看法，認為山崎闇齋也有其獨特的思想，並不完全是朱子學思維模式等等。See：Masao Maruyama ,tanslated by Mikiso Hane., *Studies in The Intellectual History of Tokugawa Japan*（Tokyo: University of Tokyo Press,1974）, pp. 34-36。總而言之，丸山雖有兩次提出修正自己的看法，但整體而言，其所持中心論旨，大體上未變。

[9] 關於日本思想家在思考「人」與「自然」關係之際，具有不連續的特殊思維，除了從徂徠學的觀察以外，筆者另外可從二方面觀察補充：首先是日本人思考「自然」之時，往往帶有「神性的自然觀」，「人」往往只能作為卑微主體，而為客體的自然所宰制。其次從語言的觀點來看的話，諸如儒教的道德語言「孝」、「仁」、「義」、「智」等都沒有訓讀，卻有「誠」（まこと）、「敬」（うやまう）「禮」（いや）的訓讀，即使是這些有訓讀的和語，事實上都與道德語言無關，都是對自然的敬畏、真心遵奉的意思。一個「誠」字即可包括「忠」、「信」、「實」、「真」等之涵義，其實這些涵義都是敬畏真誠的意思，沒有如儒家般的道德語言。因為在素樸的日本人的語言觀認為：即使是「道德語言」都是「人為化」而非自然的結果，所以「自然」沒有如中國這麼活潑的清楚表達並成一套哲學，其結果純是感性的、直接的、敬畏的、遠觀的、無可名狀的，認為「自然」是個無限的存在體，在語言文字之外的。以上兩點，可參拙著：《德川日本「忠」「孝」概念的形成與發展─以兵學與陽明學為中心》（臺北：臺灣大學出版中心，2004 年），第 2 章第 3 節〈日本傳統的自然觀特徵：神性與感性的自然〉。

[10] 永田廣志：《日本哲學思想史》（東京：三笠書房，1938 年）。尚有《日本封建制イデオロギー》（東京：白揚社，1947 年），以及《日本唯物論史》（東京：白揚社，1936 年）。

也強烈帶有馬克思主義唯物史觀的觀點。[11]此外，「以今釋古」也出現在日本學者對於中國思想史的研究中，最顯著的就是島田虔次（1917-2000）《中國における近代思惟の挫折》一書，是書出版後引起學界廣泛的討論，頗有其影響力。島田該書也是先帶有近代西方價值理念的眼光，來檢視中國陽明學的思想。該書主旨在於反省亞洲停滯論的論點，而從西歐人文主義的立場出發，透過晚明陽明學左派的研究，想要證明亞洲也有歐洲式的近代，而且從晚明就已經「萌芽」，縱然這種近代精神在往後的中國歷史發展中受到「挫折」。換言之，島田虔次的出發點是：歐洲式的近代發展——即便是「挫折」——也存在於中國。[12]

另一則是逆推式的，即雖生乎今之世，卻不能完全苟同於西方近代價值理念，而企圖用復古之道塑造日本國民道德，以符合近代需要的國民國家。這類研究學者走的是佐久間象山（1811-1864）「東洋道德，西洋藝術」的思維，所以他們一方面可以認同達爾文（Charles Darwin, 1809-1882）進化論與西方科技，但在內面精神上仍然堅守著「東洋道德」。[13]不過明治以

---

[11] 朱謙之有關日本儒學的著作如《日本的古學及陽明學》（上海：上海人民出版社，1962 年），以及《日本的朱子學》（北京：三聯書店，1958 年），隨處皆可見唯物史觀的解釋。

[12] 島田虔次：《中國における近代思惟の挫折》（東京：筑摩書房，1970 年初刷，1986 年三刷）。

[13] 雖然日本也有像津田左右吉（1873-1961）之類的學者，是站在否定「東洋精神」或「東洋道德」作為整體的「東洋」這種事物（津田的相關論點，參見他所著〈シナ思想と日本〉一文，收入《津田左右吉全集》第 20 卷，東京：岩波書店，1965 年，頁 195）。但類似津田之論者畢竟是少數，史學家內藤湖南（1866-1934）、啟蒙導師福澤諭吉（1834-1901）、美術指導家岡倉天心（1862-1913）等諸多學者均仍有鮮明的「東洋」整體的思想。相關研究，可參黃俊傑教授：〈東亞儒學如何可能〉，《清華學報》，第 33

後所謂的「東洋道德」並不是基於儒教義理的東洋道德，而是
專講日本的神道或皇道精神，排斥歐美派的自由主義和個人主
義，這方面代表者如井上哲次郎的諸多對儒教的研究，堅守日
本天皇至上的國體論精神，以改造日本成為一個具有天皇觀或
神道觀的「復古」國民。[14]戰前日本知識分子的「以古造今」
派，為數不少，幾乎罄竹難書，舉凡人種進化論、東亞論、近
代的超克論等，都可歸於此類。時至今日，還是有一批日本右
派學者繼續鼓吹這種日本中心史觀，相信日本是單一文明圈，
與中國、韓國無關，否定戰爭責任，亦可算是「以古造今」派
的餘波。[15]

　　第三個「以古喻今」的折衷派，即是純從當代時空環境，
並與今古對照比較，以論其具有獨自性的意義。在尾藤正英的
《日本封建思想史研究》一書中，並未將近世思想當成是「從
封建到近代」的圖式來理解，而是將近世社會限定在封建社會
中，從而掌握封建社會本身的獨特性，因此尾藤正英特別比較
西洋的封建思想，特別是德國的中世史，同時也比較了中國封
建時代的朱子學與陽明學的儒學思想。藉由上述兩種方式的比
較，以解明日本近世封建社會本身的獨特性。[16]尾藤氏的研究

卷第 2 期（2003 年 12 月），特別是頁 455-459。

[14] 井上哲次郎的三大有關德川儒教之研究，由東京的富山房出版，陸續出版
　　《日本陽明學派之哲學》（1900 年）、《日本古學派之哲學》（1902 年）、《日
　　本朱子學派之哲學》（富山房，1905 年）。由於井上氏帶有強烈的「以古造
　　今」的態度，故這三本著作中的選材與問題意識，充分地顯露出作者的基
　　於皇道的復古心態。

[15] 如近年來西尾幹二出版的《國民歷史》（東京：產經新聞社，2001 年），
　　即是典型右派的書類，該書出版後，分送各大學學者、圖書館與研究室，
　　並在各書局以低額價格出售，當然背後有其支持的財團與團體。

[16] 尾藤正英：《日本封建思想史研究：幕藩體制の原理と朱子學的思惟》（東

指出，近世儒教不只是扮演形式意義的輸入思想和教養而已，
也有根深嚴密的個人主體性的建立，因而觀察到明治維新的社
會變革，欠缺從儒教理念來扮演一定的社會角色。這樣的觀
察，是發現西方近代思想的個人主義理念的不足，而上溯到近
世日本的儒教發展中已有嚴密性的建立「主體性」思維，從而
發現近世思想的意義。[17]

　　以上是針對現代學者因應西方近代的價值理念所爬梳的
三種研究方式，不論是順應式的或是逆推式的乃至折衷式的，
三者都有鮮明的「近代框界」。順應式者套用近代西方價值理念
來評價近世，不免有「以今釋古」的問題；逆推式者是想要以
「復古」來超越這個「近代框界」，結果出現更大問題的「以古
造今」的國家主義乃至天皇造神運動。折衷式者的研究，雖然
尚有「近代影響論」的研究現象，但由於比較沒有上述諸問題，
顯然較為現今學術界所接受的研究方法。但我有以下的補充。

　　我這裡要強調的是，撇開這個「近代框界」來進行研究日
本思想，或許能夠免除先入為主的「近代影響論」。因而筆者
在第三種的「以古喻今」的折衷研究方式之基礎下，提出打破
今古對立與時空限制，而從「思想發展史本身的連續性」來正
視日本思想史。所謂「思想發展史本身的連續性」，指拋開既
定的某一價值觀，而著眼於「思想」作為「思想」本身的產生
與發展的意義。因而這樣的研究，必包含三個質素：其一是要
問「思想」何以形成？意義何在？故必須追究其時代脈絡性與
思想本身的意義性；其二是必探索「思想」的發展及其產生的

京：青木書店，1961 年）。
[17] 尾藤正英著作的相關書評，可參衣笠安喜的〈書評《日本封建思想史研
　　究》〉，《日本史研究》，第 58 號（1962 年）。

流變。如我們探索徂徠的古文辭學風，本書僅處理繼承徂徠學
經義派的太宰春臺，但是詩文派的服部南郭（1683-1759）實
也代表徂徠學問的重要影響派別，也是值得作為徂徠學特色的
重要研究課題。徂徠批判宋儒的道德理學，在文學上看來是有
從道德解放而重視人情自然的一面，使得文學可以從儒學中獨
立而出。但是徂徠重要的《譯文筌蹄》與〈學則〉中所主張的
擬古主義，主張去除和字、和句、和習以學中華古語與古音，
卻又不免使得文學創作動輒受縛，故亦受到江戶文學家不斷的
批評。徂徠弟子服部南郭則繼承了前者，但卻轉變了後者，其
詩文之風學者稱之為具有「自我陶醉」（narcissism）的創作意
識。[18]因此，如果我們只專注在徂徠經義一派，而忽略了徂徠
後學的流變及其詩文派對後世的影響，恐怕也僅能得徂徠學之
片面。其三是將此特殊的思想或文化現象，對比於其他東亞國
家或西方國家，以顯出其獨特性，這其實就是尾藤氏的研究方
法。

　　我所謂打破古今對立而聚焦於「日本思想發展史的連續
性」之研究切入點，是一種部分與整體互動的研究方法，既可
限於時空之中，同時也可以跨越時空與國界的思想史研究法。
舉例言之，「忠孝一體」的國體觀之思維，一般認為源之於幕
末水戶學，經明治維新後，確定了〈教育敕語〉，成為日本近
代最重要的國民道德。但若就思想本身發展的連續性來看的
話，水戶學何以會有「忠孝一體」的國體觀，這種國體觀是在
何種背景下提出？其重要的意義何在？又所謂「國體觀」的研
究，若不推之於傳統的神道思想與神話書的話，則僅能得「忠

---

[18] 有關徂徠古文辭學風對後世江戶文學界的影響及批判，可參日野龍夫：《徂
徠學派：儒學から文學へ》（東京：筑摩書房，1975 年）。

孝一體」思想的片貌。因此，「忠孝一體」的國體觀研究，不會只是停留於近代或是近世的研究，它應該是跨越近代與近世乃至近世以前的日本傳統的研究。同時為何日本的國體觀如此特殊？這種國體觀的問題性何在？亦可取之而與其他國家的制度、神話傳說的互相比較。這樣的國體觀的研究，既是本國的，同時是跨國的；既是思想本身的，同時也帶有思想的連續性格。

　　以上扼要地回顧當代學術界研究日本思想史常見的「以今釋古」、「以古造今」及「以古喻今」的三種研究方法，最後從部分與整體互動的「思想發展史之連續性」之觀點提出研究展望，不僅作為筆者將來研究日本思想史的重要參考，亦期望與漢語學界研究日本思想史的同道共勉。

附　錄

附錄一

近二十年來日本陽明學研究的回顧與展望

一、前言

　　首先要說明本研究是扣緊「日本陽明學」的研究，而非日本學者對中國陽明學的研究。所以，本篇文章是針對日本陽明學的研究為主，加以分析與整理的回顧性文章。關於戰前的日本陽明學研究，山下龍二早年的〈日本の陽明學〉（1971 年）已作過簡略的總括回顧。[1]不過，山下的研究至今已經超過三十年，本文則是繼山下之後的回顧性文章，以近二十年來的日本陽明學之研究為探討範圍。近二十年來的日本陽明學之研究頗多，關注的課題亦不少，本文不可能一一交代所有的研究成果，謹選擇比較重要的研究作學術性的回顧，歸納幾項重要議題，並窺出一些研究趨勢。

　　近年來兩岸學術界對於陽明學的研究非常多，新興且傑出的研究者亦不乏其人。不過，兩岸的陽明學研究，大都還是扣緊王陽明與晚明清初的陽明學研究，幾乎少有人關注清初與民國初年的陽明學研究。之所以如此，也是因為從清代陽明學受

---

[1] 該回顧論文，參山下龍二：〈日本の陽明學〉，收入《陽明學大系・第一卷》（東京：明德出版社，1971 年）。另山下龍二在《陽明學の研究》（東京：現代情報社，1971 年）第二篇〈陽明學の成立〉，亦綜論了 1945 年以前與以後的日本與中國的陽明學研究。

到官方朱子學的排擠及政治上有意的壓制，故真要擬出清代一個完整的陽明學系譜，並非易事，甚至是不可能的事。而且相對於晚明陽明學的多采多姿，清代以後陽明學的發展，幾乎乏善可陳，這也是研究者沒有興趣的原因。

　　但是，日本的陽明學研究剛好相反，陽明良知學在德川日本有多元化的發展趨勢。例如在中江藤樹（1608-1648）身上提升了「孝」的宗教性，在林子平（1738-1793）身上成為「動的」、「勇的」陽明學，其心法即以「勇」為本；在大鹽中齋（後素，通稱平八郎，1793-1837）身上變成了「心歸乎太虛」，兼具心性論與宇宙論之特質。在山田方谷（球，1805-1877）身上，良知學成為「氣一元論」的自然哲學；因此，陽明良知學在日本德川儒者的體驗下，呈現出多元性的面貌，而這種多元性面貌與中國陽明學在晚明的發展不同，相當值得注意。

　　陽明學發展到了明治時代，其魅力亦延燒未減，由於陽明學精神促進了明治維新這樣一個普遍的印象，加上如井上哲次郎（1855-1944）等學者的鼓吹，以及在甲午戰爭後陸續有《陽明學》雜誌的出版。[2]總之，不論民間與官方學者均鼓吹陽明學不遺餘力，可以說日本的陽明學研究是因近代學者的熱衷，而掀起的一股熱潮。至今日本民間的陽明學者仍對陽明學研究的熱情不減，例如由陽明學者三島中洲（1830-1919）所成立的「二松學舍」改制的「二松學舍大學」，特有「陽明學研究所」，至今每年均有陽明學思想的特別講座，亦於 1989 年創刊《陽明學》雜誌；另外，日本陽明學開宗者中江藤樹的藤樹書院遺留至今，並有「藤樹學會」，每年均有莊嚴的祭典，以及

---

[2] 這三種陽明學期刊，可參本書第 7 章的註 7。

大型的集會與演講。另外，素有「歷代總理的指南角色」的安
岡正篤（1898-1983），一生追求陽明學，捍衛東方傳統道德不
遺餘力。[3]又九州大學名譽教授岡田武彥，畢生亦以推行陽明
學精神為職志，門下弟子亦有不少研究陽明學。總之，用岡田
武彥的話來說：「即使在現代的日本人，顯現出一般關心陽明
學的比朱子學的還多。」[4]岡田之論或有誇大之嫌，但足可證
明陽明學至今在日本的民間與學者的研究，依然魅力不減，陽
明學在日本戰前受到的熱情待遇，與中國和韓國的冷漠，不啻
天壤之別。

　　由於日本陽明學是兩岸學界比較為陌生的一個學派，故在
回顧以前，有必要介紹陽明學的流派與發展。截至目前的研究，
比較有系統提出陽明學分類的學者，當屬吉田公平所著《日本
における陽明學》，他將日本陽明學的發展分為五個階段：第
一次陽明學風潮時代：十七世紀前半由中江藤樹首先提倡之，
名弟子輩出如淵岡山（1617-1686）、熊澤蕃山（1619-1691）發
揚於十七世紀後半。第二次陽明學運動期：十八世紀初期以由
朱返王的三輪執齋（1669-1744）為主，執齋曾師事山崎闇齋
學派的佐藤直方（1650-1719），以後私淑陽明《傳習錄》，毅
然由朱返王，再倡心學高峰。第三次陽明學運動期：十九世紀

---

[3] 安岡正篤的陽明學著作有《王陽明研究》（東京：明德出版社，1960 年）、
《王陽明》（東京：明德出版社，1972 年，《陽明學大系》第 2-3 卷）、《傳
習錄》（東京：明德出版社，1973 年）。安岡一生倡導日本精神不遺餘力，
1927 年成立「金雞書院」並創立「日本農士學校」，其中「金雞書院」在
戰後遭國聯美軍下令解散。安岡氏關於日本精神的著作有《日本精神通義》
（東京：日本青年館，1942 年）、《日本精神の真義と歸趨》（東京：啓明
會事務所，1935 年）。

[4] 岡田武彥：〈二十一世紀と陽明學〉，《陽明學》，創刊號（1989 年，東京二
松學舍大學），頁 15。

初期由佐藤一齋（1772-1859）、大鹽中齋（1793-1837）提倡之，名弟子以及景慕陽明學者在明治維新前後輩出。第四次陽明學運動期：以明治初期的自由民權運動為中心之後，在明治三十年代前後（二十世紀初期），以陽明學作為理念的民間結社組織，發行機關雜誌，提倡並彰顯陽明學，以吉本襄、東敬治（陽明學者東澤瀉之後嗣）、石崎東國（大鹽中齋之再傳弟子）為中心人物。第五次陽明學運動：戰後以人權思想出發，作為個人「教養」修身的學問，在日本民間仍屢興不衰。[5]

　　由於關心日本陽明學以及研究者頗多，本文無法將一、二十年來的所有學術研究一一探討，以下我扣緊（1）溝口雄三（1932-）對中日陽明學研究的綜論，（2）中江藤樹思想及其學派，（3）大鹽中齋的思想特質，（4）山田方谷的氣論思想，（5）吉田松陰士論與忠孝思想，（6）幕末陽明學與明治維新的關係等議題，作一學術上的回顧，並在結論中提出研究的展望。

二、溝口雄三的中日陽明學研究之綜論

　　溝口雄三從 1980 年代以來，對中日陽明學研究的綜合評論，頗值得介紹。首先是〈二つの陽明學〉（1981 年），是一篇典型的比較中日陽明學之研究。溝口認為中國思想史就是一部「理」的變遷史，「理」的內涵發展到陽明學演變成為一種社會上調和人的慾望之「均分」思想，這便是中國內部的一種「近代」思想。溝口進而強調日本陽明學有比「理」更重心靈的主

---

[5]　吉田公平：《日本における陽明學》（東京：ぺりかん社，1999 年），頁 5-11。

觀純粹性之傳統，故其心性倫理之發展與中國截然不同。[6]

　　溝口又在另一〈日本的陽明學をめぐって〉之文中，建議要充分掌握中日陽明學或思想，應該先了解許多關鍵「專門名詞」（term）的使用之時空背景。一般研究者只從年譜理解所研究對象的一生，這樣是不夠的。故他呼籲更應從外部時空環境來掌握研究對象的重要思想觀念。

　　溝口特別指出，像「心即理」、「萬物一體」等之術語，中日思想家雖共同使用之，但由於思想土壤互異，理解或體會之用意便有不同，如果這個問題沒有解決，即去尋找日本陽明學的特殊性，無疑是無意義的。故溝口批判像井上哲次郎（1855-1944）所認知的日本朱子學和陽明學，是從日本如何接受陽明學的特質來理解的，這就像把中國用日本訓讀方法來理解，沒有思考將自己的世界「相對化」。因此，溝口似乎意有所指，批判許多人的研究中，均會無意識的將作為心學的陽明學，未能以日本人的心來理解。因為像「天理」、「格物」等對日本人而言皆是外來語，如何能夠將這些非日本人用語，改換成日本人的日常用語來理解，則將會發現許多日本思想家使用這些用語時，與本土的「國學」和「神道」的思想有共通之處，也許透過這樣的研究態度或方式，才能較明顯地看出日本人獨特的思想。[7]

　　溝口又有〈儒教研究的新視野──以陽明學為中心〉一文，這篇文章是作者在 1997 年 8 月於日本京都國際會館所召

---

[6] 溝口雄三：〈二つの陽明學〉，《理想》，第 572 期（1981 年，東京）。
[7] 溝口雄三：〈日本的陽明學をめぐって〉，《現代思想》臨時增刊總特集「日本人の心の歷史」（1982 年，東京）。

開的「國際陽明學京都會議」上所作的主題演講，修改後在中國出版的《東亞文化研究》刊出。這篇文章一開始提到：受到儒教文化圈影響的中、日、韓、越等國，儒教對於這些國家的獨立、現代化和經濟發展到底起了何種作用的問題。溝口的文章主軸是扣緊在中日儒教思想的比較研究上，他指出日本儒教在二十世紀前半葉的現代化過程中，被編入國家體制的意識形態，起到了從內部支撐並輔佐國家主導型的現代化之作用。但是，戰敗後的二十世紀後半葉，家父長制被廢除，天皇制的君臣關係也被否定，儒教作為「仁」的和平思想在擁護者身上得到了繼承，不過並未再像過去那樣滲透到全體國民的規模了。

相對而言，中國在現代化的過程中，顯得荊棘滿布。儒教原理主動捨棄了封建的部分，在主要部分起到了將現代化的構圖，編入中國式的現代化動力及範型的作用。溝口同時也指出，更多的人關心在一元式地把握傳統與現代的基礎上，如何把傳統活用於現代，或者把包括外來思想的現代新思想，如何與土著思想結合起來的問題，故傳統因素常因此而被加以分析的對象。針對這樣的研究現象，溝口特別呼籲傳統與現代的關係，不應被劃分為過去與現在、大傳統（知識界的文化行為）與小傳統（民間的土著文化）。

接著，作者觀察中日陽明學的研究現象，指出中國陽明學的第一個歷史作用就是「儒教的民眾化」。這種「儒教的民眾化」的發展是促成陽明學興起的歷史背景，即明代中葉從地方官直接負責村落的教化、維持秩序，逐漸變為委託村落的有力者進行管理，或者村民自治，而陽明學的發展與這一轉變期的課題相呼應。溝口進一步指出：王陽明所宣揚的眾人皆是聖人、眾人皆具有道德本性（孝悌秩序）、眾人皆可發揮「萬物

一體之仁」，故眾人均可以參加村落共同體的秩序。職是之故，陽明熱心地推動及制定鄉約、有組織地實踐的推廣運動，以達到其「儒教的民眾化」之目的，讓民眾自主地發揮他們的道德性。

但是，作者認為在日本卻忽略了中國陽明學的這一歷史特質。大多把中國陽明學當作「心的內面自立」、「破壞既成規範秩序的良知躍動」之學，也就是發揮心的主體性之學問。因此，根據溝口的觀察，日本的陽明學發展，並不是因應時代的要求而產生動力的思想，所以也看不到中國陽明學那樣的傳播運動，席捲了民眾的講學運動等側面，而且也看不到學派的流傳。質言之，日本學者不能以歷史的眼光來把握陽明學與朱子學的對立，僅僅單純地從形式上的不同或者是性質上的不同來把握兩者的對立。

溝口進一步分析，中國陽明學的命題是發揮以孝、悌、慈為內容的人之道德本性（良心、心的本體）。但在日本陽明學中，則取消了孝、悌、慈的具體內容，逐漸地普遍化成一般道德、一般的心，演變成（1）內面自立、進取，（2）變革，（3）生死超脫，（4）神佛，（5）日本的，（6）宇宙的等幾個方面。此外，溝口特別提到日本的中國陽明學研究，沒有注意到日中陽明學的基本差異，對於中國陽明學屢屢套用「心之無限的活用」這一日本的解釋方法；溝口也提及中國學者研究日本思想史的問題，也常是孤立的考察他們，而不是綜合的、有機的論述。溝口最後呼籲：研究日本思想史的學者，應該在論述的時候，首先充分消化與吸收日本思想研究所取得的成果，並弄清楚爭論所在。

　　溝口在本篇中，並不諱言他的研究立場是所謂的「歷史趨勢派」，迥異於現代解釋派（如井上哲次郎）與傳統的再構築派（如新儒家）。所謂「歷史趨勢」的立場研究，是把研究課題放在構成那個時代的歷史趨勢和背景的政治、經濟和社會狀況當中，來考察的綜合性之研究方法。因此，溝口以陽明學研究為例，不應僅是從學派的觀點（無善無惡派、慎獨派或是王學左派、新陽明學派等），或者是從哲學命題的觀點，而是運用由總體的方法得出綜合的觀點，以確定陽明學是促進了儒教民眾化趨勢的思想。[8]

　　整體而言，本篇可以強烈地感受到溝口一再強調日中陽明學的研究，不論是近現代的研究學者，或是德川時代的陽明學者，皆存在著本質上的差異。因此，溝口提醒把日中陽明學看作單純的影響或等質的研究學者，往往忽略了日中彼此存在著不同的時代課題，即他所謂的「歷史趨勢」之不同。所以，溝口呼籲以總體的「歷史趨勢」研究方法，尤其對於日本思想研究者的兩岸漢學者而言，的確是一個值得參考的建言。

三、關於中江藤樹思想及其學派的研究

（一）

　　由於中江藤樹是日本陽明學的開宗者，故對其研究的著作頗豐。至今藤樹書院尚存，而且每年都有藤樹學會的大型學術

---

[8] 溝口雄三：〈儒教研究的新視野——以陽明學為中心〉，收入張立文主編：《東亞文化研究（第一輯）》（北京：東方出版社，2001 年）。

活動，以致藤樹思想的研究，至今不衰。至於其弟子及其學派的研究，一般所知道的就只有淵岡山與熊澤蕃山。關於中江藤樹學派的研究，早年以柴田甚五郎為先鋒，[9]復有後藤三郎的專書《中江藤樹傳及び道統》（1970 年）。[10]之後，比較傑出的研究是木村光德所著的《日本陽明學派の研究——藤樹學派の思想とその資料》（1986 年）一書，[11]而木村在藤樹後學學派上的研究業績上，已超邁前人，以下僅介紹木村氏的研究成果。

　　木村光德之書分為兩編：上編是思想篇，下篇是資料篇。思想篇詳細地分析藤樹以後弟子淵岡山以下的學派與思想特色；作者亦在資料篇附了不少淵岡山以下學派的資料，這些資料是以前未曾公開、取得不易而散在日本各地，經過作者仔細的調查、探訪及解讀，對於有心研究日本陽明學的學者而言，這些資料非常可貴。

　　作者本書把藤樹後學區分為「京都學派」（淵岡山）、大阪學派（木村難波）、美作學派（植木是水等）、伊勢學派（石河定源等）、江戶學派（二見直養，1657-1733）、會津學派（五十嵐養庵等）、熊本學派（山崎勝政等）等七個派別，比後藤的著作分類中，多了「美作學派」。作者除了詳細介紹學派的主持者以外，亦對其特別的思想加以分析。

　　作者指出：京都學派的淵岡山特闢一祠堂，禮拜其師藤樹的肖像，並開京都學館教授藤樹學，得以使藤樹學普及於二十

---

[9] 柴田甚五郎：〈藤樹學者淵岡山と其學派〉，《帝國學士院紀事》，第 4 卷第 1 號（1945 年 3 月）。

[10] 後藤三郎：《中江藤樹傳及び道統》（東京：理想社，1970 年）。

[11] 木村光德：《日本陽明學派の研究——藤樹學派の思想とその資料》（東京：明德出版社，1986 年）。

四藩國，淵岡山之功實不可沒。其次，作者認為淵岡山在繼承
藤樹思想之餘，對於藤樹「孝」的宗教性，更帶有鮮明的道教
色彩。根據作者的調查，岡山學派奉道教的作品《太上感應篇》
與儒家的《孝經》為經典，具有鮮明的儒道融合色彩。作者特
別指出，岡山信奉《太上感應篇》的冥加、陰隲思想，比藤樹
更具宗教性。作者並分析岡山特別的修養功夫，即是「取回す」、
「中墨」，即「接待」「良知」之意，岡山指出所謂「接待良知」
是指日常生活中的各種事物的應酬或接待，是為了歸於誠正，
也就是養性的功夫，這其實也就是陽明的正其不正以歸於其正
的致良知功夫，而岡山是以所謂的「接待」當作致良知功夫，
以更切近於庶民的理念。

　　　木村所歸類的其他諸派較為重要的學說大致如下：大阪學
派的木村難波，唱「戴祈」之說，對先師藤樹的「知行合一」、
「致良知」說，顯示了新的見解，給予日後陽明學派很大的影
響。美作學派的植木是水、松本以休二人，更以難波的「戴祈」
說，而唱當下良知。而江戶學派的二見直養，則統合難波、植
木、松本之說，展開其獨特的「不知方之良知」說。[12]以下我
僅介紹大阪學派的木村難波，以及較為重要的會津學派之思
想。

　　　大阪學派的木村難波是淵岡山的弟子，向來有「良知之
學，藤夫子唱，岡山子述，難波翁繼」的美稱。不過難波思想

12　江戶學派二見直養思想核心的「不知方之良知」，認為「虛」就是良知，
　　他強調良知並不是靠人類學習即可以認識、體得的，即使人類如何努力，
　　亦不可知良知。那些認為以人類的力量可以認識良知的，是一種人類的自
　　負。二見直養目的並不在否定人類存在的意義，而是否定人類單靠學習外
　　在而不追求虛靈內在的學習態度，是無法體會真良知精神。

之所以受到爭議，是他獨特的「戴祈」之說，接近宗教的神秘主義。難波所謂「戴祈」的「戴」是「總體元戴」之意，「祈」是「戴之極」、「生之自然」之意，主張「此生非我物，我身非我身，我心非我心，我生非我生，我死非我死，我真非我真」。因此，批判者稱難波廢藤樹先師的知行合一、致良知的功夫，而從實踐的立場，墮落到老莊、佛教的虛無寂滅之教。所以，如學者尾藤正英即認為，以難波思想的神秘性，不能把難波當作是藤樹思想「忠實的繼承者」；柴田甚五郎也認為難波的「戴祈」之說，是把藤樹良知的惺惺思想，從「靜的」方面加以受取，並「不能理解真意，只能在表面上加以把握」。不過，木村光德似乎不認同二氏的看法，而直接從史料分析「戴祈」之說，認為：難波以人是帶有靈性的存在者，故人物是被表現於良知的現實之相，天生即載有良知，心身是良知的分殊之相，良知即心身，不應著重在外於身心良知之事。作者指出難波把天之良知唱為「戴祈」，以良知為戴祈，藉以除去人欲的作用。由於難波以戴祈的神秘性思想，作者說難波比起藤樹更進一步強調「神人一體」的宗教實踐，並且孕育了美作派的直木是水、松本以休的良知說。

　　會津學派是藤樹陽明學北傳最重要的一支，值得在此介紹。會津的藤樹學派具有濃厚的道教色彩，早期曾我部靜的〈會津の藤樹學と道教〉，已有論述，[13]作者早年在《藤樹學の成立に關する研究》上篇第二章的〈藤樹學における道教の受容とその意義〉，亦有詳盡分析藤樹思想的道教色彩，本書則是詳盡介紹與分析藤樹後學的會津學派之學說。會津藩作為德川的

---

[13]　曾我部靜：〈會津の藤樹學と道教〉，《藝林》，第 8 卷第 3 號（1954 年，東京藝林會）。

親藩大名，藩主保科正之（1611-1672）奉朱子學，並以山崎闇齋（1618-1682）為師，斥陽明學為異端，何以會津的藤樹學可以發展起來？作者從會津學風的朱子學性格，本帶有宗教性格，而藤樹的宗教思想恰能迎合這股學風，此其一；另作者也從社會經濟的立場，考察當時會津藩的下級農民的獨立自營生態，許多擺脫了隸屬農民身分，以獨立自營的農民身分，追求儒家式的齊家倫理道德，和武士所追求的「忠」君的政治獻身之倫理道德不同，故會津町醫（城市醫者）荒井真庵（？-1697）、大河原養伯（？-1699），遠至京都，從淵岡山學藤樹學，以後由五十嵐養庵（？-1708）、遠藤謙安（？-1712）、東條方秀（？-1696）繼承發展。而這個時期也正是會津藩下級農民獨立自營的時期。由於獨立自營的農民，以單婚自為一戶，故以家庭為重心，主人自為戶長，肩負家族責任，因而在這股農民意識的家庭責任興起之風，以「孝」為家庭倫理道德核心的藤樹學風，能得到會津下層農民的認可，此其二。作者很詳盡地介紹會津學派的興衰與藤樹弟子淵岡山的關係，截至目前的日本陽明學研究，本書是最為詳盡且考察豐富的著作。

作者曾擔任日本藤樹學會的會長，也是日本藤樹學研究的權威，早年已經著有《藤樹學の成立に關する研究》（1971 年）大部頭的著作。至於這部討論藤樹後學的研究，則又是作者經過十多年而完成的業績，故其研究非常值得參考。作者在本書中雖然詳細區分了藤樹門人的七個門派，不過這樣的分類是屬於類型學的研究，而且是簡單地以地域差別來區分，這樣的分法當然也只是作者心中的類型區分而已，我們可看到其分類的主觀性。何以言之？作者身為藤樹學會會長，似乎有意嚴辨藤樹學的正統，故只取繼承藤樹晚年思想的淵岡山一系為主，至

於繼承藤樹中期思想的熊澤蕃山，則被作者排除在藤樹系統之外，我們從本書的分類上即可看到這樣的主觀性，如果說本書有什麼缺點的話，這是主要的缺憾之一。

（二）

　　其次，關於藤樹思想的研究，近年來關注「孝」思想的後續研究，頗值得注意。如所周知，陽明學發展特重《大學》的解釋，但日本陽明學除特重《大學》解釋外，對於《孝經》的解釋也同樣重要。例如藤樹有《大學考》、《大學蒙註》、《大學解》、《孝經啟蒙》、《孝經考》，弟子熊澤蕃山有《大學或問》、《孝經解或問》；幕末的大鹽中齋有《古本大學刮目》、《增補孝經彙註》；佔有幕末昌平黌儒官的地位佐藤一齋也有《大學欄外書》、《孝經解意補義》。因此，日本陽明學者特別看重《孝經》這部經典，甚至有將「孝」思想推尊到宗教性的地位，與藤樹不無關係。到了大鹽中齋，甚至將「仁」、「孝」本體地位逆轉。這樣將「孝」的詮釋宇宙論化、神秘化、宗教化，的確是日本陽明學之特色，它的發展雖然與中國有異，但追本溯源，與晚明編撰《孝經》熱，以及有部分士大夫將之視為具有神秘的社會功能思想有關，這方面已經有加地伸行不錯的研究成果，筆者不再贅述。[14]

　　近年來，延續加地伸行的研究，檢討藤樹的「孝」思想與明末《孝經》風潮之關係的研究，有木村昌文的〈明末《孝經》研

---

[14]　參加地伸行：〈《孝經啟蒙》の諸問題〉，收入氏著：《中國思想からみた日本思想史研究》（東京：吉川弘文館，1985 年），頁 429。

究グループと中江藤樹——《孝經大全》と《孝經啟蒙》——〉，[15] 以及筆者的〈日本陽明學者中江藤樹與大鹽中齋對「孝」之解釋〉。[16]

　　木村昌文的文章旨在檢討例來對於中江藤樹關於《孝經》學研究之問題，特別針對加地伸行關於藤樹的《孝經啟蒙》思想問題，檢討並提出新的研究視野。作者認為加地氏把藤樹之《孝經》解釋，與明末之《孝經》研究群，如朱鴻、孫本、虞淳熙等人之《孝經》著作放在同一考慮，從而使得藤樹獨特的思想湮而不彰。故作者首先將上述明末三位的《孝經》思想與藤樹的《孝經》學作一比較，指出三者之《孝經》思想旨在闡明其各自對《孝經》思想之解釋，發現彼此思想仍有分歧，不可作一綜括而一概論之。雖然三者仍然確有以陽明學的思想來研究《孝經》，但將三者做同一概觀的處理研究方法，恐有商榷之餘地。

　　其次，作者分析藤樹對於朱子《孝經》「嚴父配天」之懷疑，以窺藤樹所抱持的《孝經》中心思想，而朱鴻、孫本之思想與朱子一脈相成，均認為「配天」唯有天子可以為之。唯有虞淳熙的「配天」義與藤樹相通，均從「生生之根源」之感通以論及到對「太虛」思想之感通。因此，作者接著討論藤樹思想是否承襲虞氏思想而沒有自己思想之獨特性之問題。作者認為二氏之間對於「太虛」思想之功夫論之體得不同，虞氏從人

---

[15] 木村昌文：〈明末《孝經》研究グループと中江藤樹—《孝經大全》と《孝經啟蒙》—〉，《日本思想史研究》，第 30 號（1998 年，日本東北大學），頁 15-29。

[16] 張崑將：〈日本陽明學者中江藤樹與大鹽中齋對「孝」之解釋〉，《臺大歷史學報》，第 29 期（2002 年，臺北），頁 127-168。

民自發之「孝行」修養開始，進而支持天下國家以求太平，與朱鴻、孫本純從統治者教化之立場不同。然而藤樹則把握對「太虛」之感通，追求「萬物一體」之實現之思維，限定在自己之修養論，捨去虞氏把人民作為擔負天下國家之角色。因此，作者進一步分析藤樹功夫論主張，特提出「養浩然之氣」回到與「太虛」思想的感通，這種特有的「養浩然之氣」之功夫論，是虞氏所沒有的觀點。總之，本文作者旨在提出一個研究藤樹《孝經》思想之新角度，對前人將藤樹之《孝經》學思想往往籠罩在明末思想之影響當中，反而使藤樹之真正主體思想晦而不顯。

　　的確，作者指出前人研究之問題性，並仔細分析明末朱鴻、孫本、虞淳熙之《孝經》思想，發現仍與藤樹思想有很大之不同，故不應該一概而將藤樹思想與明末的這些思想家相提並論，而應著眼於藤樹本身思想之特殊性。以上作者所提出的研究取向，對於《孝經》思想之研究，長期傾向在版本考證而不重思想分析之現象，本文可說是提供一個檢討修正之方向。不過，思想家個別研究的特殊性，固然可取，但藤樹思想有太多的明清思想家因素，因此要釐清個別思想家的思想源流，亦必須透過脈絡比較的方法與分析，庶幾可窺其全貌，故個別研究與比較研究的二種研究方法實不可偏廢。

　　另外，筆者〈日本陽明學者中江藤樹與大鹽中齋對「孝」之解釋〉一文，是解析日本陽明學「孝」思想所帶有的宗教性特色。這篇文章指出：日本陽明學者特別看重《孝經》這部經典，甚至有將《孝經》推尊到宗教性的地位，與中江藤樹不無關係，尤其到了大鹽中齋逆轉了宋儒的「仁」、「孝」之體用關係，發前人所未發，特具思想史上的意義。此外，筆者並分析

日本陽明學者將「孝」的詮釋宇宙論化、神秘化、宗教化，誠然是日本陽明學之特色，但這與日本傳統的國學或神道有密切關聯，故他們更強調「孝」思想的「感應」神秘性。由於有這種注重「感應」的神秘性特質，所以我們在理解日本陽明學者所認知的「心即理」、「萬物一體」、「知行合一」、「天理」、「格物」等思想內涵時，都不能簡單化約為只是中國陽明學的思想分身而已，更應注意日本儒者思想或脈絡的主體性。

　　其次，高橋文博的〈中江藤樹の「心」の思想〉，[17]是以身心思想為主軸，分析藤樹思想的轉變，頗有其新意。作者區分德川前期的三種身心論型態，即山崎闇齋偏「敬」的身心論、伊藤仁齋偏「俗外無道，道外無俗」的「俗」之身心論，以及藤樹偏向「心」學的身心論。

　　作者指出早期藤樹思想以宇宙根源的皇上帝為本心而內宿於人類，根據這個信念，相信人類在原理性上，帶有宇宙的根源之絕對主體的意義，相信所有人類，在內面上都宿有皇上帝，具有高貴人格性的價值存在意義。由此藤樹展開的身心觀是，由於皇上帝內宿於人，故即使身體死亡，靈的本心則不死。不過，由於內宿於人類的皇上帝常不鮮明，人心常墮落，故為了使本心清明，實現人類真實態的修養，實踐的功夫則是必要的。作者用「格法」來形容藤樹早期的實踐精神，人類在現實上還是受到內宿於人身上的主體存在的皇上帝所宰制，皇上帝與人的關係，基本上是君主與臣下的關係，結果身心仍是對立的狀態。

---

[17]　高橋文博：〈中江藤樹の「心」の思想〉，收入氏著：《近世の心身論：德川前期儒教の三つの型》（東京：ぺりかん社，1990 年）。

　　作者更進一步分析藤樹中期（32 歲後半到 36 歲）的思想，這期間藤樹分別作有《論語鄉黨啟蒙翼傳》、〈太上天尊大乙神經序〉、〈靈符疑解〉、《翁問答》等成熟的作品。從這些作品中，作者看到藤樹思想的轉變，站在早期把宇宙的根源（可以是皇上帝、太乙神、太虛）作為本心明德而內在於人的基礎上，更進一步地把作為根源的皇上帝與人的關係，從君臣的關係，拉到親子諧和的關係，把宇宙當作全體，並視之為親和的親子關係，從而以「孝」作為宇宙秩序原理的皇上帝，被固定地內在於人本心的孝德，這樣在原理上就賦予了以人作為自律的主體。如此身心不再是對立，只要默視聖人之心、潛玩、玩味、熟玩聖人之「跡」，即能掌握身心合一的明德之境，這就是藤樹要註解《論語‧鄉黨》篇的理由。

　　作者由此指出：初期與中期的藤樹，尚未接觸陽明的良知學，故如早期的皇上帝思想，尚不脫朱子理學性格。晚期（37 歲以後）的藤樹，因閱讀到《王陽明全集》，其學彌進，與中期思想不同的是，晚期不再捕捉孝的宇宙化之實相，而是自覺性地在現實上進一步修養與實踐。這個期間，藤樹體會良知學，其中值得注意的是，藤樹認為良知不僅是善的根源，同時也是惡的根源，他把惡的根源之「意」不當作是現象的次元，而是視為本體的次元。而這個「意」是「心所依賴」的，如是而來的身心觀是，心的問題同時也是身的問題，心和事也互相對應，故「心」與「事」既是存在的也是價值的無法分離的一體。身心也是一體，因藤樹認為「身」原是「道器合一」，即由屬於形而上的靈之次元之「本心」，與屬於形而下的物質次元的「形」合一之「體」。換言之，藤樹把由「本心」和「形」合成的「身」當作是「道器合一」，從而體悟到在人身的本心

即是宇宙的根源，本心若澄明，即將顯現自他為一體的根源。綜而言之，作者從身心論的角度剖析藤樹思想的轉變，在藤樹思想的研究上，無疑地注入了一股新的視野。

　　由於歷年來對於藤樹思想的研究，向來在日本陽明學的研究比率上，佔有較高的篇幅，而近年來的研究漸關注到藤樹思想在「東亞」的定位。換言之，即是從「東亞」來重新審視與評價藤樹學的定位。吉田公平〈東アジアにおける中江藤樹の位置〉[18]一文即提出這樣的研究新視野。

　　吉田公平這篇文章的用意在於把藤樹學的關懷與研究，擺開一國文化主義，即不要在日本之中來理解藤樹，應將之放到東亞的位置上，才能明確地理解中江藤樹思想上的位置。何以言之？因中江藤樹活在十七世紀，應從十七世紀的歷史脈絡來審視藤樹思想的發展。換言之，十七世紀的日本，在空間上是屬於東亞漢字文化圈之一分子，同時在時間上也是在世界史當中。活在十七世紀初期的藤樹，已經是大航海很普遍的時代了，同時也是耶穌會在東亞活躍的時代。作者指出：最初登陸日本傳教的耶穌會士是方濟各（Francisco de Xavier, 1506-1552），[19]而在方濟各去世的同年，利馬竇（Matteo Ricci, 1552-1610）誕生於義大利，繼其遺志，於 1582 年來中國傳教，十七世紀是耶穌會活躍的時代，給予中國思想界很大的衝擊。方濟各來日本傳教是在 1549 年，而日本在 1639 年禁教，中國

---

[18] 吉田公平：〈東アジアにおける中江藤樹の位置〉，《東洋古典學研究》，第 2 集（1996 年，東京），頁 137-147。

[19] Xavier 的漢名為方濟各，於 1549 年登陸日本鹿兒島，在平戶、山口等地傳教，1551 年離日，想進入中國傳教，在廣東附近因得瘧疾（malaria）而病沒，死後被贈為「印度的使徒」。

則在 1723 年禁教。作者一一敘說十七世紀中日耶穌會的活躍狀況，主要是凸顯藤樹的時代，即是在此一大航海與耶穌會盛行的時代不可分。

雖然在藤樹著作中沒有任何有關基督教或耶穌會的評論，也無法證明藤樹有無閱讀過耶穌會的書。但作者指出，被藤樹批評只會模仿而沒有創新的「鸚鵡」學問之朱子學者林羅山（1583-1657），在其讀書目錄中已經有利馬竇所著的《天主實義》了。作者之所以關注到藤樹學與耶穌會在東亞的關係，實有兩個主要理由，其一是藤樹思想透露出許多宗教思想的成分，尤其藤樹著作中常出現「皇上帝」、「上帝」等人格神的用詞，雖然皆可追溯到中國經典文獻上，但畢竟內涵不同。[20]其二是藤樹生於十七世紀，在中國正處於朱陸論爭不休的時代，王陽明的學說可以說具有新儒教（指程朱理學）中的新教徒（Protestant），而同時期的歐洲也正是新舊教如火如荼的鬥爭時代。

作者進一步分析十七世紀對於日本而言，由於中國、朝鮮的關係日趨穩定，與日本的文物交流比往常飛躍性的擴大，學術文化情報如怒濤般地湧入日本。作者稱十七世紀的百年間，是日本人的知識世界突飛猛進的時代，藤樹活在這個時代，不無受影響。作者特別指出藤樹在相信儒教的性善論之同時，也特別關注他力救濟之途，以解決性善論在現實上的困境。根據作者的分析，認為藤樹對於性善論是屬於不考慮有一超越的絕對者的一種自力救濟論，而藤樹同時關注有一超越的絕對主體

---

[20] 把中江藤樹的「上帝」思想視為唯一神的信仰，早在明治末期已有基督宗教家的海老正名彈（1856-1937）論之，參氏著：〈中江藤樹の宗教思想〉，《六合雜誌》，第 217 號（1899 年，東京）。

者之存在，即相信有神的他力救濟。藤樹此一思想性格，影響以後日本陽明學者的良知信仰，非常具有日本特色的陽明學。這種主張捨棄自力救濟的性善論者，我們也可以看到荻生徂徠把儒學全部單面地求之於政治思想的他力救濟態度，這些都是中國新儒教成立後所未曾看到的狀況。

　　作者在本文中進一步指出，雖然研究者很努力於藤樹學的研究，但是以東亞漢字文化圈的思想文化史態度來理解藤樹學位置的問題意識，截至目前還很單薄。作者認為，唯有從東亞的位置，才能明確地釐清藤樹思想的獨特性，即藤樹的哲學思想為何在東亞儒學的領域中別樹一幟。唯有如此，才能補「在日本文化史中藤樹的定位」的不足視點。作者認為，由於藤樹在吸收中國學術的過程中，並沒有看到他如何與日本傳統思想「對決」的態度，[21]因此作者提出應捨棄「溫故知新」而用「捨古得新」的模式來理解藤樹。換言之，既然無法解明怎樣評價藤樹對日本傳統思想的繼承，就只有捨棄日本之「古」，而以東亞之「新」來定位藤樹。整體而言，本篇提供了藤樹研究的新視野，尤其作者要我們從「東亞」的研究方法論著手，捨棄一國文化主義的態度，來面對被研究者的主體性問題，的確提供給我們新的啟示。

---

[21] 依吉田公平的意思，所謂與日本傳統思想「對決」，指的是如朱子學者林羅山以理學來融合神道，山崎闇齋的華夷之辨或自創「垂加神道」等，都有鮮明的中國「儒學」與日本傳統「對決」的意味。但在藤樹思想上，看不到這種「對決」。

四、關於熊澤蕃山與山田方谷思想的研究

（一）

　　關於中江藤樹弟子熊澤蕃山思想的研究，已經有尾藤正英、宮崎道生、佐久間正等不錯的研究成果，[22]這裡僅對於其後的最新研究成果作一回顧，特別介紹嚴茁與田世民的近著，二者都注意到蕃山的神道論與宗教觀，比前人這方面的研究更為詳盡。

　　嚴茁所著〈熊澤蕃山の《周易》解釋における獨自性——「太極」をキーヮードに——〉，[23]詳盡處理了熊澤蕃山的《周易》中的「太極」思想，從而將之與朱子思想相較，提出蕃山思想的獨特性，這種獨特性既非朱子學，也非陽明學，更非老莊學，而是植根於日本風土的神道學。作者首先分析朱子對《周易‧繫辭上》的「太極」思想之解釋，認為朱子的「太極」思想是一切萬物之本質，具有所謂「至無」的「無性之性質」，其作為實體，可以作為世界作用的道理之根源。「太極」的作

---

[22] 如尾藤正英的〈熊澤蕃山の歷史的位置〉（收入氏著：《日本封建思想史研究》之第 5 章，東京：青木書店，1961 年）；宮崎道生：《熊澤蕃山の研究》（京都：思文閣，1991 年）；佐久間正關於蕃山的研究，早年有〈時處位論の展開：藤樹から蕃山へ〉、〈熊澤蕃山の經世濟民の思想：その基本的構成と社會的機能〉二文，分別收入《日本思想史研究》，第 9、10 號（1977 年、1978 年，東北大學文學部日本思想史研究室）。最近的研究有〈熊澤蕃山の儒教：「日本の武士」儒教受容の一例として〉，《陽明學》，第 6 號（1994 年，二松學舍大學）。

[23] 嚴茁：〈熊澤蕃山の《周易》解釋における獨自性—「太極」をキーヮードに—〉，《日本思想史學》，第 31 號（1999 年，東京）。

用，是萬物運動的共通法則，具有絕對的、形上的、無限的原理。而蕃山的「太極」思想則大異於朱子。

　　作者指出蕃山特強調被「至誠無息」、「不動至動」內容規範的「特定的屬性」之「太極」，與朱子自由之無性的「太極」思想相違。因為朱子顯然不是以「至誠無息」為太極。蕃山以《中庸》表示天地屬性之「至誠無息」，來作為「太極」屬性的「至誠無息」，也就是說蕃山以《中庸》的「至誠無息」解釋《周易》的「太極」，把朱子認為無可限定的無性之「太極」思想限定在一個「至誠無息」的特性。亦即「太極」在朱子思想中，原是一種哲學的、抽象的、形上的、絕對的原理，但在蕃山的解釋下卻專朝向實踐的面向。

　　由於作者分析蕃山的「太極」思想具有「特定屬性」的實踐面，因此作者進一步分析蕃山的「性」思想，認為蕃山根據這種限定屬性的「至誠無息」之原理，進而將之規範現實的制度，如人各有「職分」，不怠忽自己之「職分」便是「至誠」，所以把朝向「至誠」和「職分」之精勤意義的「無息」作為「性」的內容，如是來理解性，故蕃山曰「天道，至誠無息也。……萬物得是為性。」又曰：「至誠則吾性命也。」因此作者將蕃山的「性」思想與朱子相較，認為朱子是以「仁義禮智」為內容的「性」，與蕃山的「至誠無息」內涵的「性」顯然不同。作者花了近兩頁的篇幅論述朱子有關「至誠無息」的「至誠盡性」的內涵，認為朱子的「至誠無息」乃是一種聖人行為極至的境界，與蕃山全用之於人間的「至誠無息」思想不同。總之，作者分析了上述蕃山「太極」的實踐性格，進而指出與蕃山神道思想的關聯，而以蕃山之思想為神道學作為本文之結論，強調蕃山對《周易》的解釋是獨自特有的詮釋，最後論證蕃山之

學既非朱、非陽、非老莊，而是以神道學為主。

　　作者從蕃山對《周易》「太極」思想的獨特解釋，並將之與朱子的「太極」思想相較，企圖證明蕃山既不是朱子學也非陽明學，更非道家老莊之學，而是具有日本獨特風土的神道學。此篇結論雖大膽卻具新意，蕃山具有濃厚的神道思想，早為戰前許多鼓吹神道思想的學者指出，唯均只形式的條列出幾條原文而未申論，本文可說是比較完整的論述，並且從《周易》的太極思想出發，頗具卓識。然作者之論證策略，是把蕃山對《周易》經文的「太極」思想內涵與朱子的「太極」思想相較，這誠然是必不可少的過程，但按照作者文章目的而言，最重要的應該還是以著重在對《周易》思想中的「太極」思想的解釋，進而比較蕃山之「太極」思想如何與儒家式的《周易》思想之不同，才能分析出蕃山思想之獨特性。但作者捨此研究進路，直接將之與朱子思想相較，而對《周易》思想本身全無涉獵，可說是本文最重要的缺憾。最後作者提到蕃山的「以經解經」思想頗同於古學派，亦不免過於武斷的推論。

　　臺灣國內研究陽明學的文章屈指可數，田世民完成《熊澤蕃山の研究：その「水土論」と宗教觀を中心として》（2002年）的碩士論文，可算是比較深入的研究。[24] 該碩士論文旨在處理蕃山特殊的水土論及宗教觀。

　　所謂「水土」指的是基於「時、處、位」的自然、風俗習慣，田世民指出蕃山作為陽明學者，他所認知的日本水土之特殊性，重視「易簡之善」的哲理，蕃山以此展開他對當時普行

---

[24] 田世民：《熊澤蕃山の研究：その「水土論」と宗教觀を中心として》（臺北：淡江大學日文研究所碩士論文，2002年）。

於世的儒佛禮法的批判，而主張應符合日本水土的理想葬法。作者第四章則探討了蕃山的神道觀、佛教觀及基督教觀，指出蕃山基於「神儒一致」、「儒主神從」論，批判了佛教的「地獄極樂」與「輪迴轉生」說，更對基督教展開激烈的批評，將滅明入關的清朝視為「外患」，而將基督教視為「內憂」，而單靠儒教之力，卻無法防堵基督教，蕃山對此表現出悲觀的無奈。

田世民本書直接注意到蕃山的水土論與神道論，可說具有卓見，也確實點出了蕃山思想的核心，提醒兩岸研究者在認識日本人的儒學觀點時，不要輕易以為日本儒者只是反芻中國的思想。整體而言，本書在國內學術界上，有介紹蕃山思想之功。不過，本書的思想分析尚待加強，主要是作者似乎對中國思想領域的範圍有點陌生。舉例言之，作者論及蕃山反對佛教的「火葬」而強調「土葬」，牽涉到魂魄與氣論的觀點，這些討論都離不開中國「禮法」上的觀點，故爬梳中國《禮記・大傳》與《儀禮・喪服四制》的喪禮規定，乃有其必要。因而蕃山在反佛教葬禮的主張中，哪些是與中國儒教禮法的葬禮觀點相同？哪些是蕃山自己獨特的思想？必須有一比較，才能凸顯蕃山是具有日本「水土」色彩的獨特思想家。田世民如今留學日本京都大學，受業於研究日本近世教育史的辻本雅史教授門下，投入日本近世儒學的研究，給臺灣國內的日本德川研究，添入了新的生力軍，我們可以期待他將來這方面的研究成果。

關於蕃山的研究，近年來亦有關心蕃山與幕末陽明學者山田方谷的關係之研究。熊澤蕃山與山田方谷二人皆是信奉陽明學者，一在幕初，一在幕末；一在備前岡山藩，一在備中松山藩，緊鄰相依。二者都曾被藩主委以重任，處理藩政，只是二人晚年皆不得志。蕃山因其學說觸犯了官學，晚年遭幽禁；方

谷則適逢明治維新，藩主是屬於幕府一方，故晚年對明治維新
的亂象，頗有微詞，過著開塾教育後進的生活。

　　朝森要的〈熊澤蕃山と山田方谷〉一文，[25]旨在解明方谷
到底受到蕃山多大的影響。作者指出：有「小蕃山」之稱的方
谷，高度評價蕃山，說：「孔孟之學，全太虛之道體，其用至
大。常與萬物為一體，以為其利用厚生。陽明王子能得其全體
大用也，王子之後，獨見吾蕃山熊澤子。」由於方谷如此敬仰
蕃山，又在藩政上有不錯的治績，作者舉「武士的歸農土著政
策」、「建言箱」、「學校教育理念」三個實例來說明方谷的一些
施政措施，是沿襲蕃山而加以改良。就「武士的歸農土著政策」
而言，蕃山的經世論是主張農兵主義，強調應制定法律，讓武
士歸農，平時助農墾田，戰時衛城。方谷也向藩主建議武士土
著是古來之風俗，國家安全之基礎，主張應把武士移住於城外
各要地，取古代兵農一致的經驗。方谷為了落實土著政策，將
自己也移住長瀨，與蕃山晚年帶頭墾田類似。故由此認為二者
不論在主張與行動上，都非常相似。

　　其次，關於「建言箱」的設置，蕃山在岡山城外設「諫ノ
箱」，是以無記名的投書方式，取借一國的智慧，批判在位者
的施政缺失。方谷亦在松山藩中的總門外制的札場上，設有「目
安箱」，不論何人，若對政治有任何不滿，皆可投書於此。與
蕃山不同的是，必須要署名，規定每月兩三次，集會開箱。

　　至於二者的學校教育理念，蕃山認為「學校，教人道之所
也。治國平天下，以正心為本，是政之第一也」（《大學或問》，

25　朝森要：〈熊澤蕃山と山田方谷〉，《季刊日本思想史》，第 38 號（1992 年，
　　東京），頁 55-67。

下冊），蕃山特以此理念經營藩校。方谷在松山藩，改革藩校亦是重要措施，他對藩校「有終館」有如下的旨趣：「國勢之盛，起於士之正。欲正士風，在於勵文武。」方谷以此信念，並陸續設立了鄉校鍛冶町教諭所、成章村校。作者認為方谷與蕃山的學校教育理念亦無二致。

作者本篇文章是從一宏觀的角度，整體來看二者思想上的關聯性。不過，本文論述與分析仍稍嫌簡略，亦欠缺直接描述二者思想上的關聯性。山田琢的〈日本漢學展開——熊澤蕃山と山田方谷——〉一文，[26]可以說是補足了朝森要上述的缺憾。他直接從文獻原典上，比對《集義和書》與《集義和書類抄》之思想，是一種微觀上的研究。眾所周知，方谷私淑蕃山，晚年因學生之請，至備前蕃山所教過的「閑谷黌」講學，使廢校的閑谷黌得到再興，並得到蕃山的遺著《集義和書》十六卷。《集義和書》是蕃山所著，是蕃山最重要的思想著作，方谷特有《集義和書類抄》二卷之抄評。山田琢這篇文章旨在透過分析方谷所抄寫評論的《集義和書類抄》，與蕃山思想的一貫性。作者特別分析方谷抄出的七條內容及述評，分別是《集義和書》中有關「如何立志」、「如何靜坐」、「對朱王學的取捨」、「對藤樹學的儒佛觀為何」、「對聞蕃山之名的志道者，蕃山要如何教之」、「如何得見經書之要」、「朝聞道夕死可矣」等七項之問答，以論證方谷繼踵蕃山思想，得出二者思想的一貫性。基本上本文是一種微觀的文獻主義的分析，直接從方谷對蕃山的抄錄評述，可補前者朝森要之研究上的不足。

---

[26] 山田琢：〈日本漢學展開—熊澤蕃山と山田方谷—〉，《陽明學》，第 6 號（1994 年，東京二松學舍大學），頁 93-118。

（二）

　　幕末陽明學者山田方谷，晚年具有鮮明的「氣一元論」思想，近年來亦引起相當大的關注。我以宮城公子及黃俊傑教授的研究作為代表，二者都不約而同地注意到「氣論」這一課題，在東亞思想傳統中扮演舉足輕重的地位。

　　宮城公子的〈幕末儒學史の視點〉（1981 年）一文，[27]係從「氣」的哲學角度，企圖摸索明治初期的自由民權思想家中江兆民（1847-1901）的思想，是否有其前近代的思想根源。作者找出了幕末陽明學者山田方谷的「氣」論，非常近似於中江兆民所提出「無始無終，無邊無極」的「太虛」思想。中江兆民在日本近代中，是最早且深染歐洲近代思想的人，但兆民看透東亞傳統和基督教的世界觀不同，而希望在東亞社會中，以創造出「獨自」的哲學為自負。作者本文的實質企圖，是要從兆民的思想中，追溯他的思想來源，把兆民強調的「心神之自由」的民權思想，與幕末陽明學者山田方谷所倡的「自然之誠」＝「浩然之氣」的相似性，來證明兆民的思想有其前近代思想之依據。

　　作者分析方谷的「氣一元論」，認為他所謂的「氣中之條理」有兩解，一是「條理具於氣」，一是「氣生條理」。就「氣中之條理」而言，係針對朱子理氣二元論、理先氣後之說而來，即是否定了朱子學所稱「性即理」的性善說之形上學之基礎。

---

[27] 宮城公子：〈幕末儒學史の視點〉，《日本史研究》，第 232 期（1981 年，東京），頁 1-29。

作者指出方谷之所以提出「氣中之條理」與朱子對決，即是認為朱子學在具體的實踐上的證明有其難處，提出「氣一元論」的「太虛」，來否定朱子學者尾藤二洲（1747-1813）的「太極」＝「理」之論。這方面的思想，可以說是得自於陽明學，方谷把自己的學問稱為「養氣」學，並把這種養「浩然之氣」＝「自然之氣」作為實踐的課題。不用說此種「浩然之氣」來自於《孟子・公孫丑》「養氣章」中之不動心的問答，方谷的「浩然之氣」也是此種「死生不動」的不動心的涵養問題。作者專注於方谷氣論的分析，旨在對應於中江兆民的氣論與生死論的近親性。

中江兆民在 1881 年（明治十四年）於自己主筆發刊的《東洋自由新聞》，刊載了有關討論自由的文章。兆民將自由區分為「心神之自由」與「行為之自由」，前者是「極天地，極古今，無一毫之增損」的「我本有之根基」，以成為「行為之自由」等市民諸自由的淵源。作者特別指出，兆民從此種「心神的自由」演繹到市民之諸自由的論理之中，顯然受到陽明學的影響。兆民在解釋「心神之自由」時，說：「古人所謂，配義與道，浩然之一氣，即此物也」，又形容此種自由為「活潑敏銳」、「活潑絪縕」、「活潑潑轉轆轆」等，作者認為這裡不難看出是以「氣」的自我運動來作為其理論架構，這就與山田方谷所提倡的「自然之誠」與「浩然之氣」有不謀而合之處，二者均強調道德心術之問題。

至於方谷與兆民兩者有無師承關係或者是否可以指出直接的影響，作者認為並沒有。而兆民是否讀過方谷的語錄類作品，也無確實的證據。但是經過作者的分析發現，兩者理論竟是如此的相通與近似，因此認為兆民與方谷二者思想的相似性，是否只是偶然的一致，或是他們的思想是植根於東亞細亞

社會的「氣學」傳統，作者在本文中告訴我們以上的可能性。

宮城公子另有〈山田方谷の陽明學〉（1988 年）一文，[28]旨在論述山田方谷之陽明學說。作者指出方谷的「自然之誠」之主張，是一種具有超越陽明學之自我特色。該文又指出方谷之「致知格物」思想，受到王龍溪《大學首章解義》中所說：「格，天然之格式，所謂天則也。致知在格物，正感正應，順其天則之自然而無容我心，是謂格物」之影響。因為方谷所抱持的自然哲學思想，是帶有所謂對善之方向性的無意識為前提，這種對「自然之性」的強調，雖然認為「惡」也是自然之性，但仍植根傳統之性善論中。該文最後指出，方谷「自然之誠」或許是由荻生徂徠、太宰春臺的「誠」之思想所開示。不過作者仍強調，方谷是內面主義者，以追求道德之自然性，與外面主義者的徂徠所強調的「外禮而語治心之道，皆私智妄外也」，仍然有很大的差異。因為方谷之學仍然自稱「養氣學」，是要從既成的善惡而形成自由自在的內面之能動性，作者強調這才是方谷養氣之要諦。

其次，臺灣學術界黃俊傑教授是第一個注意到日本陽明學者山田方谷獨特的養氣學。他的〈山田方谷對孟子養氣學說的解釋〉一文，[29]旨在介紹方谷對孟子知言養氣章的解釋，並勾勒出在孟子學詮釋史與日本儒學史的思想史脈絡中，為山田方谷的孟子學解釋加以定位。該文首先爬梳方谷從「氣一元論」的立場，解釋孟子的「知言養氣」說。作者指出方谷認為「氣」

---

[28] 宮城公子：〈山田方谷の陽明學〉，《日本學》，第 11 期（1988 年，東京），頁 109-127。

[29] 黃俊傑：〈山田方谷對孟子養氣學說的解釋〉，收入氏著：《東亞儒學史的新視野》（臺北：喜瑪拉雅研究發展基金會，2001 年），第 8 章。

兼具宇宙論與倫理學之特質，這種「氣論」性質，不僅見於孔門，而且可上溯《易經》，亦見於《中庸》，至孟子而粲然大備，而為古今中外四方萬國所共具。但是，作者特申論方谷以「氣一元論」為基礎的孟子學解釋，於孟子之說頗有歧出，因孟子的「浩然之氣」說，暢談「氣」在經過「配義與道」的功夫，「集義」而充實其「至大至剛」的道德內涵後，才賦予「氣」以充分的道德論或倫理學意義。因而孟子養氣說的這項人文內涵，在方谷的解釋中失落了。

作者並指出了方谷氣學說的兩個方法論問題，其一是方谷沒有進一步說明「氣生理如何可能」？其二是方谷強調「從一氣之自然」就可掌握「自然之條理」，對於孟子的養氣之學之功夫論視而未見，因此依方谷的養氣學，則孟子與告子達到「不動心」的方法之差異就成為不重要。而且孟子所說「志至焉，氣次焉」也成為不可理解。作者為國內孟子學專家，的確一針見血地指出方谷的方法論問題。而這兩項方法論的問題，也凸顯了方谷對朱子學的批判，仍然有其未竟的學術事業。

五、關於大鹽中齋思想的研究

大鹽中齋思想的研究，從明治維新以來有興趣者頗多，其原因除了大鹽「心歸乎太虛」的獨特性思想以外，主要是大鹽在 1873 年率弟子起義舉兵所展現的行動精神。明治時代小說家森鷗外（1862-1922）晚年即有《大鹽平八郎堺事件》（1912年完稿），以小說的筆法描述大鹽的起事，不過並未觸及到大

鹽動亂的動機。[30]戰後有名的文學家三島由紀夫（1925-1970）
也有一篇〈作為革命哲學的陽明學〉，把陽明學說成具有革命
性的哲學，認為革命需有積極性之狂熱精神，並透過必要性的
行動，而大鹽對良知學的體認與行動，正是「知行合一」革命
動力哲學的最好代表者。[31]因此，描述大鹽多采多姿的一生的
傳記，在明治年間即有幸田成友（1873-1954）的《大鹽平八
郎》（1910 年）；大正年間有景仰大鹽精神而成立「大阪陽明學
會」的石崎東國也著有《大鹽平八郎傳》（1919 年）；近二、三
十年關於大鹽一生的歷史研究傳記也不少，可以岡本一良的
《大鹽平八郎》（1975 年）、宮城公子的《大鹽平八郎》（1977
年）作為代表者，其中宮城氏的傳記研究，最具思想分析性，
對於了解大鹽的陽明學思想甚具有代表性。最近對大鹽思想的
研究，可注意者有荻生茂博〈大鹽中齋的《大學》詮釋〉，以
及山縣明人撰〈「洗心洞劄記」における大鹽中齋の變革思想
——創造的破壞を預言する思想の誕生——〉等兩篇研究作品。

　　荻生茂博的〈大鹽中齋的《大學》詮釋〉一文，[32]旨在藉
著大鹽中齋對《大學》的解釋思想，檢討將中齋歸為王學左派，
以及探討將中齋視為明治維新的起點、邁向近代的反體制思想
之先驅者之看法，作者都認為值得商榷。因此，作者從中齋所

---

[30]　森鷗外：《大鹽平八郎堺事件》（東京：岩波書店，1994 年）。

[31]　三島由紀夫：〈革命哲學としての陽明學〉，收入《三島由紀夫評論全集》
　　　（東京：新潮社，1989 年），頁 564-584。

[32]　荻生茂博該文，早年收錄於源了圓編：《江戶の儒學——《大學》受容の歷
　　　史》（京都：思文閣，1988 年），題為〈大鹽中齋——反亂者の人間學〉；2002
　　　年重新改寫為〈大鹽中齋之《大學》解釋——江戶儒學史和其蜂起之問題〉，
　　　發表於臺灣大學 2001 年 12 月 21 日「東亞近世儒學中的經典詮釋傳統」
　　　第十次研討會議程，修正後收入於黃俊傑編：《中日「四書」詮釋傳統初
　　　探》（臺北：臺灣大學出版中心，2004 年），下冊。

著的《古本大學刮目》（以下簡稱《刮目》）的編排結構，依序分析「自序」、「凡例」、「綱領」、「引用姓氏」，以及王陽明之「大學古本旁註」和中齋所附的按語。故作者從這本書的「自序」中分析中齋認為「心理不二、知行合一」原是孔子、程子之學要旨，「朱子之本旨」亦在其中，但朱子之格物說因未得其要領而招後學之惑，陽明啟之，所以陽明並不是朱子之讎人而是益友。因而作者強調首先要確認的一點是，中齋的陽明學是主張將朱王一致來當作其自學之根本。

另外，作者也指出中齋列舉大量的中國儒者之說的《刮目》，乍看之下，有如《大學》之王學末流，但事實上極度含有中齋學問主張之觀點，其主張乃交錯於中國清初之的正統異端論爭中，以附合一方而叩擊另一方之形式來繼承陽明學。

其次，作者分析該書之「凡例」八條，它是以《大學》之文本問題為中心。中齋根據毛西河之《大學證文》（第一條）批判呂晚村攻擊陽明之《古本大學》是豐坊的偽經《石經大學》，由此可見他是高度尊重毛西河。再者，有關「綱領」要旨，作者指出中齋的「綱領」，顯然是為了破呂晚村之策謀而明示《古本大學》之源流而設計的（凡例第二條），其理由如以下三點：（一）確定《大學》的作者非曾子所作；（二）《大學》有錯簡無闕文；（三）分別記入既無錯簡也無闕文的先儒之說。再者，中齋以朱、王在誠意、親民、致知、格物、知行之各項目的分別解釋，列舉與陽明思想一致（中齋之看法）的諸說法。關於《刮目》「引用姓氏」部分，作者分析說明以陽明學為首的「王門親炙私淑」項之 72 儒，接著又揭示從漢到清之 150 儒（以後的宋儒 39、元儒 6、明儒 94、清儒 16），總數共 223 儒。這顯示了中齋學問的特徵是對中國文獻情報的通

曉。在《刮目》之「引用姓氏」中，以朱子為首的 106 儒，可見於《四書大全》之「引用先儒姓氏」中，顯示中齋以博學見長的風采。

作者在本文中進一步分析中齋的反王學左派思想性格。作者指出中齋是反對王龍溪與王心齋等王學左派思想的，其思想也是傾向東林學派之後學。作者從中齋評論王龍溪《大學首章解義》的三段解釋，即第一段是「大學之道，在明明德，在親民，在止於至善」的三綱領之段；第二段則從「知止而後……能止」之一段；第三段從「物有本末」以下，說八條目之工夫的部分。作者一一分析中齋的解釋與龍溪思想的相違，認為中齋傾向錢緒山的理路。中齋也批評王心齋的現成思想，認為心齋之志是一種理想論，用心齋之學的結果，將使人容易地陷入工夫的放棄，導致心齋後學謬誤的橫流。

作者即從中齋上述反王學左派的思想性格，以及中齋對《大學》的解釋，推論中齋正是繼承王學之反良知學現成派的東林學之學脈，並直接繼承清初儒者彭南畇之《姚江釋毀錄》。因而作者認定中齋雖作為陽明學者，卻帶有鮮明的二元論色彩，傾向朱子學思維。

眾所皆知，陽明之所以批判朱子之論，是因在朱子以二元論之思維下，往往否定性地理解定著於心的自由活動，而要求對心加以拘束。但作者指出中齋之慎獨工夫也是一種抑制氣質、心之知覺的手段。這種禁欲哲學的特徵，其基本思惟是和朱子學相通的。但在中齋思想中，統制知覺的是良知，故務求良知和知覺之分別，一切行事皆須根據良知自身之功能而出，而且中齋不認為這個良知全能，是被覆在知覺攪和的心之現實

狀態。因此，作者指出中齋認定朱王兩學有其一致性，而且認為這就是王學之本質。因此，經由作者的分析，中齋之王學實是基於性情二元的心性論，是藉由王學而承襲朱學。

　　作者從中齋近於朱子學的二元論思維，迥異於陽明學，以此判定中齋不是根據王學之思惟而起亂的。如果重新定位中齋之哲學和起亂的原因，中齋是為悍守儒教的理想主義，進行社會批判而殉教的。就此意義而言，可以說中齋是日本最初的一位儒教殉教學者。但其所謂儒教的理想主義，有如丸山真男氏所說的「儒教的嚴格主義（rigorism）」，是以天理人欲之二元論為核心，將之作為思惟的構造，毋寧是近於朱子學之理論。在他的主觀中，亂的目的是要回復純粹的封建秩序，但在變革期的嚴格原理主義，能否發揮對政治權力的鬥爭力量，這和他的主觀是兩回事。無論如何，中齋所惹起的亂事影響，的確在明治維新之內亂期中，在日本社會起了作用。

　　作者最後回到德川學術的脈絡下，探討何以中齋的《刮目》會以清儒陸稼書為敵人，這與幕府儒官推行的「寬政異學之禁」（1790 年），禁止朱子學以外的學問政策有關。作者指出在「寬政異學之禁」體制下，陸稼書之經典詮釋在江戶中末期佔有重要地位。陸稼書在康熙皇帝之下，纂定了《三魚堂四書大全》，將陽明以降的經學劃下了休止符。而且他又別集萬曆以降諸家之說的《四書講義困勉錄》正續，以及植基此書所作的《四書》詮釋書《四書松陽講義》。寬政三博士之一的古賀精里（1750-1817）即和刻出版了《松陽講義》（1813 年序），又根據上述陸所纂著之諸書，編纂了《大學章句纂釋》、《大學諸說

辨誤》、《中庸章句纂釋》、《論語纂釋諸說辨誤稿》等文本。[33]中齋之大著《古本大學刮目》則是否定這些陸稼書等的經典詮釋之文本，即是從陸稼書之《四書大全》相對峙之立場出發，進而總括明代學術的一本著作。由此作者總結中齋的思想性格，認為在中齋的學問世界裡，與其關注他的政治行動，寧可關注深化到他內面的心性論，吸納了幕末的朱王學思想養分。因此，與其研究中齋的儒學是否對明治維新有貢獻，不如從朱王學所受的影響這觀點上作為思想史的研究，較有重要的意義。綜而言之，荻生茂博這篇文章在學界中是分析大鹽中齋《大學》思想較為詳盡的作品，誠如作者所呼籲的，我們對於大鹽的思想研究，應該要擺脫許多學者從明治維新的觀點來看大鹽的思想，而從中齋本人的學問取向與時代脈絡，以進入中齋的思想世界，如此方能掌握大鹽何以舉兵行動的背後精神內涵。

　　對中齋思想的研究，可注意者是山縣明人撰〈「洗心洞劄記」における大鹽中齋の變革思想——創造的破壞を預言する思想の誕生——〉一文。[34]該文以大鹽的《洗心洞劄記》著作為中心，旨在分析大鹽面臨危機時刻的變革的思想。作者指出大鹽的變革思想，懷有《莊子》的太虛思想，並以之為思想淵源，援用陽明學的學理，從而產生「命」的深層意味，構築獨自的東洋性的變革思想。作者認為大鹽以「歸乎太虛」為神秘

---

[33]　《大學・中庸章句纂釋》合冊之刊本有許多，根據 1811 年上梓時門人所記的「凡例」，此二書在十餘年前已成書，雖有抄本流傳，但為糾正其間所產生的異同而決定公行出刊。兩書之初版是在 1812 年，但序文之刊記是在 1800 年。又《論語纂釋諸說辨誤稿》，是未刊稿本，序文在 1816 年。

[34]　山縣明人：〈「洗心洞劄記」における大鹽中齋の變革思想——創造的破壞を預言する思想の誕生——〉，《季刊日本思想史》，第 43 號（1994 年 6 月）。

思想的核心，重新建構陽明良知的思想，全面地展現《孟子》東洋性的革命思想。作者以這樣的觀點來看大鹽的舉兵起義行動的實踐思想，而說大鹽這種基於東洋性的革命思想之軍事行動，是一種作者所謂的「創造性的破壞行為」。

　　作者更申論大鹽這種「創造性的破壞力」之思想，是融合了《莊子》的太虛、孔子的仁，乃至陽明學的致良知和孟子的放伐革命思想，為了創造生命而發揮強力的創造性之破壞力。作者稱這樣的思想和行動，誕生了新時代精神，不只是基於同情農民而針對商人的權利與權力之反動而已，更是對於無關心、無生氣而積澱凝滯的時代釋放出「創造性的破壞」能量。所以在其後，尊皇攘夷的吉田松陰與明治維新第一功臣的西鄉隆盛，因感激於大鹽的思想和行動，將其思想和行動，以他們獨自的立場而付諸實踐，而大鹽正是誕生這股改革思想與動力的第一人。

　　作者的新意在於以所謂的「創造性的破壞」來加強大鹽「歸太虛」的思想內涵。不過，作者直接指出大鹽的「心歸乎太虛」是從莊子的「太虛」思想而來，恐未能有力的說服大鹽思想的研究者，畢竟作者謹關注在「歸乎太虛」以論太虛，而不是扣緊「心歸乎太虛」以論太虛。若從後者來看，不能擺脫大鹽「心學」的影子以論太虛，但作者幾乎置「心學」於不顧，而純從太虛以論大鹽思想，恐失之片面。

六、關於吉田松陰思想的研究

　　嚴格言之，吉田松陰不能算是陽明學者，僅能說是景仰陽

明學的幕末志士。不過因為他著有《講孟餘話》偶而引用陽明的思想，而且也極肯定陽明的「知行合一」精神。松陰也讀過李卓吾的作品，甚感其童心之說。松陰亦愛讀舉兵起事失敗的幕末陽明學者大鹽中齋的《洗心洞劄記》，感嘆他起事的失敗。雖從其所學系譜來看，無法將之歸為陽明學者，但從井上哲次郎《日本陽明學派之哲學》、岡田武彥等編的《日本陽明學大系》，均將之視為陽明學者，由於松陰思想在幕末維新之際是至關重大的一位歷史人物，故對其研究有介紹的必要。

　　近二十年來對於松陰的研究，已經擺脫戰前把松陰當作「革命的急先鋒」、「殉國精神」、「滅私奉公」、「天皇至上」、「大東亞共榮圈」之先驅者的國家主義或軍國主義的形象。不過，戰後對松陰的研究，熱情仍未減，僅介紹以下幾篇重要的研究成果。岡崎正道的〈吉田松陰の士道論と民本思想〉（1983 年）一文，[35]旨在考察吉田松陰之「士道論」和「民本思想」之關聯性，其中也涉及松陰之「臣道論」與「尊王論」。因為一般認為松陰思想受到水戶學者藤田幽谷（1774-1826）與會澤正志齋（1782-1863）之影響，故作者首先檢討松陰與水戶學思想之間的不同。由於作者主要著眼於「民本論」，故前面的許多篇幅均在比較松陰與水戶學之農業經濟思想。

　　基本上作者認為幽谷和會澤仍然嚴守愚民觀及身分差別，這點和松陰有很大的不同。會澤所持農本主義之背景，旨在救濟武士之意識所提出的，他悲憤地指出沉溺於貨幣經濟之中的武士階級，屈服於商人之壓服下，其施政理念是堅守武士的土著化與嚴峻地看待國家對海外的交易，二者是表裡一致

---

[35]　岡崎正道：〈吉田松陰の士道論と民本思想〉，《日本思想史研究》，第 15 號（1983 年，東北大學）。

的。而會澤的民眾觀是強調民眾倫理劣等性之愚民思想，沒有根據尊重民眾之自發性、主體性之國防意識之涵養，只是專以發揚武士之士風為主。但是松陰則不然，他擺脫水戶學偏狹的農本主義，把生產力增大、擴大到結合民富的形成。因此，松陰由民本的立場來考慮當前國防的局勢時，松陰只問王政之內容與民利之充足，著眼於天下之士民一致之臨戰姿態，並追求民眾也應一起分擔國家安危的責任。故松陰對當前的統治階級（幕府及武士）加以批判，主張為政者應該受民眾所信載而施以實質的仁政護民之政策，同時松陰同情下層民眾發動許多的一揆暴動，認為這些都是基於民眾自主性的要求。就此點而言，作者將松陰視為具有民本思想之性格，與水戶學之會澤只著眼於領主階層之改革不同。

作者並集中討論松陰的「士論」思想特質。首先指出松陰之「士論」受到山鹿素行很大之薰陶。但素行仍持有三民（農工商）的愚民觀，是仍然根據對三民之道德未成熟而發的。相對而言，松陰的士道論卻懷有濃厚的民本主義性格，相信三民的道德薰陶有時超越武士之道德觀，因為世襲武士易染墮風，而民眾中也有比武士更優越的志操。作者因而指出松陰的民本思想是一種「草莽的自覺」，因松陰在「當今征夷跋扈，諸侯觀望」之情況下，抱持「所恃者唯有草莽之英雄」之思想。

作者把松陰這種「草莽」意識，連接在近代「一身獨立」從而「一國獨立」的近代性格，來思考松陰思想的近代性。雖然在松陰之前也有一些提倡民本論者如細井平洲（1728-1801），但基本上仍然是在一種「靜態思索的」時代所孕育出的民本思想者，和松陰處於動態時代中而將自己全然地「實踐的」行動仍有不同。故作者歸納松陰這種激進的追求民

本主義和士道之倫理性，是一種企求實現民族自立的「草莽崛起」的鬥爭型態。以「草莽意識」來看松陰的階級平等觀，在日本學術界曾引起熱烈的討論，作者能從松陰景仰的孟子之「民本」論，一窺松陰的「民本論」，進而集中討論其與「士道」論的密切關聯性，清楚地描繪出松陰的「草莽意識」，這是作者本篇的學術貢獻。

另外，川口雅昭的〈吉田松陰における「忠孝」概念について〉一文，[36]旨在分析吉田松陰的「忠孝一致」的概念，具有其獨特思想的意義，糾正一般學術上認為松陰的「忠孝一致」僅是「繼受」後期水戶學特別是會澤正志齋的思想。作者在本文以前已有〈吉田松陰における「孝」概念〉，特別區分松陰所使用的「孝」概念有發於「情」的「孝」與發於「義」的「孝」兩類。[37]本文亦以同樣的方法論處理松陰「忠孝一致」的概念，特區分基於「不得已之情」的「忠孝」觀，與基於「大節大義」的「忠孝」觀兩類。作者特別指出松陰常言「忠孝由自然而出」，這是一種相良亨（1921-）論松陰「誠」的思想時，所說「不得已之情」的「自然之情」，而松陰論忠孝的一個重點，即是發於不得已之情的誠。不過，這類發乎情的「忠」或「孝」，由於是以感情的對象物（人）作為價值判斷者，難保對象物若改變的話，則價值判斷亦隨之改變，缺乏永續性。松陰的忠孝概念，不可能僅停留於此，故作者再從松陰的「忠義的世界」中看到把發於「情」的忠孝，轉向了「大節大義」，從而由個

---

[36] 川口雅昭：〈吉田松陰における「忠孝」概念について〉，《陽明學》，第7號（1995年，東京二松學舍）。

[37] 川口雅昭：〈吉田松陰における「孝」概念〉《山口縣史研究》，第3號（1995年，日本山口縣編）。

人意識的關係，轉而以日本國家意識為對象，即帶有由「私」轉為「公」的性格，而且其國家的中心並不是幕府，而是天皇，持有這種「大節大義」的忠義之心，「孝」亦由發於「情」的道德性質，專而發於「義」的「孝」，在這種情形的「孝」之意義幾乎與忠義是同義語。如此松陰的忠孝思想，才取得永續性的安頓所在。作者特別強調，松陰這種藉由「義」結合的忠孝概念，迥異於後期水戶學的「忠孝一致」思想。

　　作者誠然詳密地區分松陰發於「情」與基於「義」的兩類「忠孝」概念，的確有助於學界釐清松陰的忠孝思想內涵。不過，「忠孝」既是儒教重要的觀念思想單位，而作者在分析忠孝理論之際，似乎缺乏以儒教體用論來分析「忠孝」這兩個概念如何在松陰思想中被運用。另外，作者亦忽略了「忠孝一致」與日本傳統神道與自然思想的淵源關係。而作者之所以忽略這項因素，似乎是為了扭正長期以來松陰的「忠孝一致」思想與後期水戶學的關聯，不過分析松陰的「忠孝」觀時，若缺少了日本神道與自然觀，總是令人遺憾。

　　其次，拙著最近出版的《德川日本「忠」「孝」概念的形成與發展——以兵學與陽明學為中心》（2004 年），則是藉由「忠」、「孝」兩個概念的支點，以最強調的「孝」的陽明學（如中江藤樹、大鹽中齋）與最講究「忠」的武士道學派（如山鹿素行、吉田松陰），來鳥瞰日本德川思想的特質。這本著作亦用了許多篇幅處理吉田松陰與後期水戶學「忠孝一致」的思想淵源及其關係。這本書的研究指出，由於日本陽明學者與武士道學者共同具有本土性的神道意識，故必追溯到日本傳統思維方式的特色。這種植根於傳統的神道宗教意識，即是提供「忠」與「孝」的超越原理之根據，因此在理論上與實踐上，恰可作

為幕末水戶學者與勤皇學者倡導「忠孝一體」的最佳思想資
源，並成為近代日本「祭教政」三位一體的理論基礎。這與中
國以「仁本論」作為超越原理的性體相當不同，從而看出中日
兩民族對於道德單位觀念的重要歧異。[38]

　　近年來，吉田松陰思想對晚清民初思想家梁啟超的影響之
研究漸被重視，大陸學者郭連友的〈梁啟超と吉田松陰〉[39]一
文是這方面研究的先聲。關於梁啟超的研究，日本學者最近的
研究成果是由狹間直樹編有《共同研究　梁啟超——西洋近代
思想受容と明治日本》在 1999 年刊行。[40]這是狹間氏集多位研
究者與多年的讀書會，針對梁啟超所做的最新研究成果，特別
關注梁啟超接受西洋近代思想和明治日本思想的關聯。但是，
對於梁啟超與日本幕末吉田松陰思想的關聯，並沒有充分的研
究，郭連友這一篇文章可說是補充狹間氏對梁啟超思想研究的
不足。

　　梁啟超與松陰思想的接觸，早在康有為於「萬木草堂」授
徒時，以松陰事蹟及著作當成教材來激勵士徒。康氏並著有《日
本之變法由遊俠浮浪之義憤考》，把明治維新志士比擬為司馬
遷（約 145-86B.C.）《史記》中的〈遊俠列傳〉之戰國遊俠，
期望中國也能如日本得志士義俠以救國難。[41]梁啟超更於 1906

---

38 張崑將：《德川日本「忠」「孝」概念的形成與發展—以兵學與陽明學為中
　心》（臺北：臺灣大學出版中心，2004 年）。

39 郭連友：〈梁啟超と吉田松陰〉，《季刊日本思想史》，第 60 號（2002 年 1
　月，東京），頁 68-88。

40 狹間直樹：《共同研究　梁啟超—西洋近代思想受容と明治日本》（東京：
　みすず書房，1999 年）。

41 康有為所著《日本之變法由遊俠浮浪之義憤考》於 1898 年春由大同印書
　局刊行，係命其長女康同薇編纂而成。

年出版《松陰文鈔》，推尊松陰是明治維新「首功」、「原動力」、「主動力之第一人」。郭連友本文分梁啟超（1）亡命日本以前（1898年以前）（2）亡命日本後（1898-1906）（3）《松陰文抄》著作的松陰觀等三個重點，來處理梁啟超對松陰思想的認識。

　　作者指出松陰在亡命日本以前，在萬木草堂受教於康有為時代，即知悉吉田松陰其人其事，並和松陰弟子品川彌二郎有書信來往。以後講學湖南「時務學堂」輒以松陰與幕末志士事蹟惕勵湖南學子。

　　梁氏亡命日本後，更閱覽了松陰著作，自標榜「吾生平好讀松陰文」。作者特別指出，梁啟超在1898年到1903年的思想最為激烈，此與梁氏大量閱讀日本書籍有關，特別是幕末維新志士的作品，梁氏以革命家稱松陰，同時主持《清議報》和《新民叢報》，鼓吹反滿革命，與孫中山等革命派主張相近。1902年梁氏著《新民說》，從社會進化論立場鼓吹進步論與破壞論，而松陰在其看來即是「生平專主破壞主義」者，強調唯有革命才是救國唯一的道路。

　　作者指出梁啟超把松陰當作是「革命家」是受到當時主張「平民主義」者德富蘇峰作品的影響。因此，作者認為梁啟超的革命思想，實不是以西洋近代思想為基礎，而是以日本近代思想為其理論根據。但是，作者同時有指出1903年11月以後，松陰在北美遊歷後，放棄了「破壞主義」的主張。作者以1906年出版的《松陰文抄》來分析梁啟超思想的轉變，不再把松陰當成「破壞的」革命家，而這個期間正是康、梁主張清朝立憲，和孫文推翻清朝的革命派最水火不容的時刻。作者指出梁啟超在與當時革命派激烈的筆戰中，梁氏當有求之於松陰，以支持

其堅定的信念。

　　綜而言之，作者充分利用吉田松陰與幕末維新的文獻資料，解決了梁啟超思想轉變的關鍵點，對於中文學界不太理解梁啟超與吉田松陰這層深厚的精神思想關係而言，本文的確補充了學界對梁啟超研究的不足。不過，由於作者把焦點全放在吉田松陰與梁啟超的思想關係上，即判定梁氏從「破壞主義」轉而「改良主義」者，這是作者本文中最有創見但卻又是最大膽的推論，能否支撐此說，作者將有後續研究，值得拭目以待。

七、幕末陽明學與明治維新的關係研究

　　基本上十七世紀初期到十八世紀初期的德川百年儒學史中，具有開創性的儒學宗派，已經發展完成，後儒不論是繼承或批判，開創性之意義少，反芻玩味前人的意義多。唯在幕末的陽明學發展上，卻如光彩奪目的彗星，搶盡了諸派之風采，為陣痛待產的明治維新政府催生，也加速顛覆夕陽餘暉的幕府政權。許多幕末勤王志士，不是陽明學者就是傾慕陽明學者，本書第八章已經對幕末陽明學的思想內涵與作用做過分析，此處僅作學術史之回顧。

　　清末民初中國渡日的知識分子已經注意日本陽明學的行動革命性，因此陽明學思想在晚清時代活躍，與日本幕末志士成功地催生明治維新政府不無關係。晚清知識分子如康有為、梁啟超、章炳麟、譚嗣同（復生，1865-1898）等在肯定顧炎武（亭林，1613-1682）、王夫之（船山，1619-1692）、黃宗羲（梨洲，1610-1695）的民族主義之同時，均肯定陽明學，也

注意到了日本陽明學的特殊性。但是，這些都不是純從陽明學
本身的發展特性來強調陽明學與時代的關係，許多仍以民族主
義的「國民國家」角度來看陽明學的發展，如早期張君勱所著
《比較中日陽明學》，也帶有民族主義。[42]檢討明治以後陽明學
在日本的種種問題，日本學界以荻生茂博與大橋健二的研究為
主。

荻生茂博在〈幕末與明治維新的陽明學與明清思想史〉[43]
一文指出，兩岸的現代學者在研究日本陽明學之際，往往喜將
「幕末陽明學=明治維新的原動力」作為研究模式。臺灣方面
係受井上哲次郎《日本陽明學派之哲學》，以及繼承井上氏的
高瀨武次郎所著《日本之陽明學》（1898 年）之觀點所影響；
中國大陸方面則受馬克思主義者永田廣志之《日本哲學思想
史》（1938 年）之觀點所影響。基本上荻生茂博指出兩岸學者
之研究問題是：仍然無法擺脫受明治時期民族主義風潮下所構
成的「國民國家」模式之影響。無庸置疑的，這當然也受到清
末民初梁啟超等知識分子帶有民族主義的「國民國家」之模式
所影響。荻生在多篇文章中對此點再三致意，點出此一嚴肅的

---

[42] 張君勱：《比較中日陽明學》（臺北：中央文物供應社，1955 年）一書所
爬梳中日王學思想的重點，係偏重在王學倫理之一面，而不在其本體論一
面。這是作者為了提倡王學，在策略上的運用，如他所告知年宗三先生所
說：「惟如此，可以復活王學」，足見作者之用心與識度。因此，通書所見，
作者解析中日王學者的思想時，皆專就其事功面與實學面論之，以給讀者
明治維新的精神動力與陽明學精神有莫大之關係的印象。這種觀點，作者
並不諱言係受到日本明治時代井上哲次郎、高瀨次郎等學者鼓吹陽明學
精神之影響，書中所論觀點亦不脫井上、高瀨等對中日陽明學的觀點，故
張氏顯然受到明治時期民族主義風潮下所提倡的「國民國家」模式之影響。
[43] 荻生茂博：〈幕末明治的陽明學與明清思想史〉，收入嚴紹璗、源了圓主編：
《日中文化交流史叢書・思想卷》（東京：大修館書店，1995 年）。

學術課題，相當重要，因為這些研究均是以後見之明來反觀陽明學，而未能真正先從陽明學本身的思想發展脈絡去解釋陽明學的特色。

另外，荻生茂博在〈近代陽明學研究與石崎東國的大阪陽明學會〉一文中，[44]縱觀從晚明到近現代的陽明學，並反省從明治時代以來的中日陽明學研究之問題，其中包括「陽明學的分派」、「近代性」、日本幕末陽明學者大鹽平八郎之評價問題等。荻生指出認識陽明學關鍵性的兩點，其一是對陽明學的評價，是繼近代以前的「實學」、「虛學」的正統之爭後，成為現代學者爭議「近代性」這個議題的翻版。其二是這種扣緊有無「近代性」的爭議根源，其實是受以井上哲次郎為代表的明治時期陽明學的認知與看法。故荻生在該文中批判了井上氏之陽明學觀點，因為按照井上氏的觀點，是視中國為停滯和為殖民地化尋找「合理」的解釋，而且有發揚日本皇統無窮的意思。荻生在多篇有關陽明學研究之文章均提到兩岸學者甚至日本學者的陽明學研究，均沒有跨出井上氏的「國民國家」歷史觀，即帶有民族主義、愛國主義的窠臼，相當值得注意。

作者另外檢討現代學者視新朱王學（東林學、劉宗周、黃宗羲）為正統陽明學派，在中國學界是受到梁啟超的影響，而梁啟超實受到井上哲次郎《日本陽明學派之哲學》的影響。作者也指出，即使大陸學界所提出的「左派王學」，其實也有近代性製造的意味，這是從容肇祖在 1937 年寫《李卓吾評傳》開始的。作者分析容氏鮮明地為李卓吾的歷史地位平反，稱其具有「自由、解放、適宜（性）主義的批判精神」，以後左派

---

[44] 荻生茂博：〈近代陽明學研究與石崎東國的大阪陽明學會〉，《亞文》，第 2 號（1997 年，中國社會科學出版社）。

王學就是在三十年代彰顯李卓吾的時候被固定下來的。作者似乎要告訴我們，用「左派王學」、「新朱王學」或以誰為正統陽明學的分類，都難脫近代性繁殖下的產物，故研究者用這些分類時，應特注意其時代背景的課題。

再者，荻生茂博最新著作〈日本における「近代陽明學」の成立——東アジアの「近代陽明學」（Ⅰ）〉一文，[45]則更深化上述陽明學研究的「近代性」課題。作者該文用「近代陽明學」一詞，旨在和「近代以前」之陽明學作一區分，而且所謂「近代陽明學」之產生是從日清戰爭（1893）前後開始展開的，官方及民間均倡陽明學，結果塑造出作者所稱的帶有國家主義的「近代陽明學」面貌。

首先，荻生茂博在這篇文章認為「朱子學思維的解體」是東亞細亞共同產生的幻想，是受到以日本為主動而展開的東亞近代史之思想產物，作者特別指的是受到丸山真男的《日本政治思想史研究》所造成的既定印象與影響。因此作者認為解決此一困境，有必要先超越環繞在中日兩國之間的儒學思想交流史，而作者是以日本明治中期以後的「近代日本陽明學」作為切入點。

作者該文扣緊「近代性」議題，指出現在思想史學界，均框限在所謂「近代」的「廓」內，進而從這個「廓」內產生自覺。所以「前近代」與「近代」思想界之轉變，在於前者是以東亞細亞的中國儒教為壓倒性的思想上的上游；後者則是以日本為思想界的上游。由於日本近代化的成功，特別在日清（甲

---

[45] 荻生茂博：〈日本における「近代陽明學」の成立—東アジアの「近代陽明學」（Ⅰ）〉，《季刊日本思想史》，第59號（2001年，東京）。

午）戰爭勝利後，日本思想界凌駕中國乃成為時流。因此，作者認為「日本思想史學胚胎」之形成是以「近代的儒學」＝「國民道德論」，在明治中期作為近代學問而被定型。同樣的時期，在中國及朝鮮亦以各自所謂的「國學」標舉出「國別的思想史」。如是，則把原來東亞細亞共通之思想語言之儒教分斷國別而成立。因此，近代日本之「國學」，是一種將自己「特權化」，在「閉止區域」內封閉自己所創造出來的「論述」。職是之故，作者從明治二〇年代，考察日本作為帝國之國民國家之自立原由，是經由特別倡導「國民」意識之民間國家主義（nationalism）而起，而「陽明學」被提倡，與這個近代思想的發現過程有密切的關係。也就是說，作者主要指出：把朱子學作為封建的「官學」，把陽明學作為朝向近代革新之民間思想史學之基礎，是因明治時期發揮了政治作用的陽明學，從而使陽明學成為「近代之論述（物語）」。

因此，荻生茂博認為近代日本思想史是把朱子學作為「保守的」、「官學」，把陽明學當作「革新的」、「民學的」的二元論對立來描述，進而形成近代思想史之「陽明學＝革新思想論」。為說明上述觀點，作者考察明治十年（1877）以來由元田永孚（1818-1891）起草《教育聖旨》，進行一連串的漢學復興運動。明治十四年井上毅（1843-1895）為了鎮壓如火如荼的自由民權運動，也提倡漢學並施之於中學教育，遂有二十三年（1890）頒布《教育敕語》。因此儒教透過《教育敕語》而有被再度提倡成為「官學」。只是這次抗衡的對象，已非朱子學以外的漢學，而是歐洲英法之革命思想。民間之自由民權運動者則提倡「平民主義」（德富蘇峰，1863-1957）、「國民主義」（陸羯南，1857-1907）、「國粹主義」（三宅雪嶺，1860-1945）

以抗衡「官學」。但不論「官學」或「民間學」，他們均以陽明學為號召。德富蘇峰的《吉田松陰》，三宅雪嶺的《王陽明》，以及代表官方的井上哲次郎之《日本陽明學派之哲學》、高瀨武次郎之《王陽明詳傳》不約而同地視「明治維新的動力」＝「幕末陽明學的志士」，從而作者所謂的「近代陽明學」面貌被展開來。

基本上荻生茂博此文只是考察圍繞在陽明學之「近代」爭議課題，但作者提出「近代陽明學」旨在區別近代以前的陽明學，其用意也是要將明治維新以後被國家主義者所提倡的「陽明學」作一明顯區分，有助於釐清陽明學的研究時代分野，並提醒研究者勿被丸山論旨的「近代的廓」給框限住，這樣才能真正面對日本陽明學的發展及評價，其所提出的研究課題有益於現代研究者自省。作者對於「近代陽明學」之研究課題甚為用心，我們可從作者早先幾篇文章，如〈幕末明治の陽明學と明清思想史〉（1996 年）、〈近代における陽明學研究と石崎東國〉（1997 年）等所作出的業績來看，亦都與此課題不可分。作者原有一連串的寫作計畫，專門討論「近代陽明學」成立之課題，其未來的研究亦將擴及到朝鮮的陽明學，可惜於 2006 年 2 月因心肌梗塞而頓逝，享年僅五十一歲，殊為學界所痛惜。

另外，關心明治以後陽明學的發展與問題的，除荻生茂博以外，尚有記者出身的大橋健二所著《良心と至誠の精神史》（2001 年）。[46]作者本書勾勒出日本陽明學在明治維新以後，與國家主義、自由民權論和基督教的鮮明關係。作為明治以後的日本陽明學研究，本書具有其參考的價值。

---

[46] 大橋健二：《良心と至誠の精神史》（東京：勉誠出版社，2001 年）。

　　作者首先指出日本陽明學在明治以後受到強調國民道德論的井上哲次郎《日本陽明學派之哲學》（1900 年）[47]與高瀨武次郎（1868-1950）的《日本之陽明學》[48]（1898 年）的吹捧，而成為國家主義者的工具。尤其井上的著作是具有《大日本帝國憲法》（1889 年）與《教育敕語》（1890 年）的時代背景，井上自己更解說《教育敕語》而有《敕語衍義》。日本陽明學經過井上、高瀨的吹捧，成為鼓吹國民道德與國家主義的學說，於是日本陽明學者從中江藤樹、熊澤蕃山、大鹽中齋、吉田松陰、西鄉隆盛、勝海舟（1823-1899）等都成為井上與高瀨提倡「忠孝一本」論的國家精神者，並與日本的神道、武士道傳統相結合，故得出日本陽明學的特色在於激烈的行動主義與實行主義，與中國陽明學在理論上空轉的特色不同。

　　作者並以標題說明井上與高瀨所吹捧的日本陽明學，給人的印象是「本流」（即主流），故其影響不容小覷。現代學者如溝口雄三、山下龍二也都批判井上這種對陽明學皮相的理解。[49]不過，相對於明治時代「本流」的日本陽明學，「非本流」的學者則早抱持批判這種被誤用的陽明學，作者特別舉出與陽明

---

[47] 井上哲次郎繼 1900 年完成的《日本陽明學派之哲學》（東京：富山房）後，又有《日本古學派之哲學》（1902 年）、《日本朱子學派之哲學》（1906 年），這三本儒學著作相當的影響了當時學術界。關於井上的《日本陽明學派之哲學》著作的學術立場與評論，可參大島晃：〈井上哲次郎の「東洋哲學史」研究と《日本陽明學派之哲學》〉，《陽明學》，第 9 號（1997 年，東京二松學舍大學）。

[48] 高瀨武次郎的《日本之陽明學》（東京：鐵華書院，1898 年）早於井上《日本陽明學派之哲學》兩年出版。高瀨完成該書之際，只有二十九歲。

[49] 溝口與山下批判井上的陽明學認知，分別參溝口雄三：〈日本的陽明學をめぐって〉，《現代思想》（1982 年 9 月臨時增刊號，東京：青土社）與山下龍二：《陽明學の研究・成立篇》（東京：現代情報社，1971 年）。

學有直接關係的自由民權論者（中江兆民、奧宮慥齋
1811-1877）與基督教學者（如海老正名彈，1856-1937、松村
介石 1859-1939、內村鑑三 1861-1930、植村正久 1858-1925），
以及基督教的文學者北村透谷（1866-1894）等人，均有陽明
學的學習與體驗，以他們對陽明學的理解，批判井上等國家主
義者的論點。其次，陽明學者奧宮慥齋之子奧宮健之
（1856-1911）奉陽明學精神，追隨社會主義理想而參與行刺天
皇的「大逆事件」，[50]因而陽明學一度被視為與法國革命和社會
主義的危險思想。再者，政治家中野正剛（1886-1943）也是
奉陽明學精神者，因不滿東條英機（1884-1948）首相的誤國，
特發表〈戰時宰相誤國論〉，憤而切腹自殺。作者並列舉如哲
學家西田幾多郎（1870-1947）的《善的研究》與知行合一之
關係，夏目漱石（1867-1916）少年期曾在陽明學者三島中洲
所創設的二松學舍待過，因而認識陽明學，不過漱石與陽明學
之關聯，則是在鎌倉圓覺寺的參禪體驗上。以上大橋健二所
論，大皆屬介紹性質，亦多為旁證，要說與陽明學有直接關係，
恐怕無法說服讀者。

　　綜而言之，本書作者出身新聞界，以報導文學的手法，清
楚地勾勒出日本陽明學在明治時代以後的鮮明影響之系譜。雖
然在思想方面，比較缺乏深入的探討，不過作為明治維新後的
陽明學研究，本書提供了許多值得參考的議題。

---

[50] 「大逆事件」是發生在 1910 年，由一群以幸德秋水為首，懷抱社會主義
與無政府主義的理想者，企圖計畫暗殺明治天皇，事前被檢舉，而以「大
逆罪」起訴了二十六名，並包括無關係者二十四名，被宣判死刑。這些被
判死刑的青年中，其中之一即是幕末維新之初有名的陽明學者奧宮慥齋之
子奧宮健之。

八、日本陽明學研究的展望：從「東亞」 的視野看陽明學研究

　　上述對日本陽明學研究之回顧，本文限於篇幅，必有遺珠。例如對於幕中三輪執齋與幕末佐藤一齋、池田草庵的研究，[51]近年來亦有不少研究文章，無法在此一一介紹。

　　綜而言之，近二、三十年來的日本陽明學研究，從前面所介紹的研究論文中，可略窺出以下幾項趨勢：其一是已經從單方面日本思想的研究，漸移轉到中日之間思想的比較，不過大皆仍限於某一學者或學派的思想研究為主。其二是我們也看到許多研究者（如吉田公平、荻生茂博、宮城公子等）已經注意到，不可只滿足於中日思想的比較而已，更應從所謂「東亞」的視野來看日本思想的研究，如此才能為許多日本思想家找到比較完整的定位。但是，「東亞」是什麼？由於過去有戰前日本帝國主義鼓吹的「大東亞共榮圈」之不愉快經驗，使得「東亞」成為學者敏感的課題。因此，我們現在所說的「東亞」不是作為「實體」的東亞，而是如子安宣邦所稱作為「方法」的東亞。換言之，不是把東亞作為任何領域的「實體」建構，而是從一個歷史批判的方法、多元的視點來看東亞。[52]從這個「東

51　關於佐藤一齋、池田草庵的研究，可參二松學舍大學陽明學研究所編：《陽明學》的「佐藤一齋」（第 3 號，1991 年）、「池田草庵」（第 11 號，1999 年）之專刊號。

52　子安宣邦特別在最近的新書《「アジア」はどう語られてきたか—近代日本のオリエンタリズム—》（東京：藤原書店，2003 年）中，論及「實體的東亞」與「方法的東亞」兩個概念時，他說：「所謂方法（的東亞），是一方面對立於『東亞』之實質的或實體的再生，一方面把『東亞』徹底地重編為思想的方法之概念。所謂實體的『東亞』，一方面追求帶有有機一體性的東亞之結合原理，一方面作為帝國的論述而被構成的事物，這樣的

亞」觀點來看，對於未來的研究，我們有以下的展望：

（一）注意「東亞」共同思想課題與個別思想家的關聯

　　這是指我們在研究東亞（特別是中日韓）的儒學思想時，時空脈絡與文化雖不同，但有些儒學課題是中日韓共通的。我以陽明學研究為例，如「氣一元論」是東亞的共通課題，在中國，陽明學不至發展出氣一元論，但韓國陽明學者鄭齊斗（霞谷，1649-1736）、日本陽明學者山田方谷皆有其獨特的主氣論，如本文中提到黃俊傑與宮城公子兩位教授從「氣一元論」這個東亞共通的傳統中，一窺山田方谷思想氣論的特色與影響，並作出方谷思想在東亞上的貢獻與定位。

　　再如倡導心學的「三教融合」思想，也是東亞共通的課題，在中國的三教指的是儒、釋、道，陽明學在晚明的發展，明顯地與釋、道合流，出現「三教合一」的風潮；日本的「三教」是指儒、釋與本土的「神道」思想，許多日本思想家在汲取晚明的「三教」思想，自然地以日本的「神道」取代中國的「道教」，而日本的陽明學者中，如中江藤樹、熊澤蕃山、三輪執齋、大鹽中齋等人，亦皆有神道色彩。另外，德川中期以後民間一股三教合一的心學運動已經如火如荼地展開了，石田梅岩（1685-1744）是其中的佼佼者，促成在德川史上有名的「心學運動」，推展三教合一運動，其「心學舍」至今仍存。與日

　　『東亞』只不過是中華帝國或日本帝國的代替物吧！所以針對『東亞』概念的方法，是批判作為這樣實體的『東亞』、帝國論述的東亞之再生，同時，『東亞』一定要從方法的概念重新被重組『東亞』概念，朝帶有多元性的視點，以此作為方法的視點，有必要貫徹於針對『東亞』論述的實踐。」頁 195-196。

本三教運動略晚的韓國學者崔濟愚（1824-1864）創立東學派，也倡導三教和合的思想，企圖創立出一個韓國獨特的宗教，是以「侍天主」、「無極大道」、「一體同歸」融合了西方天主教與儒教、道教之思想，1905 年東學三代教主孫秉熙改為「天道教」，在反對日本帝國主義的運動上，佔有舉足輕重的地位，至今韓國有兩千多個教區，信徒逾百萬，日本、韓國亦皆有教區。[53] 韓國近代由東學派所發展出來的三教思想，其面貌與精神大不同於中國與日本。因此，從東亞三教融合的思想，以多元的視點來比較晚明心學、德川日本石田梅岩與近代韓國的崔濟愚等人的三教思想，或可解釋東亞民族對宗教融合的獨特風格。

（二）整合「近代」東亞的陽明學發展狀況及其關聯

所謂「近代」東亞的陽明學，是指十九世紀到二十世紀初期的中日韓三國陽明學的發展，三者息息相關，環環相扣。十九世紀在日本可以說是個陽明學的季節，尤其在十九世紀中後期的幕末維新之際，影響明治維新志士的行動與思想，許多幕末勤王志士，不是陽明學者就是傾慕陽明學者。因此，陽明學的「知行合一」、「致良知」精神在維新後被知識界捧為明治維新的精神動力，陽明學承幕末之後，繼續在明治與大正年間蔚為風潮，得到了十九世紀末期二十世紀初中期主張維新變法的

---

[53] 有關朝鮮東學運動史的研究，可參吳知泳著，梶村秀樹譯注：《東學史：朝鮮民眾運動の紀錄》（東京：平凡社，1970 年）。該書詳盡地敘述從創始者崔濟愚的草創，一直到甲午年「東學軍」之蜂起運動，因中國、日本軍隊的圍剿而暫時沒落，不過隱匿者孫秉熙後創「天道教」，教勢日隆，延續至今。

中國知識分子如康有為、梁啟超等人的注意。他們皆受到日本這股陽明學的熱潮，而重新評價陽明學在中國思想的地位。乃至國民黨領導人蔣介石（中正，1887-1975），更以陽明學作為他的革命哲學，奉行不已，也是驚訝於陽明學對日本人的影響所致。韓國方面，近代的卜殷植（1859-1925）與鄭寅普（1892-？）等學者，也提倡陽明學精神，旨在對韓民族進行愛國的啟蒙教育，藉以抵抗日本帝國主義，而他們這股對陽明學的熱誠，也不無受到近代日本人重視陽明學的影響。總之，陽明學在近代東亞的歷史上，尤其在日本有如浴火鳳凰重生於日本，而又撲回韓國與中國，帶動韓國與中國知識分子重視陽明學精神。

因此，注意近代中日韓三國的陽明學的發展與關係之研究，可以跳脫僅以中國的角度來評價陽明學，而以比較多元且宏觀的視野，歷史批判性的角度，全面看出陽明學在中日韓三國所佔有的思想史之地位，以及陽明學在各國所扮演的時代課題，從而深入了解三國之間多元互濟的思維特色。

（三）重視長期被忽視的韓國思想研究，以補東亞儒學研究的不足

無庸置疑，臺灣學界缺乏韓語人才，尤其是學術性的韓語人才，更不用說對韓國學術研究的關懷。但是，韓國作為東亞重要的國家，在目前兩岸的學術界中，顯然是被忽略的對象。無論如何，中日兩國的學術研究與交流不能就算是代表「東亞」，絕不可能忽視介於雙方的韓國研究，不論是研究朱子學或陽明學，必須認清一個事實，韓國作為中日之間文化的傳播橋樑，任何中日之間的比較思想，皆不可無視韓國居間的角色，而且也不可簡單視韓國在學術研究或哲學上的突破並沒有

大的貢獻。例如以陽明學為例，德川日本陽明學在十八世紀初中期之際，何以受到中挫，此與李退溪的反陽明學作品流傳到日本有多大的關係，當時儒者如林羅山、山崎闇齋等皆拜讀過退溪的作品，並汲取他反陽明學的思想，因而是否造成德川中期陽明學的式微，值得進一步探討。又如朝鮮近代陽明學的提倡，是作為反日本帝國主義而被提倡出來的，這個角色與中日近代兩國陽明學的提倡是截然不同的，因此也必須追溯韓國陽明學的前近代性格。再如以日本德川荻生徂徠（1666-1728）的思想為例，在徂徠著作傳到中國以前，其著作與思想已經在朝鮮的儒學界中發酵，徂徠思想如何在中日韓三國受到不同的迴響，同樣也是東亞的重要課題。另外，韓國基督教的發展，與中日兩國近代的基督教發展相比，顯然它在韓國近代上乃至現在都扮演著舉足輕重的地位，因而基督教在東亞的發展，造成東亞傳統學術上如何的影響，同樣也是一個重要的課題。例如對於藤樹思想的研究，吉田公平提到要從更廣闊的十七世紀的「東亞」脈絡，尤其是十七世紀前後耶穌會士在東亞的整體發展上，才可能給藤樹思想與學術作一個明確的定位，所以藤樹的研究面臨到與基督教在東亞發展脈絡的不可分割性，這正是一個「東亞」的課題。

　　以上所提的三個東亞研究課題的展望，目的是要從「東亞」的宏觀視野來進行東亞儒學的研究。但是這裡所談的「東亞」，不是為「東亞」而「東亞」，也不是企圖建構一個實體的東亞，而是從前所言的把「東亞」當作是一個「方法」，即從一多並存、多元視角、歷史批判性的視角來重新審視東亞思想的各種研究，創造一個多元互濟、理性對話的東亞。換言之，從這樣的「方法」來看東亞，其實無異於從此方式看世界。

　　因此，在這樣視角下的「東亞」思想研究，就沒有以自國中心主義的心態來看「東亞」的問題。長期以來，中日許多研究者的通病就是懷有單一中心主義的心態從事其學術研究。例如就中國學者而言，往往以日本學者只是接受中國的思想或是不了解中國的思想，認為日本人對於思想理論無法創新，故只能反芻中國的思想，當發現中國思想受到日本學者特殊的理解時，往往認定日本人不懂或誤用中國的思想。這種論述背後，其實帶有「實體中國」的自我中心價值觀，僅是簡單地以「中心」／「周邊」的對待關係來看待日本學者的思想，殊不知孔子之道或陽明學精神既然有普世價值的內涵，就無分中日或西方，信之者皆可當作自己安身立命之道，非中國人所能專有。

　　當然，日本學者的研究也不乏有以「實體日本」的自我中心價值觀來研究中國學問。戰前的「東亞」、「東洋」、「支那」學研究，都可歸之於這一類型。戰後還是有一批日本右派學者繼續鼓吹這種日本中心史觀，相信日本是單一文明圈，與中國、韓國無關，否定戰爭責任。他們對於日本近世的關注，均只注目於與日本傳統有關的國學派、神道學派，並以此來批判外來的儒教或宗教。

　　以上中、日兩種自國中心主義，都帶有嚴重的「實體」性問題。拋棄這種學術態度，才能進一步談「方法」的東亞。例如以日本陽明學的研究為例，陽明學雖源出中國，明末清初儒學大老如陸稼書（1630-1692）、顧炎武目之為亡國禍首，但在韓國陽明學的信奉者，如朴殷植視之為愛國救國的學問，鄭寅普視之為實學的學問。日本的陽明學信仰者，則不把陽明學當作只是中國的陽明學，而是將之視為更適合日本民族精神的陽明學。所以，作為思想的陽明學，不只是中國人所專有，而是

具有普世價值的思想財產，廣為人所信仰。因此，異民族怎麼去理解陽明學或為何與中國人理解不同，這是研究者非常關心的重點，但不是將之拿來當作建構自國中心主義的論點，故面對陽明學被拿來當作這種用途之際時，就應該批判之，進而從「同中之異」與「異中之同」之間的多元視點，產生中日兩民族的理性對話，這就是「方法」的東亞。

* 本文曾收入於黃俊傑主編：《東亞儒學研究的回顧與展望》（臺北：臺灣大學出版中心，2005 年）。題目原為〈近二十年來日本學界關於陽明學研究的回顧與展望〉，題目稍微變動，原文亦經小幅改寫。

附錄二

德川時代書院或私塾學規的特色

一、前言

　　日本近世以前的學校分類，大致可以教育史研究者石川謙所區分的（1）江戶時代以前的朝廷官學、（2）江戶時代幕府、藩侯的官學、（3）私塾、（4）鄉黨共立的講舍等四種類型。[1]在第一類的朝廷官學，可推之八世紀官學的「大學寮」，[2]這是日本最早的學校設置。不過，在大學寮發展的末期中（九世紀初期至十世紀）出現了「大學寮別曹」，以相對於「直曹」的大學寮，係由藤原氏的勸學院、王氏（皇族出身的氏族）的獎學院、橘氏的學官院（或學館院）所陸續建立。[3]廣義言之，雖然「別曹」有私家經營的意味，介於官學與私學的性質，但其教育對象專屬貴族、教育目標為政治服務，以及教育經營者都

---

[1] 石川謙：《日本庶民教育史》（東京：玉川大學出版部，1972 年），頁 29-31。

[2] 有關「大學寮」的研究，參久木幸男：《大學寮と古代儒教》（東京：サイマル出版社，1968 年），久木之書係分析大學寮在八、九世紀的創造、沿革、學制變遷及其消長，並分析古代儒教在日本的展開與接受的狀況，以及儒佛交涉的過程。

[3] 藤原氏的勸學院於 821 年成立，872 年得到太政官的印符；皇族出身的氏族所建的獎學院，於 881 年建，900 年始得別曹名號。橘氏的學官院，則於 845 年左右創建，881 年正式成為別曹。有關大學寮別曹的研究，可參高明士：《日本古代學校教育的興衰與中國的關係》（臺北：學海出版社，1977 年），第 3 章，頁 148-154。

是在朝為官者或本身即是貴族，因而仍不能稱為私學的教育機關，非本文所探討的書院性質的私學機關。

　　日本以「書院」的私學型態出現，在德川時代以前幾乎聞所未聞。[4]甚至「書院」一辭，在日本傳統的用法是諸侯大夫或武家會見賓客之場所。[5]不唯如此，德川初期對私人聚徒講學亦頗有禁制，須由幕府頒下正式的敕許，始得講學，因此僅限一般官方的博士家，才可聚徒講學。例如出仕德川家康的朱子學者林羅山（1583-1657），二十一歲時在民間授徒講學時，即被告到德川家康面前曰：「自古無敕許則不能讀書，廷臣猶然，況俗士耶？」[6]換言之，羅山的私人講學活動，打破了傳統只有官方儒學的博士家才能講學的風氣。所幸，家康並未罪之，反而重用羅山。

　　德川時代，出現以私人「書院」講學的型態，可以陽明學者中江藤樹（1608-1648）著其先鞭，正式以講會的「書院」型式，成立了「藤樹書院」；其弟子淵岡山（1617-1686）亦特

---

[4] 如江戶儒者後藤彬在〈順正書院記〉（天保十一年，1840 年）所說：「抑本朝學校之設久矣。大内裏之時，始置淳和、獎學二院，以教源平二氏之士，而書院之講習則不聞也。至鎌倉室町氏，兵亂不已，士大夫之教廢弛。及江戶府開，大開弘文館，以育旗下之士。其他大小諸侯、學校之設日盛。而書院之講習則未聞也。」參氏著：〈順正書院記〉，明治二年版。

[5] 如塚田大峰所說：「我方諸侯大夫，會賓客之堂，通稱書院。」參氏著：《隨意錄》，收入《日本儒林叢書》（東京：鳳出版株式會社，1978 年），第 1 冊，卷 7。伊勢貞丈也說：「今時武家，以客殿或會面的場所，稱為書院。」（原日文）氏著：《貞丈雜記》（東京：明治圖書，1993 年改訂增版），卷 14，〈家作の部〉。

[6] 有關家康庇護羅山的這段史實，參黑板勝美編：《增補國史大系》（東京：吉川弘文館，2002 年新版二刷），第 38 卷，《德川實紀》，〈東照宮御實紀附錄〉，卷 22，頁 340。

對「書院」定義：「私建曰書院，公建曰講堂。」[7]並成立「京都學館」，禮拜先儒，作為講習討論讀書之場所，使得往後發展的書院或私塾，大皆以儒學相規，彼此勸學，獎掖後進，擴大了公家學校的角色功能。

　　一般而言，書院的前身是私塾，而私塾在成立之初，往往父子相傳，經營者與教學者並非官家任命，較具自由性。但血緣關係不能保證有力的後繼者，故為了永續經營，必須「變塾為學，轉私為公」，甚至一開始經營者即不以私業視之，如中江藤樹把私建學校稱為「書院」，一改前此日本人對書院的各種解釋，而成立「藤樹書院」；又如大阪懷德堂是以「鄉校」成立，由商人集資而成；山崎闇齋（1618-1682）學派的三宅尚齋（1662-1741）所成立的培根、達枝堂稱為「義學」；伊藤仁齋（1627-1705）講學之處稱為「古義堂」；折衷學派的皆川淇園（1734-1807）有「義塾」；詩人菅茶山（1748-1827）有「廉塾」；德川後期儒者廣瀨淡窓（1782-1856）所開的「咸宜園」，都是一開始由私塾轉換為集資的鄉塾或公眾的學校，以上都是脫離一家之私的產業，而成為四方來學的書院或塾校，比較與中國的書院型式相近。

　　但是，江戶時代以講學型態的私學教育機關，大皆不以「書院」命名，或稱「私塾」、「學堂」、「村塾」、「鄉塾」、「義塾」、「精舍」等等，不一而足。[8]另外，日本有些私設的教育機關，如前所提及的，有「變塾為學，轉私為公」的情況，因此有時也很難去區分是公家或私家、私學或官學。即使在中國也有同樣的情形，有些地方官也熱衷於與當地士紳集資以建書院，這

---

[7] 淵岡山：〈岡山先生書翰〉（寫本）（東京：國立公文書館藏，年代不詳）。
[8] 參本文後面所附江戶時代的書院，以及具有講學性質的私塾表。

種書院的經營是一種半官方型態。本文以廣義的私設之教育機
關，通稱以上諸機構。

　　關於日本私學教育機關的研究，日本的教育研究學者研究
不少，不過大皆以「私塾」、「漢學塾」的研究為多，[9]以「書
院」為名的研究文章，就筆者所知，少之又少。[10]「私塾」之
研究者早期以奈良本辰也的《日本の私塾》（1969 年）、Richard
Rubinger 的《私塾——近代日本を拓いたプライベート・アカ
デミー》（1982 年）、海原徹的《近世私塾の研究》（1983 年）
為代表。[11]近十年來關心此一課題的研究者有童門冬二、梅溪
昇等人。[12]日本更有「幕末維新期漢學塾研究會」，最近出版了
《幕末維新期漢學塾の研究》（2003 年），收錄最新有關幕末到

---

[9]　「漢學塾」是指廣義以學漢土經書、典籍的學問的私塾，「漢學」一詞是
相對於「國學」、「皇學」、「和學」及「洋學」而廣泛被使用於明治時代，
江戶時代並沒有「漢學塾」的名稱。參生馬寬信編：《幕末維新期漢學塾
の研究》（廣島：溪水社，2003 年）之〈序論〉，頁 3。

[10]　1997 年有一篇由平板謙二所發表、熊慶年譯的〈日本的興讓館——「白鹿
洞書院揭示」還活在日本〉（《江西教育學院學報》，第 18 卷第 1 期，總第
72 期，1997 年），頁 60-65。這篇還只是間接性的用了「書院」的名稱。

[11]　海原徹這本《近世私塾の研究》（京都：思文閣，1983 年）可說是目前為
止研究日本近世私塾最詳盡的作品，該書分析了徂徠派學者廣瀨淡窓的
「咸宜園」，國學派本居宣長（1730-1801）的「鈴之屋」，學習洋學的「蘭
學塾」，陽明學者大鹽中齋（1793-1837）的「洗心洞塾」，水戶學者藤田
幽谷（1774-1826）的「青藍舍」與會澤正志齋（1782-1863）的「南街塾」，
以及幕末尊攘志士僧月性的「時習館」、吉田松陰（1830-1859）的「松下
村塾」等。

[12]　以上提到的研究者及書名如下：奈良本辰也：《日本の私塾》（京都：淡交
社，1969 年）；梅溪昇：《緒方洪庵と適塾生》（京都：思文閣，1984 年）；
童門冬二：《日本の私塾—日本を變革した原點—》（東京：ＰＨＰ研究所，
1993 年）。

明治維新後的「漢學塾」研究。[13]

　　本文特關注較具規模的書院與私塾，尤其是特別有知名儒者主持經營，且有正式學規，而較具規模的書院或私塾。雖然已有不少學者從庶民教育史、[14]學校論、[15]私塾的形成歷史等觀點，研究過重要的書院或私塾，但是本文旨在分析日本德川書院或私塾的經營者身分與特別的學科、學規及其儀式，把中國書院作為日本的參照相，以窺日本近世私學教育機關發展的特色。在第二節分析日本特有的「儒兵合學」的書院或私塾，並探討在神社旁經營漢學塾，頗具有日本特色的「廟學」型態；第三節扣緊日本陽明學者所經營的書院，分析藤樹書院與幕末大鹽中齋的「洗心洞塾」及山田方谷的「長瀨塾」之學規特色。第四節以古學派伊藤仁齋經營的古義堂為中心，分析其獨特的策問教育方法和人才的品第評比制度，並將之比較廣瀨淡窓咸宜園的月旦評等級制度，以窺日本在無科舉制度下，學塾評定人才的特色。最後提出研究日本書院的展望。

---

[13]　生馬寬信編：《幕末維新期漢學塾の研究》（廣島：溪水社，2003 年）。該書收有入江宏：〈明治前期「漢學塾」の基本性格〉、神邊靖光：〈幕末維新期における漢學塾—漢學者の教育活動—〉、橋本昭彥：〈官學への轉換期における林家塾昌平黌の實態—關係史料についての一考察〉、生馬寬信：〈漢學私塾と寺子屋の區別化をめぐって〉、名倉英三郎：〈幕末江戶の漢學塾〉等論文。

[14]　如前引石川謙的《日本庶民教育史》。

[15]　如中泉哲俊的《日本近世學校論的研究》（東京：風間書房，1976 年）。

二、「儒兵合學」與「神儒兼學」的書院或私塾

（一）儒兵合學

　　日本武家政權的武士階級，由於既是特權階級，同時也是掌握知識的階級，一般儒學者都還是具有武士的身分。武士雖然大皆接受公營的藩學或鄉學，但仍有相當多的下層武士景仰儒者學問，私自到儒者所私辦的私塾或書院求學。因此，書院為了因應武士的學習，便不只是傳授儒學，一般也都有兵學的科目。兵學包括兵書的兵法與實際劍術的訓練，這與中國書院大皆專屬文藝，武館專司武訓，科舉也分文武科考的情形不同。

　　日本書院中的武士入塾讀書時，亦不廢武職，學習兵學乃武士天經地義之事。因此，武士開書院需兼學兵學與儒學。例如陽明學者山田方谷經營的長瀨塾中，其教育修業方針有五項，即經書、歷史、文集、作文、兵事。其中兵事，規定「一兩年之後，可入門一派，究其事」。[16] 又如橫地春齋（年代不詳）於 1856 年在柳川藩所開設的龍山書院，就是一所專門教授漢學與兵學的書院。[17] 再如徂徠學者的龜井南冥（1743-1814）所成立的蜚英館（1764 年），所設定教學科目十二條中，第十條即是「習兵」。[18] 又，大鹽中齋的「洗心洞塾」，其本身槍術，

---

[16]　參《山田方谷全集》（東京：聖文社，1951 年），第 2 冊，「學術之部」，亦收入於《日本の陽明學・中》（東京：明德出版社，1973 年，《陽明學大系》第 9 卷），頁 309-310。

[17]　參文部省編：《日本教育史資料》（東京：鳳文書館，1988 年復刻版），第 9 冊，頁 310。

[18]　龜井南冥的〈蜚英館學規〉中所列的教學十二項科目如下：講說、會講、

人喻之為「關西第一」，洗心洞塾中亦有專教武術，在大鹽中齋舉兵起事之前，亦請砲術專家至塾中教弟子。

　　在私塾或書院教授兵學，也可以吉田松陰的松下村塾為代表，吉田松陰作為塾主，本身即是出自山鹿兵學派。松陰年僅十一歲（1840 年）已能向藩主講解兵書，並得到讚賞。他又特著有《武教全書講錄》，是一本講解山鹿素行（1622-1685）《武教全書》的兵法書，為松陰在世的重要思想著作。松陰更規定有名的「士規七則」：

1. 凡生為人，宜知人所以異於禽獸。蓋人有五倫，而君臣父子為最大，故人之所以為人，忠孝為本。

2. 凡生皇國，宜知吾所以尊於宇內。蓋皇朝萬葉一統，邦國士夫，世襲祿位。人君養民，以續祖業。臣民忠君，以繼父志。君臣一體，忠孝一致，唯吾國為然。

3. 士道，莫大於義，義因勇行，勇因義長。

4. 士行，以質實不欺為要，以巧詐文過為恥，光明正大皆由是出。

5. 人不通古今，不師聖賢，則鄙夫耳。讀書尚友，君子之事也。

6. 成德達材，師恩友益，居多焉。故君子慎交遊。

7. 死而後已四字，言簡易而義廣，堅忍果決，確乎不可拔者，舍是無術也。

輪講、獨看、作文、作詩、習書、習算、習制、習兵、幼儀、誡業。該學規收入同全集刊行會編纂：《龜井南冥昭陽全集・1》（福岡：葦書房，1978年），頁 380。

> 右士規七則，約為三端，曰立志以為萬事之源，擇交以
> 輔仁義之行，讀書以稽聖賢之訓。士苟有得與此，亦可
> 以為成人矣。[19]

　　上述七條士規，都是對於武士的規定，其中第二條凸顯日
本在封建世襲及天皇體制下的特殊性，強調「君臣一體，忠孝
一致」的國體精神。故可以注意者，日本武士學者所論的「士
道」精神，皆不脫「武職」。如幕末思想家橫井小楠（1809-1869）
也這樣如是論「士道」：

> 生於武家者，從胎內已為武士。知物之心，即知為武士
> 之事，習氣之自然，故教亦自然隨之以武，離武則無士
> 道也。[20]

橫井小楠一針見血地指出「離武則無士道」，可想見日本武士
學者論「文武合一」時，要求「武」的程度，遠甚於中國，此
亦江戶時代學校教育的特色。

（二）神儒兼學

　　神儒兼學的書院，指的是神社旁建有書院。日本有名的儒
者許多是脫佛入儒，如藤原惺窩（1561-1619）、林羅山、山崎
闇齋（1618-1682）、池田草庵（1794-1859）等。但也有一些少
數儒者是脫神入儒者，如陽明學者三輪執齋是系出掌管三輪神

---

[19]　《吉田松陰全集》（東京：岩波書店，1986 年），第 2 卷，頁 13-14。
[20]　橫井小楠：《國是三論》，收入《渡邊華山・高野長英・佐久間象山・橫井
　　　小楠・橋本左內》（東京：岩波書店，1971 年，《日本思想大系》55），頁
　　　460。

社的世襲祭祀官，其子亦承神社家職，有濃厚的神道背景。[21]因此，如果對於儒學學問懷有興趣者，出現神社職員在神社領地中建設書院的情形，也是可以理解的。如伊藤東涯曾為「廣業書塾」寫記念文，這個書塾即是神祠官創設，東涯說：

> 筑州鞍手縣有多賀神祠祠官大炊頭物部敏文，愨而好學。寶永（1704-1710）中，嘗就社側創塾，名曰廣業。立規制，供廩膳，倡邑子弟嚮學。[22]

神社祠官之所以要設書塾，主要基於學神而不求於儒，則有所不足的態度。

又如石清水八幡宮神社中，於 1819 年建有「鳩嶺書院」。該書院是由神社職員發起興建書庫與作為「鄉校」，而向當局提出建立書院請願書，由「倡社結義」的志同道合之社士集資而成，聘請山田敬直、谷村光訓等儒者為講師。儒者松本慎（愚山，1755-1834）〈鳩嶺書院記〉曰：

> 石清水八幡宮。……戶口之饒，吏民之衆，此誠不可無學之地也。於是祠官私議克合，遂謀立鄉校，以某年月訴官，蒙聽允。乃節縮衣食捐貲，新建書院文庫於宮側，既竣工之後，請余紀其事。余因按：我邦上古以神道設教，故自伊勢兩宮，而天神地祇之廟，無國無之，往往聞有文庫，而未嘗聞建書院。乃神廟之有書院，此其始

21　執齋晚年嘗著《神道憶說》，但此著主要目的是批判神道的「獨善主義」與迷信「我國自滿」的一本著作，有關執齋《神道憶說》思想的分析，可參前田勉：〈三輪執齋的神道說〉，收入氏著：《近世神道と國學》（東京：ぺりかん社，2002 年），第 7 章。

22　伊藤東涯：〈廣業書塾記〉（1718 年），《紹述先生文集》，卷 6，收入《近世儒家文集集成·4》（東京：ぺりかん社，1988 年）。

> 矣。嗟！神官之有功於斯文，可謂盛也已。若嗣兹諸國
> 神廟，亦建書院，則吾儒教之大行，可翹足而待矣。[23]

松本慎可能不知前此已有廣業書塾，故云「神廟之有書院，此
其始矣」。但是，由此我們可以確知在神社中領地內建書院是
特例，並且寥寥可數。以上「鳩嶺書院」、「廣業書塾」，代表
著日本神廟中有書院，這是日本式的「神道設教」、「廟學合一」
的型式，相當特別，與中國非常不同。[24]日本這種獨特的神社
中有書院的「廟學制」，本文受限於文獻資料的不足，無法提
供詳細的情形。因為這種日本特有的「廟學合一」制，在德川
時期還是極少數，一般神社官採世襲，家業相承，無須特別學
習儒業或帶有興學的任務，並且也不牽涉到神儒的祭祀何者為
先的問題。

　　但是，如果在書院中建神社，則勢必討論到神儒祭祀何者
為先的問題。畢竟儒者嚴辨異端，而日本本土的神道教，頗有
道教色彩，故一般儒者論學並不討論神道教。而信奉神道教者
也顧忌引進儒學會喧賓奪主、以儒掩神，縱然主其事者與支持
的儒者都強調神儒同揆或合一，但是儒者以儒為主，神道者以
神為首，是不爭的事實。例如信奉朱子學甚為殷勤的山崎闇齋

---

[23]　松本慎：〈鳩嶺書院記〉，收入《愚山文稿》（文政十一年版，國會圖書館
藏）。亦可參八幡市教育委員會所提供的碑文。松本慎學於折衷學派皆川
淇園，著有《孝經箋註》、《五經圖彙編》、《周易箋註》等。
[24]　「廟學」是由高明士教授提出的概念，在中國的廟學制發展中，是先有「學」
才有「廟」。日本這種由神社祭祀官興學的情形恰為相反，它是先有「廟」
才來興「學」，故祭祀活動是先於教育活動，與中國的廟學性質完全相反。
中國最早在學校園地中，具體建置廟宇，當推之於東晉孝武帝太元十年
（385），發展至唐太宗時代，進一步從中央到地方學校，普遍完成廟學制。
參高明士：《中國教育制度史論》（臺北：聯經出版公司，1999年），頁46-54。

自創垂加神道，被歸為「儒家神道」，強調神儒同道，已被弟子批評學術不純。

　　一個神儒衝突的明顯例子是水戶藩的「弘道館」，雖然它屬於藩學教育機關，不過作為討論神儒衝突的例子，別具意義。弘道館是於 1841 年由藩主德川齊昭（1800-1860）所創設，以教授儒學為主，館內設有祭拜孔子之「聖廟」。翌年，即於館內設鹿島神社。這種神社與聖廟合一制，堪稱日本少有，亦可見之於高松市外的天滿神社附近的孔聖神社。[25]這裡僅能舉規模較大的鹿島神社說明之。研究者石川謙說明神社與孔廟兩者之間的關係：

> 於藩學之架構內建神社，並不是弘道館最初作學問的目
> 標。但祭祀肇國之功臣（建御雷命）神，[26]同時宣揚臣
> 子之道，遠憶天祖之偉業與鴻恩。祭神象徵「文武不岐」
> 之理念，這是弘道館獨自的特例，其他所未見。……把

---

[25] 孔聖神社今已不祭孔子，已將其孔子神像移於現在高松市外之縣社滝的天滿神社。此孔子神像是坐於椅子，未足一尺高（像高 26 公分），是原孔聖神社（在天滿宮之西北約 500 公尺）的神體，但因該神社規模小且疏於管理，據說恐被偷盜而將此寶貴神像置於當國的國守菅公神像之右座，每日受供養。這座孔聖神廟在德川時代被稱為「久政大權現」，因為「久政」（くせい）與「孔聖」（こうせい）日本音相通之故。不過，孔聖神社創立的年代不詳，其神體之聖像，何時移於天滿神社亦不明。由於神體遭遷移，今孔聖神社只有其名，實則祭祀別神。祭事在每年十月十四、十五日舉行。以上參鈴木三八男編：《日本の孔子廟と孔子像》（東京：斯文會，1989 年），頁 44-46。又關於對這座祭拜孔子的神社之介紹，亦可參服部宇之吉：〈孔子を祭神とする神社〉，《斯文》，第 10 編第 12 號（1928 年）。由於此神社僅存遺跡，祭禮形式資料亦不明，僅在此加註補充。

[26] 「建御雷命神」是日本神話中與經津主命神同時受天照大神之命令，下出雲國，說服大國主命奉還國土，故被奉為建國功臣之神，今水戶之鹿島神社奉祀之。

　　孔子祭祀在館內，以水戶學本來的解釋，並不是作為
「文」的理想象徵，而是與建御雷命的場合相同，還是作
作為「文武不岐」的象徵。孔子之教，是講論共通於世
界的人道；建御雷命是將孔子的人道適用於我國的建
國、相應於我國土、國情體現的神。弘道館教育的方針，
把通於人類全體、世界理想的天地之道，使有助於養成
本國、時勢的藩士。鹿島神社和孔子廟混合的設計，大
概是象徵於這樣的理念吧！[27]

石川謙上述之論，僅點出廟神合一的精神，並沒有提及弘道館
祭祀時以何者為先的問題。把孔子廟與神社合為祭祀，勢必牽
涉到神儒的祭祀何者為先的問題。幕末有名的水戶學者藤田東
湖（1806-1855）明白地講：

　　我君景仰漢土之學校，必祭孔子。孔子，聖人也，誠為
人之標準。然在神國，似乎僅祭孔子而捨神皇之道，均
從漢土。神，斯道之本也；孔子之教，為弘助斯道也。
故宜示先祭神而崇道之本，次敬孔子，以使此道彌盛。
（原日文）[28]

東湖這段的解釋，是典型的「神」、「人」之別。「神」指的是
依附在神道的天皇；「人」指的是「聖人」孔子。孔子之教是
作為輔助弘揚神道之角色，不能主客顛倒或不分，應以「祭神」

---

[27] 石川謙：《日本學校史の研究》（東京：小學館，1960 年），頁 509-511。
另參關山邦宏：〈「舊水戶藩舊藩主取調」における─《水戶藩弘道館雜志》
との比較─〉，收入日本教育史資料研究會編：《日本教育史資料の研究》
（東京：玉川大學出版部，1986 年）。

[28] 藤田東湖：《常陸帶》，收入《東湖全集》（東京：博文館，1940 年），頁
105。

為先，其次才來尊敬孔教。換言之，水戶學在同時提倡「敬神」
與「崇儒」之時，從先祭神後崇儒的優先順序來看，日本這種
結合「神社」與「書院」的「廟學」型式，還是以神道為主，
凸顯了日本教育史上的特色。

三、日本陽明學者經營書院的特色：有濃厚的宗教性學規儀式與鞭扑處罰的規定

眾所周知，明代陽明學流行後，書院講學之風興盛，王陽
明自己本身遭貶謫貴州龍場，曾創設龍岡書院，並頒「教條」
以示龍場諸生，以立志、勸學、改過、責善相勉。陽明所到之
處，無不講學，其講學之處有文明書院、江西濂溪書院、湖南
白鹿洞書院，並在廣西建敷文書院，紹興闢稽山書院，其所到
之處，皆傳播其良知學。

陽明歿後，弟子更勤於建書院，使講學風氣不墜。如浙中
一帶，錢德洪、王畿（龍溪）在陽明征討廣西思田時，即「居
守越中書院」，其後以在野之身，無日不講學。弟子張元沖為
官江西，闢正學書院，復與鄒守益等聯席講會，又建懷玉書院。
江右一帶如鄒守益，先後建有復古書院、白鷺書院；羅洪先（念
庵）與歐陽德（南野）、鄒守益亦建有龍津書院；聶豹任福建
巡撫時，建養正書院；鄒元標得罪張居正，罷官家居時，建仁
文書院，日後復於京師建首善書院。湖北一帶，有兼學王陽明
與湛若水的蔣信（道林）先後建有正學書院與文明書院。泰州
學派代表人物多出自社會下層，與明代書院的興盛亦極為密
切，如王艮在泰州主持的安定書院，羅汝芳講學於廣慧寺，方
學漸主教於紫陽書院，創制〈崇實會約〉等等。綜而言之，明

代後期的書院講學之盛，與陽明學的傳播有很大的關係。

　　雖然日本陽明學者的活躍情形，無如中國陽明學者，但其熱衷於講學與建書院，實不遑多讓。何況日本有正式講學的私學書院，還是從信服陽明學者中江藤樹所創設的「藤樹書院」開始。以後藤樹後學如淵岡山在京都設有「京都學館」（1674年），對於傳播陽明學有很大的貢獻。其次，脫離朱子學而唱良知學的三輪執齋（1669-1744）在江戶有明倫精舍（1726年），以後移於京都，其弟子川田雄琴（1684-1760）在大洲藩設有「止善書院明倫堂」。到了幕末，學者講學之風亦盛，宛如晚明時代。如私淑藤樹的大鹽中齋開「洗心洞塾」，唱良知學於關西，弟子林良齋（1807-1849）建有「弘濱書院」（1846年），與同是陽明學者的池田草庵（1794-1859）所建的「青谿書院」（1847年），互相往復講學，切磋學問。又幕末維新功臣的陽明學者奧宮慥齋（1811-1877）亦在高知縣建有「蓮池書院」。幕末反對維新而隱居的山田方谷建有「長瀨塾」與「刑部塾」，講學以終。方谷弟子三島中洲（1830-1919）倡陽明學知行合一精神，以東洋學問、道德文化為理想，而於明治十年（1877）建漢學塾「二松學舍」，即為今東京千代區的二松學舍大學。

　　從學規而言，日本儒者所開的書院，比中國書院更具有濃厚的宗教性之學規儀式與鞭扑處罰。這方面尤其表現在陽明學派中，以下分論之。

（一）濃厚的宗教性學規儀式：

　　陽明學者中江藤樹的藤樹書院之〈藤樹規〉，特在朱子〈白鹿洞學規〉中，加上「畏天命，尊德行」的持敬之要，作為進

脩之本，並置於學規之首，頗可看出藤樹的學規具有的宗教性質。〈學舍坐右戒〉特規定如下三條：

1. 可明辨長幼之序，而篤行惠順之義也。尊長嫡、少幼輩，行凡五等，曰：尊者；曰長者；曰敵者；曰少者；曰幼者。

   《記》曰：「行一物，而三善皆得者，唯唯世子而已，其齒於學之謂也。故世子齒於學，國人觀之。」曰：「將君我，而與我齒讓，何也？」曰：「有父在，則禮然，然而眾知父子之道矣。」其二曰：「將君我，而與我齒讓，何也？」曰：「有君在，則禮然，然而眾著於君臣之義也。」其三曰：「將君我，而與我齒讓，何也？」曰：「長長也，然而眾知長幼之節矣。」又曰：「天子之元子也，天下無生而貴者也。」此乃可觀長幼之序，不可不敬。

2. 同志之交際，可以恭敬為主，以和睦行之，一毫不可自擇便利、狠毋求勝。不可淫媟戲慢、評論女色。不可動作無儀，不可里巷之歌謠、俚近之語出諸口，宜德業相勸，過失相規。

3. 每日清晨拜誦《孝經》，可以養平旦之氣。而後或受讀或受講，或溫習或謄寫，不可一時放慢。晚炊後，可以遊於藝，若及至倦體疲，則可少逍遙自適。[29]

上述可注意者為第一條與第三條。在第一條中，藤樹藉著《禮

---

[29] 中江藤樹：〈學舍坐右戒〉，收入《藤樹先生全集》（東京：岩波書店，1940年），第 1 冊，卷之 3，頁 137。

記》的太子教育，攸關君臣、父子、長幼三者之禮節教育意涵，後句引用《禮記‧郊特牲》，藤樹僅引前二句，而漏下二句「繼世以立諸侯，象賢也」，可窺藤樹暗示著平等主義精神，頗有挑戰德川初期階級社會的意味。

　　至於第三條中的拜誦《孝經》，在所有書院的規約中，頗為特別。按在「會約」或「學規」中規定禮拜聖賢，中日皆然。如東林書院的會約儀式中即這樣規定：「大會之首日，恭捧聖像懸於講堂。午初擊鼓三聲，各具本等冠服詣聖像前，行四拜禮。隨至道南祠，禮亦如之。」[30]如日本儒者伊藤仁齋古義堂的〈同志會式〉中也首先規定：「凡會日，主人先至，掃除室內，然後揭歷代聖賢道統圖於北壁上，以左為講者座，右為贊者座，掌讀會約。」[31]日本書院中有明顯的朝拜禮儀者，尚有備中藩鄉校儒者阪谷朗廬（1822-1881）的興讓館，以全校師徒誦唱〈白鹿洞書院揭示〉的儀式，每天早起，師生會集講堂，行朝拜之禮，而後同生齊誦〈白鹿洞書院揭示〉，接著由教授講解，完成儀式。[32]

---

[30] 顧憲成：〈會約儀式〉，收入鄧洪波編著：《中國書院學規》（長沙：湖南大學出版社，2000年），頁16。

[31] 伊藤仁齋：〈同志會式〉，收入《古學先生文集》，編入吉川幸次郎、清水茂校注：《伊藤仁齋‧伊藤東涯》（東京：岩波書店，1983年《日本思想大系》33），頁292。

[32] 「興讓館」是1853年成立，阪谷朗廬是初代館長，今成為岡山縣井原市西江原町的「興讓館高等學校」。興讓館的齊誦〈白鹿洞書院揭示〉之儀式，至今仍存在於該高等學校，學校的教育信條亦以〈白鹿洞書院揭示〉為宗旨。關於興讓館的齊誦〈白鹿洞書院揭示〉之儀式的研究，參前引平板謙二著，熊慶年譯：〈日本的興讓館——「白鹿洞書院揭示」還活在日本〉（《江西教育學院學報》，第18卷第1期，總第72期，1997年），頁60-66，特別是頁63-64。

　　但是，〈藤樹會規〉中沒有禮拜孔孟，也沒有供祀朱子、陽明的規定，卻有拜誦《孝經》的儀式。藤樹的這種禮拜《孝經》是配合他所供奉的大（或太）乙尊神靈像，而且規定自己每月一日齋戒祭拜太乙神，而這位太乙尊神，根據藤樹在〈太上天尊大乙神經序〉中說：「大乙尊神者，書所謂皇上帝也。夫皇上帝者，大乙之神靈，**天地萬物之君親**，而六合微塵，千古瞬息，無所不照臨。」而這位尊神之神妙處在「其體充太虛，而無聲、無臭。其妙用流行太虛，而至神至靈，到於無載，入於無破。其尊貴獨而無對，其德妙而不測。其本無名號，聖人強字之號大上天尊大乙神。」[33]因此，「太乙尊神」是「天地萬物之君親」，藤樹藉由禮拜《孝經》的報本之意，將《孝經》與「太乙尊神」的靈像結合一體，故《孝經》對藤樹而言，不是只限定在血緣意義上的「孝」而已，更具有其宗教上的超越意義。[34]

　　另一在學規中特別重視「孝」精神的宗教儀式者，也可從幕末的陽明學者山田方谷（1805-1877）的學規中看到。山田方谷幼年即有神童之稱，又與藤樹弟子熊澤蕃山（1619-1691）的備前藩為鄰近之藩，復素景仰蕃山之學，二人皆熱衷陽明學，亦在藩政的改革上有卓越的政績，故亦被稱為「小蕃山」。幕末之際，洋學者西周（1829-1897）喻方谷為「天下豪傑」。

　　方谷由一介平民的製油業出身，因其學問受藩主拔擢，三

---

[33]　中江藤樹：〈太上天尊大乙神經序〉，收入《藤樹先生全集》，第 1 冊，卷之 3，頁 138-139。

[34]　關於藤樹供奉太乙尊神靈像與「孝」的宗教性思想，參拙著：〈日本陽明學者中江藤樹與大鹽中齋對「孝」之解釋〉，《臺大歷史學報》，第 29 期（2002年 6 月，臺北）。

度至京都從學於名師，最後至江戶入佐藤一齋（1772-1859）
門下，熱衷陽明學。回藩後，改革藩政，其政績在幕末素有佳
評。但由於備中藩在明治維新後是被當作朝廷之敵，方谷晚年
以講學為樂，開有「長瀨塾」（1868 年）與「小阪部塾」（1872
年）。實則二塾學生重複性高，主持者又皆是方谷，故學規、
學則精神等皆一致，據《全集》載曰：

> 先生明治初年後，絕志於世事，專教育後進，欲供國家
> 他日之用，造塾舍數棟於宅傍教弟子。從遊之士，來自
> 五畿、東海、北陸、山陽、山陰、南海、西海諸道，塾
> 舍立滿。先生乃揭學規五條，戒飭弟子。（原日文）[35]

由此可見，「長瀨塾」頗具規模，據學者的研究，長瀨塾在開
塾第二年即增築塾舍六棟，名之以東舍、西舍、中舍，計有學
生六十三名。[36]其有「學規五條」如下：

1. 朔望及初五念五日[37]，並休講會。童子課業，亦隨意放
   休。若夫晨興夜臥之限，不許違平日。童子清書作詩，
   以是日檢焉。

2. 除歸省及往遠外，不許他宿。途上疾作，或有故不得還，
   則專使報告焉。

3. **每朝遙拜祖父母之儀，為遊學中第一之禮矣**。童子遺忘
   者，典禮告誡焉。或不能從儀者，無論冠童，速退塾歸

---

[35] 山田準編纂：《山田方谷全集》（東京：聖文社，1951 年），第 3 冊，頁
1960-1961。

[36] 有關長瀨塾與小阪部塾的研究，可參安倍崇慶：〈山田方谷と備中の漢學
塾——長瀨塾と小阪部塾〉一文，收入生馬寬信編：《幕末維新期漢學塾の
研究》，頁 637-668。

[37] 朔望：一至十五日。初五念五日：五日和二十五日。

家，各拜禮於其祠堂，定省於其膝下為可。其勿滯在他
方，而闕為子之禮也。

4.新涼方至，燈火可親，三冬亦非遠，為夜學好時節矣。
各寮相警，不許假寢怠業，須炷線香以量刻，定就寢六
時焉。

5.灑掃雖童子所當務，而朝夕定節之外，冠者亦須加意合
力，使寮內外常清潔焉。傘笠履屨諸品，最要整頓。若
夫猥用他屨，失禮之甚。童子或有之，則典禮戒焉。[38]

根據這個學規，可注意者是第三條「遙拜父母」與第四條冬天
時候的「夜學好時節」。先論第四條，規定讀書必須以線香測
量時刻，就寢六個小時，早晨四點起床，一直到夜間十點都有
講學課程。並以嚴冬三個月為早起讀書之好季節，極力勸獎，
其理由是：「夫讀書之樂，收功於此一時，豈非以天地嚴凝之
氣，能收斂人之精神，使潛心於其所修耶！」並規定起床後「先
于掃曉五六刻，以到十刻，乃奮起收蓐。盥漱端坐，冠者講義，
童子習讀矣。」[39]可見方谷學規頗為嚴厲，亦別樹一格。

第三條的「遙拜父母」，亦相當特別，方谷特撰有〈遙拜
父母條〉衍申其意：

家有老父母，而辭之遠遊勉學者，每日清晨遙拜父母
畢，輒復思：「今日光陰實為可愛之日，而費諸遊學，
闕定省，曠溫情，使父母懷遠望之憂，為天地間一罪人
矣。然今日所學之業，乃重大事件，有勝於定省溫情者。

---

[38] 山田方谷：〈長瀨學規〉，《山田方谷全集》，第 3 冊，頁 1961。
[39] 以上皆參山田方谷：〈三冬之勸學〉，《山田方谷全集》，第 3 冊，頁
1961-1962。

　　故惜寸陰以成其業，然後歸養奉歡，僅足以贖其罪矣。」
反覆思之，而後速就業。至於夜間，又把終日所學之業，
一一點檢。考其重大，果有勝於定省溫情者否？心神已
安，而後敢就寢。此則遊學中第一緊要之事矣。若一日
沒了這念，則不孝之罪，竟不得免焉。[40]

方谷開長瀨塾後，第五年轉移到小阪部塾，門人大皆從學，《全
集》中的〈刑部塾〉條載曰：「明治五年秋，先生移寓刑部，
長瀨之北六里餘，先妣西谷氏之出處。門生大半從行，新來遊
者亦多。」[41]「刑部塾」即「小阪部塾」，小阪部塾位於方谷鄉
里，方谷移居於此講學，亦基於「孝」之理由，近可每月祭拜
祖父母，以慰母親於泉下，亦可再興母氏沒落的西谷家。[42]移
居於此，方谷特有「埋骨斯鄉從外祖，黃泉或慰阿孃魂」之詩
句，可知方谷晚年孺慕母親之深情。

　　我們從上述陽明學者藤樹與方谷特重視「孝」的道德實
踐，並規定於學規與學禮中，亦可窺出日本陽明學精神的特色。

（二）嚴厲的鞭扑處罰之規定

　　書院中規定禁約，中日皆然，如白鹿洞書院，到了明代有
「十戒」與「禁約」，江西白鷺洲書院有「約禁」等等。[43]一些

---

[40] 同上註，頁 1961。

[41] 《山田方谷全集》，第 3 冊，頁 1692。

[42] 參山田準編：〈方谷先生年譜〉，收入《山田方谷全集》，明治三年條，頁
40。

[43] 明嘉靖年間有高賁亨為白鹿洞書院撰有〈洞學十戒〉，萬曆六年（1578）
邵銳有〈白鹿洞書院禁約〉。萬曆十二年汪可受在江西白鷺洲書院有〈白
鷺洲書院約禁〉等。

學規中，亦間有行扑撻之法，不過大都不涉及因讀經書以外之書而有鞭打的處罰規定。[44]在日本儒者的學塾中，卻有因讀書之法不當或因讀異端之書而遭鞭扑之學規。這方面以陽明學者大鹽中齋的「洗心洞塾」為主，海原徹稱此塾為「政治結社的私塾之先驅」，比幕末吉田松陰的「松下村塾」更早。[45]之所以稱為「政治結社之私塾」，主要著眼於中齋的政治關心與舉兵起事。中齋在〈洗心洞入學盟誓〉關於鞭扑的規定有三條：

> 1.學之要，在躬行孝悌仁義而已矣。故不可讀小說及異端眩人之雜書。如犯之，則無少長**鞭扑若干**，是即帝舜扑作教刑之遺意，而非某所創也。
>
> 2.每日之業，先經業而後詩章。如逆施之，則**鞭扑若干**。
>
> 3.一宿中不許私出入塾。如不請某以擅出焉，則雖辭難以歸省，敢不赦其遣，**鞭扑若干**。[46]

中齋的「鞭扑」之意，謂出自帝舜教刑之遺意，這是根據《尚書‧舜典》：「鞭作官刑，扑作教刑，金作贖刑」，所謂「扑」是以夏木楚木的刑具責打學生。以上所引的三條學規，第三條是對學生的非讀書行為而犯規的鞭打處罰，這並沒有什麼特別。可注意者是有關於違背了讀書行為的第一、第二條，第一條規定不可讀小說及異端之雜書，第二條更規定讀書順序是

---

[44] 如宋代的〈京兆府小學規〉中，這樣規定鞭扑的理由：「生徒有過犯，竝量事大小，行罰。季十五歲以下，行扑撻之法，季十五歲以上，罰錢充學內公用，仍令學長上簿學官，教授通押。」參〔清〕王昶編輯：《金石萃編》（臺北：國風出版社，1965年），卷134，〈京兆府小學規〉。

[45] 參海原徹：《近世私塾の研究》，第4章第1節。

[46] 大鹽中齋：〈洗心洞學名學則〉，收入《日本の陽明學‧上》（東京：明德出版社，1973年，《陽明學大系》第8卷），頁552。

「先經業後詩章」，違背這兩條都要遭受鞭扑的處罰，這在中日的學規當中是相當特別的。

　　「洗心洞塾」除了有如此嚴厲的學規，塾主中齋講學亦頗嚴厲，門人回憶「冬日雖開戶而坐，門人皆不堪，而中齋依然不為意，其氣魄壓人，門人不敢仰視」，以及「先生手提大刀而臨（早朝講義），凜而不可犯，塾生俯伏，不能仰見。講完歸家，迨精神尚興奮而終日不至倦怠，不知其何故也」。[47]洗心洞塾有鞭扑學規，與中齋嚴肅的性格亦息息相關。

四、無科舉制度下的品第評比會式：
以伊藤仁齋古義堂為中心

　　日本書院或規模較大的私塾，有月旦評或私試以測驗學生的等級，係從伊藤仁齋的古義堂開始。以後開塾者亦有類似的規定，如龜井南冥的蜚英館有粗略的規定，廣瀨淡窗的咸宜園則最為詳細，這可說是德川時代在無科舉之下的書院型態的「制義會式」。

　　伊藤仁齋開塾於京都堀川旁，是他三十六歲（1662 年）尚未擺脫朱子學的時候。開塾之初即特別注意以品第人物來獎勵生徒，其子伊藤東涯所撰〈古學先生行狀〉云：

　　　始開門戶，接延生徒，來者幅湊，戶屢常滿。信者以為間世偉人，疑者以為陸王餘說。先生處乎其間，是非毀譽，恬而不問，專以繼往開來自任，時年三十六。始草定《論》《孟》古義、《中庸發揮》。又設同志會，掛夫

---

[47] 以上資料參海原徹：《近世私塾の研究》之整理，頁 328。

　　子像於北壁，鞠躬致拜，退講說經書，相規過失。又倣
　　許氏月旦評，品第人物，倡勵生徒，或私擬策問，以試
　　書生。設經史論題以課文，月率以為常。[48]

上文可注意者，即文後所說「倣許氏月旦評，品第人物，倡勵
生徒，或私擬策問，以試書生」，所以不久仁齋即組「同志會」，
而有〈同志會式〉，規定會約與策問，在〈同志會品題式〉中
即區分三科九等：

　　言語有法，學識正確者，列之上科。

　　言語謹慎，行稍忠實者，列之中科。

　　才氣雖秀，言語浮躁者，列之下科。

　　右大概以忠信為上，私曲為下，善善欲長，惡惡欲短。

　　右倣班氏人表，三科九等之例。各列諸友姓名，每月初
　　會，必改其品題。[49]

並有如下誓詞：

　　赫赫在上，明明在上，心苟私曲，天其厭我。

上述所列三科九等，是仁齋仿效班固（32-92）《漢書》中的〈古
今人物表〉卷八，依上中下三科區分「上上、上中、上下、中
上、中中、中下、下上、下中、下下」九等。由於日本德川時
代沒有中國的科舉制度，仁齋嚮往古制，很自然從漢代典籍與
制度中汲取參考資源。他除取班固的〈古今人物表〉外，也明

---

[48] 伊藤東涯：〈古學先生行狀〉，收入《近世儒家文集集成‧1》（東京：ぺり
　　かん社，1985 年），頁 9-10。

[49] 伊藤仁齋：〈同志會品題式〉，收入《近世儒家文集集成‧1》，頁 117。

說是模仿東漢許劭（150-195）的月旦人物評。[50]

　　至於如何評定人物品第，則是以「策問」的方式。今存《古學先生文集》卷五中，還保留有仁齋〈私擬策問〉十五道、〈策問〉四道。「私擬策問」之意，即是私自出一篇仁齋自己所論的題目來考問學生，由學生針對主題作答，類似今日篇幅較長的申論題，所策問的議題有原理性的「學的重要」、「君子務本」、「立天之道曰陰與陽」之申論；也有道德性的「吾日三省吾身」、「毋意毋必毋固毋我」之議題，以及思辨性的「如何辨虛學與實學」、「如何辨陽明學與孔孟學」、「孔孟王道有否差別」之課題；也有實務性的具體案例，例如出「如何在新國之政上行仁政」與「如何看待富商觸法而奴告官，官卻判奴死罪的判決」等題目來策問學生。[51]古義堂從 1661 年創塾，歷經六代的經營，一直到明治三十八年（1905）長達 244 年，堅守古學與

---

[50] 《後漢書》，卷 68，〈許邵列傳〉：「許邵，字子將，汝南平輿人也，少峻名節，好人倫（人物批評），多所賞識。……初紹與靖（從兄）俱有高名，好共覈論鄉黨人物，每月輒更其品題，故汝南俗有月旦評焉。」

[51] 這些策問，均出自《古學先生文集》，係由仁齋之子東涯編輯，選定從 1661 年到 1696 年的十五道策問，每道策問均有主題。如以《論語》其中一章作為對問主題之首的就有「學而時習之」章、「君子務本」章、「吾日三省吾身」章、「子絕四，毋意毋必毋固毋我」章等四道，《易經》有「立天之道曰陰與陽」章。其他策問議題，我簡單整理為「為何欲為孔孟之學」、「如何在新國之政上行仁政」、「辨陽明學與孔孟之學之異」、「如何處理佛教氾濫之問題」、「《大學》為何非孔氏之遺書」、「孔子為何作《春秋》」、「何謂實學」、「如何看待富商觸法而奴告官，官卻判奴死罪的判決」、「對先儒以史配經的看法如何」、「如何辨正俗真偽之學」、「何以明辨異端邪說非常重要」、「論何以王道之所以簡明直截、易知行」、「《孟子》論王道之易，與《中庸》云天下國家有九經有否同異」、「孔孟王道有別否」、「為何仁義有別」等。關於仁齋及其子東涯的策問思想與教育法，加藤仁平的《伊藤仁齋の學問と教育》（東京：第一書房，1979 年）亦有論述，可參第 4 章，頁 109-118。

策問教學法，是其學風之一大特色。

　　至於古義堂具體的考試策問制度，據仁齋的〈私試制義會式〉這樣規定：

> 制義昉于宋，盛于明，乃科場之所重也。**國家舊罷貢舉**，故士子多不修文詞，雖知講道學經者，然不深於斯，則孤陋寡聞，不能直達經指源委，必也不穿鑿，則失之膚淺。孔門有言語科，良有以夫。今私為諸生，每月一次，出題試之。題先用《語》、《孟》，次第當及本經，**倣汝南許氏**，定每月朔日為會日。倘有事展限，更用無事之日。會日，諸生各懷墨卷，置案上，卷中不書姓名，紙不擇和唐，皆以高九寸為準，糊和紙為囊，進呈。眾中推通文法者數輩為參評，參評乃就案上，信手抽取，每卷先錄其所得次第於其上，而與眾論議。定而後用朱筆，略為竄定。畢。呈之會長，會長再看評，刪定用青筆，如值佳境，或圈或批，從其所宜，略議其工拙。或口授作文之法，不校甲乙，不分次第，恐起爭端也。雖以試名之，實課也。試罷，參評以其文附各人，諸生各受歸，而書寫為冊，送于會長，會長再勘照參評所得次第，輯為一冊，凡寫本長六吋五分，橫五寸，定以十行二十格為式。元祿六年（1693）甲戌秋九月。[52]

仁齋這裡提到的「罷貢舉」是指日本在八世紀時，本有貢舉制，是在養老律令頒布（757 年）後實施，它相對於中國的科舉制，規模較小。不過，在十世紀末平安時代末期，律令制度日益形

---

[52] 伊藤仁齋：〈私試制義會式〉，收入《古學先生文集》，編入吉川幸次郎、清水茂校注：《伊藤仁齋‧伊藤東涯》，頁 292。

骸化，漸以世襲制取代律令制度。[53]因而仁齋模仿後漢許劭的「月旦評」制度，好人物批評，每月初更其序列，評論鄉黨人物。

以上仁齋的「私試制義」，係以「作文之法」為主。根據上文，可知這個每月一次的「私試」共分五個階段，表之如下：

第一階段	第二階段	第三階段	第四階段	第五階段
會日作文測試交卷	第一次審閱由通文法者為參評（用紅筆）	第二次審閱會長看評（用青筆）	發回重新書寫修改（不分等第）	會長與參評依次第整理為冊

仁齋點出，這個每月一次的私試，目的不在「試」而在「課」，主要是督促練習，故初期審閱批改，並不分甲乙或次第，在最後整理成冊後才分次第。總而言之，藉著策問的教學法，不僅是作為訓練學生的作文與思辨能力，也從中評論學生的品第，這是古義堂最擅長的教學法。

古義堂的策問教法，亦得到其他學派後儒教學的倣效，例如水戶學者彰考館[54]總裁藤田幽谷與吉田松陰的松下村塾都可看到明顯痕跡。[55]其他如徂徠學派龜井南冥的蜚英館，在

---

[53] 這裡尚必須說明的是，德川日本雖沒有實施科舉制，但科舉制在十世紀末日漸式微後，仍在形式上有方略試的存在，即秀才試或者文章得業生試。這方面的研究，可參高明士：〈日本沒有實施過科舉嗎？〉，《玄奘人文學報》，第 3 期（2004 年 7 月）。

[54] 水戶學之「彰考館」係由藩主德川光圀（1628-1700）所設的《大日本史》之編纂所，其名是以《左傳》「彰往考來」之句而來。

[55] 可參加藤仁平：《伊藤仁齋の學問と教育》，頁 116-118。

其〈蜚英館學規〉中，也有以考試來評等第的規定。[56]

　　仁齋與南冥的「私試」尚屬簡單，南冥弟子廣瀨淡窗所開的「咸宜園」之「月旦評」制度則為最詳盡。咸宜園素有近世最大的漢學塾之稱，位於九州豐後日田，於 1817 年正式創立，一直到 1897 年（明治三十年），計有八十年之久。根據學者調查，咸宜園的學生來自全國六十四藩國，有學籍者 4617 名，身分以農、町人（住都市的商人）的一般庶民為多，佔全體一半以上，僧侶亦佔有三分之一，另醫師子弟入塾學習者亦多。[57]咸宜園的入門「三奪法」原則，向來膾炙人口，即：

> 入我門者，有三奪法。一曰奪其父所付之年齒，置之於少者之下，以入門先後為長幼。二曰奪其師所與之才學，與不肖者同伍，以課程多少為優劣。（三曰）奪其君所授之階級，混之於卑賤之中，以月旦高下為尊卑。是三奪之法也。[58]

揆諸三奪之法精神，意在打破形式上的長幼、師生與階級等之身分，代之以入門先後、課程多少與月旦高下為標準，一切以課程的高低及受評量的結果作為高下判準。誠如海原徹所形容

---

[56] 〈蜚英館學規〉這樣說：「大凡其業之所不可不辨名通知者，先期抽出，分錄小紙，以糊緘封，盛在巾箱中。至期，與試諸生皆就位于館。而後教授至，命諸生，就巾箱中探取所錄，猶射策式。既諸生復位，對几端坐，援筆書對，不許敢移席相言談。其書對，不必限漢文國字，唯文辨簡明，義理穩當者，得升第。第凡三，自甲終丙。古大學有視學之法，三年一視，禮甚慕重。蓋天子之禮也。故曰：未卜禘不視學，遊其志也。今唯勤勉諸生，故以月代年，庶幾以督促工程也矣。」收入《龜井南冥昭陽全集・1》，頁 380-381。後文以「月」代「年」，應是三個月實施一次考課。

[57] 海原徹：《近世私塾の研究》，頁 54-55。

[58] 廣瀨淡窗：《燈下記聞》，卷 2，收入日田郡教育會編：《增補淡窗全集》（京都：思文閣，1971 年），上卷，頁 14。

的，這是一所「徹底的實力主義」之學塾。

　　因此，為了保證評量的公平性，勢必設計一套嚴密的評量制度，月旦等級的評量制度於焉而出。該等級從無級開始，再分一至九級，每級各分上下，總計十九級，以作為月旦評第的標準。關於咸宜園的月旦評量制度，海原徹已有詳盡的分析，筆者不再贅述，[59]我這裡僅略為介紹其實施制度。

　　咸宜園對於入塾學生的評量，包括平日學習活動與考試活動。平日學習活動含有素讀、輪讀、輪講、會讀等表現所得到的點數；考試活動則規定每月九次，分句讀三次、作詩兩次、作文兩次、書會兩次。在每月末總結評量，計算所得點數，依成績陸續升級，大部分的學生只能達到前五級。

　　綜而言之，咸宜園與仁齋的古義堂，立義皆在倣效東漢許劭的月旦評精神，唯古義堂運用策問的教育方法，區分三科九等，重在道德啟蒙與思辨教育；咸宜園分十九級，偏重在文章實力的表現。淡窓作為徂徠派學者，終不免落入專業技術的訓練教育，由此可窺古義學與古文辭的不同教育風格。

　　由上面的分析，不禁令我們思考：何以德川日本私塾教育如此重視人物評比，以及學問的等級區分呢？筆者以為與德川日本的無科舉取士的制度有關。雖然德川封建體制下亦有「官學」，但因無科舉制，故朝幕（中央）與藩侯（地方）之間「學」的系統，無法如中國連貫一氣，各自有各自的學統。除了有官方的朱子學以外，也有奉陽明學的岡山藩學，或是崇奉朱子學與神道學融合的山崎闇齋學門的會津藩學；又如著名的水戶藩

---

[59] 參海原徹：《近世私塾の研究》，第 1 章第 2 節〈月旦評の教育〉，頁 62-78。

學，向來就具有結合朱子學與日本國體的特別學風。

　　值得注意的是，科舉制的實施與否，其結果可能造成中日雙方對於儒學的學習和實踐的主要不同原因之一，中國因行郡縣制度，加上透過實施科舉制，使得中國已形同無階級的社會。但是，這種搭配出來的學術風氣有兩方面的現象值得注意：一方面是以讀書考試作為取才任官的標準，造成的學術風氣難免帶有功利的意圖，學習儒家經典可以說是一種「現實性報酬」的工具，不免扭曲了儒學真正的學習精神和實踐的意義；[60]另一方面，以儒學經典作為考試的科目，則儒學「修身齊家治國平天下」的精神指標與實踐胸懷所產生的使命感，使浸潤儒學領域的有道之士，油然升起超高的絕對品格。

　　中國儒者因為上述兩種情形的分野與交集，使得儒學在學習與實踐的過程當中，一方面帶有工具性質的現實意義，另一方面又持有超高道德標準的理想意義。日本則不然，由於沒有科舉制度，武士學習儒學的動機比較沒有中國現實性報酬的功利感，其對學問的態度是傾向政治實用性，一般庶民入塾求學也重在一技之長的培養（如學醫、學算數），這是造成各私塾必須區分等級來加以評比的原因，這也是造成日本民族有比中國更關注在人倫日用與政治現實的「實學」的主因之一。

五、結論

　　依中國「書院」講學的教育理念，無非是學習儒家的經史

---

[60] 日本學者尾藤正英在這方面亦有論述，參氏著：《日本封建思想史研究：幕藩體制の原理と朱子學的思維》（東京：青木書店，1961 年），頁 32。

子集之書，敦品勵志，求古聖賢之道，配合祠宇祭祀先聖先賢，而完成希聖希賢的教育理想，日本儒者當然亦不例外。但是，日本民族有長期的武家政權之封建體制，也有其本身的文化傳統與神道信仰，這些與中國的不同，恰是日本學者拿來強調日本的特殊性，而展現日本主體性最佳的利器。當然，這種中日文化的不同，表現在許多方面，諸如對儒學經典思想內涵理解的不同，以及儒學派別中有跳過孔孟而直求《六經》之道的古文辭學派，並有獨特的國學派、武士道學派等等。本文則是從書院經營、學規的角度，對照中國的書院，以窺日本書院學規與學禮的特色。

　　本文首先在第二節分析了中國比較沒有的「儒兵合學」與「神儒兼學」的書院或私塾。「儒兵合學」是因德川日本是個武士的國度，故書院中的學規中特規定有習兵事一項；「神儒兼學」是指日本有結合「神社」與「書院」的特殊「廟學」型式，即由神社職員請儒者於社旁開書院，不過這種型態的廟學很少，僅能說是特例，但可作為探討日本「敬神」與「崇儒」衝突的特色。第三節則分析日本陽明學者所經營的書院，特別是藤樹書院與幕末大鹽中齋的「洗心洞塾」及山田方谷的「長瀨塾」之學規特色，指出：（1）有孝道精神的宗教性之學禮儀式，如中江藤樹的藤樹書院與山田方谷的長瀨塾；（2）有嚴厲的鞭扑處罰之規定，以大鹽中齋的「洗心洞塾」之學規來說明這項特色。第四節則以古學派伊藤仁齋經營的古義堂為中心，分析其學堂中模仿中國科舉而擬定的「私試制義」，並有獨特的策問教育方法和人才的品第評比制度，並將之比較廣瀨淡窓開塾的咸宜園之月旦評等級制度，以窺日本在無科舉制度下，在學塾中評定人才的特色。

與中國書院制度相較，日本書院或私塾經營的特色甚多，本文僅是選擇其中幾項明顯的不同特徵而已。終篇之際，筆者認為日本書院或私塾的研究，尚有許多值得注意與研究之處。例如在中國明代有全國性的毀滅書院的措施，德川日本在 1790 年雖有寬政異學之禁，但並沒有毀書院或漢學塾之舉。在中國明代書院講學興盛的時代，1537 年即有御史游居敬批判湛若水：「倡邪學，廣收無賴，私創書院。」對書院講學提出了批判。翌年，吏部尚書許讚，倡議禁廢書院。萬曆七年（1579），張居正（1525-1582）推動盡改各書院為「公廨」的政策。這可以說是第一次大規模的禁止書院講學的政策。另一次禁毀書院的高潮，即是明末魏忠賢（？-1627）矯旨頒布〈東林黨人榜〉，迫害議論時政的正直之士，株連三百餘人，並禁毀天下書院，東林書院首當其衝，史料記載「片瓦寸椽不存」，可見中國書院的講學，非常關心政治時局。而日本幕末之際的書院中，能與明末這股批評時政風潮相輝映的，就是陽明學者大鹽中齋的「洗心洞塾」與吉田松陰的「松下村塾」，若能比較明末書院與德川末期的書院講學型態，亦是值得關注的課題。

其次，德川日本醫者喜歡建造書院講學也頗具特色。像會津藩的陽明學者，是由會津町醫（城市醫者）荒井真庵（？-1697）、大河原養伯（？-1699），遠至京都，從淵岡山學藤樹學，回藩後開書院講學，使陽明學得以北傳。德川醫者開漢學塾的例子還不少，例如新宮涼亭（1787-1854）本是醫者，出資開書院，並接受藩主之援助，於 1839 年開順正書院，置學田及基金，使來學者免費入學。[61]又如木村雅壽（1791-1837），《事實文編》

---

61 參京都府醫師會編：《京都の醫學史》（京都：京都醫師會，1980 年），頁 730。

說他：「醫者長男，年十五，就學於菅茶山。在京都學醫，歸省府中後，以醫為業。天保二年（1831），在屋後閑地，建『學半書院』，教育傍鄉中及附近子弟。」[62]再如向井元升（1609-1677），世稱醫儒，於 1647 年任職長崎奉行時，建議設置聖堂，稱立山書院或錢溪書院，自任講師。[63]還有佐藤龍之進（不詳）是醫者，在 1837 年於延岡藩開大道書院，教授漢學和習字。[64]

　　事實上，日本儒者通醫術者不少，如荻生徂徠本是儒醫之後，伊藤仁齋亦精醫術，早年家人勸其習醫，因而著有〈儒醫辨〉。陽明學者中江藤樹更曾以醫術教弟子，著有《神奇方術》、《捷徑醫筌》。貝原益軒晚年著有《養生訓》，亦通醫學。徂徠學者龜井南冥亦是醫者之後，所成立的「蜚英館」，兼教儒學與醫學。帆足萬里在其私塾有兼教《傷寒論》。[65]醫者在德川時期地位頗高，而且也是學習一技之長的佳選。主要是日本沒有科舉制度，一般優秀子弟在學醫後，或問學或開塾，而醫者開塾並不以習醫為主，兼學儒業。職是之故，日本的儒醫性質的私塾或書院，相當值得研究。

* **本文曾收入高明士主編：《東亞傳統教育與學禮學規》（臺北：臺灣大學出版中心，2005 年）。**

---

[62] 五弓豐太郎編：《事實文編》（東京：國書刊行會，1910-1911 年），卷 65。

[63] 長崎縣教育會編纂：《長崎縣教育史》（京都：臨川書店，1975 年）。向井元升所建錢溪書院，一直到光緒年間尚存，自來有長崎聖堂之稱。筆者於 2006 年 8 月底訪長崎興福寺時，赫然發現廟旁一隅存該書院之遺跡，僅存書有「萬仞宮牆」的木牆，是光緒丁亥年間，署名「駐劄長崎理事蔡軒」。旁另有廟碑，名為「重修崎陽先師孔子廟碑」，是光緒七年由駐長崎港之正理事官余璂糾集該地華人士商，集資重修完成。

[64] 參《日本教育史資料》，第 8 冊，頁 320。

[65] 〈帆足萬里私塾同約〉，參前引《日本教育史資料》，第 9 冊，頁 423。

附表一：日本江戶時代以「書院」為名的教育機關一覽表

書院名稱	建立年代	成立者與學派	地點	出處或簡述
1.私學性質的書院				
藤樹書院	1648	中江藤樹 （1608-1648） 陽明學	滋賀	《藤樹先生全集》。
麗澤書院	不詳	木下順庵 （1621-1698） 朱子學	京都	《京都府教育史》。
觀物書院	1671	不詳	不詳	林鵞峰：〈觀物書院記〉，《鵞峰林學士文集》卷六，收入《近世儒家文集集成》第十二卷。
京都學館	1674	淵岡山 （1617-1686） 陽明學	京都	淵岡山：《岡山先生書翰》（寫本）、國立公文書館藏。
廣業書塾	約1718	神祠官物部敏文 神儒相合	筑州鞍手縣有多賀神祠	伊藤東涯：〈廣業書塾記〉（1718年）。
明倫精舍	1726年建於江戶下谷	三輪執齋 （1669-1774） 陽明學	江戶下谷 1732年移於京都	《執齋先生雜著》、《日本陽明學派の研究—藤樹學派の思想とその資料—》。
大洲止善	1747年由藩主	川田雄琴（三	大洲藩	《執齋先生雜著》、

書院明倫堂	資助設立	輪執齋學生）陽明學		《日本陽明學派の研究—藤樹學派の思想とその資料—》。
教學書院	1811	櫻田虎門（1774-1839）朱子學	仙台藩	櫻田虎門：〈再營教學書院記〉（1813年），《鼓缶子文草》卷三，收入《日本儒林叢書》第十三卷。
牧山書院	1830	油井太仲	仙台藩	參《日本教育史資料》八。
琢成書院	1835	志村退藏	仙台藩	《岩手縣教育史資料》第一集。
謙待書院	1837-1857	小澤孱守	長岡藩	參《日本教育史資料》八
象山書院（又名五柳精舍）	1839	佐久間象山（1811-1864）朱子學	江戶神田	海原徹：《近世私塾の研究》。
弘濱書院	1846	林良齋（1807-1849）陽明學	香川	《近世後期儒家集》。
青谿書院	1847	池田草庵（1794-1859）陽明學	兵庫	《近世後期儒家集》。
蓮池書院	不詳	奧宮慥齋（1811-1877）陽明學	高知	《高知縣の教育史》。

心學書院	不詳	大島彥集 師事櫻田虎門 朱子學	自邸開設	櫻田虎門：《鼓缶子文草》。
明霞書院	1852 1877 年廢	宮崎誠	江戶	參《日本教育史資料》八。
典學書院	慶應年間 （1865-1867）	太田盛	仙台藩	參《日本教育史資料》八。
岳麓書院	1852	金齊輔	岩手縣東磐井郡	《岩手縣教育史資料》第一集。
麗澤書院	不詳	南川蔣山 （1771-1833）	三重縣	《近世藩校における學統學派の研究》。
竹亭書院	不詳	松木大貳 儒學國學兼容	福岡	《福岡縣教育史》。
龍山書院	1856	橫地春齋 儒學與兵學兼學	福岡	參《日本教育史資料》八。
竹原書院	不詳	鹽谷生 朱子學	竹原市 （廣島）	古賀精里：〈題竹原書院詩卷後〉，參《精里全書》，卷十七。
盈科書院	1768	村田季武 （1730-1790）	大阪	《大阪府史》第六卷。
泊園書院	1825	藤田東畡 （1794-1864） 徂徠學	大阪	《大阪府史》第六卷 關西大學泊園紀念會設立三十週年《泊園

				書院展》，平成二年。
歲寒書院	1848 設 1868 廢	高木熊三郎	大阪	參《日本教育史資料》八。
觀山庭書院	1860	小川勘左衛門	大阪	參《日本教育史資料》八。
虎溪書院	安永年間 （1772-1780）	玉田默齋	兵庫縣 （舊龍野藩印南郡）	參《兵庫縣教育史—藩學‧鄉學‧私塾‧寺子屋篇》。
虎溪書院	文久年間 （1861-1863）	習田篤 （1827-1905） 徂徠學，（學於藤田東畯）	兵庫縣 （舊朝來郡）	參《兵庫縣教育史--藩學‧鄉學‧私塾‧寺子屋篇》。
微響書院	1732	萬波俊休	岡山	參《日本教育史資料》九。
學半書院	1831	木村雅壽 （1791-1837） 醫儒	廣島	《事實文編》卷六十五。
大道書院	1837	佐藤龍之進 醫儒	大分	參《日本教育史資料》九。
順正書院	1839	新宮涼亭 （1787-1854） 醫儒	京都	《京都の醫學史》。
柳溪精舍	1858 設 1864 廢	廣井良國	山口	參《日本教育史資料》九。
櫻溪書院	1863	楠本碩水 （1832-1916）	長崎	《碩水先生日記》、《碩水先生遺書》。

		楠本端山之弟，程朱學		
大朝書院	1864 明治後改稱 「思齋塾」	八木郁次	兵庫	參《兵庫縣教育史—藩學・鄉學・私塾・寺子屋篇》。
鳳鳴書院	1881	楠本端山 （1828-1883） 程朱學	長崎	楠本碩水：〈鳳鳴書院記〉（1883 年），收入《楠本端山・碩水先生全集》。
靜脩書院	幕末明治初	不詳	長崎	參《日本教育史資料》八。

2.藩校性質的書院

書院名稱	建立年代	成立者與學派	地點	出處或簡述
大洲藩	《執齋先生雜著》、《日本陽明學派の研究—藤樹學派の思想とその資料—》。	川田雄琴（三輪執齋學生）陽明學		
溫古堂，後改稱成德書院	1792 設立 1836 移遷，改稱成德書院	由藩主崛田正順設立	佐倉藩	《近世藩校における學統學派の研究》。
求道館 （造士書院）	1847 設立 1857 改為學	藩主秋元志朝成立	館林藩	《近世藩校における學統學派の研究》。

	制			
德造書院又名稽古所、北門書院	1803	藩主太田質愛創立	掛川藩	《近世藩校における學統學派の研究》、《日本庶民教育史》。
3. 鄉校性質的書院				
林崎書院	1690，原內宮文庫移林崎，天明年間擴大	不詳	江戶	《三重縣教育史》、《事實文編》次編八、《事實文編》卷六十一。
鶴山書院	1699	佐賀藩主及家老	佐賀	參石川謙：《日本庶民教育史》,〈藩學の延長としての鄉學一覽〉。
會輔堂（會輔書院）	1723	菅野兼山	江戶深川	《秋雨談》,《日本儒林叢書》第三卷。
成章書院	1800作為藩校明道館之支校	秋田藩主佐竹義和	秋田藩	參石川謙：《日本庶民教育史》,〈藩學の延長としての鄉學一覽〉。
育英書院	寬政年間，（1789-1800）作為藩校明道館之分校	秋田藩主佐竹義和	秋田藩	參石川謙：《日本庶民教育史》,〈藩學の延長としての鄉學一覽〉。
弘道書院	寬政年間，（1789-1800）	秋田藩主佐竹義和	秋田藩	參石川謙：《日本庶民教育史》,〈藩學の延

	作為藩校明道館之分校			長としての鄉學一覽〉。
時習書院	寬政年間，作為藩校明道館之分校	秋田藩主佐竹義和	秋田藩	參石川謙：《日本庶民教育史》，〈藩學の延長としての鄉學一覽〉。
崇德書院	寬政年間，（1789-1800）作為藩校明道館之分校	秋田藩主佐竹義和	秋田藩	參石川謙：《日本庶民教育史》，〈藩學の延長としての鄉學一覽〉。
博文書院	寬政年間，（1789-1800）作為藩校明道館之分校	秋田藩主佐竹義和	秋田藩	參石川謙：《日本庶民教育史》，〈藩學の延長としての鄉學一覽〉。
尚德書院	寬政年間，（1789-1800）作為藩校明道館之分校	秋田藩主佐竹義和	秋田藩	參石川謙：《日本庶民教育史》，〈藩學の延長としての鄉學一覽〉。
敕典書院	寬政年間，（1789-1800）	秋田藩主	秋田藩	《近世藩校における學統學派の研究》。
麴溪書院	1791 建，因火於 1793 年重建	服部栗齋（1736-1800）朱子學	江戶小川町	櫻田虎門：〈麴溪書院記〉（1800 年），《鼓缶子文草》卷一，《日本儒林叢書》第十三卷。
竹原書院	1793	賴春風	竹原	古賀精里：〈題竹原書

		朱子學		院詩卷後〉，《精里全書》，卷十七。
鳩嶺書院	1814	八幡宮神祠官等 神儒相合	石清水八幡宮	松本慎：〈鳩嶺書院記〉，《愚山文稿》（文政十一年版），國會圖書館藏。
溫古書院	1824 作為藩校明道館之分校	秋田藩主	秋田藩	參石川謙：《日本庶民教育史》，〈藩學の延長としての鄉學一覽〉。
天城邨鄉書院	嘉永年間 （1848-1853）	岡山藩藩老池田出羽招儒臣鴨井熊山 （1803-1875） 成立	岡山藩	《近世藩校における學統學派の研究》。

表註：

1. 本表係根據劉琪開設之網站：
   http://liuqi2000.tripod.com/44p0.htm 整理而成，另外有一些是筆者自己所加，難免疏漏，尚祈指正。

2. 日本德川時代以講學型態的教育機關，以私塾或學堂、學館、村塾、精舍等名稱命名，不一而足，本表僅是列出以「書院」命名的教育機關，其中包括私學與藩學或鄉學校。至於日本德川時代有大量的基礎教育之「寺子屋」並不在收錄範圍之內。

3. 表中書「不詳」處，表示資料原缺。

附表二：其他著名但非以「書院」命名而有講學性質的教育機關

書院名稱	建立年代	成立者與學派	地點	出處或簡述
輔仁堂（私學）	1647	向井元升（1609-1677）醫儒	長崎	《長崎縣教育文化史》。
古義堂（私學）	1661	伊藤仁齋（1627-1705）古義學派	京都	加藤仁平，《伊藤仁齋の學問と教育》。
閑谷學校（藩校）	1670	藩主池田光正（1609-1682）	岡山藩	閑谷學校史委員會編編：《閑谷學校史》（備前：閑谷學校史刊行會），1971 年。至今遺跡仍存，今為岡山縣備前市的國寶級古蹟。
彰考館（藩校）	1672	藩主德川光圀（1628-1700）	水戶藩	是《大日本史》的編纂局。
懷德堂（鄉校）	1724	三宅石庵（1665-1730）朱子學、折衷學	大阪	中井竹山：〈先君子貽範先生行狀〉，《奠陰集》，收入《近世儒家文集集成》第八卷。
講學堂（私學）	1724	元昌氏古學派	岡田藩	伊藤東涯〈講學堂記〉稱：「岡田元昌氏，嘗及先人之門，遠裁書見

				屬之記。（中略）今元昌氏，居極遠之地，而尊往聖之道，私為義塾，以道邑子弟，亦聖人之意也。」
培根達枝兩舍（私學）	1732	三宅尚齋（1662-1741）朱子學（闇齋學派）	京都	三宅尚齋：〈享保壬子歲六月設培根達枝之兩舍、告於先師文公朱先生文〉（元文庚申歲識），收入《道學資談》（天保八年寫本）卷一〇八，名古屋蓬左文庫藏。
嚶鳴館（私學）	1751	細井平洲（1728-1801）	江戶浜町	遠藤秀夫：《細井平洲と教師像：東洋教學精神との調和を求めて》（1982 年）。
鈴屋門（私學）	1758	本居宣長（1730-1801）國學派	伊勢	鈴木淳等編著：《本居宣長鈴屋社中》。
藪塾（私學）	不詳	藪孤山（1735-1802）朱子學者	熊本	藪孤山：《孤山先生遺稿》。
蜚英館（藩校）	1764	龜井南冥（1743-1814）徂徠學	福岡之唐人町	參《龜井南冥‧昭陽全集》第一卷。

造士館 （藩學）	1773	薩摩藩主	鹿兒島	第七高等學校造士館編纂：《第七高等學校造士館一覽》（1902年）。
學習堂 （藩校）	1775	伊勢崎藩主	伊勢崎藩	新井雀里：《高山芳躅誌》。
講道館	1780	高松藩主 松平賴常	高松藩	《先哲叢談續編》卷十，〈後藤芝山〉。
明倫舍 （心學講舍） （私學）	1782	手島堵庵 （1718-1786） 及其門人 石門心學	京都 由京都擴大 到關西	《近世庶民教育思想》第四卷。
明倫堂 （藩校）	1783	尾張藩主	尾張藩 （名古屋長島町）	名古屋教育委員會，〈明倫堂址〉碑文。
甘棠館 （私學）	1784	龜井南冥 （1743-1814） 徂徠學	福岡藩	參《龜井南冥・昭陽全集》第一卷、《日本教育史資料》三。
樂群館 （私學）	寬政年間 1789-1800	浦上溪南、大戶直純出金成立	廣島	菅茶山：〈浦上溪南墓銘〉，《事實文編》卷五十六。《廣島縣史》。
廉塾 （鄉校）	1796	菅茶山 （1748-1827） 詩人	備中藩 （今）廣島 縣深安郡神辺町	廣島縣立歷史博物館編：《菅茶山とその世界：黃葉夕陽文庫を中心に》（1995年）。
青藍社	1802	藤田幽谷	水戶藩	海原徹：《近世私塾の

（私學）		（1774-1826） 水戶學者		研究》。
義塾 （私學）	1806	皆川淇園 （1734-1807） 折衷學者	京都	《淇園文集》。
咸宜園 （私學）	1817-1897	廣瀨淡窻 （1782-1856） 龜井朝陽弟子， 徂徠學派	九州豐後 日田	《增補廣瀨淡窻全 集》。
南街塾 （私學）	1820	會澤正志齋 （1782-1863） 水戶學者	水戶藩	海原徹：《近世私塾の 研究》。
洗心洞塾 （私學）	明確時間 不詳，1825 年之前數 年	大鹽中齋 （1793-1837） 陽明學者	（今）大阪	《洗心洞劄記》。
弘道館 （藩學）	1841	藩主德川齊昭 （1800-1860）	水戶藩	藤田東湖：《弘道館記 述義》。
西庵精舍 （私學）	1842	帆足萬里 （1778-1852） 折衷學者	大分藩	《近世後期儒家集》。
松下村塾 （私學）	1842	吉田松陰之叔父 玉木文之進 兵學者	長州藩	《吉田松陰全集》。
三計塾 （私學）	1848	安井息軒 （1799-1876）	江戶麴町	海原徹：《近世私塾の 研究》。

		古學派		
時習館 （私學）	1848	月性和尚 （1817-1858）	山口縣	海原徹：《近世私塾の研究》。
函海精舍 （私學）	幕末到明治五年 （1872）	伊藤松太郎	大分藩	參《日本教育史資料》九。
興讓館 （鄉校）	1853	阪谷朗廬 （1822-1881） 朱子學	備中藩	《阪谷朗廬全集》。
雙桂精舍 （私學）	1871	島田重禮	江戶練塀町	參《日本教育史資料》八。

參考書目

壹、中文著作

1. 專書

子安宣邦原著，陳瑋芬譯：《東亞儒學：批判與方法》（臺北：臺灣大學出版中心，2004 年）。

毛奇齡：《四書改錯》，收入《續修四庫全書・經部・四書類・165》（上海：上海古籍出版社，據嘉慶十六年全孝柏學圃刻本影印）。

──：《四書索解》，收入《四庫全書存目叢書・經部・四書類・173》（臺南：莊嚴文化，據清華大學圖書館藏清康熙刻西河集本）。

王艮：《王心齋全集》（臺北：廣文書局，1979 年）。

王昶編輯：《金石萃編》（臺北：國風出版社，1965 年）。

王陽明：《王陽明全集》（上海：上海古籍出版社，1995 年）。

王龍溪：《王龍溪全集》（臺北：廣文書局，2000 年）。

朱熹：《四書章句集注》（臺北：大安出版社，1994 年）。

──：《朱熹集》（成都：四川教育出版社，1996 年）。

──著，黎靖德編：《朱子語類》（臺北：文津出版社，1986

年）。

朱舜水：《朱舜水集》（臺北：漢京文化事業有限公司，1984
　　年）。

朱謙之：《日本的古學及陽明學》（上海：上海人民出版社，1962
　　年）。

——：《日本的朱子學》（北京：三聯書店，1958年）。

朱鴻：《孝經總類》（上海：上海古籍出版社，1995年影北京圖
　　書館藏明抄本，《續修四庫全書》本）。

江元祚彙編：《孝經大全》（濟南：山東友誼書社，1990年）。

江永注解：《近思錄集註》（臺北：臺灣中華書局，1980年）。

安居香山、中村璋八：《重修緯書集成》（東京：明德出版社，
　　1971-1981年）。

牟宗三：《中國哲學的特質》（臺北：臺灣學生書局，1994年再
　　版）。

——：《心體與性體》（臺北：正中書局，1996年），第1冊。

何冠彪：《生與死—明季士大夫的抉擇》（臺北：聯經出版公司，
　　1997年）。

佐久間象山：《象山全集》（東京：尚文館，1912年）。

余英時：《中國知識階層史論：古代篇》（臺北：聯經出版公司，
　　1993年二刷）。

吳晗、費孝通等著：《皇權與紳權》（上海：觀察社，1948年）。

呂維祺：《孝經大全》（上海：上海古籍出版社，1995 年影清康熙二年呂兆璜等刻本，《續修四庫全書》本）。

──：《孝經或問》（上海：上海古籍出版社，1995 年影清康熙二年呂兆璜等刻本，《續修四庫全書》本）。

呂留良：《呂晚村先生文集》（臺北：鐘鼎文化出版公司，1967 年）。

李贄：《續焚書》（北京：社會科學文獻出版社，2000 年）。

杜正勝：《古代社會與國家》（臺北：允晨文化，1992 年）。

周陽山主編：《知識份子與中國》（臺北：時報文化事業公司，1980 年）。

孟森：《明清史講義》（臺北：里仁書局，1982 年）。

岡田武彥編：《劉子全書及遺編》（京都：中文出版社，1981 年）。

林兆恩：《林子三教正宗統論》（北京：北京出版社，據明萬曆刻本，《四庫禁燬書叢刊・子部》第 18 冊）。

──：《林子全書》（北京：書目文獻出版社，據明崇禎刻本）。

林國平：《林兆恩與三一教》（福州：福建人民出版社，1992 年）。

邵廷采：《思復堂文集》（杭州：浙江古籍出版社，1987 年）。

段玉裁：《明史十二論》（臺北：廣文書局，1968 年）。

孫文：《國父全集》（臺北：中央文物供應社，1989 年），第 3 冊。

孫夏峰：《孫夏峰先生語錄》（臺北：廣文書局，1970 年）。

宮本武藏：《五輪書》，收入何峻譯：《武士的精神：五輪書與
　　兵法家傳書》（臺北：遠流出版社，2004 年）。

徐復觀：《學術與政治之間》（臺北：臺灣學生書局，1985 年）。

柴萼：《梵天廬叢錄》（北京：中華書局，1926 年）。

馬一浮：《馬一浮集》（杭州：浙江古籍出版社，1996 年）。

高明士：《中國教育制度史論》（臺北：聯經出版公司，1999
　　年）。

──：《日本古代學校教育的興衰與中國的關係》（臺北：學海
　　出版社，1977 年）。

張立文主編：《東亞文化研究（第一輯）》（北京：東方出版社，
　　2001 年）。

張亨：《思文之際論集：儒道思想的現代詮釋》（臺北：允晨文
　　化出版社，1997 年）。

張君勱：《比較中日陽明學》（臺北：中央文物供應社，1955
　　年）。

張烈：《王學質疑》（臺北：廣文書局，1982 年）。

張崑將：《日本德川時代古學派之王道政治論：以伊藤仁齋、
　　荻生徂徠為中心》（臺北：臺灣大學出版中心，2004
　　年）。

──：《德川日本「忠」「孝」概念的形成與發展──以兵學與陽
　　明學為中心》（臺北：臺灣大學出版中心，2004 年）。

梁啟超：《清代學術概論》（北京：東方出版社，1996 年）。

──：《飲冰室文集》（臺北：名江書局，1980 年）。

梁漱溟：《中國文化要義》（臺北：正中書局，1969 年）。

盛康編：《皇朝經世文編續編》（臺北：文海出版社，1972 年）。

連橫：《臺灣通史》（臺北：黎明文化出版公司，2001 年）。

陳子龍等主編：《皇明經世文編》（北京：中華書局，1962 年）。

陳建：《學蔀通辨》（臺北：廣文書局，1971 年）。

陳師道：《禪寄筆談》（北京：書目文獻出版社，據明萬曆二十
　　一年自刻本影印）。

陳捷先：《明清史》（臺北：三民書局，1990 年）。

陳瑋芬：《近代日本漢學的「關鍵詞」研究：儒學及相關概念
　　的嬗變》（臺北：臺灣大學出版中心，2005 年）。

陳榮捷：《傳習錄詳註集評》（臺北：臺灣學生書局，1992 年）。

陸隴其：《三魚堂文集》（臺北：臺灣商務印書館，1986 年影文
　　淵閣《四庫全書》本）。

嵇文甫：《左派王學》（臺北：國文天地雜誌社，1990 年）。

湯斌：《湯子遺書》（臺北：臺灣商務印書館，1986 年影文淵閣
　　《四庫全書》本）。

程樹德：《論語集釋》（北京：中華書局，1990 年）。

程顥、程頤：《河南程氏文集》，收入《二程集》（北京：中華
　　書局，1984 年二刷）。

馮夢龍：《馮夢龍全集》（南京：江蘇古籍出版社，1993 年）。

黃俊傑：《孟子思想史論・卷一》（臺北：東大圖書公司，1991
　　　年）。

──：《孟子思想史論・卷二》（臺北：中央研究院中國文哲研
　　　究所籌備處，1997 年）。

──：《東亞儒學史的新視野》（臺北：喜瑪拉雅研究發展基金
　　　會，2001 年）。

──：《德川日本《論語》詮釋史論》（臺北：臺灣大學出版中
　　　心，2006 年）。

──編：《東亞儒者的四書詮釋》（臺北：臺灣大學出版中心，
　　　2005 年）。

──編：《儒家思想在現代東亞：日本篇》（臺北：中央研究院
　　　中國文哲研究所籌備處，1999 年）。

黃季陸主編：《中華民國史料叢編》（臺北：中央文物供應社，
　　　1969 年）。

黃宗羲：《明儒學案》（臺北：里仁書局，1987 年）。

──：《黃宗羲全集》（臺北：里仁書局，1987 年）。

楊一清等撰：《明倫大典》（臺北：國家圖書館藏善本圖書，1997
　　　年據明嘉靖八年〔1529〕湖廣重刊本）。

楊家駱主編：《中國近代史文獻彙編・二》之《戊戌變法文獻
　　　彙編》（臺北：鼎文書局，1973 年）。

楊起元：《孝經引證》（臺北：藝文印書館，據明萬曆繡水沈氏

尚白齋刻《寶顏堂秘笈》本影印）。

葛榮晉主編：《韓國實學思想史》（北京：首都師範大學出版社，
　　2002 年）。

董仲舒原著，楊家駱主編：《春秋繁露》（臺北：世界書局，1989
　　年）。

董穀：《冥影契》（臺北：藝文印書館，據明隆慶王文祿輯刊《百
　　陵學山》本影印）。

管志道：《問辨牘》（北京：書目文獻出版社，據明萬曆刻本影
　　印）。

劉述先：《朱子哲學思想的發展與完成》（臺北：臺灣學生書局，
　　1995 年增訂三版）。

——主編：《儒家思想在現代東亞：韓國與東南亞篇》（臺北：
　　中央研究院中國文哲研究所籌備處，2001 年）。

劉寶楠：《論語正義》（臺北：文史哲出版社，1990 年）。

樂純（天湖）：《雪庵清史》（北京：書目文獻出版社，據明書
　　林李少泉科本影印）。

蔣介石：《蔣總統言論選集》（臺北：中央文物供應社，1977
　　年）。

鄭樑生：《朱子學之東傳日本與其發展》（臺北：文史哲出版社，
　　1999 年）。

鄧洪波編著：《中國書院學規》（長沙：湖南大學出版社，2000
　　年）。

錢穆：《中國近三百年學術史》（臺北：臺灣商務印書館，1995
　　年十一刷版）。

——：《中國歷史研究法》（臺北：東大圖書公司，1991 年）。

——：《朱子新學案》（臺北：三民書局，1989 年）。

——：《宋明理學概述》（臺北：中國文化大學出版社，1980
　　年）。

——：《國史新論》（臺北：東大圖書公司，1989 年）。

閻步克：《士大夫政治演生史論稿》（北京：北京大學出版社，
　　1996 年）。

閻鴻中：《周秦漢時代家族倫理之變遷》（臺北：國立臺灣大學
　　歷史學研究所博士論文，1997 年）。

羅整庵：《困知記》（臺北：廣學社印書館，1975 年）。

羅汝芳：《孝經宗旨》（臺北：藝文印書館，據明萬曆繡水沈氏
　　尚白齋刻《寶顏堂秘笈》本影印）。

——：《盱壇直詮》（臺北：廣文書局，1996 年）。

譚嗣同：《仁學》（臺北：臺灣學生書局，1998 年）。

嚴可均校輯：《全上古三代秦漢三國六朝文》（北京：中華書局，
　　1958 年）。

饒玉成編：《皇朝經世文編續集》（光緒 8 年刊，補刻續編江右
　　饒氏雙峰書屋刊本）。

顧炎武著，黃汝成集釋：《日知錄集釋》（石家莊：花山文藝出
　　版社，1990 年）。

辻本雅史著，張崑將、田世民合譯：《日本德川時代的教育與
　　媒體》（臺北：臺灣大學出版中心，2005 年）。

2. 論文

子安宣邦：〈先王之道禮樂焉爾：關於徂徠的禮樂論〉，《中國
　　文哲研究通訊》，第 14 卷第 4 期（2004 年 12 月）。

平板謙二著，熊慶年譯：〈日本的興讓館—「白鹿洞書院揭示」
　　還活在日本〉，《江西教育學院學報》，第 18 卷第 1 期（總
　　第 72 期，1997 年）。

李甦平：〈從韓國陽明學的發展看儒學的生命力〉，收入劉述先
　　主編：《儒家思想在現代東亞：韓國與東南亞篇》（臺北：
　　中央研究院中國文哲研究所籌備處，2001 年）。

林同濟：〈士的蛻變〉，收入周陽山主編：《知識份子與中國》（臺
　　北：時報文化事業公司，1980 年）。

——：〈大夫士與士大夫—國史上的兩種人格型〉，收入周陽山
　　主編：《知識份子與中國》（臺北：時報文化事業公司，
　　1980 年）。

金泰昌：〈以「活私開公的公共哲學構築「世界國家地域」之
　　共働型社會結構〉，收入黃俊傑、江宜樺共編：《公私領
　　域新探：東亞與西方觀點之比較》（臺北：臺灣大學出
　　版中心，2005 年）。

姜日天：〈丁若鏞的「實踐實用之學」〉，收入葛榮晉主編：《韓
　　國實學思想史》（北京：首都師範大學出版社，2002
　　年）。

高明士：〈日本沒有實施過科舉嗎？〉，《玄奘人文學報》，第 3
　　期（2004 年 7 月）。

張居正等撰：《明世宗實錄》（臺北：中央研究院歷史語言研究
　　所，1965 年）。

張崑將：〈子安宣邦著《事件としての徂徠學》之評介〉，《中
　　央大學人文學報》，第 20/21 期合刊（2000 年）。

──：〈日本陽明學者中江藤樹與大鹽中齋對「孝」之解釋〉，
　　《臺大歷史學報》，第 29 期（2002 年，臺北）。

──：〈日本德川時代神儒兼攝學者對「神道」「儒道」的解釋
　　特色〉，《臺大文史哲學報》，第 58 期（2003 年 5 月）。

張璉：〈從大禮議看明代中葉儒學思潮的轉向〉，《明清史集
　　刊》，第 3 卷（1997 年 6 月）。

梁啟超：〈論中國封建之制與歐洲日本比較〉，《新民叢報》，第
　　9 號（1902 年 6 月）。

荻生茂博：〈大鹽中齋の『大學』解釋─江戶儒學史と彼の蜂
　　起問題─〉，收入黃俊傑編：《中日「四書」詮釋傳統初
　　探》（臺北：臺灣大學出版中心，2004 年），下冊。

──：〈近代陽明學研究與石崎東國的大阪陽明學會〉，《亞
　　文》，第 2 號（1997 年，中國社會科學出版社）。

章炳麟：〈答鐵錚〉，《民報》，第 14 號（1907 年 6 月）；收入黃
　　季陸主編：《中華民國史料叢編》（臺北：中央文物供應
　　社，1969 年）。

黃俊傑：〈中國古代儒家歷史思維的方法及其運用〉，《中國文

哲研究集刊》，第 3 期（1993 年 3 月）。

——：〈東亞儒學如何可能〉，《清華學報》，第 33 卷第 2 期（2003 年 12 月）。

——：〈論東亞遺民儒者的兩難式〉，《臺灣東亞文明研究學刊》第 3 卷第 1 期（2006 年 6 月）。

黃景進：〈社會變遷中的知識份子〉，國立政治大學中文系中研所編：《漢學論文集》（臺北：文史哲出版社，1982 年）。

楚崧秋：〈陽明學說對於蔣公思想德業的影響〉，《中華文化復興月刊》，第 19 卷第 11 期（1986 年 11 月）。

溝口雄三：〈儒教研究的新視野——以陽明學為中心〉，收入張立文主編：《東亞文化研究（第一輯）》（北京：東方出版社，2001 年）。

葉國良：〈從名物制度之學看經典詮釋〉，《國立中央大學人文學報》，第 20/21 期合刊（2000 年）。

劉真武：〈大禮議之爭是非考辨〉，《湖北大學學報》，1991 年第 1 期。

歐陽琛：〈王守仁與大禮議〉，《新中華》，第 12 卷第 7 期（1949 年）。

蔡振豐：〈伊藤仁齋與丁若鏞的《中庸》古學詮釋〉，收入黃俊傑主編：《東亞儒者的四書詮釋》（臺北：臺灣大學出版中心，2005 年）。

鄧志峰：〈誰與青天掃舊臣——大禮議思想背景新探〉，《學術月刊》，1997 年第 7 期。

鄭瑽：〈論語古今注之分析及其孔子思想 1/2〉，收入《茶山學報》第 3/4 集，1980/1982 年。

錢明：〈王畿思想在日本的受用與評價〉，《中國文哲研究通訊》，第 9 卷第 1 期（1999 年 3 月）。

韓鐵錚：〈說士〉，《歷史教學》，第 2 期（1984 年 2 月）。

貳、日韓著作

1. 專書

丁茶山：《與猶堂全書》（漢城：民族文化文庫，2001 年三版）。

三島由紀夫：《三島由紀夫評論全集》（東京：新潮社，1989年）。

丸山林平編撰：《定本日本書紀》（東京：講談社，1966 年）。

丸山真男：《丸山真男集》（東京：岩波書店，1995 年）。

──：《日本政治思想史研究》（東京：東京大學出版會，1976年二十一刷）。

久木幸男：《大學寮と古代儒教》（東京：サイマル出版社，1968年）。

大塚靜編輯：《日本道學淵源錄》（東京：岡次郎，1934 年）。

大橋健二：《良心と至誠の精神史》（東京：勉誠出版社，2001年）。

大鹽中齋：《洗心洞劄記》，收入《佐藤一齋・大鹽中齋》（東京：岩波書店，1980 年，《日本思想大系》46）。

——：《增補孝經彙註》，收入井上哲次郎、蟹江義丸共編：《日本倫理彙編・陽明學派之部・下》（東京：育成會，1908年）。

子安宣邦：《「アジア」はどう語られてきたか——近代日本のオリエンタリズム—》（東京：藤原書店，2003 年）。

——：《「事件」としての徂徠學》（東京：青土社，1990 年）。

小島康敬：《徂徠學と反徂徠》（東京：ぺりかん社，1994 年）。

小澤富夫編集：《（增補改訂）武家武訓・遺訓集成》（東京：ぺりかん社，2003 年）。

山下龍二：《陽明學の研究・成立篇》（東京：現代情報社，1971年）。

山井湧等編：《中江藤樹》（東京：岩波書店，1982 年，《日本思想大系》29）。

山本常朝著，神子侃編譯：《葉隱》（東京：德間書店，2000年）。

山田方谷著，山田準編纂：《山田方谷全集》（東京：聖文社，1951 年。

山住正己校注：《教育の體系》（東京：岩波書店，1991 年，《日本近代思想大系》6）。

山崎闇齋：《山崎闇齋全集》（東京：ぺりかん社，1978 年）。

川上操編：《少年必讀日本文庫》（東京：博文館，1891-1892年）。

中江藤樹：《藤樹先生全集》（東京：岩波書店，1940年）。

中村元：《聖德太子》（東京：中央公論社，1983年）。

中泉哲俊：《日本近世學校論の研究》（東京：風間書房，1976年）。

井上哲次郎：《日本古學派之哲學》（東京：富山房，1902年）。

──、有馬祐政共編：《武士道叢書》（東京：博文館，1906年）。

──、蟹江義丸共編：《日本倫理彙編》（東京：育成會，1960年）。

──：《日本朱子學派之哲學》（東京：富山房，1905年）。

──：《日本陽明學派之哲學》（東京：富山房，1900年）。

井上忠：《貝原益軒》（東京：吉川弘文館，1994年新版二刷）。

五弓豐太郎編：《事實文編》（東京：國書刊行會，1910-1911年）。

今中寬司：《徂徠學の史的研究》（京都：思文閣，1992年）。

今井宇三郎等校注：《水戶學》（東京：岩波書店，1973年，《日本思想大系》53）。

今井淳、小澤富夫編：《日本思想論爭史》（東京：ぺりかん社，2004年）。

太宰春臺：《斥非》，收入關儀一郎編：《日本儒林叢書》（東京：鳳出版株式會社，1978 年），第 4 冊。

——：《論語古訓外傳》（江戶：嵩山房，延享二年，1745 年京都大學館藏）。

文部省編：《日本教育史資料》（東京：鳳文書館，1988 年復刻版）。

日本教育史資料研究會編：《日本教育史資料の研究》（東京：玉川大學出版部，1986 年）。

日本隨筆大成編輯部編纂：《梅翁隨筆》，收入《日本隨筆大成》，第 2 期第 6 卷（東京：吉川弘文館，1994 年）。

日野龍夫：《徂徠學派：儒學から文學へ》（東京：筑摩書房，1975 年）。

木村光德：《日本陽明學派の研究—藤樹學派の思想とその資料》（東京：明德出版社，1986 年）。

——：《藤樹學の成立に關する研究》（東京：風間書房，1971 年）。

加地伸行：《中國思想からみた日本思想史研究》（東京：吉川弘文館，1985 年）。

加藤仁平：《伊藤仁齋の學問と教育》（東京：第一書房，1979 年）。

平瑜：《非物氏》，收入關儀一郎編：《日本儒林叢書》，第 4 冊。

永田廣志：《日本封建制イデオロギー》（東京：白揚社，1947

年）。

——：《日本哲學思想史》（東京：三笠書房，1938 年）。

——：《日本唯物論史》（東京：白揚社，1936 年）。

生馬寬信編：《幕末維新期漢學塾の研究》（廣島：溪水社，2003 年）。

田世民：《熊澤蕃山の研究：その「水土論」と宗教觀を中心として》（臺北：淡江大學日文研究所碩士論文，2002 年）。

田尻祐一郎：《山崎闇齋の世界》（東京：ぺりかん社，2006 年）。

石川謙：《日本庶民教育史》（東京：玉川大學出版部，1972 年）。

——：《日本學校史の研究》（東京：小學館，1960 年）。

石井紫郎校注：《近世武家思想》（東京：岩波書店，1982 年）。

石田梅岩著，柴田實編：《石田梅岩全集》（東京：石門心學會，1956 年）。

伊勢貞丈：《貞丈雜記》（東京：明治圖書，1993 年改訂增版）。

伊藤仁齋：《孟子古義》，收入關儀一郎編：《日本名家四書註釋全書》（東京：鳳出版株式會社，1973 年），第 9 卷。

吉川幸次郎、清水茂校注：《伊藤仁齋・伊藤東涯》（東京：岩波書店，1983 年《日本思想大系》33）。

吉川惟足：《近世神道論・前期國學》（東京：岩波書店，1982

年）。

吉本襄：《陽明學》第 1 卷第 1 號，明治 29 年（1896）7 月。

吉田公平：《日本における陽明學》（東京：ぺりかん社，1999
　　年）。

吉田松陰：《吉田松陰全集》（東京：岩波書店，1986 年）。

吉村秋陽：《讀我書樓遺稿抄》，收入《日本の陽明學・下》（東
　　京：明德出版社，1973 年，《陽明學大系》第 10 卷）。

安井小太郎：《日本儒教史》（東京：富山房，1939 年）。

安岡正篤：《日本精神の真義と帰趨》（東京：啟明會事務所，
　　1935 年）。

──：《日本精神通義》（東京：日本青年館，1942 年）。

──：《王陽明》（東京：明德出版社，1972 年，《陽明學大系》
　　第 2-3 卷）。

──：《王陽明研究》（東京：明德出版社，1960 年）。

池田草庵：《自明軒遺稿抄》，收入《日本の陽明學・下》（東
　　京：明德出版社，1973 年，《陽明學大系》第 10 卷）。

竹添光鴻：《論語會箋》（臺北：廣文書局，1993 年三版），。

西川季格：《集義和書顯非》，收入關儀一郎編：《日本儒林叢
　　書》，第 4 冊。

西尾幹二：《國民歷史》（東京：產經新聞社，2001 年）。

西順藏等編：《山崎闇齋學派》（東京：岩波書店，1980 年）。

何宇鳳：《朝鮮實學者の見た近世日本》（東京：ぺりかん社，2001 年）。

吳知泳著，梶村秀樹譯注：《東學史：朝鮮民眾運動の紀錄》（東京：平凡社，1970 年）。

尾藤正英：《日本封建思想史研究：幕藩體制の原理と朱子學的思惟》（東京：青木書店，1961 年）。

杉原夷山：《修養傳習錄講話》（東京：荻原星文館，1937 年五版）。

京都府醫師會編：《京都の醫學史》（京都：京都醫師會，1980 年）。

奈良本辰也：《日本の私塾》（京都：淡交社，1969 年）。

岡田武彥：《王陽明と明末の儒學》（東京：明德出版社，1970 年）。

──：《陽明學の世界》（東京：明德出版社，1986 年）。

岩橋遵成：《徂徠研究》（東京：富山房，1939 年）。

忽滑谷快天：《達磨と陽明》（東京：丙午出版社，1908 年）。

東正純：《證心錄》，收入《日本の陽明學・下》，《陽明學大系》第 10 卷。

林羅山：《本朝神社考》，收入《日本思想鬪諍史料》（東京：名著刊行會，1964-1970 年），第 1 卷。

──：《林羅山文集》（京都：京都史蹟會編纂，1979 年）。

松宮觀山：《學論》，收入關儀一郎編：《日本儒林叢書》第 5

冊。

長沼澹齋：《兵要錄》，收入《武士道全書》（東京：時代社，1942 年），第 4 卷。

長崎縣教育會編纂：《長崎縣教育史》（京都：臨川書店，1975 年）。

阿部吉雄：《日本朱子學と朝鮮》（東京：東京大學出版會，1975 年複製版）。

前田勉：《近世神道と國學》（東京：ぺりかん社，2002 年）。

後藤三郎：《中江藤樹傳及び道統》（東京：理想社，1970 年）。

津田左右吉：《津田左右吉全集》（東京：岩波書店，1965 年）。

狩野直喜：《論語孟子研究》（東京：みすず書房，1977 年）。

相良亨：《日本の儒教 II》（東京：ぺりかん社，1996 年）。

──等編：《近世儒家文集集成》（東京：ぺりかん社，1985-1999 年）。

──等編：《講座日本思想 I・自然》（東京：東京大學出版會，1983 年）。

原念齋、源了圓譯注：《先哲叢談》（東京：平凡社，1994 年）。

家永三郎等校注：《聖德太子集》（東京：岩波書店，1982 年七刷，《日本思想大系》2）。

──、清水茂等校注：《近世思想家文集》（東京：岩波書店，1976 年，《日本古典大系》97）。

宮崎道生：《熊澤蕃山の研究》（京都：思文閣，1991 年）。

島田虔次：《中國における近代思惟の挫折》（東京：筑摩書房，
　　　1970 年初刷，1986 年三刷）。

栗田元次：《江戶時代史》（東京：平凡社，1930 年）。

海原徹：《近世私塾の研究》（京都：思文閣，1983 年）。

狹間直樹：《共同研究 梁啟超─西洋近代思想受容と明治日
　　　本》（東京：みすず書房，1999 年）。

酒井忠夫：《中國善書の研究》（東京：弘文堂，1960 年）。

馬祐政編：《武士道家訓集》（東京：博文館，1906 年）。

高木俊輔：《明治維新草莽運動史》（東京：勁草書房，1974
　　　年）。

高松芳孫：《正學指要》，收入關儀一郎編：《日本儒林叢書》，
　　　第 11 冊。

高橋文博：《近世の心身論：德川前期儒教の三つの型》（東京：
　　　ぺりかん社，1990 年）。

高瀨武次郎：《日本之陽明學》（東京：鐵華書院，1898 年）。

梅溪昇：《緒方洪庵と適塾生》（京都：思文閣，1984 年）。

荻生徂徠：《論語徵》，收入關儀一郎編：《日本名家四書註釋
　　　全書》，第 7 卷。

──：《護園八筆》，收入關儀一郎編：《日本儒林叢書》，第 4
　　　冊。

──：《護園隨筆》，收入關儀一郎編：《日本儒林叢書》，第 1
冊。

──著，吉川幸次郎、丸山真男編：《荻生徂徠》（東京：岩波
書店，1982 年，《日本思想大系》36）。

野口武彥：《江戶の兵學思想》（東京：中央公論社，1991 年）。

森鷗外：《大鹽平八郎堺事件》（東京：岩波書店，1994 年）。

童門冬二：《日本の私塾──日本を變革した原點──》（東京：Ｐ
ＨＰ研究所，1993 年）。

黑板勝美編：《增補國史大系》（東京：吉川弘文館，2002 年新
版二刷）。

塚田大峰：《隨意錄》，收入關儀一郎編：《日本儒林叢書》，第
1 冊。

新渡戶稻造著，矢內原忠雄譯：《武士道》（東京：岩波書店，
1938 年）。

會澤正志齋：《及門遺範》，收入關儀一郎編：《日本儒林叢書》，
第 3 冊。

源了圓編：《江戶の儒學──《大學》受容の歷史》（京都：思文
閣，1988 年）。

腰原哲朗解說：《甲陽軍鑑》（東京：ニュートンプレス，2003
年）。

鈴木三八男編：《日本の孔子廟と孔子像》（東京：斯文會，1989
年）。

熊澤蕃山著，正宗敦夫編纂：《蕃山全集》（東京：蕃山全集刊行會，1940-1942 年）。

廣瀬淡窓著，日田郡教育會編：《增補淡窓全集》（京都：思文閣，1971 年）。

橫井小楠：《國是三論》，收入《渡邊華山・高野長英・佐久間象山・橫井小楠・橋本左內》（東京：岩波書店，1971 年，《日本思想大系》55）。

橫尾賢宗：《禪と武士道》（東京：國書刊行會，1916 年初版，1978 年再版）。

賴惟勤校注：《徂徠學派》（東京：岩波書店，1972 年，《日本思想大系》37）。

龜井南冥著，同全集刊行會編纂：《龜井南冥昭陽全集・1》（福岡：葦書房，1978 年）。

龜井朝陽：《續弁道》，收入賴惟勤校注：《徂徠學派》（東京：岩波書店，1972 年）。

藤田東湖：《弘道館記述義》，收入《東湖全集》（東京：博文館，1940 年）。

──：《東湖全集》（東京：博文館，1940 年）。

藤田幽谷：《正名論》，收入今井宇三郎等校注：《水戶學》（東京：岩波書店，1973 年，《日本思想大系》53）。

藤原惺窩：《藤原惺窩集》（京都：思文閣，1978 年）。

蟹維安：《非徂徠學》，收入關儀一郎編：《日本儒林叢書》，第

4 冊。

嚴紹璗、源了圓主編：《日中文化交流史叢書・思想卷》（東京：
　　大修館書店，1995 年）。

釋悟庵：《禪と武士道》（東京：光融館，1907 年）。

鷲尾順敬編：《日本思想鬪諍史料》（東京：名著刊行會，1969
　　年）。

2. 論文

山下龍二：〈日本の陽明學〉，收入《陽明學入門》，《陽明學大
　　系》第 1 卷。

──：〈朱子・徂徠管仲論─倫理主義政治主義─〉，《名古屋
　　學院外國語學部論集》一，收入《中國關係論說資料・
　　32》第一分冊（上）（東京：論說資料保存會，1990 年）。

山田琢：〈日本漢學展開─熊澤蕃山と山田方谷─〉，《陽明學》，
　　第 6 號（1994 年，東京二松學舍大學）。

山縣明人：〈「洗心洞劄記」における大鹽中齋の變革思想─創
　　造的破壞を預言する思想の誕生─〉，《季刊日本思想
　　史》，第 43 號（1994 年 6 月）。

小島毅：〈嘉靖禮制改革について〉，《東洋文化研究所紀要》，
　　1992 年第 3 期，總第 117 冊。

川口雅昭：〈吉田松陰における「孝」概念〉，《山口縣史研究》，
　　第 3 號（1995 年，日本山口縣編）。

──：〈吉田松陰における「忠孝」概念について〉，《陽明學》，

第 7 號（1995 年，東京二松學舍大學）。

大島晃：〈井上哲次郎の「東洋哲學史」研究と《日本陽明學派之哲學》〉，《陽明學》，第 9 號（1997 年，東京二松學舍大學）。

日野龍夫：〈徂徠における自然と作為〉，收入相良亨等編：《講座日本思想 I・自然》（東京：東京大學出版會，1983 年）。

木村昌文：〈明末《孝經》研究グループと中江藤樹—《孝經大全》と《孝經啟蒙》—〉，《日本思想史研究》，第 30 號（1998 年，日本東北大學）。

今西茂喜：〈大鹽先生海外脫走說に就て〉，《陽明主義》，第 95 號（大正八年，1919 年 12 月）。

田世民：〈近世における《文公家禮》に關する實踐的言說—崎門派の場合—〉，《日本思想史學》，第 37 號（2005 年 9 月）。

加藤弘之：〈ホッブスと徂徠〉，《東洋哲學》，第 2 編第 2 號。

疋田啟佑：〈日本における陽明學の系譜（上）—中江藤樹から中根東里まで〉收入岡田武彥編著：《陽明學の世界》（東京：明德出版社，1986 年）。

平石直昭：〈戰中・戰後徂徠論批判—初期丸山・吉川兩學說の檢討を中心に—〉，東京大學社會科學研究所編：《社會科學研究》，第 39 卷第 1 號（1987 年）。

安倍崇慶：〈山田方谷と備中の漢學塾—長瀨塾と小阪部塾〉，

收入生馬寬信編：《幕末維新期漢學塾の研究》（廣島：溪水社，2003 年）。

衣笠安喜：〈書評《日本封建思想史研究》〉，《日本史研究》，第 58 號（1962 年）。

吉田公平：〈東アジアにおける中江藤樹の位置〉，《東洋古典學研究》，第 2 集（1996 年，東京）。

佐久間正：〈時處位論の展開：藤樹から蕃山へ〉，收入《日本思想史研究》，第 9 號（1977 年，東北大學文學部日本思想史研究室）。

——：〈熊澤蕃山の儒教：「日本の武士」儒教受容の一例として〉，《陽明學》，第 6 號（1994 年，二松學舍大學）。

——：〈熊澤蕃山の經世濟民の思想：その基本的構成と社會的機能〉，收入《日本思想史研究》，第 10 號（1978 年，東北大學文學部日本思想史研究室）。

和田正廣：〈明末清初以降の紳士身分に關する一考察〉，《明代史研究》，第 9 號（1981 年 10 月）。

何陋軒：〈孝經小解並に孝經外傳或問解題〉，收入《蕃山全集》（東京：蕃山全集刊行會，1940-1942 年），第 3 冊。

吳金成：〈明代紳士層の社會移動について〉，《明代史研究》，第 10 號（1986 年 3 月）。

岡崎正道：〈吉田松陰の士道論と民本思想〉，《日本思想史研究》，第 15 號（1983 年，東北大學）。

岡田武彥：〈二十一世紀と陽明學〉，《陽明學》，創刊號（1989

年，東京二松學舍大學）。

河野省三：〈心學と神道〉，收入《心學》（東京：雄山閣，1942
　　年）。

服部宇之吉：〈孔子を祭神とする神社〉，《斯文》，第 10 編第
　　12 號（1928 年）。

荒木龍太郎：〈日本における陽明學の系譜（下）〉，收入岡田
　　武彦編著：《陽明學の世界》。

荻生茂博：〈日本における「近代陽明學」の成立—東アジア
　　の「近代陽明學」（Ⅰ）〉，《季刊日本思想史》，第 59
　　號（2001 年，東京）。

——：〈幕末明治の陽明學と明清思想史〉，收入嚴紹璗、源了
　　圓主編：《日中文化交流史叢書・思想卷》（東京：大修
　　館書店，1995 年）。

海老正名彈：〈中江藤樹の宗教思想〉，《六合雜誌》，第 217 號
　　（1899 年，東京）。

柴田甚五郎：〈藤樹學者淵岡山と其學派〉《帝國學士院紀事》，
　　第 4 卷第 1 號（1945 年 3 月）。

宮崎市定：〈明代蘇松地方の士大夫と民眾—明代史素描の試
　　み—〉，《史林》，第 37 卷第 3 號（1954 年）。

宮城公子：〈山田方谷の陽明學〉，《日本學》，第 11 期（1988
　　年，東京）。

——：〈幕末儒學史の視點〉，《日本史研究》，第 232 期（1981
　　年，東京）。

酒井忠夫：〈陽明學と明代の善書〉，收入《陽明學入門》，《陽明學大系》第 1 卷。

郭連友：〈梁啟超と吉田松陰〉，《季刊日本思想史》，第 60 號（2002 年 1 月），「近代日本と東アジア專刊」。

曾我部靜：〈會津の藤樹學と道教〉《藝林》第 8 卷第 3 號（1954 年，東京藝林會）。

朝森要：〈熊澤蕃山と山田方谷〉，《季刊日本思想史》，第 38 號（1992 年，東京）。

溝口雄三：〈二つの陽明學〉，《理想》，第 572 期（1981 年，東京）。

——：〈日本的陽明學をめぐって〉，《現代思想》臨時增刊總特集「日本人の心の歷史」（1982 年，東京）。

關山邦宏：〈「舊水戶藩舊藩主取調」における—《水戶藩弘道館雜志》との比較—〉，收入日本教育史資料研究會編：《日本教育史資料の研究》（東京：玉川大學出版部，1986 年）。

嚴茜：〈熊澤蕃山の《周易》解釋における獨自性—「太極」をキーヮードに—〉，《日本思想史學》，第 31 號（1999 年，東京）。

參、西文著作及譯著

de Bary, Wm. Thedore（狄百瑞）, *Some Common Tendencies in Neo- Confucianism*（Stanford: Stanford University Press, 1959）.

de Saussure, Ferdinand（索緒爾）, tr. by Wade Baskin, *Course in General Linguistics*（Beijing: China Social Sciences Publishing House, 1999）.

Gadamer, Hans-Georg 原著，洪漢鼎譯：《真理與方法》（臺北：時報文化出版公司，1999 年四刷）。

Heidegger, Martin 原著，孫周興譯：《走向語言之途》（臺北：時報文化，1993 年）。

Kant, Immanuel 原著，李明輝譯：《道德底形上學之基礎》（臺北：聯經出版公司，1990 年）。

Maruyama, Masao ,tanslated by Mikiso Hane., *Studies in The Intellectual History of Tokugawa Japan*（Tokyo: University of Tokyo Press,1974）.

Ooms, Herman, *Tokugawa Ideology: Early Constructs, 1570-1680* (Princeton: Princeton University Press, 1984), 日譯本：ヘルマソ. オームス，黑住真ほか譯：《德川イデオロギ》（東京：ぺりかん社，1990 年）。

人名索引

五畫

六畫

七畫

十一畫

其　　他

【東亞文明研究叢書】

37. 楊祖漢：《從當代儒學觀點看韓國儒學的重要論爭》
38. 黃俊傑、江宜樺（合編）：《公私領域新探：東亞與西方觀點之比較》
39. 張寶三、楊儒賓（合編）：《日本漢學研究續探：思想文化篇》
40. 葉國良、陳明姿（合編）：《日本漢學研究續探：文學篇》
41. 陳昭瑛：《臺灣與傳統文化》
42. 陳昭瑛：《儒家美學與經典詮釋》
43. 黃光國：《儒家關係主義：文化反思與典範重建》
44. 李弘祺（編）：《中國教育史英文著作評介》
45. 古偉瀛（編）：《東西交流史的新局：以基督宗教為中心》
46. 高明士（編）：《東亞傳統家禮、教育與國法（一）：家族、家禮與教育》
47. 高明士（編）：《東亞傳統家禮、教育與國法（二）：家內秩序與國法》
48. 高明士：《中國中古的教育與學禮》
49. 林月惠：《良知學的轉折：聶雙江與羅念菴思想之研究》
50. 鄭仁在、黃俊傑（合編）：《韓國江華陽明學研究論集》
51. 吳展良（編）：《東亞近世世界觀的形成》
52. 楊儒賓、祝平次（合編）：《儒學的氣論與工夫論》
53. 鄭毓瑜（編）：《中國文學研究的新趨向：自然、審美與比較研究》
54. 祝平次、楊儒賓（合編）：《天體、身體與國體：迴向世界的漢學》
55. 葉國良、鄭吉雄、徐富昌（合編）：《出土文獻研究方法論文集初集》
56. 李明輝：《儒家視野下的政治思想》
57. 陳昭瑛：《臺灣儒學：起源、發展與轉化》
58. 甘懷真、貴志俊彥、川島真（合編）：《東亞視域中的國籍、移民與認同》
59. 黃俊傑：《德川日本《論語》詮釋史論》
60. 黃俊傑（編）：《東亞視域中的茶山學與朝鮮儒學》
61. 王曉波：《道與法：法家思想和黃老哲學解析》
62. 甘懷真（編）：《東亞歷史上的天下與中國概念》
63. 黃俊傑：《戰後臺灣的轉型及其展望》
64. 張伯偉：《東亞漢籍研究論集》
65. 黃俊傑、林維杰（合編）：《東亞朱子學的同調與異趣》
66. 林啟屏：《從古典到正典：中國古代儒學意識之形成》
67. 黃俊傑：《臺灣意識與臺灣文化》
68. 黃俊傑：《東亞儒學：經典與詮釋的辯證》
69. 張崑將：《德川日本儒學思想的特質：神道、徂徠學與陽明學》
70. 高明士：《東亞傳統教育與法文化》
71. 古偉瀛：《臺灣天主教史研究論集》
72. 徐興慶、陳明姿（合編）：《東亞文化交流：空間・疆界・遷移》
73. 楊國樞、陸洛（合編）：《中國人的自我：心理學的分析》
74. 葉光輝、楊國樞（合編）：《中國人的孝道：心理學的分析》
75. 潘朝陽：《臺灣儒學的傳統與現代》

76. 鍾雲鶯：《清末民初民間儒教對主流儒學的吸收與轉化》
77. 林維杰：《朱熹與經典詮釋》
78. 徐興慶：《朱舜水與東亞文化傳播的世界》
79. 徐興慶（編）：《東亞文化交流與經典詮釋》
80. 張寶三：《東亞詩經學論集》
81. 徐興慶（編）：《東亞知識人對近代性的思考》
82. 葉國良、徐興慶（編）：《江戶時代日本漢學研究諸面向：思想文化篇》
83. 吳　震：《明末清初勸善運動思想研究》
84. 陳昭瑛：《臺灣文學與本土化運動》
85. 韓東育：《從「脫儒」到「脫亞」
　　　　　——日本近世以來「去中心化」之思想過程》
86. 林鴻信：《基督宗教與東亞儒學的對話：以信仰與道德的分際為中心》
87. 馬俊亞：《被犧牲的「局部」：淮北社會生態變遷研究（1680-1949）》
88. 李明輝（編）：《近代東亞變局中的李春生》
89. 吳展良（編）：《傳統思維方式與學術語言的基本特性論集》
90. 蔡源林：《伊斯蘭、現代性與後殖民》
91. 潘朝陽：《儒家的環境空間思想與實踐》
92. 東方朔：《合理性之尋求：荀子思想研究論集》
93. 郭曉東：《經學、道學與經典詮釋》
94. 陳立勝：《「身體」與「詮釋」——宋明儒學論集》
95. 林鴻信（編）：《跨文化視野中的人文精神：儒、佛、耶、猶的觀點與對話芻議》
96. 甘懷真（編）：《身分、文化與權力：士族研究新探》
97. 劉士永：《武士刀與柳葉刀：日本西洋醫學的形成與擴散》

【東亞文明研究資料叢刊】

1. 吳展良（編）：《朱子研究書目新編 1900-2002》
2. 徐興慶（編）：《新訂朱舜水集補遺》
3. 劉文清、李隆獻（合編）：《中韓訓詁學研究論著目錄初編》
4. 鄧洪波（編）：《東亞歷史年表》
5. 謝金蓉（編）：《蔡惠如和他的時代》
6. 徐興慶、蔡啟清（編校）：《現代日本政治事典》
7. 古偉瀛（編）：《臺灣天主教史料彙編》
8. 汪榮祖、黃俊傑（編）：《蕭公權學記》

【東亞文明研究書目叢刊】

1. 張寶三（主編）：《臺灣大學圖書館藏珍本東亞文獻目錄——日文臺灣資料篇》
2. 張寶三（主編）：《臺灣大學圖書館藏珍本東亞文獻目錄——日本漢籍篇》

【東亞儒學研究叢書】

1. 黃俊傑（編）：《東亞論語學：中國篇》
2. 張崑將（編）：《東亞論語學：韓日篇》
3. 蔡振豐（編）：《東亞朱子學的詮釋與發展》
4. 黃俊傑：《東亞儒學視域中的徐復觀及其思想》
5. 蔡振豐：《朝鮮儒者丁若鏞的四書學：以東亞為視野的討論》
6. 黃麗生：《邊緣與非漢：儒學及其非主流傳播》
7. 林月惠：《異曲同調──朱子學與朝鮮性理學》
8. 黃俊傑：《東亞文化交流中的儒家經典與理念：互動、轉化與融合》
9. 藤井倫明：《朱熹思想結構探索──以「理」為考察中心》
10. 張崑將：《陽明學在東亞：思想交流、轉變及其影響》
11. 崔在穆：《東亞陽明學的展開》（錢明譯）
12. 黃麗生（編）：《邊緣儒學與非漢儒學：東亞儒學的比較視野(17-20 世紀)》
13. 田世民：《近世日本儒禮實踐的研究：以儒家知識人對《朱子家禮》的思想實踐為中心》
14. 黃麗生（編）：《東亞客家文化圈中的儒學與教育》
15. 黃俊傑（編）：《朝鮮儒者對儒家傳統的解釋》

【全球在地視野叢書】

1. 黃　勇：《全球化時代的倫理》
2. 黃　勇：《全球化時代的宗教》
3. 黃　勇：《全球化時代的政治》
4. 林建甫（編）：《海峽兩岸人文社會科學研究的回顧與展望（1949-2009）》
　　　　上冊
5. 林建甫（編）：《海峽兩岸人文社會科學研究的回顧與展望（1949-2009）》
　　　　下冊

【東亞儒學資料叢書】

1. 黎貴惇：《書經衍義》
2. 佚　名：《易膚叢說》
3. 黎文敔：《周易究原》
5. 范阮攸：《論語愚按》
7. 黎貴惇：《芸臺類語》

國家圖書館出版品預行編目資料

德川日本儒學思想的特質：神道、徂徠學與陽明學 ／ 張崑將著.
--初版二刷--臺北市：國立臺灣大學出版中心　2012〔民101〕
480 面；15＊21 公分.　　（東亞文明研究叢書；69）
含參考書目及人名索引
ISBN: 978-986-00-8473-3 (精裝)

1. 儒家 - 日本 - 論文, 講詞等
2. 陽明學 - 日本 - 論文, 講詞等
3. 神道 - 論文, 講詞等

131.307　　　　　　　　　　　　　　　　　　95026262

統一編號 1009600089

東亞文明研究叢書 69　　主編：黃俊傑　　執行編輯：蔡振豐、陳昭瑛
德川日本儒學思想的特質：神道、徂徠學與陽明學

著　　　者：張崑將
策　劃　者：國立臺灣大學人文社會高等研究院
　　　　　　「東亞經典與文化」研究計畫（http://www.eastasia.ntu.edu.tw）
出　版　者：國立臺灣大學出版中心
發　行　人：李嗣涔
發　行　所：國立臺灣大學出版中心（http://www.press.ntu.edu.tw）
法律顧問：賴文智律師
展　售　處：國立臺灣大學出版中心
　　　　　　10617 臺北市羅斯福路四段 1 號
　　　　　　電話：02-23659286　傳真：02-23636905
　　　　　　E-mail：ntuprs@ntu.edu.tw
　　　　　　國家書店松江門市　電話：(02) 2518-0207
　　　　　　國家網路書店　http://www.govbooks.com.tw
　　　　　　五南文化廣場　電話：(04) 2226-0330
責任編輯：金葉明、林沛熙
封面設計：恣遊設計有限公司（http://www.freedommedia.com.tw）
出版時間：2012 年 8 月初版二刷
定　　　價：新臺幣 650 元整

GPN: 1009600089
ISBN: 978-986-00-8473-3 (精裝)